ВОСПИТАНІЕ И НАСЛѢДСТВЕННОСТЬ

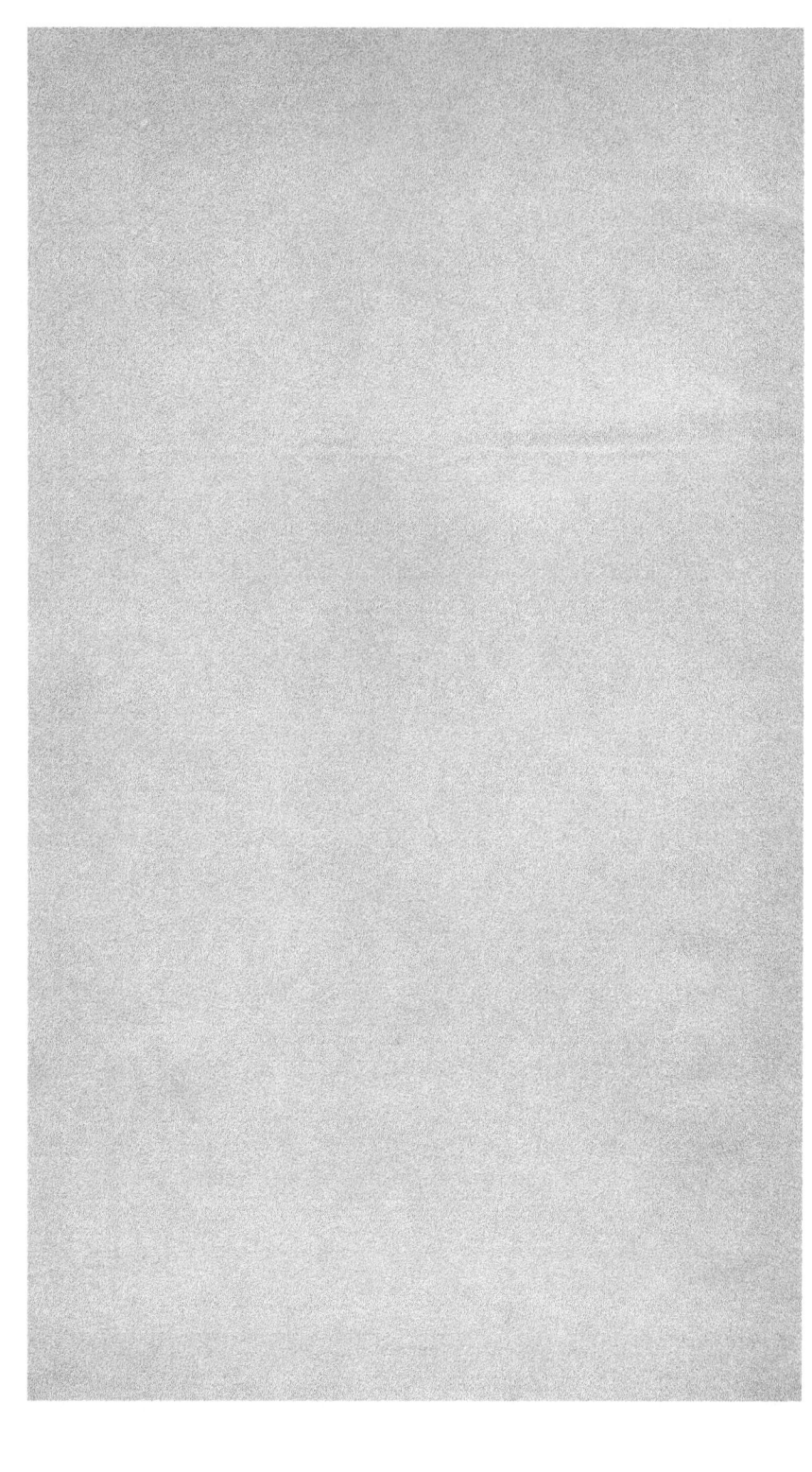

ВОСПИТАНІЕ И НАСЛѢДСТВЕННОСТЬ

СОЦІОЛОГИЧЕСКІЙ ЭТЮДЪ

М. ГЮЙО

СЪ ПРЕДИСЛОВІЕМЪ И ПРИМѢЧАНІЯМИ ПЕРЕВОДЧИКА

ПЕРЕВЕЛЪ СЪ ФРАНЦУЗСКАГО

К. ТОЛСТОЙ

(*Éducation et hérédité*)

С.-ПЕТЕРБУРГЪ
ИЗДАНІЕ А. С. СУВОРИНА
1891

Типографія А. С. Суворина. Эртелевъ пер., д. 13

ОТЪ ПЕРЕВОДЧИКА.

Предлагая вниманію русскихъ читателей книгу Гюйо[1]), трактующую о вопросахъ, которые, въ послѣднее время, выдвинулись у насъ на первый планъ, я желалъ, главнымъ образомъ, содѣйствовать популяризаціи кажущихся мнѣ вполнѣ здравыми взглядовъ автора на роль наслѣдственности и воспитанія въ развитіи характера ребенка, на взаимныя отношенія физическаго, нравственнаго, интеллектуальнаго и эстетическаго образованія, на устройство общественнаго воспитанія и воспитанія женщинъ—вообще на педагогическую практику, относительно которой въ нашемъ обществѣ, какъ мнѣ кажется, господствуютъ идеи черезчуръ узкія, доктринерскія.

---

[1]) Переводъ сдѣланъ съ посмертнаго изданія 1889 г. Авторъ скончался 33 лѣтъ отъ роду, написавъ слѣдующія сочиненія: La morale d'Epicure et ses rapports avec les doctrines contemporaines.—La morale anglaise contemporaine.—Les problèmes de l'esthétique contemporaine.—Esquisse d'une morale sans obligation ni sanction.—L'irréligion d'avenir.—L'art au point de vue sociologique.—La genèse de l'idée de temps.—Education et hérédité.

Но при этомъ я не могъ оставить неоговоренными, какъ тѣ мѣста его книги, съ которыми не могу согласиться—теоретическія разсужденія о генезисѣ нравственности и долга, о происхожденіи наклонностей человѣческихъ, о роли привычки въ жизни вселенной, etc.—такъ и тѣ, въ которыхъ онъ разсматриваетъ вопросъ съ чисто мѣстной, французской точки зрѣнія. Оговорки мои, по необходимости очень краткія, отчасти приведены въ видѣ подстрочныхъ примѣчаній, а отчасти вынесены за текстъ и обозначены цифрами, поставленными въ скобкахъ.

Но я, кромѣ того, не могу согласиться и съ основной мыслью какъ этого, такъ и другихъ сочиненій Гюйо. Во всѣхъ нихъ, авторъ, по собственному его признанію, стремится связать «нравственность, эстетику и религію съ идей жизни, наиболѣе экстенсивной и наиболѣе интенсивной», другими словами: установить morale sans obligation ni sanction—замѣнить категорическій императивъ Канта, съ его внѣ-научными постулатами, яснымъ и понятнымъ закономъ природы, сознавъ который, можно бы было, нѣкоторымъ образомъ, творить душу человѣка и управлять ею. «L'avenir, c'est nous, qui le déciderons peut-être, par la manière dont nous aurons élevé les générations nouvelles», восклицаетъ онъ, причемъ на внушенія смотритъ, повидимому, какъ на новое, безошибочное, вполнѣ научное и всѣмъ доступное средство, способное «творить искусственные инстинкты».

Вѣковѣчное стремленіе человѣка познать природу и подчинить ее себѣ, выражающееся и въ гипотезѣ Гюйо съ ея послѣдствіями, составляетъ суть всякой науки и заслуживаетъ, конечно, глубокаго уваженія. Но пора же намъ сознать, что окончательная цѣль этого стремленія недостижима, подобно квадратурѣ круга и вѣчному движенію; что корни жизни вселенной лежатъ чересчуръ глубоко и связаны, по всей вѣроятности, съ феноменами, которые даже не могутъ быть перципированы человѣкомъ, при помощи его видимо-несовершенныхъ органовъ перцепціи (даже животныя часто превосходятъ человѣка остротою этихъ органовъ, какъ собака, напримѣръ, чутьемъ). Вѣдь для того, чтобы вполнѣ овладѣть природою, въ какомъ бы то ни было отношеніи, мы предварительно должны подмѣтить и объяснить *всѣ* явленія, въ ней совершающіяся, въ нѣкоторомъ родѣ *исчерпать* ее. Но можемъ ли мы когда либо разсчитывать на это, если сфера неизвѣстнаго человѣку ростетъ по мѣрѣ возрастанія его знаній, если каждый шагъ на пути этихъ послѣднихъ открываетъ передъ нами все болѣе и болѣе необозримыя перспективы тайнъ? Сколько тысячелѣтій прошло уже съ тѣхъ поръ, какъ родъ человѣческій началъ стремиться къ знанію, а на громадную роль, которую играютъ въ его жизни микроорганизмы, мы обратили вниманіе только вчера, волны же электрическія, въ которыхъ постоянно купаемся, замѣтили лишь сегодня, и кто знаетъ, сколько столь же важныхъ и прямо на насъ вліяющихъ явленій мы не замѣчаемъ и никогда не замѣтимъ? Вообще умъ человѣческій, не умѣющій мыслить что либо внѣ времени и пространства, никогда не вмѣститъ истины во всей ея абсолютной полнотѣ а долженъ довольствоваться лишь большими и большими къ ней приближеніями, которыя, въ сравненіи съ ея безконечностью, все же являются равными нулю.

Мнѣ могутъ возразить, однако же, что то, что является нулемъ по сравненію съ безконечностью, можетъ имѣть большое значеніе для конечной жизни человѣческой; что стремленія нашего ума постичь непостижимое хотя и не могутъ увѣнчаться полнымъ успѣхомъ, но все же въ высшей степени плодотворны, такъ какъ приближаютъ насъ къ безконечному на величины, для насъ, конечныхъ существъ, замѣтныя и важныя; что этимъ стремленіямъ мы обязаны однимъ изъ высочайшихъ, доступныхъ человѣку наслажденій и кромѣ того всѣми нашими современными знаніями, всѣмъ, что отличаетъ современнаго человѣка отъ его первобытныхъ предковъ; что, наконецъ, хоть мы даже не знаемъ, куда влечетъ насъ наша любознательность—къ могуществу (сравнительному) или къ гибели [1]),—но любознательными создала насъ сама природа, и мы роковымъ образомъ стре-

---

[1]) «The tree of knowledge is not that of life», сказалъ Байронъ; «Nur die Irrthum ist das Leben und das Wissen ist der Todt» сказалъ Гете.

мимся къ знанію, такъ же какъ стремимся пить, ѣсть и размножаться.

Все это такъ. Расширять наши знанія мы должны, хотя бы изъ-за однихъ только частныхъ цѣлей, безъ всякой надежды на достиженіе общей; но самый успѣхъ расширенія знаній требуетъ, чтобы мы вѣрно оцѣнивали ихъ значеніе, ихъ теоретическую и практическую важность, чтобы мы помнили, что они «двигатъ нашъ только муравейникъ». А этого-то человѣкъ часто и не дѣлаетъ. Едва научившись складывать изъ камней зданія, онъ уже думаетъ, что одержалъ полную побѣду надъ природою и начинаетъ строитъ Вавилонскую башню, долженствующую спасти его отъ потопа; едва узнавъ благодѣтельныя свойства опія или salis divini Glauberi, онъ уже варитъ элексиръ, долженствующій дать ему безсмертіе; написавъ остроумную книгу, въ которой кантовскія выраженія — нуменъ и феноменъ — замѣняются другими, столь же мало объясняющими сущность природы, онъ уже спѣшитъ поставить на этой книгѣ гордый эпиграфъ: «Ob nicht Natur zuletzt sich doch ergründe?» (Шопенгауэръ).

Я думаю, что и Гюйо, съ своимъ генезисомъ нравственности и преувеличенной надеждой на внушенія, впадаетъ въ ту же ошибку.

Гипотеза его, во-первыхъ, едва ли выдержитъ серьезную критику, такъ какъ религія, нравственность и эстетика, несомнѣнно съужая — стѣсняя — жизнь индивидуальную (въ особенности животную, т. е. именно ту, которою обусловливается физическое процвѣтаніе рода—дикія животныя процвѣтаютъ, вѣдь, и безъ всякаго понятія о нравственности), едва ли могутъ совпадать съ ея интенсивностью и экстенсивностью или вытекать изъ нихъ. Гипотеза Гюйо можетъ быть допущена только въ томъ случаѣ, если слову жизнь придать значеніе мистическое,—подразумѣвать подъ нимъ не жизнь настоящую,—индивидуальную или родовую, все равно,—а ту неизвѣстную цѣль, къ которой эта настоящая жизнь направлена. Тогда, дѣйствительно, нравственность и проч. могутъ быть проявленіемъ интенсивности и экстенсивности стремленія къ этой неизвѣстной цѣли. Но тогда гипотеза Гюйо теряетъ всякое практическое значеніе и даже характеръ положительнаго знанія, такъ какъ, не зная цѣли жизни, мы не можемъ и судить о томъ, что совпадаетъ съ интенсивностью и экстенсивностью стремленія къ ней, а что—нѣтъ.

Но, еслибы даже гипотеза Гюйо была вполнѣ справедлива и Кантовскій императивъ получилъ въ самомъ дѣлѣ научное объясненіе, то содѣйствіе росту его вліянія на родъ человѣческій все же не было бы до такой степени въ нашихъ рукахъ, какъ это думаетъ Гюйо. Мы не безсильны, конечно, въ борьбѣ съ окружающей природою, уже хотя бы потому одному, что сами мы, наша душа—психическій результатъ дѣятельности нашего организма—есть одна изъ могущественнѣйшихъ силъ той же природы, и не можетъ же она не вносить въ эту послѣднюю ничего своего, если уже каждый осколокъ міроздапія, съ присущей ему силой тяготѣнія, можетъ вліять на орбиты свѣтилъ небесныхъ (vir est vis; по отношенію къ воспитанію мы начали было уже забывать объ этомъ, и Гюйо хорошо сдѣлалъ, что напомнилъ). Но рядомъ съ нею стоятъ и другія силы, съ которыми нужно считаться. Самъ же Гюйо, провозгласившій, что будущее въ нашихъ рукахъ, соглашается съ Рибо, что ребенка воспитываютъ вовсе не одни только родители и воспитатели, а вся обстановка, въ томъ числѣ, между прочимъ, и окружающая природа, то есть вотъ именно тѣ электрическія волны, о существованіи которыхъ мы только сегодня узнали и командовать которыми не можемъ—именно та сфера неизвѣстнаго, до крайнихъ границъ которой намъ никогда не добраться.

Гюйо считаетъ внушенія новымъ и вполнѣ раціональнымъ педагогическимъ средствомъ. Но я не вижу въ нихъ ничего новаго и ничего раціональнаго. Въ громадномъ вліяніи сильной воли и вѣры на волю и вѣру слабыя никто никогда не сомнѣвался. Съ такимъ вліяніемъ, то есть съ внушеніями не гипнотическими, человѣчество знакомо, по всей вѣроятности, съ Адама, и съ Адама же употребляетъ ихъ какъ самое надежное, хотя отнюдь не всемогущее, педагогическое средство. Сократъ и Аристотель вліяли на своихъ учениковъ не иначе, какъ при помощи внушеній, и нѣтъ никакого сомнѣнія въ томъ, что они дѣйствительно могли «творить искусственные инстинкты», какъ говоритъ Гюйо. Но вѣдь для этого нужно было имѣть не только исключительно сильныя волю и вѣру, но еще и любовь къ человѣчеству и интеллектъ выдающійся, однимъ словомъ нужно было быть такими могучими вмѣстилищами психической силы, какими были Сократъ и Аристотель. Да и они вліяли не на всѣхъ (люди не монеты, штампованныя на одномъ станкѣ, а на разный матерьялъ одни и тѣ же агенты дѣйствуютъ разно)—недаромъ Сократъ былъ приговоренъ къ смерти людьми, которые не могли же не знать его ученія и не подвергаться прямому его воздѣйствію. Я полагаю, что обстоятельства съ тѣхъ поръ нисколько не измѣнились, что въ два-три послѣднихъ тысячелѣтія не случилось ничего такого, что могло бы раціонализировать исконный методъ воспитанія, сдѣлать его доступнымъ для людей, обладающихъ вмѣсто воли и вѣры простыми педагогическими рецептами: современные Сократы и Аристотели и теперь, несомнѣнно, вліяютъ на своихъ воспитанниковъ попрежнему, но изъ этого еще не слѣдуетъ, чтобы первый встрѣчный, хотя бы при помощи самыхъ лучшихъ педагогическихъ правилъ, могъ сдѣлать то же самое. По рецептамъ можно создать только гомункулюса, а никакъ не человѣка. Воспитаніе, какъ и сама жизнь, есть процессъ до такой степени сложный и разнообразный, а потому до такой степени ирраціональный (благодаря, конечно, несовершенству самого разума), что раціонализировать его — приготовлять людей фабричнымъ путемъ — намъ никогда не удастся. Педагогика всегда останется искусствомъ, требующимъ таланта, а не наукою, основанной на точныхъ знаніяхъ, и девизомъ ея всегда будетъ не только «labora», но и «ora».

Что же касается гипнотическаго внушенія, то рекомендовать введеніе его въ педагогику было бы болѣе чѣмъ неблагоразумно (Гюйо, впрочемъ нигдѣ этого прямо и не дѣлаетъ), такъ какъ даже о терапевтическомъ его примѣненіи идетъ еще споръ, да и возможно оно только у лицъ ненормальныхъ, у которыхъ, по выраженію Гюйо, оно «превращаетъ психозъ отталкивающій въ психозъ привлекательный». Вообще, если главная задача воспитанія состоитъ въ томъ, чтобы содѣйствовать развитію въ ребенкѣ воли, совѣсти и интеллекта, то чего же можно ожидать отъ средства, главнымъ условіемъ примѣнимости котораго служитъ полное отсутствіе какъ воли, такъ и сознанія?

К. Т.

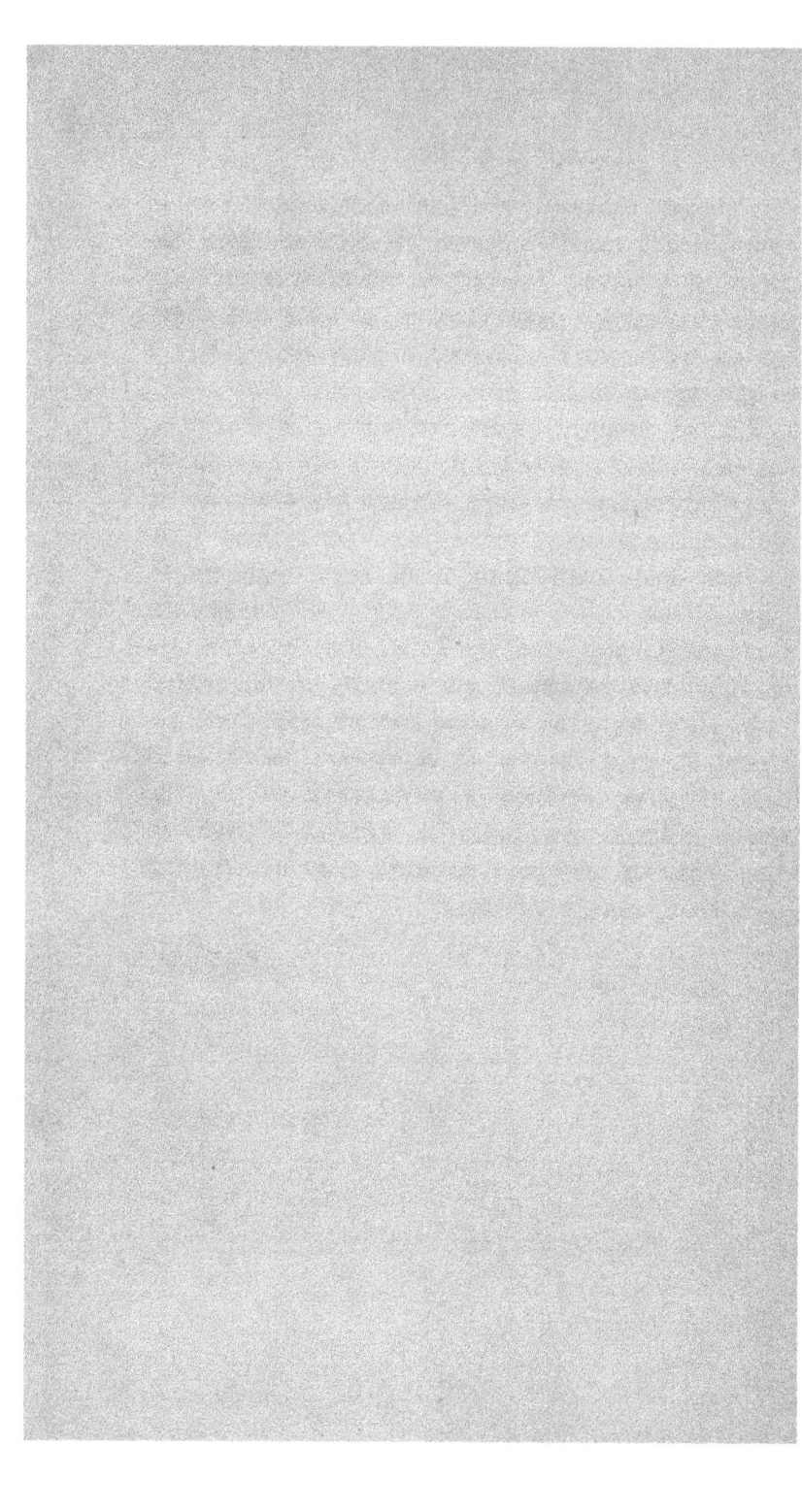

ПРЕДИСЛОВІЕ.

Только сдѣлавшись отцомъ, но отцомъ въ полномъ смыслѣ этого слова, то есть сознательно относясь къ своимъ родительскимъ обязанностямъ, къ воспитанію своихъ дѣтей, человѣкъ можетъ почувствовать въ себѣ «душу живу». Въ легкомъ топотѣ дѣтскихъ ножекъ слышится шумъ приближенія грядущихъ поколѣній — таинственный и неопредѣленный, какъ само будущее, которое, можетъ быть, оказалось бы въ нашихъ рукахъ, еслибы мы умѣли сознательно воспитывать нашихъ дѣтей.

Флоберъ сказалъ, что жизнь есть непрестанное воспитаніе, что нужно «выучиться умирать», точно такъ же, какъ нужно выучиться ходить и говорить. Предоставленное случаю, воспитаніе это на всякомъ шагу отклоняется отъ прямого пути. Сами родители не имѣютъ очень часто яснаго понятія о цѣли воспитанія, особенно когда дѣти ихъ еще очень малы. Какой нравственный идеалъ ставится передъ дѣтьми въ большей части семей? Не шуми, не ковыряй въ носу, не клади пальцевъ въ ротъ, не ѣшь руками, не ходи по лужамъ[1]), будь благоразуменъ и проч. Быть благоразумнымъ! Для большинства родителей благоразумный ребенокъ есть тотъ, который ведетъ себя какъ кукла, лишенная способности реагировать на внѣшнія впечатлѣнія; имѣя руки — онъ не долженъ ни до чего дотрогиваться, имѣя ноги — онъ не смѣетъ бѣгать, имѣя языкъ — онъ обязанъ молчать, даже блестящіе глазки его не смѣютъ загораться какими бы то ни было желаніями.

Многіе родители воспитываютъ дѣтей не для ихъ будущей жизни, а для самихъ себя. Я зналъ людей, которые не позволяли своимъ дочерямъ выходить замужъ, дабы не разлучаться съ ними; другіе не позволяютъ сыновьямъ заниматься ремесломъ, которое отцу не нравится. Это воспитаніе эгоистическое. Другой сортъ воспитанія имѣетъ въ виду удовольствіе дѣтей, но опредѣляемое съ точки зрѣнія отца. Такъ, крестьянинъ, проведшій всю жизнь въ суровомъ физическомъ трудѣ, считаетъ долгомъ избавить отъ этого труда своего сына; онъ сдѣлаетъ этого послѣдняго чиновникомъ, писцомъ, который, въ концѣ концовъ, задохнется въ своей канцеляріи и умретъ отъ чахотки.

Настоящее воспитаніе должно быть безкорыстнымъ: ребенка слѣдуетъ воспитывать для него самого, для родины, для человѣчества.

---

[1]) Съ извѣстной точки зрѣнія, даже лужи большинства взрослыхъ людей едва ли окажутся болѣе высокими.

До сихъ поръ въ разныхъ сочиненіяхъ, мною изданныхъ, я всегда преслѣдовалъ единственную цѣль: связать нравственность, эстетику и религію съ идеей жизни, жизни наиболѣе экстенсивной, наиболѣе интенсивной, а потому и наиболѣе плодотворной. Та же идея можетъ дать и основную формулу педагогики, какъ искусства приспособлять молодыя поколѣнія къ жизни, наиболѣе интенсивной и наиболѣе плодотворной какъ для индивидуума, такъ и для рода. Вопросъ о томъ, имѣетъ ли воспитаніе индивидуальную цѣль или соціальную, рѣшается весьма просто: оно должно стремиться къ обѣимъ этимъ цѣлямъ заразъ; оно должно помирить наиболѣе интенсивную индивидуальную жизнь съ наиболѣе экстенсивной соціальной. Вообще, по моему, между этими двумя противоположными формами жизни существуетъ полная гармонія: то, что содѣйствуетъ наибольшему проявленію индивидуальной жизни, тѣмъ самымъ содѣйствуетъ и процвѣтанію рода. Воспитаніе, поэтому, должно имѣть въ виду тройную цѣль: 1) гармоническое развитіе въ индивидуумѣ всѣхъ способностей, свойственныхъ человѣку и полезныхъ роду человѣческому; 2) развитіе способностей, спеціально свойственныхъ данному индивидууму, въ размѣрахъ, не вредящихъ равновѣсію организма; 3) остановку роста и развитія тѣхъ инстинктовъ и наклонностей, которые могли бы нарушить это равновѣсіе. Другими словами, воспитаніе должно помочь наслѣдственности, поскольку она стремится создать прочное улучшеніе расы, и бороться съ нею — поскольку она стремится накопить въ индивидуумѣ свойства разрушительныя, вредныя для этой послѣдней. Стало быть, задачею воспитанія становится отысканіе средствъ къ тому, чтобы вырастить возможно большее количество индивидуумовъ, вполнѣ здоровыхъ, обладающихъ возможно сильно развитыми нравственными и физическими способностями, а потому пригодныхъ содѣйствовать прогрессу человѣчества.

Слѣдовательно, вся система воспитанія должна быть направлена къ поддержкѣ и процвѣтанію рода. Въ былыя времена именно этимъ путемъ шла церковь, стараясь, при помощи воспитанія, сохранить особенности избраннаго народа; тѣмъ же путемъ должны идти и мы. Я думаю, что мы дѣлаемъ большую ошибку, смотря на воспитаніе, какъ на средство культивировать натуру индивидуума, взятаго отдѣльно отъ его семьи и племени. Мы стремимся сдѣлать его способнымъ къ производству возможно-большаго количества нравственной и физической работы, забывая, что поступаемъ въ этомъ случаѣ подобно тому земледѣльцу, который стремится получить съ своего поля возможно большій урожай лишь въ настоящемъ году, не заботясь о будущемъ. Такое неблагоразумное хозяйство ведетъ, какъ землю, такъ и родъ человѣческій къ полному истощенію, съ той только разницей, что истощенная земля, при помощи покоя и удобренія, можетъ быть вновь сдѣлана плодовитою, а переутомленная раса ослабнетъ и погибнетъ безвозвратно. Новыя работы надъ вліяніемъ наслѣдственности (Якоби, Декандоль, Рибо), равно какъ статистика большихъ городовъ, профессіональная etc., поразительнымъ образомъ доказываютъ, что нѣкоторыя общественныя среды, нѣкоторые сорты труда и профессіи губительно дѣйствуютъ не только на индивидуума, но и на его потомство вообще. Всѣ говорятъ о «пожирающемъ» вліяніи городской жизни, но не многіе знаютъ, что выраженіе это вполнѣ вѣрно дѣйствительности. Ж. Ж. Руссо называлъ города «пропастями», въ которыхъ гибнетъ родъ человѣческій, но то же самое можно сказать не только вообще о городахъ, а и о всѣхъ мѣстахъ, въ которыхъ человѣкъ, такъ сказать, выставляется: о балахъ, о театрахъ, о политическихъ сборищахъ и проч. Всякое чрезчуръ продолжительное нервное напряженіе индивидуума, въ силу закона органическаго равновѣсія, вноситъ въ его потомство зачатки ослабленія мозговой дѣятельности или нервныя страданія, вообще зародышъ физіологической нищеты, которая, рано или поздно, кончится полнымъ вырожденіемъ. Какъ есть на свѣтѣ города и мѣстности, пожирающія свое населеніе, пополняемыя лишь въ ущербъ своихъ окрестностей, которыя онѣ опустошаютъ, такъ есть и пожирающія профессіи. И профессіи эти принадлежатъ, обыкновенно, къ самымъ соблазнительнымъ для индивидуума, къ самымъ полезнымъ для общества. Многіе дошли теперь до того, что считаютъ всякое интеллектуальное превосходство, обезпечивающее индивидууму побѣду въ борьбѣ за существованіе, губительнымъ для его потомковъ. Многіе думаютъ, что прогрессъ питается индивидуумами и народами, которые больше другихъ для него работали; что бѣдная, въ интеллектуальномъ отношеніи, жизнь—есть лучшее средство спастись отъ окончательной гибели, и что воспитаніе, стремящееся черезчуръ обострить способности ребенка, сдѣлать ихъ выдающимися,—тѣмъ самымъ убиваетъ его потомство. Я отчасти раздѣляю это мнѣніе, по крайней мѣрѣ по отношенію къ современной организаціи воспитанія, но я надѣюсь доказать, что воспитаніе, болѣе глубоко задуманное и болѣе дальновидное, можетъ предупредить истощеніе расы, какъ хорошій земледѣлецъ предупреждаетъ истощеніе почвы разумной смѣной культуръ.

Точная наука родилась лишь въ наше время. Мы пріобрѣли массу знаній, къ которымъ умъ нашъ еще не успѣлъ приспособиться. Это приспособленіе можетъ совершиться лишь при условіи раціональной классификаціи знаній и категорій научной работы. Только благодаря отсутствію такой классификаціи, умъ нашъ страдаетъ и переутомляется. Стало быть, наука о воспитаніи должна быть поставлена на уровень современнаго положенія, должна быть согласована съ нимъ. Нужно заново организовать воспитаніе, установить субординацію знаній, ихъ іерархію въ соціальной жизни.

Спенсеръ справедливо говоритъ, что, чѣмъ сложнѣе и совершеннѣе организмъ, тѣмъ онъ болѣе встрѣчаетъ препятствій къ гармоническому развитію. На низшихъ ступеняхъ животнаго царства воспитаніе новорожденныхъ является крайне простымъ и непродолжительнымъ; жизнь, безъ особеннаго риска, научитъ ихъ тому, чему не научила мать; инстинкты ихъ просты—краткій опытъ достаточенъ для того, чтобы руководить ими во всѣ остальные дни ихъ существованія. Но, чѣмъ выше поднимаемся мы по лѣстницѣ существъ, тѣмъ болѣе продолжительной является ихъ эволюція. Настаетъ, наконецъ, необходимость настоящаго воспитанія—продолжительная помощь и поддержка взрослыхъ становятся нужными для молодежи. У высшихъ млекопитающихъ самка принуждена уже долгое время носить своихъ дѣтей на рукахъ, кормить и учить ихъ. Примитивная педагогія зарождается, такимъ образомъ, уже у животныхъ; воспитаніе есть лишь дальнѣйшее ея развитіе и вытекаетъ изъ законовъ эволюціи.

Но здѣсь возникаетъ важное противорѣчіе, порожденное тѣми же самыми идеями Спенсера. Въ виду того, что эволюція рода человѣческаго неизбѣжна и обусловлена законами наслѣдственности, не слѣдуетъ ли признать всякое воспитаніе безсильнымъ и безполезнымъ? Въ прошломъ вѣкѣ значеніе воспитанія преувеличивалось; многіе, вмѣстѣ съ Гельвеціусомъ, питали наивную увѣренность въ томъ, что вся разница между людьми обусловливается различнымъ воспитаніемъ и различной средой, въ которой эти люди жили, что талантъ и добродѣтель могутъ быть преподаваемы. Въ наше время, благодаря новѣйшимъ изслѣдованіямъ законовъ наслѣдственности, мы бросились въ противоположную крайность. Многіе изъ современныхъ ученыхъ и философовъ вполнѣ увѣрены, что воспитаніе совершенно безсильно, когда дѣло идетъ о радикальной переработкѣ темперамента и характера расы, выражающихся въ индивидуумѣ. По ихъ мнѣнію, люди рождаются преступниками, такъ же какъ и поэтами, что вся судьба ребенка присуща ему уже въ утробѣ матери и затѣмъ, во время внѣутробной жизни, только развивается роковымъ образомъ. Противъ нейрастеніи—этого страданія, общаго для всѣхъ неуравновѣшенныхъ натуръ, сумасшедшихъ, преступниковъ, поэтовъ, истеричныхъ—средствъ никакихъ не имѣется; раса сходитъ по лѣстницѣ жизни и нравственности, но вновь подняться по ней не можетъ; неуравновѣшенные навсегда погибли для человѣчества и если существованіе ихъ длится, то лишь на горе для этого послѣдняго. Семья Yuke'овъ, имѣющая честь считать своимъ предкомъ пьяницу, произвела въ 75 лѣтъ 200 воровъ и убійцъ, 288 инвалидовъ и 90 проститутокъ. Въ древности цѣлыя семьи объявлялись нечистыми и были изгоняемы,—и говорятъ, будто древніе поступали въ этомъ случаѣ вполнѣ благоразумно. Библейскія проклятія распространялись на пять поколѣній, и современная наука подражаетъ Библіи, утверждая, что нравственный характеръ семьи, дурной или хорошій, упорно остается одинаковымъ въ теченіе именно пяти поколѣній, для того, чтобы окончательно уничтожить семью въ теченіе этого времени, если она ненормальна. Такимъ образомъ—горе слабымъ; они должны быть уничтожены, къ нимъ во всей строгости должно быть приложено изреченіе Іисуса Христа: «не слѣдуетъ отнимать хлѣбъ отъ дѣтей для того, чтобы бросить его собакамъ» [1]).

Вообще, между вліяніемъ, приписываемымъ одними мыслителями воспитанію, а другими — наслѣдственности, существуетъ антиномія, господствующая надъ всѣми нравственными и даже политическими знаніями, ибо политика тоже явится безсильною, если вліяніе наслѣдственности дѣйствительно окажется неизгладимымъ. Въ этомъ и лежитъ, стало быть, проблема, заслуживающая серьезнаго изученія. Мы постараемся отвести надлежащее мѣсто для каждаго изъ двухъ членовъ выписанной антиноміи, то есть для наслѣдственной, врожденной, привычки и привычки личной, благопріобрѣтенной. Мы посмотримъ, не составляютъ ли законы внушенія, недавно констатированные нашими психо-физіологами и до сихъ поръ еще недостаточно изученные, новаго элемента, долженствующаго видоизмѣнять данныя проблемы, которая подлежитъ нашему изученію. Новѣйшія от-

[1]) См. Féré—Sensation et mouvement, Jacoby—la Sélection, Dejerine—l'Hérédité dans les maladies du système nerveux, а также Ломброзо, Ферри, Гарофало etc.

крытія по этой части кажутся мнѣ въ самомъ дѣлѣ весьма важными, такъ какъ они даютъ возможность, во всякое данное время, вводить въ человѣческій духъ искусственные инстинкты, способные уравновѣшивать въ большей или меньшей степени инстинкты врожденные или вообще предсуществующіе. Если возможно вводить эти инстинкты средствами чисто физіологическими, то нѣтъ никакого сомнѣнія, что ихъ можно ввести и средствами нравственными, психологическими. Такимъ образомъ, новыя изслѣдованія нервной системы человѣка дадутъ намъ возможность бороться съ предразсудками, порожденными наукою, при помощи науки же, но только болѣе полной, болѣе совершенной. Внушеніе, творящее искусственные инстинкты, способные уравновѣсить и даже задушить инстинкты наслѣдственные, представляетъ собою новую силу, столь же могущественную, какъ и самая наслѣдственность. А воспитаніе, по моему, есть ничто иное какъ цѣлая система координированныхъ и строго обдуманныхъ внушеній; — понятно, стало быть, какое громадное вліяніе можетъ оно имѣть на физическій и нравственный строй человѣка.

ГЛАВА ПЕРВАЯ.

Внушеніе и воспитаніе, какъ модификаторы нравственнаго инстинкта.

I. Нервное внушеніе и его эффекты.

Нервное внушеніе вліяетъ, какъ извѣстно, на чувствительность, на интеллектъ и на волю: можно внушать ощущенія, чувства, идеи и волевые акты. «Человѣкъ», по словамъ Шекспира, «воображая себѣ ледники Кавказа, можетъ принять раскаленный уголь за ледъ; онъ можетъ голый валяться по декабрьскому снѣгу и не чувствовать холода, если будетъ думать о лѣтнемъ знoѣ».

Wallow naked in December snow,
By thinking on fantastic summer's heat.

Внушеніе реализируетъ мысль Шекспира: гипнотизированный субъектъ, которому внушено, что онъ гибнетъ въ снѣгу, начинаетъ въ самомъ дѣлѣ дрожать отъ холода. Внушите ему, что въ комнатѣ страшно жарко, и онъ сейчасъ же вспотѣетъ. Д-ръ Féré внушалъ загипнотизированнымъ или находящимся въ каталепсіи больнымъ, что на черномъ столѣ нарисованъ чей нибудь профиль, и больные эти, проснувшись, не только ясно его видѣли, но даже, приставивъ къ одному изъ своихъ глазъ призму, видѣли вдвойнѣ. Тотъ же эффектъ двойнаго видѣнія внушенныхъ изображеній получается и при давленіи на одно изъ глазныхъ яблокъ загипнотизированнаго субъекта, причемъ зрительныя оси измѣняютъ свое нормальное отношеніе. По мнѣнію д-ра Hack Tuke'a[1]), субъективныя ощущенія, вліяющія прямо на нервные центры, могутъ вполнѣ замѣнить собою ощущенія объективныя, зависящія отъ раздраженія нервовъ периферическихъ, такъ какъ отпечатываются на тѣхъ же мѣстахъ мозга, которыя воспринимаютъ и реальное раздраженіе — происходитъ мѣстный гипнотизмъ въ нѣкоторомъ родѣ[2]).

Одинъ изъ служителей Palais de Cristal, приставленный къ электрической машинѣ, часто замѣчалъ что дамы, до нея дотрогивающіяся, испытываютъ потрясенія даже тогда, когда машина не работаетъ. «Въ 1862 году», говоритъ Woodhouse Braine, «я былъ призванъ хлороформировать молодую, крайне истеричную и нервную дѣвушку, которой приходилось вырѣзывать опухоли. Я послалъ за хлороформомъ, а пока, чтобы пріучать немножко больную, наложилъ ей на лицо маску, ничѣмъ не смоченную. Больная тотчасъ же принялась усиленно дышать и черезъ

---

[1]) Le Corps et l'Esprit, франц. пер.

[2]) Все это не объясняетъ, однако же, двойного зрѣнія, такъ какъ ни сѣтчатая оболочка глаза, ни зрительный нервъ не могутъ участвовать въ передачѣ субъективнаго, хотя бы и зрительнаго ощущенія, а призма и давленіе дѣйствуютъ именно на нихъ.

Примѣчаніе Переводчика.

полминуты, воскликнула: «О! я чувствую что, теряю сознаніе!» дѣйствительно заснула. Щипки, сначала слабые, потомъ сильные, нисколько на нее не дѣйствовали. А между тѣмъ хлороформъ даже не былъ еще принесенъ. Я рѣшилъ воспользоваться удобнымъ случаемъ сдѣлать опытъ и предложилъ хирургу начать операцію, которая и была благополучно совершена. Позже, по пробужденіи, я спрашивалъ у больной, чувствовала-ли она что нибудь—оказалось, что нѣтъ, и больная выписалась изъ госпиталя съ твердой вѣрой въ силу хлороформа, которагo она и не нюхала»[1]).

Стигмы принадлежатъ тоже, какъ извѣстно, къ эффектамъ самовнушенія. Въ знаменитой исторіи Луизы Лато періодичность ихъ появленія объясняется ассоціацией между извѣстными днями недѣли и детерминирующей мыслью.

Волевые импульсы могутъ быть внушаемы также какъ и ощущенія. Передъ нами гипнотизированный субъектъ; ему можно внушить любую идею дѣйствія: его можно заставить идти съ визитомъ къ извѣстному лицу, въ любой день и часъ, или сдѣлать ошибку въ собственной своей подписи, или открыть книгу и прочесть въ ней 20 первыхъ словъ на сотой страницѣ, или прочесть молитву, или стащить у кого нибудь платокъ изъ кармана и бросить въ огонь etc. etc. Этотъ волевой импульсъ, идея дѣйствія, внушенная субъекту во время гипнотическаго сна, не

[1]) Въ настоящее время въ медицинской литературѣ накопилось уже много подобныхъ фактовъ. Стигмы разнаго рода, ожоги и нарывы также удобно производятся внушеніемъ. Прим. Перев.

даетъ ему покоя по пробужденіи, гонитъ его и преслѣдуетъ до тѣхъ поръ, пока не будетъ выполнена такъ или иначе. И притомъ, выполнивъ ее, онъ считаетъ себя вполнѣ свободнымъ, подчиняющимся одной лишь своей минутной фантазіи; чужую волю, насильно ему навязанную, онъ принимаетъ за свою собственную и придумываетъ иногда самыя жалкія объясненія для того, чтобы оправдать нелѣпые поступки, совершенные имъ по чужому приказанію.

Помимо идей и вѣрованій, которыя можно внушить, такимъ образомъ, гипнотизированному субъекту, помимо волевыхъ импульсовъ, ощущеній и галлюцинацій разнаго рода, ему можно внушить также чувство удивленія или презрѣнія, антипатіи или симпатіи, а также эмоціи или страсти, напримѣръ ужасъ, очень интенсивный и продолжительный. И всѣ эти внушенія, иногда очень рѣзкія, можно сдѣлать почти моментально; въ теченіе какихъ нибудь 15-ти секундъ можно остановить идущаго человѣка, повергнуть его въ каталепсію или сомнамбулизмъ, внушить ему любое дѣяніе и вновь разбудить. Онъ даже не пойметъ при этомъ, что съ нимъ сдѣлали, не ощутитъ ничего, кромѣ легкой, скоропреходящей дрожи — забудетъ, что былъ гипнотизированъ. А между тѣмъ чуждая ему идея уже сидитъ въ немъ и даетъ импульсъ дѣянію, которое такъ или иначе будетъ выполнено: пятнадцати секундъ достаточно для того, чтобы повернуть ручку человѣческой машины въ любую сторону. Но, если это такъ, то нельзя ли пойти далѣе, нельзя ли въ самомъ дѣлѣ творить инстинкты и притомъ инстинкты вполнѣ нравственные? До сихъ поръ мы видѣли, что органическій инстинктъ или привычка, въ области сознанія, преобразуются въ идею; внушеніе даетъ намъ примѣръ обратнаго явленія — чуждая идея, проникнувъ извнѣ въ сознаніе индивидуума, можетъ преобразоваться въ инстинктъ или привычку. Ходъ процесса обратный, а практическіе результаты его выйдутъ одинаковы.

Сколько мнѣ кажется, я первый замѣтилъ глубокую аналогію между **внушеніемъ** и **инстинктомъ**, равно какъ возможность прилагать нормальное, естественное внушеніе къ **воспитанію**, а искусственное — къ **терапіи**, съ цѣлью исправленія ненормальныхъ инстинктовъ и стимуляціи нормальныхъ, но слишкомъ слабыхъ [1]. Всякое внушеніе есть, въ самомъ дѣлѣ, ничто иное, какъ **зарождающійся инстинктъ**, произведенный гипнотизаторомъ, точно такъ же какъ химикъ производитъ органическія вещества изъ неорганическихъ, путемъ синтеза. А такъ какъ всякій инстинктъ служитъ основаніемъ чувству необходимости, иногда даже долга, то, стало быть, и внушеніе можетъ служить такимъ основаніемъ, можетъ превратиться въ волевой импульсъ, импонирующій эгоистическому чувству. Этотъ волевой импульсъ чаще всего сознается какъ вполнѣ свободный и автономный; онъ обладаетъ всѣми признаками энергичной и сознательной воли, всецѣло подчиняя себѣ индивидуума, буде не встрѣтитъ противодѣйствія со стороны другихъ наклонностей, чересчуръ сильныхъ и раньше его существовавшихъ.

Еслибы намъ удалось создать такой искусственный и притомъ стойкій инстинктъ, то къ нему скоро

[1]) См. Revue philosophique 1883 г.

присоединилось бы мистическое, полурелигіозное чувство. Внушать, при обыкновенныхъ условіяхъ, значитъ насиловать, а при болѣе сложныхъ и тонкихъ—нравственно обязывать. Между тѣмъ всякое нравственное обязательство, равно какъ инстинктъ, по словамъ Кювье, имѣетъ для насъ значеніе мистическое, потому что повелѣваетъ нами, не объясняя своихъ правъ на наше послушаніе: мы слышимъ «голосъ совѣсти» и локализируемъ его въ насъ самихъ, тогда какъ онъ идетъ издалека и есть ничто иное, какъ эхо, передаваемое изъ поколѣнія въ поколѣніе. Наша инстинктивная совѣсть есть, въ нѣкоторомъ родѣ, наслѣдственное внушеніе.

Г. Delboeuf внушилъ разъ своей служанкѣ М. идею поцѣловать одного изъ гостей, молодого человѣка А. Служанка подошла къ А., нѣсколько секундъ была въ нерѣшимости, затѣмъ отступила, сильно покраснѣла и убѣжала, закрывъ лицо руками. На другой день она сообщала г-жѣ Delboeuf, что ей страшно хотѣлось поцѣловать А. и что желаніе это еще не прошло. Спустя восемь дней Delboeuf повторилъ опытъ, и на этотъ разъ, вечеромъ, приказаніе его было исполнено. На вопросъ о причинахъ ея поступка и ощущеніяхъ, которыми онъ сопровождался, М. отвѣчала слѣдующее: «я ни о чемъ не думала; когда я отперла дверь, то мнѣ показалось, что я непремѣнно должна поцѣловать г. А;—я это и сдѣлала»[1]).

«Пятаго апрѣля, въ 5 ч. 15 м. пополудни», говоритъ Delboeuf, «я внушилъ М., что ровно въ половинѣ шестого она должна подойти къ статуэткѣ изобу-

---

[1]) Revue philosophique, февр. 1887 г., стр. 123.

щаго монаха, которая стояла на каминѣ, и сказать ей нѣсколько словъ утѣшенія. Пробудившись, она исполнила мое приказаніе въ точности и, когда я спросилъ ее, какимъ образомъ она рѣшилась поступить такъ безсмысленно, то получилъ въ отвѣтъ: мнѣ казалось, что я обязана это сдѣлать».

Процессъ внушенія былъ прекрасно анализированъ г. Beaunis. Съ психологической точки зрѣнія въ высшей степени интересно слѣдить по физіономіи больного за появленіемъ и развитіемъ внушенной ему идеи. Среди какого нибудь банальнаго разговора, напримѣръ, не имѣющаго никакого отношенія къ внушенной идеѣ, внимательный наблюдатель замѣчаетъ вдругъ какъ бы остановку въ мысляхъ испытуемаго субъекта, какой-то внутренній толчекъ, выражающійся едва замѣтнымъ жестомъ, взглядомъ, движеніемъ; разговоръ затѣмъ продолжается, но появившаяся идея, очевидно, не исчезла, хотя вліяніе ея еще слабо и неувѣренно; во взглядахъ испытуемаго замѣчается удивленіе и смущеніе, видно что нѣчто неожиданное, необычное, какъ молнія проскакиваетъ въ его сознаніи. Мало-по-малу идея ростетъ и овладѣваетъ его умомъ; въ жестахъ, во взглядѣ, въ выраженіи лица видна сильная внутренняя борьба, умъ очевидно колеблется, испытуемый субектъ еще участвуетъ въ разговорѣ, но уже вяло, машинально; онъ, очевидно, занятъ другимъ: «все его существо поглощено одною господствующей идеей. Но наступаетъ, наконецъ, мгновеніе, когда внутренняя борьба уже кончена — сомнѣнія исчезаютъ, и на лицѣ испытуемаго появляется выраженіе твердой рѣшимости». Этотъ внутренній процессъ, кончающійся побѣдою однихъ стремленій надъ другими, вполнѣ аналогиченъ со всякой другой нравственной борьбою. Онъ вполнѣ сознателенъ и разуменъ, такъ какъ люди, дѣйствующіе согласно внушенію, всегда стараются оправдать свое поведеніе и придумываютъ для него какое либо объясненіе. Стало быть, механизмъ процесса нравственной борьбы одинаковъ или по крайней мѣрѣ аналогиченъ во всѣхъ случаяхъ, и субъекты г. Вейнія, повидимому, немногимъ отличаются отъ героевъ Корнеля, жертвующихъ жизнью во имя долга. Но между двумя этими механически-сходными процессами должна быть все же громадная разница по сложности и значенію: чувство долга есть равнодѣйствующая многихъ сложныхъ и координированныхъ силъ — естественныхъ стремленій высшаго порядка, тогда какъ обязательность внушенной идеи есть внезапный и скоропреходящій эффектъ единственной, необычной наклонности, искуственно введенной въ интеллектъ извнѣ. Тотъ, кто чувствуетъ эту обязательность, долженъ сознавать, въ то же время, что онъ ненормаленъ, что нравственное равновѣсіе его нарушено, что онъ подчиняется единичной силѣ, а не комплексу наклонностей, наиболѣе укоренившихся въ немъ, наиболѣе естественныхъ и притомъ лучшихъ.

Тѣмъ не менѣе, поступая съ человѣческимъ существомъ какъ съ растеніемъ, лишеннымъ нормальной почвы, систематизируя внушенія, мы вѣроятно могли бы создать искусственное чувство долга, какъ я уже говорилъ въ моемъ Esquisse d'une morale (стр. 45—46). Это было бы синтетической провѣркой точности анализа. Идя тѣмъ же путемъ, мы могли бы произвести и обратный опытъ, то есть преднамѣренно уничтожить въ человѣкѣ тотъ или другой нормальный его инстинктъ. Сомнамбулу, напримѣръ, можно лишить памяти, вполнѣ или отчасти; такъ по крайней мѣрѣ говоритъ Richet (Revue philos. 8 окт. 1880 г.), причемъ прибавляетъ: «этотъ опытъ требуетъ большой осторожности; въ одномъ изъ такихъ случаевъ я вызвалъ такой страхъ и разстройство интеллекта, продолжавшіеся больше четверти часа, что не желалъ бы повторять эту опасную попытку». Если признать, вмѣстѣ съ большинствомъ психологовъ, что память, инстинктъ и привычка идентичны, то преднамѣренное уничтоженіе или по крайней мѣрѣ ослабленіе любого изъ самыхъ фундаментальныхъ, самыхъ обязательныхъ инстинктовъ — напримѣръ, стыда, материнскаго чувства, etc. — становится мыслимымъ, хотя бы только у сомнамбулы. А еслибы такой опытъ не оставлялъ слѣдовъ по пробужденіи, то можно бы было, при его помощи, измѣрять силу сопротивленія этихъ инстинктовъ и узнать, которая изъ эгоистическихъ или альтруистическихъ наклонностей человѣка наиболѣе глубока, наиболѣе растяжима. Можно было бы рѣшить, которая изъ составныхъ частей наслѣдственной памяти, называемой нравственностью, прочна и постоянна, благодаря своему, сравнительно старому происхожденію.

Но такихъ опытовъ, очевидно, дѣлать нельзя: добросовѣстный изслѣдователь никогда не рѣшится употребить силу внушенія для деморализаціи, онъ можетъ пользоваться ею только съ обратными цѣлями. И въ этомъ отношеніи многое уже сдѣлано: общія указанія, мною данныя, реализированы съ успѣхомъ многими экспериментаторами. Теперь уже доказано, что мы можемъ уравновѣсить манію или преступную привычку — привычкой искусственной, созданной при помощи внушеній во время гипнотическаго сна. Стало быть, роль внушенія, въ будущемъ, какъ при терапіи психическихъ страданій, такъ и при воспитаніи нервныхъ дѣтей, можетъ быть громадною.

Терапевтическіе результаты внушенія и теперь уже довольно значительны. Д-ръ Voisin заявляетъ, что онъ излечивалъ внушеніями дипсоманію и бредъ меланхоликовъ. Во всякомъ случаѣ, морфиноманія положительно излечивается при помощи этого метода и притомъ излечивается вдругъ, сразу, не вызывая приступовъ буйства, которыми сопровождается обыкновенно лишеніе морфія. Привычное пьянство и никотинизація тоже уступаютъ внушеніямъ, по отзыву Voisin'a и Liégeois.

Въ нѣкоторыхъ случаяхъ внушеніе можетъ служить исправительнымъ средствомъ. Во время какихъ-то гражданскихъ безпорядковъ въ Бельгіи, вышеупомянутая служанка Delboeuf'a, M., стала бояться выходить вечеромъ на улицу; даже ночной звонокъ заставлялъ ее дрожать отъ страха. Delboeuf гипнотизируетъ ее, успокоиваетъ, приказываетъ быть впередъ храбрѣе — и страха какъ не бывало — «поведеніе M. вполнѣ измѣняется»[1]). Можно, стало быть, при помощи внушенія, прочно влiять на поведеніе и поступки человѣка. Жанна С., 22-хъ лѣтъ, воровка, проститутка, грязная и лѣнивая, благодаря гипнотическимъ внушеніямъ — Voisin'a въ Salpêtrière'ѣ —

---

[1]) Revue philosophique 1886 г., авг.

превращается въ честную, послушную, трудолюбивую и чистоплотную особу. Не прочитавъ, въ теченіе нѣсколькихъ лѣтъ, ни одной строчки, она вдругъ начинаетъ заучивать наизусть цѣлыя страницы нравственныхъ книгъ; всѣ лучшія чувства ея какъ бы просыпаются. Въ концѣ концовъ она осталась сидѣлкой въ госпиталѣ и до сихъ поръ отличается «безупречнымъ поведеніемъ».

Правда, что въ этомъ случаѣ невроэизмъ отталкивающій былъ лишь замѣненъ невроэизмомъ болѣе привлекательнаго свойства. Такихъ превращеній въ Salpêtrière'ѣ было произведено множество. Но Voisin говоритъ, что даже и въ городской своей практикѣ онъ успѣлъ, при помощи внушеній, исправить невыносимый характеръ одной дамы, сдѣлавъ ее кроткой, нѣжной и терпѣливой. Метаморфоза замѣчательная! Такимъ же образомъ д-ръ Liébault, изъ Нанси, сдѣлалъ одного упрямо-лѣниваго мальчика покорнымъ и трудолюбивымъ на цѣлыя шесть недѣль; но это только начало, такъ какъ внушеніе ему было сдѣлано всего одинъ разъ. (Можно, однако же, спросить себя: не лучше ли было бы оставить мальчика лѣнтяемъ, чѣмъ превратить его въ невропата?) Delboeuf предложилъ недавно употреблять внушеніе, какъ исправительное средство въ колоніяхъ малолѣтнихъ преступниковъ, и многіе врачи уже просятъ разрѣшенія приступить къ опытамъ этого рода. Однимъ словомъ, объясняя многое изъ вышеписаннаго простымъ увлеченіемъ, мы все же имѣемъ право думать, что внушенія сильно вліяютъ на психику человѣка, а изъ этого факта психологъ можетъ, какъ ниже будетъ показано, извлечь весьма важныя послѣдствія.

II. Внушеніе психическое, нравственное и общественное.

Физіологическое и нервное внушеніе есть лишь преувеличеніе фактовъ, происходящихъ въ нормальной жизни. Опыты надъ нервной системой изолируютъ эти факты и дѣлаютъ ихъ, такимъ образомъ, выпуклѣе, рельефнѣе. Значитъ, мы можемъ и имѣемъ право предположить существованіе психологическаго, нравственнаго и общественнаго внушенія, эффектъ котораго проявляется на людяхъ вполнѣ здоровыхъ, безъ того искусственнаго преувеличенія, которое придаютъ ему нервныя разстройства разнаго рода. Такое нормальное внушеніе, будучи хорошо организовано и направлено, можетъ, безъ всякаго сомнѣнія, содѣйствовать или противодѣйствовать вліянію наслѣдственности. Попробуемъ изучить его сущность и различныя формы.

Констатировавъ сильное вліяніе внушеній на нѣкоторыя исключительныя натуры и при исключительныхъ обстоятельствахъ, мы пришли къ убѣжденію, что, въ силу одинаковости психическаго строя во всемъ родѣ человѣческомъ, внушенія должны дѣйствовать на каждаго изъ насъ и при всякихъ обстоятельствахъ, хотя, можетъ быть, въ легкой, едва замѣтной степени. Почему же это дѣйствіе такъ трудно замѣтить? Во-первыхъ, потому, что оно, въ каждомъ изолированномъ случаѣ, очень слабо и даетъ себя чувствовать лишь при значительной аккумуляціи внушеній въ одномъ и томъ же направленіи, а, во-вторыхъ, потому, что такая аккумуляція рѣдко встрѣчается, въ большей же части случаевъ внушеція противоположнаго характера взаимно другъ друга уничтожаютъ. Нормальный человѣкъ не состоитъ подъ вліяніемъ одного какого нибудь лица—извѣстнаго магнетизера или гипнотизатора, дающаго своимъ внушеніямъ опредѣленное и однообразное направленіе—онъ ничѣмъ не защищенъ отъ безчисленнаго множества внушеній, идущихъ съ разныхъ сторонъ и иногда совпадающихъ по характеру, а иногда противуположныхъ. Равнодѣйствующая всѣхъ этихъ внушеній, идущихъ отъ цѣлаго общества, которымъ человѣкъ окруженъ, отъ всей его обстановки—и есть именно то, что я называю внушеніемъ общественнымъ или соціальнымъ.

Значитъ, въ гипнотическомъ снѣ не происходитъ ничего такого, что бы, въ большей или меньшей степени, не могло произойти и во время бодрствованія. Всѣ мы способны подчиняться внушеніямъ, и наша общественная жизнь есть, въ сущности, ничто иное, какъ равновѣсіе взаимныхъ внушеній. Но способность противостоять внушеніямъ у разныхъ лицъ разная. Есть люди, которые почти совсѣмъ лишены этой способности, индивидуальныя стремленія которыхъ не считаются, такъ сказать, въ суммѣ мотивовъ, обусловливающихъ ихъ дѣйствія. Это люди, пораженные нравственнымъ параличемъ. Одинъ изъ замѣчательнѣйшихъ наблюдателей—Ѳ. М. Достоевскій—упоминаетъ о невозможности сдерживать свои желанія, какъ объ важной чертѣ характера преступниковъ: «Надъ такими людьми разсудокъ властвуетъ лишь до тѣхъ поръ, пока они чего нибудь не захотятъ. Тутъ ужъ на всей землѣ нѣтъ препятствія ихъ желанію... Эти люди такъ и родятся объ одной идеѣ, всю жизнь безсознательно двигающей ихъ туда и сюда; такъ они и мечутся всю жизнь, пока не найдутъ себѣ дѣла вполнѣ по желанію; тутъ ужъ имъ и голова ни по чемъ... Когда Петрову чего нибудь захотѣлось, то должно быть исполнено. Вотъ такой-то и рѣжетъ человѣка за четвертакъ, чтобы на этотъ четвертакъ выпить косушку, хотя въ другое время пропуститъ мимо съ сотнею тысячъ»[1]).

Благодаря одинаковости нравственнаго строя людей, всякій примѣръ долженъ дѣйствовать на насъ очень сильно. У невропатовъ одинъ видъ ритмическаго движенія вызываетъ желаніе подражать ему. Richet и Féré приводятъ много примѣровъ такого психо-моторнаго внушенія. Оно же служитъ причиною появленія конвульсивныхъ эпидемій. Если мы попросимъ невропата наблюдать въ теченіе нѣкотораго времени какія нибудь движенія, нами производимыя, то онъ неудержимо примется повторять ихъ. Всякое впечатлѣніе, нами воспринимаемое, содержитъ въ себѣ элементы внушенія—настраиваетъ насъ на извѣстный ладъ; впечатлѣнія же, производимыя человѣческими поступками, въ особенности сильно дѣйствуютъ и, попадая въ сознаніе, такъ сказать, пустое—незанятое другими впечатлѣніями, овладѣваютъ имъ всецѣло, приводятъ его въ моноидейное состояніе, свойственное сомнамбуламъ и

[1]) Примѣръ выбранъ не совсѣмъ удачно: Петровъ — человѣкъ умн. хотя и такой, но самостоятельный. Такіе люди скорѣе сами внушаютъ, чѣмъ поддаются внушеніямъ. Достоевскій говоритъ про него дальше: «Такіе люди первые начинаютъ... и всѣ бросаются за ними и идутъ слѣпо». Прим. Перев.

вообще лицамъ, нравственное равновѣсіе которыхъ не стойко, благодаря способности къ одностороннимъ увлеченіямъ.

Тотъ же невропатъ, который стремился подражать мышечнымъ движеніямъ, производимымъ въ его присутствіи, постарается воспроизвести въ самомъ себѣ и движенія душевныя (чувственныя и волевыя), проявляющіяся въ чертахъ лица, въ словахъ или въ тонѣ голоса какой нибудь встрѣченной имъ личности. Внушеніе является, такимъ образомъ, въ роли трансформатора, при посредствѣ котораго организмъ пассивный приводится въ согласіе съ организмомъ активнымъ. Этотъ послѣдній преобладаетъ надъ первымъ и регулируетъ его движенія, его волю, его вѣрованія. Вліяніе уважаемыхъ родителей, наставниковъ, вообще людей нравственно-высшихъ, опредѣляетъ иногда всю дальнѣйшую жизнь ребенка или юноши. Воспитаніе обладаетъ «чарами», достаточно сильными для того, чтобы усмирять юныхъ львовъ. У людей бываютъ «имитированныя мысли», которыя передаются отъ одного человѣка другому, изъ поколѣнія въ поколѣніе, какъ настоящіе инстинкты. Одна дѣвушка, изъ знакомой мнѣ семьи, будучи еще тринадцати лѣтъ отъ роду, прочитала романъ Жюля-Верна, «Martin Paz», граціозная героиня котораго ходила маленькими шажками; впечатлѣніе, произведенное этимъ романомъ, было такъ сильно, что дѣвочка стала подражать походкѣ его героини и мало по малу такъ привыкла къ этому, что, вѣроятно, никогда уже болѣе не отвыкнетъ. Вспомнивъ о взаимномъ соотвѣтствіи всѣхъ движеній тѣла, мы поймемъ, какую громадную перемѣну должна произвесть эта случайная привычка во всемъ существѣ молодой дѣвушки, о которой я говорю: маленькіе шаги должны обусловить и мелкіе жесты и дѣтскій голосокъ и, можетъ быть, даже дѣтское выраженіе лица.

Роль внушенія въ увеличеніи количества преступленій всѣмъ извѣстна. Эти послѣднія даже совершаются въ той именно обстановкѣ, въ какой было совершено первое, показавшее примѣръ. Всѣ мы помнимъ женскіе трупы, разрѣзанные на кусочки и зашитые въ кулекъ; цѣлые ряды самоубійствъ, совершенныхъ по одному и тому же способу; знаменитый крюкъ, на которомъ послѣдовательно повѣсилось семеро солдатъ, и проч. и проч. Отсюда — вредъ слишкомъ частаго и подробнаго рекламированія сенсаціонныхъ извѣстій, вредъ, въ причиненіи котораго повинна, главнымъ образомъ, пресса. Редакторъ Morning Herald'а заявилъ, что онъ не будетъ впредь помѣщать на страницахъ своего журнала никакихъ описаній убійствъ, самоубійствъ, случаевъ помѣшательства, вообще никакихъ заразительныхъ извѣстій, и онъ держитъ свое слово.

Авторитетъ, которымъ пользуются нѣкоторыя личности въ обществѣ, также можетъ быть объясненъ заразительностью нѣкоторыхъ состояній сознанія, характерной чертой которыхъ можно считать глубокую вѣру, интенсивность убѣжденій. Покорность, подчиненіе одного лица другимъ — есть результатъ удачнаго внушенія, а способность внушать выражается въ способности убѣждать, увѣренно настаивать на чемъ либо. Такимъ образомъ, темпераменты, наиболѣе пользующіеся авторитетомъ, суть тѣ, кототорые способны наиболѣе самоувѣренно утверждать, наиболѣе вѣрующіе или, покрайней мѣрѣ, кажущіеся таковыми, благодаря своей наружности, жестамъ, тону голоса и проч. Глубокая вѣра проявляется у нихъ въ энергіи воли; за ихъ утвержденіемъ проглядываетъ желаніе утвердить: «это такъ»—на ихъ языкѣ значитъ: «я хочу, чтобы это такъ было». Но въ результатѣ все же является общій законъ: всякая сильная воля увлекаетъ окружающихъ и внушаетъ имъ волевыя движенія въ одномъ съ собою направленіи; всякая сильная вѣра въ какой нибудь предполагаемый феноменъ (напримѣръ, въ идеалъ), гнѣздящаяся въ индивидуальномъ сознаніи, стремится распространиться на другія сознанія, объединяетъ ихъ и тѣмъ самымъ подготовляетъ благопріятныя условія для реализаціи своего объекта [1]). То, что я ясно вижу, то, во что я твердо вѣрю — то увидятъ и въ то увѣруютъ всѣ [2]); а во что всѣ вѣрятъ, то уже есть — по крайней мѣрѣ постольку, поскольку коллективная вѣра въ извѣстный объектъ равносильна его реализаціи.

---

[1]) Поразительный примѣръ силы идеи.

[2]) Дѣло, однако же, едва ли совершается такъ просто. Въ могуществѣ идеи, въ заразительности какъ ея, такъ и волевыхъ движеній, нельзя сомнѣваться. Но заразительность эта требуетъ, должно быть, еще какихъ нибудь условій, кромѣ существованія зерна заразы. Противоположныя идеи часто борятся между собою въ обществѣ и побѣждаетъ, при этомъ, не всегда та изъ нихъ, за которую стоитъ сильнѣйшая вѣра и сильнѣйшая воля. Примѣръ—многовѣковая борьба первыхъ христіанъ съ язычествомъ. Для распространенія идейной заразы, также какъ и физической, нужна, вѣроятно благопріятная почва. Противоположныя идеи, противоположныя внушенія—могутъ, вѣроятно, задушить ее, если не качествомъ, то количествомъ. Прим. Перев.

Второй общій законъ состоитъ въ томъ, что з
разительность контагія вѣры и воли прямо пр
порціональна силѣ ихъ напряженія, то ес
полнотѣ первоначальной внутренней реализаці
ихъ объекта. Кто самъ сильно вѣритъ и энергич
дѣйствуетъ, тотъ и къ другимъ сильнѣе прививает
свою вѣру и свою энергію. Энергичный волевой акт
тотчасъ же превращается въ приказаніе: власть ес
реализація, воплощеніе волевой энергіи. Ораторы
шарлатаны всякаго рода прекрасно знаютъ зараз
тельную силу рѣшительности и твердости; стоит
послушать, какимъ самоувѣреннымъ тономъ и с
какимъ оттѣнкомъ полнаго убѣжденія настаиваю
они на томъ, въ чемъ хотятъ убѣдить слушателе
Ихъ тонъ — есть ихъ первое, а часто и единственн
доказательство.

Для субъектовъ, поддающихся гипнозу — а къ т
ковымъ принадлежатъ 30% нормальныхъ людей — д
статочно простого утвержденія, сдѣланнаго авторите
нымъ тономъ и лицомъ, которому они вѣрятъ, чтоб
вызвать на яву настоящія иллюзіи и галлюцинаці
Одинъ изъ паціентовъ д-ра Bernheim'а, находясь в
состояніи бодрствованія, ясно видѣлъ все, на сущ
ствованіи чего настаивалъ докторъ; такъ ясно в
дѣлъ, что вызывался даже быть свидѣтелемъ на су
и подтвердить свои показанія присягою. Внушенна
галлюцинація можетъ стать, такимъ образомъ, исхо
ной точкой поведенія и повлечь за собою весьм
серьезныя для общества послѣдствія. Въ тонѣ голос
заключена великая сила, которой особенно легко под
чиняются дѣти и лица, поддающіяся гипнозу. П
словамъ Delboeuf'а, тономъ голоса онъ можетъ заст

вить одну изъ своихъ паціентовъ признавать свою сѣдую бороду черною, совсѣмъ или на половину. Въ этомъ тонѣ есть безконечное множество оттѣнковъ, и поддающіеся гипнозу люди угадываютъ ихъ значеніе несравненно легче чѣмъ нормальный человѣкъ, почему и реагируютъ на нихъ преувеличенно. Вліяніе внушенія значительно усилится, если къ тону голоса будутъ присоединены жесты или примѣръ. Binet и Féré замѣтили, что одинъ изъ изслѣдованныхъ ими субъектовъ вытягиваетъ на динамометрѣ гораздо меньше, когда ему только приказываютъ тянуть сильнѣе, чѣмъ тогда, когда ему показываютъ примѣръ. Всякій сильный импульсъ у сознательнаго существа, превращается въ нѣчто въ родѣ внутренняго голоса, говорящаго: дѣлай — не дѣлай, или — стой. Онъ принимаетъ форму точнаго и подробнаго внушенія, изъ самой этой точности черпающаго свой авторитетъ и становящагося, при достаточной энергіи, чувствомъ долга, повелѣнія котораго выражаются уже нѣсколько иначе: нужно сдѣлать это — не слѣдуетъ дѣлать того.

Рѣчь человѣка есть продуктъ естественной и необходимой эволюціи его интеллекта — доказательство отчетливости его сознанія, степень развитія его идей и чувствъ. Поэтому, всякое слово (особенно въ конкретныхъ языкахъ первобытныхъ народовъ) неотдѣлимо отъ представляемой имъ идеи или чувства и возбуждаетъ ихъ своимъ звукомъ. Съ другой стороны, всякій образъ, живущій въ сознаніи, стремится проявить себя дѣйствіемъ, и слово, соотвѣтствующее образу, есть начало этого дѣйствія. Всѣ слова извѣстнаго языка, въ особенности первобытнаго, суть потенціалы, борящіеся другъ съ другомъ за реализацію — внушенія, взаимно нейтрализующіяся. Когда кто-либо, пользующійся въ нашихъ глазахъ авторитетомъ, произноситъ передъ нами извѣстное слово, даетъ намъ извѣстную формулу, то онъ только дополняетъ латентное внушеніе, въ насъ самихъ заключенное, усиливаетъ заранѣе существовавшій импульсъ. Внутренній импульсъ, искавшій возможности проявиться въ дѣйствіи, и внѣшній импульсъ, даваемый нашему сознанію словомъ другого человѣка — суть двѣ силы, соединяющіяся между собою при нравственномъ внушеніи. Слово дѣйствуетъ тогда, какъ символъ волевого акта или чувства, имъ выражаемыхъ и возбуждаемыхъ. Гипнотизированный субъектъ, которому внушено украсть ложку, протягиваетъ руки къ часамъ, лежащимъ на столѣ; въ его сознаніи нравственная идея кражи отпечатлѣлась сильнѣе названія предмета, который онъ долженъ украсть. Другой субъектъ, получившій отъ доктора Bernheim'а внушеніе ощущать сильный запахъ одеколона, ощущаетъ запахъ уксуса. Слова, стало-быть, имѣютъ для гипнотизированныхъ значеніе лишь постольку, поскольку они опредѣляютъ характеръ дѣйствій; только этотъ характеръ важенъ, внѣшній же объектъ дѣйствія имѣетъ мало значенія.

Вѣра, какъ я уже сказалъ, играетъ важную роль при внушеніяхъ разнаго рода, и рѣзкость вызванныхъ внушеніемъ ощущеній, въ особенности зрительныхъ, даетъ возможность судить о силѣ вѣры, какъ со стороны гипнотизатора, такъ и со стороны гипнотизируемаго. Простое сомнѣніе съ чьей либо стороны уже ослабляетъ эффектъ внушенія. Binet приказалъ разъ гипнотизированному субъекту видѣть собаку, сидящую на коврѣ. Субъектъ исполнилъ приказаніе, но, такъ какъ ему показалось страннымъ, что въ лабораторіи вдругъ откуда-то взялась собака, то образъ ея вышелъ не яснымъ. «Вы хотите вызвать у меня галлюцинацію», сказалъ онъ гипнотизатору. «Да развѣ вы не видите собаки?» «Я ее вижу, но только воображеніемъ, на самомъ же дѣлѣ я знаю, что ея здѣсь не можетъ быть». Другой больной поспорилъ разъ съ докторомъ по поводу внушенія, и, когда Binet приказалъ ему молчать, то онъ замѣтилъ: «Я знаю, почему вы не хотите, чтобы я спорилъ—это ослабляетъ внушеніе». Уклончивая редакція внушенія:—«Мнѣ хотѣлось бы» или «попробуйте» сдѣлать то-то и то-то—обыкновенно не производитъ никакого эффекта или очень слабый, такъ какъ дозволяетъ сознанію субъекта отклоняться въ стороны отъ прямого пути, по которому должна быть направлена его воля. Возможность ослаблять эффектъ внушенія сомнѣніями объясняетъ, почему авто-внушенія удаются тамъ, гдѣ не удались внушенія обыкновенныя. Человѣкъ всегда сильнѣе вѣритъ въ то, что самъ передъ собою можетъ утверждать, чѣмъ въ то, что утверждаютъ передъ нимъ другіе. Если субъектъ самъ себѣ внушитъ какую-нибудь идею, говоритъ Binet, то эффектъ внушенія выходитъ крайне интенсивнымъ. По этому поводу слѣдуетъ привести одинъ изъ замѣчательнѣйшихъ опытовъ Binet. Извѣстно, что у субъекта, находящагося въ каталепсіи, всякое выразительное положеніе, данное членамъ, отражается тотчасъ же соотвѣтствующимъ измѣненіемъ физіономіи — такъ называемое му-

скульное внушеніе. Binet задался цѣлью уничтожи
эффектъ мускульнаго внушенія, при помощи пред
варительнаго внушенія нравственнаго. Для этой цѣл
гипнотизировавъ г-жу Ж., онъ предупредилъ ее, ч
приведетъ ее сейчасъ въ каталептическое состоян
и что лицо ея, при этомъ, должно оставаться совер
шенно безстрастнымъ, какія бы положенія онъ п
давалъ ея членамъ. Больная, вмѣсто того, чтобы по
чиниться этому приказанію, заспорила, говоря, ч
отъ нея требуютъ невозможнаго, что, находясь в
каталепсіи, она теряетъ сознаніе и не можетъ ра
порядиться выраженіемъ своего лица. Такъ и сл
чилось при опытѣ — мускульныя внушенія дава
полный эффектъ. Но, когда Binet, по окончаніи опыта
обманулъ больную, сказавъ ей, что она въ точност
исполнила его приказаніе, и затѣмъ тотчасъ в
вновь привелъ ее въ каталептическое состояніе, т
мускульныя внушенія уже не дѣйствовали, имен
потому, что больная убѣдилась въ возможности упра
влять своимъ лицомъ, даже и находясь въ безсозна
тельномъ состояніи. Такимъ образомъ, предварительно
нравственное внушеніе (или самовнушеніе) уничто
жило эффектъ внушеній мускульныхъ: рука, подно
симая ко рту, съ цѣлью послать воздушный поцѣ
луй — не вызывала соотвѣтствующей улыбки; сжаті
кулака — не вызывали гнѣвнаго выраженія лица
Нужно было по крайней мѣрѣ пять минутъ времен
и частыя, повторныя, движенія рукой, яко бы посы
лающей поцѣлуй, чтобы вызвать, наконецъ, улыбку

Отрицательное внушеніе, то есть приказаніе н
видѣть такого-то предмета или лица, находящагос
передъ глазами, не производить такого-то привыч-

наго акта — дѣйствуетъ столь же сильно, какъ и внушеніе положительное.

При этомъ, по замѣчанію Binet, вмѣсто вѣры внушается пессимизмъ, посредствомъ котораго можно ослабить, а иногда и совсѣмъ уничтожить реальныя перцепціи. Внушая кому либо, что онъ не можетъ двинуть рукою, мы на самомъ дѣлѣ парализуемъ его руку, прекращаемъ моторную силу, приводящую ее въ движеніе. Изъ этого можно вывести еще одинъ общій законъ: никакое проявленіе мускульной или чувственной дѣятельности не возможно безъ извѣстной вѣры въ себя, безъ увѣренности получить опредѣленный, привычный результатъ. Рѣшимость дѣйствовать сводится, такимъ образомъ, къ вѣрѣ въ возможность проявить дѣятельность и, если эта вѣра поколеблена, то и рѣшимость исчезаетъ. Вся сознательная жизнь покоится на довѣріи къ себѣ, которое, хотя и становится привычнымъ, но легко можетъ быть поколеблено вмѣшательствомъ сомнѣнія — рефлексіи.

III. Внушеніе какъ средство нравственнаго воспитанія и какъ измѣнитель наслѣдственности.

Состояніе только что появившагося на свѣтъ ребенка можно сравнить съ гипнозомъ — тотъ же «аидеизмъ», или отсутствіе идеи, тотъ же «моноидеизмъ», или одноидейность. Не даромъ дѣти въ высшей степени легко поддаются гипнозу, внушеніямъ и автовнушеніямъ [1]).

---

[1]) Д-ръ Motet, 12 апрѣля 1887 года, сдѣлалъ Медицинской Академіи весьма интересный докладъ о лжесвидѣтельствахъ дѣтей

Такимъ образомъ все, что ребенокъ пойметъ или почувствуетъ — будетъ служить для него внушеніемъ; это внушеніе послужитъ исходной точкой для привычекъ, которыя могутъ сохраниться въ теченіе всей его послѣдующей жизни, какъ сохраняется, напри-

передъ судомъ. Напомнивъ сначала, какъ трогательно слышать разсказъ о преступленіи отъ ребенка, авторъ передаетъ нѣсколько фактовъ, рѣзко характеризующихъ нравственное состояніе дѣтей-обвинителей и объясняющихъ психическій механизмъ ихъ лжесвидѣтельства. Во многихъ изъ этихъ случаевъ, самыя серьезныя обвиненія были мотивированы желаніемъ скрыть или оправдать какой нибудь ничтожный проступокъ. То мать, расспрашивая дѣвочку, совершенно безсознательно подскажетъ ей — внушитъ — цѣлую исторію попытокъ изнасилованія, и дѣвочка повторяетъ эту исторію передъ судомъ; то самъ ребенокъ, подъ вліяніемъ воображенія и нравственнаго шока, полученнаго при случайномъ паденіи въ воду, изобрѣтаетъ цѣлую драму и обвиняетъ постороннее лицо въ намѣреніи утопить его. Въ одномъ случаѣ простая галлюцинація служитъ исходнымъ пунктомъ къ обвиненію въ нарушеніи цѣломудрія. Въ другихъ — чрезчуръ строгій тонъ допроса обусловливаетъ въ дѣтской душѣ безсознательную работу ассимиляціи, въ силу которой онъ самъ обвиняетъ себя въ преступленіи, котораго онъ не совершилъ, или свидѣтельствуетъ о фактахъ, которыхъ не видалъ. Во всѣхъ этихъ случаяхъ проявляется эффектъ внушенія или самовнушенія, дѣйствующаго на несовершенный мозгъ ребенка преувеличеннымъ образомъ. Между тѣмъ какъ взрослый, сознательно дающій ложныя показанія, стараясь побольше подойти къ правдѣ, путается обыкновенно въ подробностяхъ, перевначиваетъ ихъ при перекрестномъ допросѣ, вообще самъ себѣ противорѣчитъ, срѣзывается, наконецъ, по судейскому выраженію — ребенокъ-лжесвидѣтель автоматически повторяетъ все одно и то же, въ однихъ и тѣхъ же выраженіяхъ, не смущаясь нелѣпостью своего показанія, за чемъ и ловится обыкновенно. «Когда врачъ-экспертъ, говоритъ Motet, нѣсколько разъ слышитъ отъ ребенка однѣ и тѣ же подробности, когда достаточно завести этого послѣдняго, чтобы прослушать все ту же пьесу, однообразно выполненную — то, это можетъ служить вѣрнымъ признакомъ, что ребенокъ не говоритъ правды, безсознательно замѣнивъ ее выдуманнымъ или откуда нибудь почерпнутымъ разсказомъ».

вѣръ, страхъ темной комнаты, привитый нянькою или кормилицей. Внушеніе, какъ я уже сказалъ, есть снабженіе человѣческаго сознанія вѣрою, которая послѣ уже сама собой реализуется въ дѣйствіи, такъ что способность дѣлать моральныя внушенія можетъ быть названа искусствомъ измѣнять личность, вводя въ нее новые мотивы дѣятельности. Это искусство должно служить главной точкой опоры для воспитанія. Всякое воспитаніе должно поставить себѣ цѣлью: убѣдить ребенка въ томъ, что онъ способенъ на добро и неспособенъ на зло — для того, чтобы на самомъ дѣлѣ вложить въ него эту способность и неспособность; убѣдить его въ томъ, что воля его сильна — для того чтобы въ самомъ дѣлѣ снабдить его сильной волей; убѣдить его въ томъ, что онъ нравственно вполнѣ свободенъ — дабы «идея нравственной свободы» стремилась въ немъ прогрессивно реализироваться. Нравственное рабство — «абулія», какъ его называютъ — сводится или къ безсознательности, къ безпечности, съ которою человѣкъ безъ критики и борьбы поддается противоположнымъ импульсамъ, или къ вѣрѣ въ свою неспособность противустоять имъ, въ свое безсиліе, въ то, что сознаніе никоимъ образомъ не можетъ вліять на идеи и склонности, въ немъ гнѣздящіяся. Не вѣрить въ сдерживающую силу своего собственнаго сознанія, значитъ отдаться во власть случайныхъ импульсовъ. Потому-то гипнотизеръ, внушая какое либо дѣяніе, внушаетъ вмѣстѣ съ тѣмъ и идею о невозможности ослушаться данныхъ имъ приказаній: онъ создаетъ заразъ и тенденцію дѣйствовать, и увѣренность въ невозможности сопротивляться этой тенденціи, онъ возбуждаетъ нервные центры въ одной точкѣ, парализуя всѣ остальные; онъ выдѣляетъ извѣстный импульсъ изъ среды, которая могла бы ему противодѣйствовать — создаетъ вокругъ этого импульса пустоту. Другими словами — онъ устраиваетъ искусственную абулію, вполнѣ похожую на то болѣзненное состояніе, о которомъ мы выше говорили. Bernheim, напримѣръ, внушилъ одному изъ своихъ субъектовъ идею украсть что либо, не предупредивъ его въ невозможности нарушить приказаніе. Когда субъектъ проснулся, то онъ протянулъ было руку къ часамъ, но во-время остановился, говоря что «красть не слѣдуетъ». Во время другаго сеанса Bernheim внушилъ ему мысль украсть ложку, и положить ее въ карманъ, добавивъ, что онъ не можетъ поступить иначе. Проснувшись, субъектъ, послѣ нѣкотораго колебанія (увѣренность не была достаточно сильна) исполнилъ, что ему было приказано, сказавъ при этомъ «ну, чортъ возьми, тѣмъ хуже!»

Иногда достаточно бываетъ намекнуть дѣтямъ или молодымъ людямъ на то, что ихъ считаютъ способными совершить тотъ или другой хорошій поступокъ, и они его совершаютъ въ дѣйствительности. Дурное же объ нихъ мнѣніе, дурное къ нимъ отношеніе и незаслуженные выговоры приводятъ къ результатамъ противоположнымъ. Совершенно справедливо говорится, что все искусство воспитывать дѣтей состоитъ въ томъ, чтобы смотрѣть на нихъ, какъ на такихъ, какими бы мы желали ихъ видѣть. Внушите гипнотизированному субъекту, что онъ свинья — и онъ начнетъ хрюкать. То же самое происходитъ и съ тѣми, которые теоретически цѣнятъ себя не выше поросенка—на практикѣ ихъ поведеніе вполнѣ оправдаетъ теорію. Таковъ эффектъ самовнушенія.

Тѣ же принципы могутъ быть приложены и къ искусству управлять взрослыми людьми. Множество фактовъ изъ тюремной жизни доказываютъ, что поведеніе арестанта обусловливается хорошимъ или дурнымъ мнѣніемъ объ немъ тюремнаго начальства. Поднять человѣка въ его собственномъ мнѣніи и во мнѣніи окружающихъ—есть лучшее средство измѣнить его въ хорошую сторону.

Одного пожатія руки, даннаго энтузіастомъ-адвокатомъ закоренѣлому вору-рецидивисту, достаточно было для того, чтобы произвести сильное и продолжительное нравственное впечатлѣніе на этого послѣдняго. Арестантъ, инстинктивно защитившій директора тюрьмы отъ нападенія одного изъ своихъ товарищей, вдругъ и совершенно измѣнился—хорошій поступокъ спасъ его отъ его собственныхъ дурныхъ наклонностей и вывелъ изъ прежней нравственной колеи: онъ сталъ вполнѣ порядочнымъ человѣкомъ. Проявленіе уваженія есть одна изъ могущественнѣйшихъ формъ внушенія [1]). Равно какъ и пре-

[1]) Отъ чего зависятъ рецидивы, отъ неисправимости преступленія или отъ дурного устройства тюремъ, въ которыхъ арестанты со всѣхъ сторонъ получаютъ вредныя внушенія? Послѣднее предположеніе кажется болѣе вѣроятнымъ, такъ какъ число рецидивовъ находится въ зависимости отъ организаціи тюремнаго дѣла. Въ Бельгіи, напримѣръ, рецидивисты составляютъ 70%, во Франціи—40%, при одиночномъ заключеніи—10%, а при системѣ, индивидуализирующей наказаніе (Zwickau) всего только 2,6%. Значитъ, при настоящемъ состояніи науки, мы имѣемъ право думать, что только 2% преступниковъ совершенно неисправимы, остальные же поддерж-

зрѣніе, только это послѣднее достигаетъ противоположныхъ цѣлей, то есть дѣлаетъ человѣка еще хуже, чѣмъ онъ былъ. Поэтому, воспитывая ребенка, слѣдуетъ всегда помнить вышеустановленное правило — предполагать въ немъ хорошія качества и добрую волю. Всякое заключеніе о нравственности ребенка, высказанное ему въ лицо, немедленно становится внушеніемъ. «Какъ онъ золъ или лѣнивъ... ему ни за что не сдѣлать того или этого» — сколько пороковъ получили свое начало вовсе не изъ наслѣдственнаго предрасположенія, а изъ такихъ вотъ фразъ, вообще изъ неумѣлаго воспитанія [1]). Поэтому, когда ребенокъ сдѣлалъ что нибудь нехорошее, то не слѣдуетъ преувеличивать въ его глазахъ дурное значеніе его проступка. Дѣти, вообще, живутъ слишкомъ безсознательной жизнью для того, чтобы дѣлать зло предумышленно; навязывая имъ предвзятыя намѣренія, злую волю, воспитатели не только ошибаются, но даже часто внушаютъ имъ эту волю; предположить порокъ, значитъ, иногда — создать его. Поэтому, дѣлая выговоръ ребенку, слѣдуетъ всегда стараться уменьшить вину по возможности, убѣдить виновнаго, что онъ самъ не зналъ, что дѣлалъ, указать ему къ какимъ послѣдствіямъ ведетъ его поступокъ и что объ немъ могутъ подумать посторон-

---

вается на пути преступленія средой, въ которой живутъ, и вообще внушеніями. Да вѣдь и эти два процента, кромѣ рокового вліянія атавизма, могли подвергаться дурнымъ внушеніямъ въ дѣтствѣ, то есть въ такое время, когда внушенія дѣйствуютъ всего сильнѣе.

[1]) Рецептъ отъ неудержимыхъ слезъ: «Иди сюда, голубчикъ, давай умоемся; посмотри, какіе у тебя красные глаза» — внушеніе утѣшающей идеи взамѣнъ грустной, которая господствовала.

ніе люди. Если человѣкъ, преслѣдуемый угрожающей толпою, вздумаетъ подсказать ей какую нибудь готовую формулу относительно своей участи—крикнуть, напримѣръ, что его хотятъ повѣсить—то формула эта, по всей вѣроятности, будетъ тотчасъ же къ нему приложена. То же самое происходитъ и съ толпою дурныхъ инстинктовъ, просыпающихся порою временамъ въ дѣтскомъ сердцѣ; никогда не слѣдуетъ подсказывать этимъ инстинктамъ готовую формулу, изъ опасенія не только дать имъ исходъ въ дѣйствіе, но даже иногда создать ихъ заново. Воспитатели, вообще, не должны забывать слѣдующаго важнаго правила: насколько полезно дѣлать сознательными добрые инстинкты ребенка, настолько-же вредно вносить сознаніе въ дурныя его наклонности.

Чувство есть такое сложное явленіе, что родители никакъ не могутъ создать его выговоромъ; констатируя, напримѣръ, холодность ребенка по отношенію къ нимъ, они не заставятъ его любить себя; напротивъ—надо ожидать, что такое констатированіе только усилитъ его обычную холодность. Упрекать ребенка можно лишь за поступки, имъ совершенные, или за неисполненіе такихъ, которые должны быть совершены; что же касается чувства, то его слѣдуетъ внушать.

Внушеніе можетъ временно ослаблять и усиливать даже интеллектуальныя способности; можно внушить человѣку, что онъ глупъ, что онъ не въ состояніи понять или сдѣлать то-то и то-то—и онъ въ самомъ дѣлѣ не пойметъ или не сдѣлаетъ. Воспитатель долженъ, напротивъ, внушать ребенку, что онъ все можетъ понять и сдѣлать. «Человѣкъ такъ устроенъ, сказалъ Паскаль, что, при настойчивости, его можно увѣрить въ чемъ угодно, и самъ онъ также способенъ убѣдить себя во многомъ, въ дѣйствительности не существующемъ. Дѣло въ томъ, что человѣкъ самъ съ собою ведетъ внутренніе разговоры, которые слѣдуетъ строго дисциплинировать: corrumpunt mores bonos colloquia prava»...

На все, что ребенокъ говоритъ или дѣлаетъ, слѣдуетъ смотрѣть снисходительно, для того, чтобы не обидѣть прирожденную его застѣнчивость. Вѣдь онъ ничто иное, какъ неловкій новичекъ въ жизни, и самъ это понимаетъ. Каждое слово, произнесенное имъ въ присутствіи старшихъ, каждый жестъ, каждое движеніе требуютъ большого запаса мужества съ его стороны, и мужество это должно быть поощряемо, такъ какъ иначе застѣнчивость парализуетъ ребенка окончательно. Всякое наставленіе, если оно оказывается нужнымъ, должно быть сдѣлано мягко, въ формѣ совѣта, какъ слѣдуетъ поступать, чтобы легче достичь цѣли. Нужно беречь силы ребенка, устраняя излишнія ихъ напряженія и указывая на тѣ, которыя должны быть сдѣланы.

Почему считается полезнымъ давать дѣтямъ уроки, возлагать на нихъ опредѣленныя обязанности? Потому что это пріучаетъ ихъ сначала желать, а потомъ достигать желаемаго, то есть мочь[1].

---

[1]) Но для того, чтобы не получить результата діаметрально противоположнаго, нужно стараться задавать такіе уроки, которые были бы ниже силъ ребенка. Урокъ долженъ рости параллельно этимъ послѣднимъ и притомъ такъ, чтобы упражнять вниманіе и волю ребенка, отнюдь ихъ не утомляя. Отецъ Паскаля, по словамъ г-жи Périer, всегда держался этого правила по отношенію къ своему сыну.

Болѣе всего слѣдуетъ стараться развить въ ребенкѣ довѣріе къ самому себѣ, вѣру въ свои силы. Мы всѣ горды, но не каждый изъ насъ достаточно вѣритъ въ себя, достаточно настойчивъ въ достиженіи своихъ желаній. Всѣ пропитаны благими намѣреніями, но не многіе пробуютъ осуществить ихъ, или, попробовавъ, весьма быстро отступаются, причемъ гордость ихъ мирится съ внутреннимъ униженіемъ. «Имѣйте вѣру», говорятъ религіи [1]).

Для того чтобы быть нравственнымъ, также необходимо вѣрить въ себя, въ свою способность обойтись безъ всякой внѣшней помощи. Плодотворный источникъ добра долженъ изливаться прямо изъ сердца, не дожидаясь мановенія чудотворнымъ жезломъ со стороны какого нибудь новаго Моисея и не изсякая подъ вліяніемъ сомнѣнія. Это послѣднее можетъ окончательно высушить и обезплодить наше сердце, парализовать нашу волю. Для того, чтобы избавиться отъ сомнѣнія, мы должны вѣровать въ могущество царя, живущаго въ насъ самихъ. Преобладающая идея религіозной морали состоитъ въ томъ, что воля человѣческая безсильна при отсутствіи благодати; что желать и мочь—два дѣла разныя, благодаря первородному грѣху, гнѣздящемуся въ сердцѣ человѣка ([1]). Понятіе о первородномъ грѣхѣ внушалось, такимъ образомъ, съ дѣтства и производило эффектъ совершенно такой же, какой былъ бы произведенъ наклонностью къ грѣху, передаваемой по наслѣдству. По мнѣнію индусовъ, въ

---

[1]) Съ той только разницей, что они говорятъ это не про вѣру въ самого себя. Прим. Перев.

насъ сидятъ два враждующіе между собою я, одинъ добрый, а другой—злой. Злой я, по христіанскимъ понятіямъ, воплощается въ сатанѣ, который неизмѣнно присутствуетъ въ сердцѣ лучшаго изъ насъ. Такимъ образомъ понятіе о первородномъ грѣхѣ давало начало настоящимъ галлюцинаціямъ, раздвоенію индивидуальности, такому же, какое встрѣчается при нѣкоторыхъ болѣзняхъ. Но теперь мы не чувствуемъ болѣе демона, сидящаго внутри насъ — не должны его чувствовать; мы должны теперь громко провозгласить, что люди, «одержимые бѣсомъ», суть слабые и больные люди, здоровый же человѣкъ отъ природы добръ — что ὑγιὴς есть настоящій ἅγιος. Въ нравственности, какъ и въ религіи, идея спасенія (salut) есть преобладающая. Но ея не слѣдуетъ разсматривать какъ простой короллярій идеи грѣха. Спасеніе мыслимо и безъ грѣха—Іисусъ Христосъ именно на этомъ настаивалъ. Ученіе о грѣхѣ есть самая слабая часть церковныхъ преданій. Правда, что въ понятіи о грѣхѣ находится многое, достойное уваженія, напримѣръ, раскаяніе—болѣзнь совѣсти, возмущенной малѣйшимъ отступленіемъ отъ идеала; но не слѣдуетъ, однако же, желать, чтобы эта болѣзнь наполнила собою всю жизнь, давая начало настоящему нравственному пессимизму. Если для души полезно остерегаться самой себя, то хорошо также и вѣровать въ свои собственныя силы: через-чуръ интенсивное чувство грѣха можетъ привести къ нравственному параличу. Предметъ крайняго ужаса притягиваетъ иногда, какъ глаза очковой змѣи; натура человѣческая развращается, считая себя неизлечимо развращенною. Такъ что нравственное ученіе Конфуція, настаивающее на врожденности и преобладаніи въ нормальномъ человѣкѣ добрыхъ стремленій, должно вліять на душу несравненно благотворнѣе, чѣмъ, напримѣръ, браманизмъ. Будучи спорнымъ съ точки зрѣнія абсолютной истины, ученіе это все же очень полезно, какъ матерьялъ для воспитательныхъ внушеній: «Я говорю, что натура человѣческая наклонна къ добру, пишетъ Мэнгъ-Тзеу... нѣтъ человѣка, который бы не былъ отъ природы добрымъ, такъ же какъ нѣтъ воднаго источника, который бы не слѣдовалъ по натуральному наклоненію своего русла... Сердце одинаково у всѣхъ людей. Что же общаго имѣютъ между собою сердца человѣческія, если не природную наклонность къ благоразумію и къ справедливости?... Справедливость пріятна нашему сердцу, какъ сахаръ устамъ... Родъ человѣческій, созданный небомъ, получилъ отъ него въ даръ *способность* дѣйствовать и *правила* дѣйствій». Современная философія, признающая значеніе наслѣдственности въ дѣлѣ постановки человѣческаго характера, должна возвратиться, въ нѣкоторой степени, къ древней мудрости Китая—освободить человѣка отъ его роковаго грѣха, показать, что нравственный долгъ не только предполагаетъ существованіе способности дѣйствовать, но что онъ изъ нея вытекаетъ, составляетъ нормальное ея упражненіе, что тотъ, кто благоразумно и обдуманно дѣлаетъ, что *можетъ*, дѣлаетъ, въ то же время, и то, что *долженъ*. «Замѣтили ли вы, наивно говоритъ Мэнгъ-Тзеу, что въ годы изобилія люди дѣлаютъ много добрыхъ дѣлъ, а въ годы голода—много злыхъ?» И онъ вполнѣ правъ: всѣ причины несогласій между людьми всегда могутъ быть сведены къ той или другой формѣ куска хлѣба насущнаго; настоящій грѣхъ рода человѣческаго есть голодъ, въ разныхъ его видоизмѣненіяхъ. Организмъ, получающій достаточное питаніе не только для своей плоти, но и для малѣйшихъ развѣтвленій своихъ нервовъ, будетъ, за исключеніемъ случаевъ болѣзненнаго предрасположенія, вполнѣ уравновѣшеннымъ. Всякій порокъ, зависящій отъ нарушенія равновѣсія, сводится, научнымъ образомъ, къ плохому питанію какого нибудь важнаго органа [1].

Вообще натура человѣка не можетъ быть дурною уже потому, что онъ есть животное общественное. Правда, что пословица «Homo homini lupus est» оказывается иногда справедливою, но вѣдь и въ самихъ волкахъ есть же что нибудь хорошее, разъ они собираются стаями и устраиваютъ нѣчто вродѣ первобытнаго общества. Кромѣ того они имѣютъ честь быть близкими родственниками собаки — лучшаго изъ животныхъ. Если въ человѣкѣ иногда и проглядываютъ инстинкты волка, то въ немъ же проявляются инстинкты собаки и даже ягненка; изъ всего этого выходитъ смѣсь, не представляющая идеальной чистоты и святости, но все таки такая, что китайская мудрость вполнѣ резонно относится къ ней съ уваженіемъ. Всякое существо, не изъ одной клѣточки состоящее, непремѣнно заключаетъ въ себѣ

---

[1]) Изъ всѣхъ вышеприведенныхъ разсужденій вытекаетъ одно неотразимое послѣдствіе: человѣкъ, организмъ котораго не уравновѣшенъ, благодаря плохому питанію, можетъ, а, стало-быть, и долженъ, нравственно-обязанъ, скушать своего ближняго...

Прим. Перев.

что нибудь хорошее, потому что оно представляетъ собою эмбріональное общество, а общество не можетъ существовать безъ нѣкотораго равновѣсія между дѣятельностью его членовъ, безъ справедливости. Даже существо одноклѣточное, при тщательномъ разсмотрѣніи, оказывается сложнымъ: въ природѣ нѣтъ ничего *простого*, а все сложное не можетъ быть абсолютно эгоистичнымъ. Человѣкъ есть наиболѣе сложное изъ всѣхъ извѣстныхъ намъ существъ, а потому и наиболѣе солидарное, такъ сказать, съ природою; а кромѣ того онъ есть существо, наиболѣе сознающее эту солидарность. Итакъ, *лучшимъ слѣдуетъ считать того человѣка, который яснѣе другихъ сознаетъ свою солидарность съ другими существами и вообще со Вселенною.*

Главная цѣль воспитанія, какъ я уже сказалъ, состоитъ въ томъ, чтобы создать, посредствомъ *прямого внушенія или примѣра*, цѣлый рядъ стойкихъ *привычекъ, рефлективныхъ импульсовъ*, способныхъ усилить импульсы наслѣдственные или, напротивъ, задушить ихъ, стать на ихъ мѣсто. Внушеніе идеи или дѣйствія является самымъ лучшимъ лекарствомъ противъ *искушающихъ инстинктовъ* — всѣ воспитатели чувствуютъ это болѣе или менѣе. Твердость и рѣшительность пріятны дѣтямъ даже тогда, когда прилагаются къ нимъ самимъ. Энергичная воля, стремящаяся поддержать добро и правду, импонируетъ имъ. Они восхищаются нравственной силой, такъ же какъ и физическою — инстинктъ наслѣдственный и благотворный для рода. Ребенокъ замѣчаетъ наиболѣе выдающіяся стороны окружающихъ его взрослыхъ людей и подражаетъ имъ. Поэтому, обладать сильной волей—значитъ содѣйствовать развитію ея въ дѣтяхъ; показывать имъ примѣръ стойкости въ добрѣ и правдѣ—значитъ дѣлать ихъ стойкими и правдивыми. Но пріемы воспитателя не должны походить на пріемы укротителя звѣрей (дрессёра, трэнера), который стремится развить въ животномъ только механическую покорность. Стремленіе сломить волю ребенка не входитъ въ цѣли воспитанія; нужно, напротивъ, укрѣплять эту волю, направляя ее, въ то же время, къ добру. На чемъ же долженъ быть основанъ авторитетъ воспитателя и какъ имъ слѣдуетъ пользоваться? Въ составъ авторитета входятъ три элемента: 1) любовь и уваженіе; 2) привычка подчиняться, развившаяся изъ самой практики подчиненія, 3) страхъ. Каждый изъ этихъ трехъ элементовъ можетъ служить основой воспитательскаго авторитета, но послѣдніе два подчиняются первому. Любовь и уваженіе смягчаютъ дѣло воспитанія и устраняютъ всякія кары. Любящій ребенокъ повинуется родителямъ, «чтобы не огорчить ихъ.» Въ наказаніяхъ нуждается лишь тотъ, которому не достаетъ любви; любите его больше, и вы не будете имѣть надобности его бить, такъ какъ любовь ваша вознаградится любовью и съ его стороны, а это чувство есть главный двигатель всякаго воспитанія. Любовь, кромѣ того, должна быть и единственной наградой для ребенка, если онъ заслуживаетъ ее своимъ поведеніемъ: «будь добръ, и ты будешь любимъ». И надо добиваться, чтобы онъ такъ цѣнилъ эту награду, что всѣ другія ничего бы въ сравненіи съ нею не значили. По мѣрѣ развитія своего разсудка, ребенокъ долженъ отбрасывать сначала страхъ, потомъ привычное повиновеніе, такъ чтобы остались одни только любовь и уваженіе или, лучше сказать, одна только любовь, такъ какъ уваженіе есть лишь форма этого основного чувства. Но разсудокъ долженъ устранить привычку и страхъ только тогда, когда любовь развилась уже настолько, чтобы вполнѣ замѣнить ихъ. Разсудочный анализъ, пробуя раціонализировать привычное подчиненіе, разрушаетъ его окончательно. То же, и въ еще большей степени, онъ производитъ съ чувствомъ страха: это чувство тогда только можетъ быть нравственнымъ, когда оно основано на уваженіи. Если ребенокъ начнетъ его анализировать и положитъ на вѣсы съ одной стороны удовольствіе поступать по своему, а съ другой — непріятность наказанія, то онъ долженъ будетъ или окончательно возмутиться, или уступить изъ трусости; а вѣдь ребенокъ не преступникъ, котораго общество наказываетъ, не заботясь о впечатлѣніи, которое будетъ произведено на него наказаніемъ. Нужно, стало быть, стараться, чтобы духъ анализа не вселился въ ребенка слишкомъ рано и не разрушилъ первыхъ элементовъ родительскаго авторитета, пока они еще не могутъ быть замѣнены сознательной любовью и сознательнымъ уваженіемъ [1]).

---

[1]) Практическое слѣдствіе: ребенку не слѣдуетъ оставлять времени на размышленіе—онъ долженъ подчиняться сразу, увлеченный раскаяніемъ въ своей ошибкѣ. Весьма важно, чтобы онъ всегда понималъ справедливость и заслуженность понесеннаго имъ наказанія, то есть чтобы онъ былъ наказанъ нравственно и сожалѣлъ о сдѣланномъ проступкѣ.

Тѣлесное наказаніе можетъ входить въ воспитаніе очень маленькихъ дѣтей, какъ одинъ изъ элементовъ авторитета воспитателей; но этому элементу не слѣдуетъ придавать слишкомъ важнаго и въ особенности преобладающаго значенія, такъ какъ иначе онъ приведетъ лишь къ трусливой покорности или къ открытому возмущенію. Для того, чтобы сознательно рѣшить, нужно ли тѣлесное наказаніе для маленькихъ дѣтей, слѣдуетъ прежде всего имѣть въ виду условіе, что родители, прилагая его на практикѣ, не выкажутъ ни грубости, ни злобы; въ противномъ случаѣ ребенокъ сочтетъ себя въ правѣ быть въ свою очередь злымъ и грубымъ. Родители могутъ *возмущаться* злымъ или несправедливымъ поступкомъ ребенка, но они не должны показывать, что *сердятся*. Тѣлесныя наказанія дѣтей оправдываются тѣмъ обстоятельствомъ, что въ дальнѣйшей жизни ребенокъ долженъ будетъ терпѣть тяжелыя и даже жестокія возмездія за свои дурные поступки и привычки, но возмездія эти являются не сразу по совершеніи дурного дѣянія, такъ что онъ, по свойственной дѣтямъ нравственной близорукости, не могъ бы понять связи между причиной и отдаленнымъ ея слѣдствіемъ. Нужно, стало быть, сблизить то и другое, нужно чтобы тѣлесное наказаніе замѣнило отдаленныя возмездія дурнаго поступка и казалось ребенку логическимъ его послѣдствіемъ. Однимъ словомъ, тѣлесное наказаніе должно быть для ребенка первымъ опытомъ общественнаго суда — первымъ наказаніемъ по вердикту, а потому имъ и не слѣдуетъ злоупотреблять, прилагая необдуманно. Съ педагогической точки зрѣнія я не могу не одобрить взглядовъ того избирателя (дѣло происходило въ центрѣ Франціи и совершенно достовѣрно), который, желая наказать своихъ дѣтей, требовалъ, чтобы наказаніе было произведено собственными руками парламентскаго депутата отъ того департамента, къ которому избиратель принадлежалъ. Къ несчастію не у всякаго избирателя депутатъ находится подъ руками, но тѣлесное наказаніе ребенка, тѣмъ не менѣе, всегда должно носить серьезный характеръ исполненія правосудія, а не простого удовлетворенія страсти (²). Ребенокъ есть рутинистъ по преимуществу, поэтому всѣ рѣзко-необычныя непріятности служатъ для него наказаніемъ и всякое наказаніе должно быть рѣзко-необычнымъ, то есть примѣняться лишь въ рѣдкихъ случаяхъ открытаго непослушанія. Этотъ-то исключительный характеръ наказанія и дѣлаетъ его особенно страшнымъ, особенно сильно вліяющимъ на духъ ребенка. Браните и бейте дѣтей ежедневно, и они привыкнутъ къ наказаніямъ, въ ущербъ своему характеру.

Надо, кромѣ того, всегда давать наказанію нравственный оттѣнокъ, чтобы вызвать у ребенка сожалѣніе о совершенномъ проступкѣ, такъ какъ безъ этого оно внушитъ лишь страхъ, ведущій къ лицемѣрію. Физическое наказаніе должно быть только символомъ нравственнаго и при первой возможности, то есть когда сознаніе ребенка разовьется въ достаточной степени, должно быть окончательно оставлено. Не слѣдуетъ, также, дѣлать двухъ выговоровъ сразу или двухъ наказаній, хотя бы и за разные проступки, но на близкомъ разстояніи другъ отъ друга, такъ какъ это ведетъ къ образованію привычки быть наказаннымъ. Если ребенокъ «грѣшитъ» слишкомъ часто, то, наказавъ его за первый проступокъ, лучше закрывать глаза на остальные[1]) или перемѣнить какъ нибудь тонъ обращенія. Замѣчая въ ребенкѣ дурныя намѣренія, слѣдуетъ попробовать развлечь его и тѣмъ устранить ихъ выполненіе. Наконецъ, слѣдуетъ помнить, что наказанія дѣйствуютъ не мгновенно, а только тогда, когда переварятся, такъ сказать, умомъ ребенка и займутъ въ немъ мѣсто одного изъ обычныхъ послѣдствій дурного поступка и двигателей на добрые. Время есть необходимый факторъ въ развитіи нравственности ребенка, и воспитатель, подражая природѣ, долженъ выжидать естественной эволюціи.

Не имѣя въ виду разводить маленькихъ резонеровъ и совѣтуя избѣгать слишкомъ ранняго развитія разсудочности въ дѣтяхъ, я все-таки думаю, что они всегда должны понимать основательность даваемыхъ имъ приказаній или, по крайней мѣрѣ, вѣрить, что эти приказанія основательны. Къ любви и уваженію должно, такимъ образомъ, присоединиться довѣріе. Ребенокъ разъ навсегда долженъ убѣдиться, что родители его желаютъ ему добра и вообще стремятся къ добру. Значитъ, искусство воспитанія состоитъ не только въ томъ, чтобы снабдить ребенка хорошими привычками, но и въ томъ, чтобы упрочить эти привычки сознаніемъ ихъ разумности[2]).

---

[1]) Едва ли это будетъ лучше—ребенокъ пріучится къ непослѣдовательности обращенія съ нимъ, какъ разъ къ тому, о чемъ авторъ говоритъ далѣе. Прим. Перев.

[2]) Поэтому самая важная ошибка, изъ всѣхъ совершаемыхъ при

Всякая профессія, всякое общественное положеніе психологически обставлены цѣлымъ комплексомъ постоянныхъ и координированныхъ внушеній, которыя заставляютъ человѣка дѣйствовать и жить согласно основной идеѣ, основному типу, обусловленному требованіями этихъ профессіи или положенія. Такое профессіональное внушеніе весьма ярко выражается въ томъ, что Richet называетъ «объективаціей типовъ», совершаемой гипнотизированными субъектами. Если такому субъекту внушить, что онъ — военный генералъ, то всѣ его дѣйствія будутъ сообразны съ его новымъ положеніемъ: у него явится

воспитанія, есть непослѣдовательность. Какъ въ обществѣ, въ которомъ не существуетъ правосудія, такъ и въ семьѣ, въ которой правила поведенія безпрестанно мѣняются, число преступленій должно расти. Слабая мать, безпрестанно угрожающая, но рѣдко выполняющая свои угрозы, говоритъ Спенсеръ, мать, которая «слишкомъ поспѣшно издаетъ законы и часто ихъ мѣняетъ», которая, за одинъ и тотъ же поступокъ, то бранитъ, то хвалитъ, смотря по расположенію духа, эта мать готовитъ много горя и себѣ и дѣтямъ. Послѣдніе будутъ современемъ презирать ее. «Жестокая, но послѣдовательная манера править людьми, все же лучше гуманной, но проводимой легкомысленно и нерѣшительно». Еслибы записывать по часамъ измѣнявшіяся мнѣнія и приказанія большей части родителей, говоритъ Жанъ Поль, то вышло бы что нибудь вродѣ слѣдующаго: Первый часъ: «дѣтямъ нужно внушать только чистую нравственность»; второй часъ: «но она все же должна быть направлена къ практической пользѣ»; третій часъ: «дѣлай такъ, какъ дѣлаетъ твой отецъ»; четвертый часъ: «ты слишкомъ малъ, чтобы подражать большимъ»; пятый часъ: «даже несправедливость переноси съ терпѣніемъ»; шестой часъ: «но мужественно защищайся когда на тебя нападаютъ»; седьмой часъ: «не шуми», восьмой часъ: «что ты сидишь какъ кукла» и такъ далѣе. Жанъ Поль вспоминаетъ по этому поводу арлекинаду, въ которой одинъ персонажъ появляется на сцену съ портфелями въ каждой рукѣ; въ одномъ изъ нихъ лежатъ «приказанія», а въ другомъ — «противу-приказанія».

авторитетный тонъ, генеральская походка, манера браться за эфесъ шпаги и проч.; преобразованный въ купца, онъ будетъ и вести себя по-купечески. Однимъ словомъ, прикажите ему воплотить одинъ изъ определенныхъ общественныхъ типовъ — и онъ исполнитъ приказаніе во всѣхъ подробностяхъ, — поддѣлаетъ тонъ голоса, жесты, даже почеркъ требуемаго типа. Въ жизни происходитъ какъ разъ то же самое: наше общественное положеніе постоянно, и даже, вопреки наслѣдственнымъ тенденціямъ, внушаетъ намъ поступки, сообразные нашей роли. Поэтому-то всякая почтенная профессія, настойчиво преслѣдуемая, оказываетъ морализующее вліяніе на человѣка, такъ какъ внушенія, ею обусловленныя, всегда приспособлены къ требованіямъ общественной жизни. Отсутствіе профессіи, напротивъ того, лишая человѣка вліянія правильно-координированныхъ внушеній, оставляетъ его рабомъ страстей и наслѣдственныхъ склонностей. Да не только профессія, а даже одинъ мундиръ обладаетъ громадной внушающей силой — не даромъ законодатели придаютъ ему такое важное значеніе. Мундиръ не есть простая дѣтская забава, онъ есть вывѣска профессіи, обязывающая къ цѣлому ряду систематическихъ и координированныхъ поступковъ. Правда, что «ряса не дѣлаетъ монаха», однако же уваженіе къ расѣ играетъ большую роль въ монашескомъ поведеніи.

Но есть профессія, общая всѣмъ намъ, это профессія человѣка, и есть роль всѣмъ свойственная — роль существа общественнаго; нужно, стало быть, чтобы идея общества, общественности, была каждому внушаема съ дѣтства, чтобы она срослась со всѣмъ существомъ нашимъ. Нужно, чтобы идеалъ человѣчности, гуманности поборолъ или измѣнилъ враждебные ему инстинкты, переданные по наслѣдству; чтобы передъ умомъ ребенка, съ ранняго дѣтства, стояла мысль Бенжамэна Констана, резюмирующая альтруизмъ во всей его полнотѣ: «больше всего остерегайтесь причинять горе другимъ» [1]). Есть чувства общественныя и есть чувства противуобщественныя; первыя слѣдуетъ развивать у дѣтей, а послѣднія — искоренять. Зародышъ противуобщественности гнѣздится иногда въ крайне незначительныхъ, съ виду, проявленіяхъ дѣтскаго нрава, такъ что, уже съ двухъ лѣтъ слѣдуетъ отучать ребенка отъ этихъ проявленій, напримѣръ, отъ привычки дуться, будировать. Будированіе есть первый шагъ къ противуобщественности, такъ какъ формула его — «дѣлать на зло». Поэтому слѣдуетъ отучать дѣтей дуться, быстро мирясь съ ними послѣ сдѣланнаго выговора, по крайней мѣрѣ тотчасъ же уступая ихъ попыткамъ помириться. Если эти попытки остаются

---

[1]) Характерное отличіе гуманности отъ настоящей, душевной доброты: Христосъ сказалъ: «Любите ближняго, какъ самого себя», а Констанъ говоритъ: «остерегайтесь причинять ему горе» (La grande chose à considérer c'est la douleur qu'on peut causer aux autres). Въ первомъ случаѣ рекомендуется совсѣмъ забыть о себѣ, слить свое существованіе съ существованіемъ ближнихъ, радоваться ихъ радостями и страдать ихъ страданіями; а въ послѣднемъ рекомендуется лишь не забывать объ нихъ, благоразумно и расчетливо, во имя своей же пользы, останавливая свои желанія на границахъ чужихъ интересовъ. Изъ этого слѣдуетъ, что гуманность есть лишь компромиссъ, практическое правило, идеаломъ же — недостижимымъ, но единственнымъ — остается все же слово Іисуса Христа и едва ли желательно замѣнять его, въ умахъ дѣтей, житейской уловкой. Прим. Перев.

безплодными, то ребенокъ привыкаетъ жить и чувствовать въ одиночку. Легкое смущеніе, оставленное въ немъ совершеннымъ проступкомъ и выговоромъ, не переходя въ настоящее раскаяніе, скоро замѣняется чувствомъ удовлетвореннаго самолюбія, самостоятельности и независимости. Тогда какъ, привыкнувъ быстро мириться и получать все-заглаживающій поцѣлуй, онъ уже не въ состояніи будетъ обходиться безъ этого послѣдняго, не въ состояніи будетъ быть въ ссорѣ съ кѣмъ нибудь, станетъ мучиться этой ссорой, раскаиваться въ причинѣ, ее вызвавшей, и, въ концѣ концовъ, постарается возстановить миръ, возобновить нарушенныя общественныя отношенія.

Другое противуобщественное и въ то же время угнетающее нравственное состояніе есть дурное расположеніе духа. Это состояніе въ высшей степени сложно, упорно и, чѣмъ раньше ребенокъ научится побѣждать его — тѣмъ лучше. Злобу, нетерпѣніе, ревность и тому подобныя острыя болѣзни духа побѣдить легко, но, при частомъ повтореніи, онѣ оставляютъ за собою особую, мрачную нравственную атмосферу, проявляющуюся на тысячу ладовъ и изъ которой выйдти весьма трудно. Эта атмосфера и есть дурное расположеніе духа. Ребенокъ, неумѣло задерживаемый на всякомъ шагу и по всякому поводу, съеживается, уходитъ въ себя, въ свою неопредѣленную грусть, а въ результатѣ изъ него образуется несчастный, слабый, легко обезкураживаемый человѣкъ. Дурное состояніе духа содержитъ въ зародышѣ всѣ бѣдствія неуравновѣшенныхъ натуръ, типами которыхъ полна современная беллетристика [1]). Поэтому нужно пріучать дѣтей къ веселью, къ прочному хорошему расположенію духа, свойственному людямъ, которые «ничего не имѣютъ на сердцѣ», ни въ чемъ не упрекаютъ ни себя, ни другихъ. У ребенка, выросшаго въ атмосферѣ любви и веселья, образуется такой запасъ этого послѣдняго, который годится ему на всю послѣдующую жизнь. Счастливый ребенокъ красивѣе, любезнѣе, искреннѣе и великодушнѣе другихъ. Видъ его открытой улыбки радуетъ и трогаетъ, какъ открытіе новой истины.

Имѣя въ виду, что общественная жизнь представляетъ собою рядъ взаимныхъ внушеній, слѣдуетъ стремиться къ тому, чтобы всѣ человѣчныя чувства росли, благодаря общенію, а не уменьшались. Этотъ послѣдній результатъ получается всегда отъ общенія съ людьми средняго нравственнаго калибра. Компанія такихъ людей годится лишь для того, чей нравственный и умственный уровень очень низокъ, но людямъ высокаго строя она вредна. Поэтому главной заботой воспитателя долженъ быть выборъ компаніи для его воспитанниковъ. Если компанія эта будетъ нравственно-возвышающая, то чувство общественной солидарности разовьется въ ребенкѣ въ хорошую сторону. При нѣкоторой нравственной чувствительности, онъ въ состояніи будетъ повторить слова Joubert'a—«доброта другихъ доставляетъ мнѣ

[1]) И надо думать, что тики эти развились, благодаря чересчуръ доктринерскому воспитанію, которое они получили. Задергать ребенка можно не только по небрежности, но и во имя науки. Прим. Перев.

столько же удовольствія, сколько и моя собственная». И надо, чтобы это такъ было, надо, чтобы мы дорожили добромъ, заключеннымъ въ другихъ, какъ нашимъ собственнымъ, въ силу сознанія высокой его цѣнности вообще.

Въ основѣ нравственной неуравновѣшенности лежатъ причины моральныя и соціальныя. Въ большей части неуравновѣшенныхъ душъ альтруистическія чувства отсутствуютъ; воспитаніе и общественныя внушенія могли бы, вѣроятно, развить эти чувства и тѣмъ возстановить равновѣсіе. Характеристическая черта преступника состоитъ въ полномъ отсутствіи чувства жалости; неужели соотвѣтственное воспитаніе не могло бы развить этого чувства у существа самаго плохо-одареннаго, въ степени хотя рудиментарной, но достаточной, чтобы повліять на его поведеніе?

Даже среди причинъ сумасшествія можно отвести нѣкоторое мѣсто для противуобщественности, такъ какъ постояннымъ его симптомомъ является преувеличеніе своего я и исключительная забота о себѣ. Отъ крайняго тщеславія — одинъ шагъ къ сумасшествію, а тщеславіе, гордость — первый изъ смертныхъ грѣховъ — есть только форма противуобщественнаго эгоизма. Человѣкъ, у котораго альтруистическія чувства достаточно развиты, всегда будетъ въ состояніи оцѣнить достоинства другихъ и найдетъ въ этой оцѣнкѣ противовѣсъ своему тщеславію. Нравственное и общественное внушеніе можетъ помѣшать даже образованію преобладающихъ идей у мономановъ преступленія и у сумасшедшихъ, такъ какъ элементы этихъ идей возникаютъ, большею частію, въ самые юные годы. Поэтому дѣлать людей нравственными значитъ водворять равновѣсіе не только въ ихъ поведеніи, но и въ разсудкѣ и во всемъ ихъ существѣ; а это равновѣсіе есть, въ то же время, гармонія съ другими — общественность.

Вообще, внушенія, механизмъ которыхъ наши психо-физіологи наблюдаютъ въ настоящее время, суть лишь курьезныя отдѣльныя проявленія вліянія среды на индивидуума — перцепція на перципирующаго. Эти внушенія могутъ, какъ мы видѣли, нарушить равновѣсіе организма, но они же, хотя нѣсколько труднѣе, могутъ и возстановить это равновѣсіе. Вліяніе общественной среды отнынѣ становится до такой степени яснымъ и доказаннымъ, что исключительные сторонники наслѣдственности преступленій и порока, непобѣдимаго вырожденія цѣлыхъ расъ, должны будутъ поневолѣ съ нимъ считаться. Наслѣдственныя наклонности суть лишь вѣками аккумулированныя привычки; дѣла и поступки нашихъ предковъ до сихъ поръ отражаются на насъ и иногда разрушаютъ наше внутреннее равновѣсіе. Лекарствомъ противъ такихъ капитализированныхъ привычекъ можетъ быть лишь живая дѣятельность, изъ которой, съ теченіемъ времени, могутъ капитализироваться новыя привычки, противоположныя наслѣдственнымъ. Вредное дѣйствіе наслѣдственности, то есть солидарности нашей съ предками, можетъ быть умѣрено, если не совсѣмъ уничтожено, нашей солидарностью съ человѣчествомъ современнымъ. Наслѣдственность и интеллектъ вліяютъ другъ на друга постоянно, и ни одною изъ этихъ силъ пренебрегать нельзя. Каждый индивидуумъ, рядомъ актовъ, составляющихъ суть его жизни и координирующихся въ наслѣдственныя привычки для его дѣтей, можетъ развратить или морализировать свое потомство, такъ же, какъ его предки развратили или морализировали его самого.

ГЛАВА ВТОРАЯ.

Генезисъ нравственнаго инстинкта. Роль наслѣдственности, идей и воспитанія.

I. Привычка, какъ сила, дающая мгновенные импульсы и прочныя наклонности.

Въ предыдущей главѣ мы видѣли, какъ воспитаніе и внушенія могутъ измѣнять нравственный инстинктъ, наслѣдственно присущій роду человѣческому. Теперь намъ предстоитъ рѣшить задачу болѣе глубокую и отвлеченную: мы должны спросить сами себя, не могутъ ли вышеписанные факторы, вообще — не могутъ-ли идеи, превращенныя въ чувства и при помощи наслѣдственности, создать этотъ самый инстинктъ. Однимъ словомъ, мы должны спросить себя: какую роль играютъ наслѣдственность, идеи и воспитаніе въ генезисѣ нравственности? Никакой другой пріемъ не поможетъ намъ такъ глубоко изучить обѣ стороны вопроса, служащаго предметомъ этой книги, въ ихъ взаимодѣйствіи.

1) Наслѣдственность и воспитаніе одинаково создаютъ въ насъ наклонности (pouvoirs), стремя-

щіяся къ проявленію и дѣйствительно проявляющіяся при удобномъ случаѣ. Что же такое слѣдуетъ понимать подъ словомъ наклонность? Это есть внутренній мотивъ для дѣятельности, которая въ данномъ случаѣ уже не будетъ чисто рефлективной, простой реакціей на внѣшній толчекъ. Чувствовать наклонность къ дѣятельности въ томъ или другомъ направленіи, значитъ чувствовать себя уже заранѣе органически приспособленнымъ къ извѣстной средѣ, къ извѣстнымъ обстоятельствамъ, вмѣсто того, чтобы приспособляться къ нимъ постепенно, путемъ борьбы и усилій. Говорить о наклонности, значитъ имѣть въ виду предварительное, конституціональное, приспособленіе — способность, готовую пробудиться и приступить къ дѣлу. Но всякая способность сводится къ индивидуальной или расовой привычкѣ, то-есть къ свойству, которое присуще всѣмъ живымъ существамъ и обусловливаетъ возможность воспитанія, вообще — дальнѣйшаго развитія. Съ другой стороны, извѣстно, что привычка составляетъ результатъ аккумуляціи однородныхъ дѣйствій и реакцій, хранящійся, такъ сказать, въ запасѣ и облегчающій всякій новый актъ, направленный въ ту же сторону. Наклонность, стало быть, есть ничто иное, какъ слѣдъ прошлой дѣятельности и колея для дѣйствій будущихъ — начавшееся приспособленіе, русло, по которому силы наши текутъ, наименѣе затрачиваясь на непроизводительную работу [1]; потенціальное со-

[1]) Едва ли такое опредѣленіе наклонности можно считать вполнѣ вѣрнымъ, такъ какъ изъ него слѣдуетъ, что путемъ приспособленія человѣку могутъ быть привиты любыя наклонности, а утверждать это мы не имѣемъ никакого права. Прим. Перев.

стояніе этихъ силъ, готовое, при благопріятныхъ условіяхъ, перейти въ дѣятельность.

Первоначально, у всѣхъ простѣйшихъ существъ, всякое дѣйствіе является рефлективнымъ, реакціей на внѣшній толчекъ [1]. Пружина ихъ дѣйствій помѣщена, стало быть, внѣ ихъ организма, какъ у тѣхъ куколъ, которыя двигаютъ руками и ногами, когда кто либо дернетъ за веревочку, находящуюся сзади. Но всякое разъ совершенное дѣйствіе облегчаетъ органамъ совершеніе того же дѣйствія въ будущемъ и обращается въ привычку, которая сама по себѣ становится стимуломъ дѣятельности. Этотъ внутренній стимулъ обусловливаетъ уже дѣянія, которыя нельзя назвать рефлективными, простымъ отвѣтомъ на внѣшній толчекъ. Веревочка, приводившая въ движеніе куклу, превратилась въ цѣлый, очень сложный часовой механизмъ, помѣщенный внутри куклы и нуждающійся во внѣшнихъ импульсахъ лишь отъ времени до времени [2]. Привычка, сдѣлавшаяся, благодаря наслѣдственности, расовымъ инстинктомъ, видоизмѣняетъ живое существо, дѣлая его болѣе способнымъ къ аккомодаціи не только

[1] Въ послѣднее время даже у амёбъ и низшихъ грибовъ замѣчены движенія, которыя никакъ нельзя объяснить простой реакціей на внѣшній импульсъ. Прим. Перев.

[2] Очень остроумное, но совершенно невѣрное объясненіе эволюціи рефлексовъ. Привычка можетъ лишь ослаблять и усиливать дѣйствіе стимуловъ, но не превращать ихъ изъ внѣшнихъ во внутренніе. Голодъ, напримѣръ, есть первобытный внутренній стимулъ, никакого отношенія къ привычкѣ не имѣющій. Наоборотъ, дѣйствіе свѣта на организмъ всегда останется стимуломъ внѣшнимъ и никакая привычка реагировать на него не превратится во внутренній стимулъ, способный замѣнить его собою. Прим. Перев.

въ настоящей, опредѣленной средѣ, но и въ будущихъ, возможныхъ. Короче — измѣнивъ его разъ, она дѣлаетъ его болѣе гибкимъ при дальнѣйшихъ измѣненіяхъ. Это нѣчто вродѣ безсознательнаго предвидѣнія, основаннаго на аналогіи будущаго съ прошедшимъ. Результатомъ такого ряда превращеній является глубокое измѣненіе въ самыхъ рудиментарныхъ психологическихъ феноменахъ: внезапные толчки сначала внѣшнихъ, а потомъ внутреннихъ стимуловъ, мало-по-малу замѣняются постояннымъ внутреннимъ давленіемъ, обусловливающимъ извѣстное дѣяніе, но не вызывающимъ его немедленно, какъ это дѣлаетъ толчекъ. Такимъ образомъ, внезапность внутреннихъ стимуловъ смягчается, сглаживается, замѣняется. при организаціи привычекъ, дѣйствіемъ мотивовъ болѣе выработанныхъ, болѣе сознательныхъ, болѣе сложныхъ и деликатныхъ.

Нужно различать два сорта привычки или приспособленія къ средѣ: 1) приспособленіе существа пассивнаго къ средѣ постоянной, какъ, напримѣръ, скалы къ воздуху, ее окружающему (?), или растенія къ извѣстному климату; 2) приспособленіе существа активнаго и произвольно-движущагося къ средѣ перемѣнной, какъ, напримѣръ, человѣка къ соціальной средѣ, что уже можно назвать воспитаніемъ въ собственномъ смыслѣ слова. Приспособленіе въ первой формѣ совершенно пассивно и совершается разъ навсегда; оно обусловливаетъ развитіе въ живомъ существѣ новыхъ постоянныхъ свойствъ (propriétés), а не новыхъ силъ (puissances) для разнообразной дѣятельности. Приспособленіе во второй формѣ никогда нельзя считать конченнымъ; оно представляетъ собою цѣлую систему постоянно развивающихся средствъ борьбы со случайностями и является автоматическимъ лишь въ общемъ направленіи этой борьбы, допуская въ подробностяхъ множество произвольныхъ актовъ. Всякая привычка дѣйствовать стремится, такимъ образомъ, возбудить интеллектъ и развиваетъ способность къ самостоятельной дѣятельности, вмѣсто того чтобы связывать ее автоматизмомъ; естественная исторія могла бы дать намъ множество такихъ примѣровъ.

Въ основѣ лежитъ, такимъ образомъ, *nisus* жизни, безформенный и непонятный, но уже снабженный, безъ сомнѣнія, нѣкоторою степенью сознанія, по крайней мѣрѣ способностью *аккомодаціи*, которая есть ничто иное, какъ органическая память. Первымъ, болѣе или менѣе безсознательнымъ проявленіемъ этой памяти живаго существа является *рефлективное движеніе* (action réflexe). Это движеніе представляетъ собою въ высшей степени элементарный, но вполнѣ опредѣленный шагъ къ приспособленію къ окружающей средѣ и къ воспитанію существа. Всякое препятствіе въ выполненію этого движенія, всякая его остановка, будитъ заразъ (на что обыкновенно слишкомъ мало обращаютъ вниманія) *страданіе* и *сознаніе*. Сознаніе, при своемъ зарожденіи, есть, вѣроятно, лишь форма страданія — родъ внутренняго *крика*, обозначающаго солидарность всѣхъ частицъ живаго существа передъ лицомъ опасности или боли.

Боль приводитъ въ движеніе всѣ силы, которыми располагаетъ организмъ для своей защиты, также какъ опасность, угрожающая государству, вызываетъ большее напряженіе народныхъ силъ, чѣмъ какой нибудь національный праздникъ. Всякая организація проявляетъ бо́льшую солидарность своихъ частей въ минуты горя, чѣмъ въ минуты радости. Но проявленіе солидарности есть уже сознаніе — отсюда необходимость этого послѣдняго для сохраненія индивидуума и его рода, отсюда же и его постепенное развитіе. При самомъ своемъ зарожденіи, сознаніе есть, вѣроятно, ничто иное какъ единовременный испугъ всѣхъ составныхъ частей живаго существа, а вовсе не то покойное самонаблюденіе, которое психологи называютъ этимъ именемъ. Мало-по-малу, вслѣдъ за цѣлымъ рядомъ остановленныхъ рефлексовъ, то есть неудавшихся приспособленій, въ живомъ существѣ вырабатывается способность непрерывной аккомодаціи, постепеннаго приспособленія, безъ рѣзкихъ толчковъ. Вотъ это-то непрерывное приспособленіе, эта привычка постоянно измѣнять свои привычки и есть основа какъ интеллекта, такъ и воли, а стало быть и главная пружина всякаго воспитанія. Интеллектуальная и нравственная дѣятельность есть уже приспособленіе въ широкомъ смыслѣ слова и притомъ безконечно растяжимое, дозволяющее вносить въ общую аккомодаціонную работу цѣлую массу частныхъ приспособленій и поправокъ. Другими словами, интеллектъ и воля сводятся къ привычкѣ дѣйствовать въ опредѣленномъ общемъ направленіи, привычкѣ, частности которой безпрестанно преобразуются, слѣдуя за преобразованіями измѣняющейся среды, къ которой живое существо должно приспособляться.

Установивъ вышеописанные факты, къ какимъ заключеніямъ должны мы придти относительно генезиса нравственности и роли разныхъ формъ воспитанія при этомъ генезисѣ? Замѣтимъ, прежде всего, что уже въ самой привычкѣ есть нѣчто нравственное, или, по крайней мѣрѣ, эстетическое. Въ самомъ дѣлѣ, въ основѣ каждаго нравственнаго или эстетическаго понятія лежитъ, какъ одинъ изъ главныхъ элементовъ, идея порядка, симметріи. Эстетическое наслажденіе, доставляемое порядкомъ, объясняется удовольствіемъ повторенія акта или перцепціи; повтореніе же пріятно намъ потому, что производится съ легкостію, зависящею отъ привычки. Такимъ образомъ, съ субъективной точки зрѣнія, порядокъ, по крайней мѣрѣ отчасти, сводится къ привычкѣ. Точно также нравственный порядокъ, въ элементарныхъ его проявленіяхъ, по отношенію къ собственному сознанію, есть правильность, а по отношенію къ другимъ людямъ — взаимность, то есть, въ обоихъ случаяхъ, повтореніе однихъ и тѣхъ же идей и актовъ при дѣйствіи одинаковыхъ условій. Вполнѣ привыкнуть къ чему либо, то есть воспринимать это что либо безъ всякаго непріятнаго чувства и безъ помѣхи для интеллектуальной или механической дѣятельности, значитъ уже найти нѣчто хорошее, пріятное. Всякая привычка даетъ нѣкоторое правило для индивидуума, ее пріобрѣвшаго: актъ, совершенный въ прошломъ безъ помѣхи, становится типомъ для будущей дѣятельности. Привычка въ самомъ дѣлѣ есть сила, имѣющая заранѣе опредѣленное направленіе; она служитъ, стало быть, связью для цѣлой системы дѣйствій и ощущеній. Стоитъ ей сдѣлаться сознательною, и она станетъ дѣятельнымъ **движущимъ чувствомъ**[1]), для того, чтобы превратиться наконецъ въ **движущую идею** — высшую степень ея эволюціи, о которой я буду говорить ниже. Привычка, однимъ словомъ, есть основное правило жизни — ея канонъ и воспитательное начало, форма, обязательная для вещей и существъ, имманентный законъ — **lex insita**. Можно даже спросить себя, не сводятся ли всѣ законы, въ томъ числѣ законы природы, къ простой привычкѣ (?).

Обрядъ (le rite), представляющій собою высшее проявленіе привычки, имѣетъ не только религіозное значеніе, но и нравственное. Онъ родился изъ необходимости производить, при одинаковыхъ обстоятельствахъ, одни и тѣ же акты, а эта необходимость есть основа привычки, безъ которой сама жизнь была бы невозможна. Поэтому-то для первобытнаго человѣка, равно какъ для ребенка, въ каждой привычкѣ, какова бы она ни была, есть нѣчто священное. Съ другой стороны, каждый, однажды произведенный актъ стремится стать привычнымъ и тѣмъ самымъ освятиться въ нѣкоторомъ родѣ. Корни обряда идутъ, стало быть, въ самую основу жизни. Требованія на него проявляются у дѣтей чрезвычайно рано: ребенокъ не только подражаетъ другимъ и себѣ, не только повторяетъ и повторяется, но онъ требуетъ при этихъ повтореніяхъ строжайшей точности. Ребенокъ любопытенъ отъ природы, но онъ не

---

1) Выраженія автора — **sentiment-force**, **idée-force** — кажутся намъ нѣсколько неуклюжими въ русскомъ переводѣ — чувство-сила, идея-сила. Поэтому мы переводимъ ихъ такъ, какъ выше написано.

Прим. Перев.

любитъ узнавать такія вещи, которыя бы рѣзко противорѣчили тому, что онъ уже знаетъ, или думаетъ, что знаетъ. И онъ въ нѣкоторой степени правъ, — онъ слѣдуетъ могучему инстинкту интеллектуальной консервативности: умъ его не достаточно гибокъ для того, чтобы безпрестанно связывать и развязывать узлы и ассоціаціи, образуемыя идеями. Тотъ же инстинктъ руководитъ и первобытными народами, которые такъ крѣпко держатся за свои обычаи и ритуалы [1]). Всѣ житейскіе акты, какъ самые важные, такъ и самые незначительные, классифицированы въ маленькой головкѣ ребенка и точно опредѣлены по однообразной формулѣ, такъ что представителемъ каждаго изъ нихъ служитъ первый актъ того же рода, который былъ подмѣченъ ребенкомъ, причемъ форма акта смѣшивается съ его смысломъ. Такое же смѣшеніе смысла съ формою существуетъ, въ поразительной степени, у дикихъ и первобытныхъ народовъ—на немъ то и основывается священный характеръ ихъ религіознаго ритуала [2]).

Какъ проявляется законъ привычки, разъ воплотившись въ живомъ существѣ?

Я уже говорилъ, въ моемъ Esquisse d'une morale, что сила привычки можетъ производить или моментальные импульсы, или прочное давленіе (obsession).

Наклонность, сообщаемая привычками, инстинктами, механическими ассоціаціями, только что воз-

---

[1]) Англичане тоже крѣпко за нихъ держатся, хотя въ отсутствіи гибкости ума ихъ упрекнуть нельзя. Перемѣна обычая обусловливается не одною только перемѣной идей, а еще и измѣненіемъ физической обстановки. Прим. Перев.

[2]) См. Irréligion de l'avenir того же автора.

никнувъ въ сознаніи, ведетъ иногда къ немедленному дѣйствію. Въ этихъ случаяхъ имѣетъ мѣсто внезапный и моментальный импульсъ. Если организмъ животнаго рефлектируетъ на этотъ импульсъ безпрепятственно, то послѣдній проскакиваетъ черезъ сознаніе съ быстротою молніи, для того чтобы опять погрузиться въ тѣнь. Такіе импульсы, изолированные самою быстротою своего эффекта, не могутъ вызывать сложныхъ феноменовъ, составляющихъ нравственную жизнь. Они производятъ въ сознаніи лишь скоропреходящую идею, которая не оставитъ глубокаго слѣда. Нравственный и соціальный инстинктъ, въ своей первоначальной, элементарной формѣ, есть лишь взрывъ чувствъ (expansion), проходящій съ быстротою рефлекса. Это—внезапный импульсъ, внезапное влеченіе къ ближнему скорѣе, чѣмъ обдуманное уваженіе къ «нравственному закону» или сознательная погоня за «наслажденіемъ» и «пользою». Замѣтимъ, кстати, что, при современномъ развитіи интеллектуальной и сенситивной сторонъ человѣческаго духа, въ немъ невозможно встрѣтить нравственный импульсъ въ такомъ первобытномъ видѣ, безъ примѣси общихъ, отвлеченныхъ, даже метафизическихъ идей. Значитъ, искать его, по примѣру Дарвина, слѣдуетъ у животныхъ. Не могу не напомнить при этомъ о поступкѣ одного павіана, который, увидавъ маленькую обезьянку-ребенка въ безвыходномъ положеніи—среди стаи собакъ—бросился въ самую средину свалки и съ тріумфомъ вынесъ оттуда свою родственницу[1].

Импульсивная сила соціальныхъ наклонностей до-

---

[1] См. Esquisse d'une morale.

статочно велика для того, чтобы заставить дѣйствовать даже тѣхъ, которые мало способны къ дѣйствію и на которыхъ сознательное чувство долга почти не вліяетъ. Ribot приводитъ случай больного, страдающаго абуліей, и все же нашедшаго въ себѣ достаточно энергіи, чтобы спасти раздавленную женщину[1]).

Съ другой стороны, та же импульсивная сила, вмѣсто того, чтобы понуждать къ дѣйствію, можетъ иногда и прекратить его моментально, и въ этомъ послѣднемъ случаѣ могущество внезапныхъ проявленій инстинкта высказывается еще ярче, чѣмъ въ первомъ, такъ какъ имъ, кромѣ инерціи организма, находящагося въ покоѣ, приходится бороться еще съ извѣстной силой, направленной въ опредѣленную сторону. Справедливость этого вывода легко можетъ быть повѣрена опытами внушенія. Внѣ гипнотическаго сна трудно увѣрить какую нибудь личность, что она не можетъ разжать своей собственной руки, но, если мы предварительно заставимъ ее сжать въ этой рукѣ какой нибудь предметъ, то опытъ, благодаря заранѣе уже состоявшемуся сокращенію мускуловъ, весьма часто удается. Bernheim, встрѣтивъ разъ субъекта, который считалъ себя способнымъ противустоять его внушеніямъ даже во время гипноза, попросилъ его вертѣть свои руки одну вокругъ другой, а когда просьба была исполнена, запретилъ ему прекращать

---

¹) Прибавимъ, что этотъ больной окончательно излечился, благодаря эмоціямъ, пережитымъ во время Іюньской революціи 1848 г., то есть тоже соціальнымъ, или, по крайней мѣрѣ, эго-альтруистическимъ, что доказываетъ могущественное вліяніе соціальнаго элемента на отдѣльныя личности.

это движеніе, и субъектъ дѣйствительно не смогъ прекратить его.

Въ моемъ Esquisse d'une morale я привелъ случай внезапной остановки дѣйствія, произведенной чувствомъ долга, симпатіей и благодарностью: «одинъ человѣкъ бросился въ Сену, около Аркольскаго моста, съ твердымъ намѣреніемъ утопиться; рабочій, находившійся по близости, желая спасти утопающаго, поплылъ къ нему на лодкѣ, но наткнулся на мостъ, упалъ въ воду и сталъ тонуть въ свою очередь; тогда самоубійца, не успѣвшій еще захлебнуться, бросился къ нему и вытащилъ его здоровымъ и невредимымъ на берегъ». Аналогичный фактъ имѣлъ мѣсто нѣсколько позже: двѣ собаки, изъ коихъ одна—водолазъ, отчаянно подрались на берегу моря и обѣ сразу упали въ воду; когда это случилось, то водолазъ, забывъ вражду, бросился спасать своего противника, неумѣвшаго плавать.

Вообще животныя тоже обладаютъ инстинктами, способными задержать начавшійся рефлексъ. Охотничья собака, какъ бы по какому-то таинственному приказанію, дѣлаетъ мертвую стойку какъ разъ въ то время, когда ей хотѣлось бы броситься впередъ. Romanes разсказываетъ такой примѣръ проявленія совѣсти въ собакѣ, которой первый разъ въ жизни пришлось украсть: «будучи очень голодною, она стащила со стола котлету и отправилась подъ диванъ; я былъ свидѣтелемъ ея преступленія, но притворился что ничего не вижу; лежа подъ диваномъ, собака нѣсколько минутъ колебалась, въ ней очевидно происходила борьба между голодомъ и чувствомъ долга, но послѣднее наконецъ одержало верхъ и престуница принесла котлету къ моимъ ногамъ, а сама вновь забилась подъ диванъ, откуда я, даже ласками, долго не могъ ея выманить—ласки, напротивъ, видимо ее конфузили, и она чрезвычайно комично отворачивала отъ меня свою морду. Надо замѣтить, что я никогда не билъ моей собаки, такъ что все вышеописанное было продѣлано ею вовсе не изъ страха тѣлеснаго наказанія. Я, поэтому, принужденъ видѣть въ ея поступкѣ такое высокое развитіе совѣсти, какое только можетъ быть дано логикой чувства, безъ помощи логики отвлеченной (logique des signes), то есть такое же, какое мы встрѣчаемъ у дикарей, маленькихъ дѣтей, большинства идіотовъ и глухо-нѣмыхъ, оставленныхъ безъ воспитанія».

Вообще, соціальные инстинкты, въ силу естественнаго подбора [1]), такъ хорошо пропитываютъ все существо животныхъ, всѣ ихъ члены даже, что, если разрѣзать муравья пополамъ, то каждая его половина, еще способная двигаться, продолжаетъ защищать муравейникъ и прятать личики подъ землю.

Это такая высокая степень развитія внезапныхъ инстинктовъ, что человѣкъ до нея еще не достигъ: нужно бы было, чтобы каждый кусокъ нашего тѣла любилъ ближнихъ и умиралъ за нихъ, чтобы вся наша жизнь вполнѣ отождествлялась съ жизнью соціальной [2]).

Импульсивное дѣйствіе врожденной или благопріобрѣтенной привычки становится еще болѣе важ-

---

[1]) Одного ли только подбора? Прим. Перев.

[2]) Тогда бы человѣческое общество превратилось въ муравейникъ. Прим. Перев.

нымъ, когда, вмѣсто внезапнаго толчка или задержки, начинаетъ производить постоянное внутреннее напряженіе, или давленіе. Давленіемъ я называю усиліе, съ которымъ извѣстный импульсъ входитъ въ поле сознанія, держится тамъ, стараясь подчинить себѣ всѣ встрѣчныя наклонности, и ищетъ исхода въ дѣйствіе.

Нравственное давленіе служитъ результатомъ двухъ главныхъ дѣятелей: привычки (или инстинкта, если дѣло идетъ о привычкѣ наслѣдственной) и внушенія (сознательнаго — при добровольномъ подражаніи и безсознательнаго — при гипнозѣ). Существуя въ сознаніи постоянно и наперекоръ множеству другихъ тенденцій, стремящихся ему противодѣйствовать, давленіе представляетъ собою главный элементъ весьма сложнаго явленія, называемаго обязанностью, отъ котораго отличается отсутствіемъ раціональности — давленіе можетъ принудить насъ къ такимъ дѣйствіямъ, которыя не согласуются ни съ нашей логикой, ни съ нашими чувствами. Оно можетъ быть вполнѣ ирраціонально, какъ у маньяковъ и вообще сумасшедшихъ. Замѣтимъ, однако же, что оно всегда стремится раціонализироваться, мотивировать себя и врасться въ общій токъ идей, проходящій черезъ сознаніе. Сумасшедшіе всегда стараются оправдать самыя безтолковыя свои дѣйствія и даже безпричинные жесты какими нибудь, болѣе или менѣе жалкими, выдумками, какъ тотъ, который объяснялъ нервныя подергиванія своихъ рукъ желаніемъ сплести себѣ одежду изъ солнечныхъ лучей. Но самое большее количество поразительныхъ примѣровъ плодовитости интеллекта могутъ доставить намъ попытки раціональнаго объясненія дѣйствій, совершенныхъ вслѣдствіе внушенія подъ гипнозомъ—такихъ, стало быть, дѣйствій, въ которыхъ разсудокъ дѣятеля не игралъ никакой роли. Можно сказать, что интеллектъ находится почти въ полномъ подчиненіи у инстинктовъ не въ немъ зародившихся: эти инстинкты, проявляясь въ формѣ idée fixe, мало-по-малу образуютъ интеллектуальный центръ, вокругъ котораго группируются и къ которому, самымъ неожиданнымъ образомъ, начинаютъ тяготѣть всѣ другія идеи, по происхожденію вполнѣ раціональныя.

Г-жѣ X., находящейся въ гипнотическомъ снѣ, называютъ по имени человѣка, котораго она глубоко ненавидитъ. Такое упоминаніе приводитъ ее въ сильный гнѣвъ; она говоритъ, что не можетъ простить этого человѣка. Но черезъ нѣсколько минутъ, будучи подвергнута дѣйствію магнита, она начинаетъ смягчаться, что видно даже по выраженію ея лица; магнитъ измѣнилъ дѣятельность нервной системы, измѣнилъ направленіе эмоцій и вскорѣ новое ихъ теченіе выражается цѣлой нравственной теоріей: «Несчастный, восклицаетъ Г-жа X., онъ только потому сдѣлалъ мнѣ зло, что сильно любилъ меня; я не могу его ненавидѣть»[1]). Впечатлительность къ внушеніямъ, замѣчаетъ Bernheim, есть ничто иное, какъ с п о с о б н о с т ь п р е в р а щ а т ь п о л у ч е н н ы я и з в н ѣ и д е и в ъ д ѣ й с т в і е. Многіе изслѣдователи упоминаютъ о крайнемъ смущеніи, почти страданіи, которое испытывается гипнотиками, по-

---

[1]) См. Revue philosophique, февр. 1887, Bianchi и Sommer.

лучившими внушеніе, когда имъ приходится выполнять внушенное дѣйствіе. Страданіе это можетъ зависѣть отъ двухъ причинъ. Во-первыхъ, отъ старанія угадать сущность внушеннаго акта: они знаютъ, что должны что-то сдѣлать, но что именно? Имъ приходится дѣлать усиліе, для того, чтобы выдовить изъ области безсознательнаго ту форму долга, присутствіе которой они въ себѣ чувствуютъ. Вторая причина состоитъ въ томъ, что, если даже искомая форма найдена и долгъ вполнѣ ясенъ, то имъ все же трудно совершить дѣйствіе, въ высшей степени для нихъ необычайное, странное и даже, можетъ быть, противорѣчащее ихъ основнымъ идеямъ. А внушенія всегда имѣютъ такой характеръ, такъ какъ именно по ихъ странности и необычности экспериментаторъ судитъ о силѣ ихъ вліянія.

Изъ всего вышесказаннаго мы можемъ вывести заключеніе, что всякая формула, производящая давленіе, а слѣдовательно овладѣвшая сознаніемъ, стремится стать формулой обязательнаго дѣйствія; всякое давленіе ищетъ возможности превратиться въ сознанный долгъ; грубый механизмъ простыхъ импульсовъ стремиться организовать себя не только въ строго-раціональный, но даже въ нравственный актъ.

II. Сознаніе и движущія идеи (idées forces) какъ нравственный агентъ.

Воля есть возможность взвѣсить мотивы, говорящіе, какъ за совершеніе извѣстнаго дѣянія, такъ и противъ него, черпая изъ этого взвѣшиванія сознательную рѣшимость поступить такъ или иначе.

Значитъ, при участіи воли, импульсивная сила мотивовъ становится пропорціональной ихъ разумности, а сама воля играетъ, при этомъ, роль перваго проявленія нравственности.

У существа правильно организованнаго, по справедливому замѣчанію Ribot, ко всякому вредному по своимъ послѣдствіямъ состоянію сознанія, тотчасъ же присоединяется множество коррективовъ, которые имѣютъ характеръ задерживающій. Такъ, у ребенка, къ желанію дотронуться до блестящаго пламени присоединяется страхъ обжога, который, въ концѣ концовъ, побѣждаетъ и уничтожаетъ самое желаніе. Буддійскіе монахи, искушаемые тѣломъ красивой женщины, стараются представить себѣ это тѣло въ видѣ трупа, которымъ оно можетъ сдѣлаться сейчасъ же. И такое представленіе, присоединяясь къ первоначальному импульсу, оказываетъ на него задерживающее вліяніе. Всякое живое существо способно развиваться и быть нравственнымъ лишь постольку, поскольку сильна его воля, поскольку дѣйствуютъ въ немъ, усложняясь до безконечности, тѣ ассоціаціи идей, которыя даютъ сознанію возможность видѣть заранѣе всѣ послѣдствія даннаго акта ([1]). Если согласиться съ мнѣніемъ Ribot, что воля есть реакція индивидуальнаго характера, во всей его цѣлости, на данный житейскій случай, то дѣйствія, совершонныя въ силу этой реакціи, можно считать вполнѣ произвольными лишь тогда, когда импульсъ, ихъ произведшій, вынесъ борьбу съ другими наклонностями, болѣе слабыми, но способными, при другихъ условіяхъ, вызвать дѣйствія діаметрально противоположныя совершонному. Вообще, свободная воля предполагаетъ возможность сознательнаго выбора между двумя импульсами, одновременно дѣйствующими. Такимъ образомъ мы должны придти къ заключенію, что нѣтъ вполнѣ свободнаго, или, что то же, вполнѣ сознательнаго акта, который бы не сопровождался чувствомъ побѣды нѣкоторыхъ внутреннихъ наклонностей надъ другими,—передъ совершеніемъ котораго не произошло бы борьбы между этими наклонностями.

Свобода состоитъ, главнымъ образомъ, въ возможности **обсуждать** (delibérér). **Выборъ** можетъ быть свободнымъ только при условіи обдуманности. Истинныхъ основъ свободы слѣдуетъ поэтому искать не въ рѣшеніи совершить актъ, а раньше его, въ томъ внутреннемъ анализѣ, въ обсужденіи, которое ему предшествуетъ и происходитъ при участіи интеллекта. Но обсужденіе нетолько совмѣстимо съ детерминизмомъ, а даже не было бы мыслимымъ при его отсутствіи, такъ какъ обсужденный актъ есть такой, мотивы котораго ясны для интеллекта, значитъ вполнѣ опредѣлены, детерминированы. Нѣтъ, стало быть, свободы безъ обсужденія, а это послѣднее состоитъ въ опредѣленіи—детерминаціи—наиважнѣйшаго мотива, путемъ научнаго анализа. Быть свободнымъ, значитъ—обсудить; а обсудить, значитъ подчиниться собственному рѣшенію, основанному на разумныхъ мотивахъ или, по крайней мѣрѣ, кажущемуся такимъ. Обсужденіе есть пунктъ, въ которомъ свобода и детерминизмъ сходятся. Для чего мы обсуждаемъ? Чтобы быть свободными. Какъ мы обсуждаемъ? Взвѣшивая pro и contra. Но почему мы хотимъ быть свободными? Потому что опытъ научилъ насъ свотрѣть на свободу, какъ на условіе, практически-выгодное какъ для насъ самихъ, такъ и для окружающихъ. Свобода, какъ и всякая аккумуляція силы, цѣнится сообразно доставляемому ею расширенію арены дѣйствій.

Замѣтимъ, что при иныхъ условіяхъ, фатальность и самое грубое рабство могутъ имѣть видъ свободы. Собака, привязанная на сворѣ, будетъ считать себя вполнѣ свободной, если только хозяинъ ея пойдетъ туда, куда она хочетъ идти, и съ тою же скоростью, съ какою она бѣгаетъ. Рыба въ аквариумѣ и не замѣтитъ, что заперта со всѣхъ сторонъ, если только вниманіе ея постоянно будетъ привлечено тѣмъ, что находится въ центрѣ аквариума. Почему же бы намъ-то не считать себя свободными, намъ, находящимся въ гораздо лучшемъ положеніи, чѣмъ эта собака или эта рыба? Въ самомъ дѣлѣ, никто насъ не держитъ ни взаперти, ни на сворѣ — наше рабство состоитъ лишь въ томъ, чтобы подчиняться нашему собственному выбору; можетъ ли быть что либо пріятнѣе? Къ этому слѣдуетъ добавить, что никто намъ не предскажетъ, съ достаточной степенью точности, каковъ будетъ нашъ завтрашній выборъ: мотивы, нами руководящіе, безпрестанно мѣняются. Каждый изъ нихъ, представляя изъ себя идею, есть настоящее живое существо, которое родится, растетъ и отживаетъ въ нѣсколько минутъ. Вся эта жизнь происходитъ внутри насъ, и мы считаемъ нашу свободу абсолютной, не предопредѣленной заранѣе, именно потому что мотивовъ, опредѣляющихъ ея границы, черезчуръ много. И мы вполнѣ удовлетворены этими границами. Христофоръ Колумбъ, желая открыть новый континентъ, попалъ на островъ, но обитатели этого острова никогда не стремились пройдти его изъ конца въ конецъ и считали безконечнымъ— для нихъ онъ и былъ таковымъ, такъ какъ желанія ихъ никогда не переходили за его границы. Точно такъ же и мы,—намъ достаточно пожелать чего либо, сознать возможность исполненія нашего желанія, чтобы оно стало дѣйствительно возможнымъ, и мы считаемъ себя вполнѣ свободными, не замѣчая, что невозможнаго мы не можемъ и пожелать. Мы всегда можемъ стремиться къ тому, что намъ кажется достойнымъ нашихъ стремленій, но оцѣнка достоинства дѣлается нами же и лежитъ въ границахъ возможнаго для насъ и строго опредѣленнаго цикла явленій. Такимъ образомъ, мы никогда не чувствуемъ лежащихъ на насъ цѣпей и создали иллюзію свободной воли. Но это низкопробная свобода. Нѣкоторыя желанія и страсти, хотя бы мы подчинялись имъ добровольно, слишкомъ ясно даютъ намъ чувствовать, что мы не можемъ поступить иначе: таковы, напримѣръ, любовь и гнѣвъ. Когда человѣкъ, по собственному своему желанію, сбѣгаетъ съ крутой горы, то онъ не можетъ сказать, чтобы его кто нибудь толкалъ туда, куда онъ не хочетъ, но въ то же время онъ чувствуетъ себя насильно увлекаемымъ, подчиненнымъ силѣ, съ которою нельзя бороться. Такъ же дѣйствуетъ и страсть,— добровольно ей подчиняясь, человѣкъ чувствуетъ себя безсильнымъ передъ нею. Высшая свобода состоитъ въ способности противостоять примитивнымъ страстямъ и желаніямъ. Свобода дѣйствія стоитъ выше свободы желанія. Одно лишь разсужденіе можетъ остановиться коврема и не подчинено привычкѣ, то есть скорости уже пріобрѣтенной. Поэтому-то свобода и разумъ есть одно и то же.

Если, теперь, мы признаемъ, вмѣстѣ съ Ribot, что произвольнымъ актомъ можно назвать лишь такой, въ число мотивовъ котораго входятъ всѣ части сознанія даннаго индивидуума въ данное время, то мы должны будемъ согласиться, что даже одна идея о такомъ актѣ, въ которомъ участвуетъ все сознаніе цѣликомъ, въ высшей степени сильно подѣйствуетъ на это сознаніе. Идея произвольнаго акта есть, стало быть, уже по самой своей сущности, идея движущая (idée force), то есть такая, которая, овладѣвая сознаніемъ, опредѣляетъ неизбѣжное проявленіе его въ дѣйствіи[1]).

Если всякая идея есть ничто иное, какъ представленіе возможности дѣйствія или ощущенія, то та сложная група состояній сознанія, изъ которыхъ складывается мое *Я* въ данное время, есть лишь равновѣсіе такихъ представленій, имѣющее свою равнодѣйствующую импульсивную силу, пропорціональную силѣ самыхъ представленій. Значитъ, наше я есть лишь величина приблизительная, незаконченная; оно постоянно создается и никогда не заканчивается. Мы никогда не достигнемъ возможности привести себя къ полному единству, подчинить одной мысли и одной центральной волѣ всѣ системы идей и наклонностей, которыя борятся въ насъ за существованіе. Всякая жизнь есть нарушеніе равновѣсія, деформація, хотя и направленная къ созданію

---

[1]) См. Fouillée, La liberté et le déterminisme, 2-е изданіе.

новыхъ формъ и новаго равновѣсія. Больные съ раздвоенной (иногда даже съ растроенной) индивидуальностью показываютъ намъ, въ преувеличенномъ видѣ, тѣ явленія, которыя постоянно происходятъ въ насъ самихъ, то есть одновременное существованіе въ нашемъ сознаніи нѣсколькихъ центровъ притяженія, нѣсколькихъ отдѣльныхъ потоковъ, изъ коихъ каждый, не будучи стѣсняемъ другими, увлекъ бы насъ и потопилъ. Наше *я* есть лишь линія, раздѣляющая эти потоки мысли и воли. Въ каждомъ изъ насъ сидитъ нѣсколько *я*, равновѣсіе которыхъ и составляетъ нашу нравственную индивидуальность въ данное время или, лучше сказать, только что составляло ее, такъ какъ на установку равновѣсія, тотчасъ же вновь нарушаемаго, нужно время. *Я* есть средняя пропорціональная изъ моихъ предыдущихъ мыслей и дѣйствій—тѣнь оставляемая мною въ жизни. Это *я* принадлежитъ мнѣ лишь постольку, поскольку мое настоящее обусловлено моимъ прошедшимъ; а нѣтъ ничего измѣнчивѣе, какъ это вліяніе моего прошедшаго на мое настоящее. Наше тѣло служитъ намъ, правда, точкой опоры, основаніемъ нашей индивидуальности; но самое это тѣло есть для насъ ничто иное, какъ система перцепцій, ведущихъ къ ощущеніямъ, которыя, въ свою очередь, при болѣе точномъ анализѣ, сводятся къ наклонностямъ, стремленіямъ, болѣе или менѣе нами воспріемымъ. Наше тѣло представляетъ собою координацію аппетитовъ разнаго сорта, находящихся въ неустойчивомъ равновѣсіи—оно есть ритмъ, слѣдуя которому эти аппетиты балансируютъ. Еслибы нами не правили законы привычки и экономіи силъ, заставляющіе насъ повторяться, проектировать наше собственное изображеніе впередъ, воспроизводить наше прошлое въ будущемъ, то мы при всякомъ новомъ движеніи теряли бы свое *я* и должны бы были вновь его отыскивать. Наше *я* есть, стало быть, идея, и притомъ «идея опредѣляющая» нашу идентичность, которая постоянно стремится исчезнуть, утонуть въ отдѣльныхъ, частныхъ явленіяхъ. Оно представляетъ собою правильную группировку сознательныхъ и полусознательныхъ потенцій. То, что мы называемъ моментами покоя—суть лишь моменты равновѣсія этихъ потенцій. Дѣйствіе есть нарушеніе равновѣсія и, какъ таковое, требуетъ усилій,—потенція торжествующая должна побѣдить нѣкоторое препятствіе для того, чтобы пустить машину въ ходъ. Мы сознаемъ это усиліе, и поэтому-то начало всякаго произвольнаго дѣйствія кажется намъ труднымъ. Но трудъ, произвольно на себя взятый, есть уже зародышъ нравственной энергіи, въ нѣкоторомъ родѣ воспитаніе—основа нравственной конституціи субъекта, каково бы ни было дѣло, къ которому этотъ трудъ приложенъ.

Для того чтобы лучше представить себѣ элементы нравственной энергіи, слѣдуетъ взглянуть на первобытнаго человѣка, неспособнаго ни къ какой работѣ, ни къ какому напряженію воли и разума, которое не было бы чисто рефлекторнымъ, простымъ отвѣтомъ на временную, но неотложную нужду; для такого человѣка дѣйствіе, не вызываемое нуждою, требующее размышленія, разсчета, послѣдовательности въ идеяхъ—есть уже заслуга. Всякій актъ, начинающійся съ мысли или чувства, а не служащій простымъ рефлексомъ на грубое ощущеніе, есть уже актъ нравственный. Турокъ, который, вопреки своей восточной инерціи, занялся поправкой своего дома, готоваго разрушиться, или вымелъ изъ этого дома соръ, даже просто ускорялъ немножко свою важную и медленную походку для того, чтобы помочь кому нибудь или принести пользу себѣ же самому, является уже, въ глазахъ моралиста, сдѣлавшимъ нѣчто достойное уваженія [1]). Тѣмъ болѣе является такимъ первобытный человѣкъ, потратившій массу нравственной энергіи на постройку своей первой хижины, на фабрикацію перваго орудія. Искусство, нравственность, воспитаніе—родились одновременно съ первымъ, заранѣе обдуманнымъ, организованнымъ и во всѣхъ своихъ подробностяхъ желаемымъ дѣйствіемъ человѣческимъ. Такое дѣйствіе, вообще цѣлесообразный волевой актъ, всегда сопровождается необходимостью преодолѣть какое-либо препятствіе, стало быть—страданіемъ; а произвольно взятое на себя страданіе, трудъ, предпринятый для осуществленія какой нибудь идеи, какъ бы элементарна она ни была, есть уже нравственный актъ. Основною и вмѣстѣ съ тѣмъ простѣйшею функціею нравственной жизни, является, такимъ образомъ, реализація идеи или чувства, при помощи обдуманныхъ усилій.

Но, если всякое обдуманное дѣйствіе требуетъ нѣкотораго напряженія воли, нѣкоторыхъ сознательныхъ усилій, для того чтобы нарушить внутреннее равно-

[1]) А турокъ, ускорившій свою походку для того, чтобы догнать и изнасиловать дѣвушку? Прим. Перев.

вѣсіе, и тѣмъ самымъ пріобрѣтаетъ нравственный характеръ, то никакъ нельзя сказать того же про тѣ наши дѣйствія, которыя вызываются неотложной нуждою, и тѣмъ менѣе, чѣмъ эта нужда неотложнѣе, опредѣленнѣе и настойчивѣе, какъ, напримѣръ, голодъ и жажда. Внутреннее равновѣсіе является въ такихъ случаяхъ уже нарушеннымъ самою нуждою, такъ что дѣйствіе играетъ роль лекарства отъ страданій, причиненныхъ этимъ нарушеніемъ. Оно уже не есть болѣе результатъ обдуманныхъ усилій, а простой разрядъ непроизвольнаго напряженія, простой рефлексъ, какъ смѣхъ и слезы. Потому-то намъ и не приходится, въ этихъ случаяхъ, испытывать страданій, сопровождающихъ начало дѣйствія; страданія эти возрастаютъ пропорціонально неопредѣленности нужды, вызвавшей это послѣднее. Въ началѣ прикармливанія, напримѣръ, ребенку приходится дѣлать усилія, чтобы ѣсть предлагаемыя ему блюда. Онъ чувствуетъ вполнѣ реальную нужду, но сознаніе ея не ассоціируется въ его мозгу со средствами удовлетворенія и остается въ видѣ неопредѣленнаго и постоянно возрастающаго страданія. Ребенокъ кричитъ, не понимая, что онъ голоденъ, и даже возстаетъ противъ усилій накормить его, заставить жевать и глотать. Только путемъ опыта и приспособленій, путемъ болѣе или менѣе медленнаго воспитанія, страданія живого существа ассоціируются со средствами, способными устранить ихъ, и становятся пружиной, вызывающей соотвѣтственный рефлексъ. Всякая боль дѣлается тогда выраженіемъ возможности и необходимости дѣйствія: голодъ есть возможность и необходимость ѣсть, жажда—необходимость и возможность пить, и такъ далѣе, причемъ эти мотивы тотчасъ же вызываютъ дѣйствіе. Нарушеніе внутренняго равновѣсія начинается въ этихъ случаяхъ вмѣстѣ съ самымъ ощущеніемъ, и желаніе устранить его замѣняетъ собою усиліе, нужное для начала обдуманнаго и сознательнаго дѣйствія.

Такимъ образомъ, желаніе никакъ нельзя смѣшивать съ обязанностью. Есть два сорта желаній: желаніе наслаждаться и желаніе дѣйствовать. Первое опирается на ясное представленіе какого нибудь внѣшняго предмета, къ которому нравственная сторона нашего существа относится вполнѣ пассивно; второе, напротивъ, опирается на представленіе о внутреннемъ напряженіи, о дѣйствіи или группѣ дѣйствій, направленныхъ къ предмету отвлеченному, нравственному. Собственно говоря, мы всегда слегка пассивны, но пассивность эта увеличивается при возникновеніи какого либо желанія и уменьшается, напротивъ того, когда нами управляетъ сознаніе обязанности, когда въ насъ присутствуетъ высшая идея, прокладывающая себѣ дорогу среди внутреннихъ и внѣшнихъ препятствій. Самое наслажденіе исполненіемъ обязанностей эстетически отлично отъ всѣхъ другихъ. Отличіе это, передъ глазами безпристрастнаго наблюдателя, лежитъ въ серьезномъ его характерѣ, непривлекательномъ для средняго человѣка. Серьезная музыка не производитъ никакого вліянія на людей, музыкальный вкусъ которыхъ не развитъ: нравственность есть серьезная музыка существованія. Нужно получить извѣстное воспитаніе, для того чтобы наслаждаться исключительно ею, чтобы предпочитать ея торжественный ритмъ плясовымъ мотивамъ, такъ часто встрѣчающимся въ жизни.

Всякій разъ какъ внутренняя наклонность пробуждается присутствіемъ внѣшняго предмета, вызывающаго желаніе, она теряетъ въ силѣ внутренняго напряженія, выигрывая за то въ силѣ влеченія (sollicitation). Самое добро, въ нравственномъ смыслѣ слова, измѣняется, повидимому, когда мы представляемъ себѣ, какъ пріятно его дѣлать: намъ начинаетъ тогда казаться, что мы стремимся къ нему не во имя долга, а во имя наслажденія. Однимъ словомъ, сознаніе долга пропорціонально времени и усиліямъ, употребленнымъ нами для нарушенія внутренняго равновѣсія.

Между желаніемъ дѣйствовать и желаніемъ наслаждаться существуетъ такая же разница, какъ между присущимъ артисту стремленіемъ создать музыкальную пьесу и присущимъ любителю стремленіемъ прослушать ее. Желаніе дѣйствовать есть одинъ изъ элементовъ чувства долга, въ большей части случаевъ исключающаго желаніе наслаждаться. Говорятъ, что воля, управляемая нравственностью, есть стремленіе дѣйствовать по линіи наибольшаго сопротивленія. И это совершенная правда, съ тѣмъ только условіемъ, чтобы стремленіе превозмогало сопротивленіе. Другими словами, нравственнымъ субъектомъ можно назвать лишь того, воля котораго способна дѣлать усилія для реализаціи идеала. Поэтому, при нормальныхъ условіяхъ, чувство долга должно быть пропорціональнымъ способности дѣлать внутреннія усилія или, другими словами, подчиняться опредѣляющей идеѣ, такъ какъ хотѣть и послѣдовательно думать—суть понятія однозначащія. При ослабленіи воли, чувство долга будетъ, стало быть, уменьшаться: характеры слабые, неспособные къ напряженію и усиліямъ, вызываемымъ препятствіями, суть, въ то же время и наименѣе склонные къ раскаянію, которое не производитъ на нихъ исправляющаго и воспитательнаго вліянія. Въ общемъ, для того, чтобы считать себя обязаннымъ къ чему либо, нужно чувствовать въ себѣ силы на внутреннюю борьбу. Всякая идея, появляющаяся въ сознаніи, проникаетъ въ него не иначе, какъ при помощи нѣкотораго насилія, производимаго ею надъ другими идеями. Самое сознаніе есть, такимъ образомъ, результатъ борьбы: оно аналогично съ частичнымъ движеніемъ, распространяющимся несмотря на препятствія. Совѣсть есть сознательный выборъ, избраніе, соотвѣтствующее природѣ избирателя— то же самое, чѣмъ становится нравственная идея, восторжествовавшая надъ другими. Изъ дѣйствія, аккумулировавшагося въ обдуманную привычку, истекаетъ новая способность дѣйствовать, которая даетъ начало сознанію и нравственности, идеѣ возможности и долга: всякая идея заключаетъ въ себѣ зародышъ этого послѣдняго. Всякое существо, мыслящее и желающее, есть уже по тому самому существо нравственное, такъ какъ заключаетъ въ себѣ основные элементы нравственности—мысль и волю,—которые современемъ укрѣпятся и организуются, при помощи эволюціи и воспитанія (*).

Изъ этого слѣдуетъ, что главной заботой воспитанія должно быть развитіе воли, какъ субстрата нравственности. Мы слишкомъ склонны судить о дѣтскихъ поступкахъ объективно, мѣрять ихъ на свой аршинъ, примѣнять къ нимъ наши собственные идеалы. Дѣтскій идеалъ не можетъ, не долженъ[1]) быть такъ высокъ, какъ нашъ. Нужно, стало-быть, обращать вниманіе, главнымъ образомъ, на силу воли ребенка, на его способность управлять собою, на его внутреннюю устойчивость. Проявленіе этой воли можетъ идти противъ нашихъ намѣреній, можетъ быть намъ непріятно, но оно служитъ признакомъ внутренняго роста. Ребенокъ долженъ сначала накопить въ себѣ силу, а потомъ уже научиться развивать ее въ надлежащемъ направленіи. Генезъ нравственности есть прежде всего генезъ воли; воспитаніе сводится къ повышенію силы воли, которая, познавъ свое могущество, съумѣетъ уже имъ воспользоваться.

III. Долгъ, какъ результатъ могущества.

Перейдемъ теперь отъ субъекта нравственности къ ея объекту. Согласно вышеписанному, самъ субъектъ возводитъ себя, нѣкоторымъ образомъ, въ объекты, такъ какъ сознаніе высшей силы тѣмъ самымъ превращается въ долгъ. Для того, чтобы доказать это, посмотримъ на вопросъ съ трехъ точекъ зрѣнія: воли, интеллекта и чувства, какъ это было сдѣлано мною въ Esquisse d'une morale.

1) Долгъ есть сознаніе внутренней мощи, способности произвести нѣчто съ наибольшей силою. Чувствовать себя способнымъ развить наибольшую

[1]) Чрезвычайно вѣрное замѣчаніе, почти всегда упускаемое воспитателями изъ вида. Прим. Перев.

силу, при совершеніи извѣстнаго дѣянія, значитъ признать себя *обязаннымъ* совершить это дѣяніе. Съ фактической точки зрѣнія, отлагая метафизику, долгъ есть избытокъ жизненной силы, стремящейся проявиться въ дѣйствіи, быть утилизированною. До сихъ поръ его не совсѣмъ справедливо считали ощущеніемъ *необходимости*, внѣшняго или внутренняго *насилія*, но я, въ *Esquisse d'une morale*, старался доказать, что онъ есть прежде всего чувство *могущества*. «Всякая сконцентрированная сила давитъ на сдерживающія ее препятствія; всякая способность или возможность обязываетъ пропорціонально своему напряженію: мочь сдѣлать, значитъ быть обязаннымъ сдѣлать[1]. У низшихъ существъ, интеллектуальная жизнь которыхъ плохо развита, обязанностей мало, потому что мало и способностей. Напротивъ того, у цивилизованнаго человѣка, способнаго къ широкой и разнообразной дѣятельности, обязанностей множество[1])».

И не только долгъ, а даже хотѣніе, въ большей своей части сводится къ сознанной силѣ. Если хотѣть значитъ мочь, то это потому, что хотѣніе есть вѣра въ возможность, а вѣра есть уже начало дѣйствія. Такъ что, стало быть, и хотѣніе есть начало дѣйствія.

Съ этой точки зрѣнія, не заключающей въ себѣ ничего мистическаго, нравственный долгъ является лишь частнымъ случаемъ великаго закона природы: *жизнь можетъ поддерживаться только при условіи постояннаго расширенія своихъ пре-*

---

[1]) См. Esquisse d'une morale.

дѣловъ, постояннаго поступательнаго движенія. Мнѣ возражали на это, что производительность внутреннихъ способностей человѣка (то есть поступательное движеніе жизни) можетъ быть такъ же хорошо удовлетворена противодѣйствіемъ (борьбою), какъ и содѣйствіемъ общей работѣ человѣчества — угнетеніемъ, какъ и поддержкой другихъ личностей. Но возражающіе забываютъ, что эти другія личности нелегко поддаются угнетенію: единичная воля, стремящаяся импонировать обществу, всегда встрѣчаетъ противодѣйствіе, и, въ концѣ концовъ, не можетъ остаться побѣдительницей иначе, какъ опираясь на союзниковъ, съ которыми она вновь образуетъ соціальную группу, связанную взаимнымъ долгомъ, то есть опять таки общество же. Всякая борьба кончается, стало быть, внѣшнимъ ограниченіемъ борющейся единичной воли, но оно измѣняетъ эту послѣднюю и внутренно. Деспотъ душитъ симпатичныя и интеллектуальныя стороны своего существа, то есть все, что въ немъ есть самаго сложнаго и высокаго съ точки зрѣнія эволюціи. Давя другихъ, онъ, въ нѣкоторой степени, сдавливаетъ и самого себя. Такимъ образомъ, деспотизмъ, стремящійся къ безпредѣльному простору для внутреннихъ наклонностей, кончаетъ большимъ ихъ стѣсненіемъ: сдѣлать униженіе ближнихъ цѣлью усилій своей воли, значитъ дать этой послѣдней цѣль, слишкомъ низкую, въ нѣкоторомъ родѣ обокрасть самого себя. И въ концѣ концовъ деспотъ доходитъ обыкновенно до полной дезорганизаціи своей воли, до совершенной потери внутренняго равновѣсія: самыя разнообразныя и иногда совершенно противоположныя наклонности его, не привыкши встрѣчать никакихъ препятствій къ своему удовлетворенію, становятся всѣ одинаково непобѣдимыми — наступаетъ полная атаксія, второе дѣтство, съ его противурѣчивыми капризами. Объективное всемогущество приводитъ къ окончательному субъективному безсилію.

Но, если это такъ, то развитіе внутренней плодовитости, внутренней производительности должно быть главною цѣлью воспитанія, того, что нѣмцы называютъ *культурой*. Такая цѣль ставитъ воспитаніе на высшую ступень по сравненію съ образованіемъ: воспитаніе творитъ живыя силы, тогда какъ образованіе только направляетъ ихъ на надлежащій путь.

2) Интеллектъ, также какъ и могущество или способность къ дѣйствію, можетъ быть самъ по себѣ двигателемъ, императивнымъ импульсомъ, обусловливающимъ естественную обязанность дѣйствовать. Въ высшихъ областяхъ психической жизни человѣка есть мотивы къ дѣйствію, которые вызываютъ это послѣднее безъ прямого посредства чувства, а сами по себѣ, становясь такимъ образомъ верховными двигателями дѣятельности и жизни. Всякая воля есть по существу своему способность къ работѣ, рабочая сила, зерно и основной элементъ работы. Поэтому воля, направленная къ добру и достаточно сознающая свою силу, не нуждается въ какомъ нибудь внѣшнемъ покровительствѣ, въ благодати (grâce), для своего проявленія: она сама по себѣ благодать, вложенная въ человѣка природою, и при самомъ своемъ возникновеніи уже способна дѣйствовать.

Здѣсь опять мы встрѣчаемся съ чрезвычайно важной теоріей *движущихъ идей*. Всякая сила, которую мы въ себѣ чувствуемъ, должна имѣть точку приложенія: я могу сдѣлать все для меня возможное, но между различными возможностями, одновременно мнѣ представляющимися, наиболѣе раціональныя, наиболѣе соотвѣтствующія моимъ идеаламъ, то есть опредѣляющимъ идеямъ[1]), являются и наиболѣе желательными. Нашъ идеалъ есть ничто иное, какъ проекція, объективація нашей внутренней мощи въ той формѣ, въ которой она представляется интеллекту.

Между самыми могущественными движущими идеями первое мѣсто занимаетъ нормальный типъ человѣка, какъ мы его понимаемъ. Это—нравственная и эстетическая идея, пріобрѣтаемая такъ же легко, какъ и большинство идей о реальныхъ предметахъ; разъ завладѣвъ нашимъ интеллектомъ, она стремится реализироваться во всемъ нашемъ существѣ. Далѣе, живя въ обществѣ, мы составляемъ себѣ болѣе или менѣе отчетливое понятіе о нормальномъ типѣ этого послѣдняго. Въ самомъ дѣлѣ, одно наблюденіе надъ функціями организма и общества даетъ уже смутную идею о томъ, что̀ въ этихъ функціяхъ нормально, здорово, согласно съ общимъ направленіемъ органической или соціальной жизни и что съ нимъ несогласно.

Нашъ темпераментъ, несмотря на безчисленныя колебанія, обусловливаемыя эволюціей, въ общемъ стремится все болѣе и болѣе приспособиться къ средѣ, въ которой мы живемъ, къ идеямъ обще-

---

[1]) См. Fouillée, Critique des systèmes de morale contemporaine.

ственности и нравственности. Воръ, о которомъ говоритъ Maudsley и который находилъ воровство такимъ «хорошимъ» занятіемъ даже для богатаго человѣка, былъ только нравственнымъ уродомъ и даже сознавалъ это вѣроятно, сравнивая себя съ большинствомъ людей [1]). Для того, чтобы быть вполнѣ счастливымъ, ему нужно бы было жить въ обществѣ такихъ же уродовъ, какъ онъ самъ. Хотя совѣсть основана на эмпиріи, но законы природы, въ силу которыхъ она существуетъ, въ высшей степени раціональны: совѣсть содѣйствуетъ развитію нормальныхъ, то есть годныхъ для общественной жизни, или нравственныхъ, существъ (²).

Противообщественный человѣкъ настолько же отличается отъ нормальнаго нравственнаго типа, насколько горбунъ—отъ физической нормы. Благодаря этому отличію, когда мы замѣчаемъ въ себѣ что либо противообщественное, то въ насъ неминуемо является стыдъ—желаніе скрыть или изгладить свое уродство; идея нормальности занимаетъ, стало быть, очень важное мѣсто въ ряду идей нравственныхъ. Въ уродливости, въ невозможности стоять наравнѣ съ другими, отражаться въ нихъ и отражать ихъ въ себѣ, есть нѣчто глубоко унизительное, какъ для мысли, такъ и для чувства. Абсолютная отвѣтственность за свои поступки не признается въ

---

¹) Я знавалъ, однакоже, въ 60-хъ годахъ, хоть и не прямо вора, но все же мошенника, который, будучи интеллигентнымъ (кандидатомъ правъ), не только хвастался своими продѣлками, но даже возводилъ ихъ въ идеалъ, говоря, что всѣ люди въ душѣ мошенники, но остаются честными только по трусости или бесталантности. Да и вообще такого рода уродливыя «убѣжденія», въ переживаемое нами переходное время, встрѣчаются очень нерѣдко. Прим. Перев.

настоящее время наукою поэтому совѣсть, раскаяніе, должны быть считаемы сожалѣніемъ о своей ненормальности или уродливости, о необходимости быть ниже своего собственнаго идеала. Нельзя сознавать въ себѣ какіе бы то ни было недостатки, не испытывая въ то же время чувства стыда. Стыдъ этотъ независимъ отъ сознанія свободы воли и служитъ первымъ проявленіемъ совѣсти. Моя собственная мысль судитъ меня, и я отвѣчаю передъ нею за все дурное, что во мнѣ есть, хотя бы это дурное и не было въ меня вложено мною самимъ. Уродство производитъ, кромѣ того, чувство абсолютнаго и окончательнаго одиночества, особенно мучительнаго для существъ соціальныхъ, такъ какъ одиночество осуждаетъ ихъ на нравственное безплодіе, на неизлечимое безсиліе.

Въ наше время раскаяніе можетъ иногда мучить людей, прямо благодаря ихъ чрезчуръ высокому развитію и крайне взыскательной совѣсти; но это есть лишь исключеніе, а не правило. Такія исключенія объясняются нравственнымъ прогрессомъ, который, какъ и всякій другой, нарушаетъ равновѣсіе между существомъ и средой, въ которой оно живетъ, обусловливая, такимъ образомъ, страданіе. Но это временное нарушеніе равновѣсія рано или поздно должно кончиться возстановленіемъ послѣдняго и, притомъ, въ болѣе совершенномъ видѣ. Существа, живущія во время перехода отъ одного равновѣсія къ другому, страдаютъ для того, чтобы уменьшить страданія цѣлаго рода—они суть козлы отпущенія за ближнихъ. Они приближаютъ насъ къ тому отдаленному моменту, къ той идеальной и недостижимой границѣ, на которой чувство общественности станетъ основой человѣческаго существа, станетъ достаточно сильнымъ для того, чтобы сдѣлать эгоистическія наслажденія личности совпадающими по качеству и количеству съ наслажденіями нравственными,—съ общественностью. Индивидуальная совѣсть до такой степени совпадетъ тогда съ общественною, что всякое дѣяніе, противное послѣдней, будетъ безпокоить и первую: каждый отдѣльный человѣкъ будетъ жить одной жизнью съ цѣлымъ обществомъ.

Однимъ словомъ, хоть мы и не дошли еще до такого идеальнаго предѣла, но онъ все же представляется для насъ мыслимымъ. Мы *имѣемъ въ виду родъ человѣческій* и условія общественности; мы *составили себѣ идеалъ нормальнаго человѣка*, приспособленнаго къ этимъ условіямъ; мы даже постигаемъ соотношеніе между нашимъ *родомъ и вселенною*, равно какъ и условія прочнаго приспособленія перваго къ послѣдней. Нашъ индивидуальный интеллектъ есть ничто иное, какъ вселенная и родъ человѣческій, ставшіе въ насъ сознательными и стремящіеся дѣйствовать черезъ насъ. Въ зеркалѣ нашей мысли, каждый лучъ, идущій отъ внѣшняго предмета, преобразуется въ движеніе. Извѣстное усовершенствованіе маятника, которое дозволяетъ записывать малѣйшія его колебанія при помощи луча свѣта, прерываемаго этими послѣдними и дѣйствующаго, въ качествѣ двигателя, на пишущій аппаратъ, можетъ служить символомъ того, что происходитъ въ живомъ и мыслящемъ существѣ: лучи, посылаемые вселенною, пронизывая мысль, проявляются въ дѣйствіи, и каждое колебаніе индивидуальной жизни служитъ отраженіемъ жизни вселенной,—записывая во времени и въ пространствѣ свою внутреннюю исторію, индивидуальная жизнь пишетъ, въ то же время, и исторію вселенной, въ ней проявляющуюся.

Разъ будучи сознаннымъ, возможный типъ нормальнаго человѣка стремится реализироваться въ насъ, болѣе или менѣе. Съ механической точки зрѣнія, какъ мы видѣли, возможное есть лишь первая попытка приспособиться къ средѣ, допускающая многочисленныя дальнѣйшія измѣненія въ подробностяхъ, требуемыя измѣненіемъ самой среды. Съ точки зрѣнія сознанія, возможное есть чувство аналогіи обстоятельствъ, вызывающей аналогичныя реакціи; интеллигентный человѣкъ опредѣляетъ поведеніе, котораго онъ можетъ держаться по отношенію къ другимъ, въ аналогіи съ поведеніемъ, котораго онъ держится по отношенію къ самому себѣ: онъ понимаетъ, напримѣръ, что онъ можетъ утолять голодъ ближняго точно такъ же, какъ утоляетъ свой собственный, и проч. Такимъ образомъ, альтруизмъ постигается при помощи эгоизма. Всякое сознаніе аналогіи, удовлетворяющее интеллекту, открываетъ новые пути для дѣятельности. Нѣтъ, стало быть, никакой нужды искать правилъ для этой послѣдней внѣ человѣческой натуры, сознающей себя и свой идеальный типъ. Совѣсть и знаніе сами неизбѣжно играютъ роль направителей и регуляторовъ дѣйствія. Понять—значитъ измѣрить. Все дѣйствительно сознательное само по себѣ стремится стать нормальнымъ. Нравственный долгъ есть сила, присущая идеѣ нормы вообще, нормальныхъ отношеній къ природѣ, какъ насъ самихъ, такъ и всего живаго. А такъ какъ сила идеи пропорціональна ея всеобщности, то универсальная идея нормы, сознанная въ конкретной формѣ, какъ представленіе общества реальныхъ существъ, будетъ движущей идеей по преимуществу. Эту-то именно идею мы и называемъ благомъ, добромъ, и она, въ концѣ концовъ, составляетъ возвышеннѣйшій изъ объектовъ нравственности. Поэтому-то она и является для насъ обязательной.

Нравственный долгъ не имѣетъ въ себѣ ничего похожаго на внѣшнее насиліе, на толчекъ въ томъ или другомъ направленіи. Когда я говорю, что нравственно обязанъ поступить такъ-то, то это вовсе не значитъ, чтобы я не могъ поступить иначе. Чувство долга какъ бы вовсе не входитъ въ область дѣйствія психической динамики; а между тѣмъ мы ниже увидимъ, что въ немъ-то именно внутренняя динамика движущихъ идей и является въ своемъ наиболѣе сложномъ видѣ, такъ что явленіе, не перестающее удивлять психологовъ и состоящее въ томъ, что идеи, которыя кажутся намъ наиболѣе обязательными, суть именно тѣ, въ генезѣ которыхъ грубыя физическія нужды не играютъ никакой роли— будетъ намъ вполнѣ понятно [1].

---

[1] Читатели замѣтятъ, что по этой теоріи интеллектъ и дѣятельность не кажутся отдѣленными другъ отъ друга пропастью. Въ моемъ Esq. d'une Mor. я старался показать, что нѣтъ никакой нужды вводить какіе нибудь мосты, посредствующія звенья, въ родѣ внѣшняго наслажденія, для того, чтобы перейти отъ мысли къ дѣйствію; такъ какъ они, въ сущности, идентичны. И то, что называется нравственнымъ долгомъ есть лишь сознаніе этой идентичности: это есть необходимость перенести нашу идею во внѣшній міръ. Нравственность есть единство живого существа.

Изъ предыдущихъ разсужденій слѣдуетъ, что воспитаніе должно, прежде всего, классифицировать идеи и установить между ними іерархію, выдвигая на первый планъ идеи наиболѣе универсальныя, наиболѣе типическія, ставя передъ глазами ребенка идеалъ нормальнаго человѣка и нормальнаго общества, какъ примѣръ для подражанія. Но во всякомъ случаѣ высота этихъ идеаловъ должна быть пропорціональна возрасту ребенка: нравственный индивидуумъ, какъ и физическій, послѣдовательно проходитъ разныя стадіи эволюціи; поэтому нельзя его сразу ставить на высшую ея степень. По мнѣнію Спенсера, нравственная скороспѣлость, какъ и умственная, даже опасна. Требовать отъ ребенка слишкомъ многаго, значитъ преждевременно истощать его волю и интеллектъ. «Изъ ребенка нельзя дѣлать сразу мудреца». Родители уже потому должны быть снисходительны къ дѣтямъ, что всѣ пороки этихъ послѣднихъ или наслѣдственны, или привиты неумѣлымъ воспитаніемъ.

3) До сихъ поръ мы разсматривали образованіе чувства долга, какъ результатъ индивидуальной эволюціи. Поступать такимъ образомъ, то есть отвлеченно прослѣдить развитіе этого чувства въ индивидуумѣ—или, что то же, въ ограниченномъ и замкнутомъ обществѣ (индивидуумъ, для современной науки, представляетъ собою такое общество)—есть, по моему мнѣнію, пріемъ очень хорошій. Благодаря ему, мы избѣгаемъ преувеличенія, въ которое изслѣдователи впадаютъ весьма часто и которое состоитъ въ томъ, что индивидуальное сознаніе и индивидуальныя нравственныя наклонности сводятся къ соціальнымъ, какъ будто бы общеніе создало

чувства и идеи, которыхъ даже и зародыша не было въ индивидуумѣ. Законъ подбора, господствующій, по мнѣнію Дарвина, при образованіи соціальныхъ группъ, есть, въ сущности, ничто иное какъ тріумфъ одной какой нибудь способности, родившейся при самой эволюціи индивидуума; эта способность можетъ быть скорѣе развита и увѣковѣчена половымъ подборомъ, чѣмъ создана имъ. Англійскіе мыслители едва ли правы, смѣшавъ окончательно нравственность съ соціальными инстинктами: на практикѣ они, правда, совпадаютъ, но практика не исчерпываетъ всѣхъ возможностей. Да, наконецъ, даже и на практикѣ нравственность состоитъ не всегда только въ томъ, чтобы преслѣдовать соціальныя, альтруистическія цѣли; прогрессъ стремится, повидимому, снабдить насъ такими, которыя касаются аффективныхъ инстинктовъ лишь косвенно: люди посвящаютъ себя наукѣ для науки, гоняются за опасными приключеніями, съ любовью работаютъ надъ произведеніями искусства, которыя дороги имъ сами по себѣ. Нельзя отрицать, что всюду, гдѣ есть преданность дѣлу, исключительное преслѣдованіе какой либо цѣли, хотя бы призрачной и не имѣющей никакого отношенія къ соціальнымъ инстинктамъ, тамъ есть и нравственное усиліе или подвигъ. Нравственная производительность переполняетъ, такъ сказать, человѣческое общество и переливается за его предѣлы. Наконецъ, не слѣдуетъ думать, чтобы наслѣдственное инстинктивное чувство, упроченное половымъ подборомъ, создавало и объясняло всѣ подробности человѣческихъ дѣяній: часто бываетъ наоборотъ — аккумуляція дѣйствій создаетъ соотвѣтствующее чувство. Общественность развилась изъ самой природы нашихъ органовъ, которые были отчасти моделированы нашими предыдущими поступками: избытокъ силъ предшествовалъ появленію чувства долга. Руки у насъ есть не потому, что мы милосерды, а наоборотъ, наше милосердіе, возможность протягивать несчастнымъ руку помощи, зависитъ отъ того, что у насъ есть руки. Но, если правда, что индивидуумъ могъ самъ въ себѣ выработать зародышъ нравственнаго чувства, то не менѣе справедливо и то, что это чувство сильно измѣняется подъ вліяніемъ общенія, подъ вліяніемъ принимаемыхъ современной физіологіей взаимныхъ воздѣйствій нервной системы разныхъ лицъ одной на другую. Этимъ вліяніемъ объясняется не только направленіе, по которому нравственное чувство двигаетъ въ данное время родъ человѣческій, но и скрытая натура этого чувства, секретъ его энергіи. Главнымъ же образомъ оно даетъ намъ возможность понять роль воспитанія въ дѣлѣ эволюціи нравственнаго чувства.

Съ этой новой точки зрѣнія нравственный долгъ представляется намъ какъ результатъ прямого, сознательнаго или безсознательнаго дѣйствія нервныхъ системъ другъ на друга, а въ общемъ—одной жизни на другую: онъ сводится къ глубокому чувству солидарности между людьми. Чувствовать себя нравственно обязаннымъ значитъ, въ большей части случаевъ, чувствовать себя обязаннымъ по отношенію къ ближнимъ, солидарнымъ съ ними. Если нельзя согласиться съ Дарвиномъ относительно того, что основою нравственнаго долга служатъ исключительно опредѣленныя соціальныя наклонности, то все же въ человѣкѣ, какъ и во всякомъ организмѣ, можно отличить **соціальный** фондъ, совпадающій съ **нравственнымъ**. Для внимательнаго научнаго анализа, въ самомъ дѣлѣ, индивидуумъ распадается въ множественность, въ общество; физіологическій индивидуумъ есть общество клѣточекъ, а психологическій — коллективное сознаніе. Нравственный долгъ сводится, стало быть, къ интраорганической солидарности клѣточекъ или къ экстраорганической солидарности членовъ общества. Нравственность — детерминирующая внутренняя гармонія — остается соціальнымъ явленіемъ даже и въ предѣлахъ индивидуальнаго организма, такъ какъ всякая внутренняя детерминація есть результатъ взаимодѣйствія клѣточекъ и элементарныхъ сознаній, изъ которыхъ состоитъ индивидуумъ. Установивъ эти принципы, легко понять, какимъ образомъ новыя нравственныя обязанности возникаютъ изъ общенія людей между собою и изъ того обстоятельства, что людскія наслажденія принимаютъ все болѣе и болѣе возвышенный, отвлеченный, эстетическій характеръ, какъ, напримѣръ, наслажденіе думать, понимать, учиться, изслѣдывать etc. etc. Всѣ эти наслажденія обставлены гораздо меньшимъ количествомъ внѣшнихъ условій и потому доступнѣе удовольствій собственно эгоистическихъ. Они болѣе интимны, болѣе глубоки, дешевле стоютъ (хотя и не всегда). И притомъ менѣе раздѣляютъ людей, чѣмъ удовольствія низшаго сорта [1]). Сознательная солидарность чувства

---

[1] Этотъ пунктъ подробно развитъ мною въ моей Morale d'Epicure et ses rapports avec les doctrines contempo-

стремится установить нравственную солидарность между людьми. У существъ общительныхъ есть нормальныя горести и нормальныя радости, которыя размножаются и усиливаются при помощи взаимной индукціи, дающей мѣсто симфоническимъ, такъ сказать, наслажденіямъ.

Какой бы степени развитія ни достигло, однако же, сліяніе чувствъ отдѣльныхъ личностей, благодаря альтруизму и взаимной симпатіи, въ нихъ существующей, всегда можно думать, что это сліяніе не безкорыстно, а есть лишь видоизмѣненіе первичнаго инстинкта жизни, стремящагося наклонять всякіе вѣсы въ свою сторону. Не достаточно, въ самомъ дѣлѣ, доказать, что извѣстное дѣяніе не основано на корыстныхъ мотивахъ, для того чтобы считать его вполнѣ безкорыстнымъ. Ля-Рошфуко, при помощи тщательнаго, но по необходимости невѣрнаго анализа, свелъ всѣ человѣческіе поступки къ корыстнымъ, себялюбивымъ мотивамъ; онъ пробовалъ объяснить всѣ самыя неожиданныя эмоціи простымъ расчетомъ. Это была съ его стороны очень важная ошибка, зависѣвшая отъ недостаточности физіологическихъ и вообще естественныхъ знаній въ его время. Не одни мотивы, то есть цѣли, обусловливаютъ дѣйствіе, но еще и мобили, то есть движущія силы, а при введеніи этихъ послѣднихъ въ число причинъ, производящихъ извѣстный поступокъ, весь его смыслъ мѣняется. Примѣры самаго высокаго и безкорыстнаго самопожертвованія могутъ быть легко объяснены

---

raines, а также въ Esquisse d'une morale sans obligation ni sanction.

при помощи понятія о мобиляхъ[1]), и законы симпатіи становятся рядомъ съ законами эгоизма, того, что Паскаль называлъ «la pente vers soi». По мнѣнію утилитаристовъ, альтруизмъ дополняетъ эгоизмъ, не измѣняя его радикально. Человѣкъ есть интеллигентное и сообщительное животное, говорятъ они, и въ это наиболѣе точное его опредѣленіе совсѣмъ не слѣдуетъ вводить элементовъ сознательной свободы и безкорыстія: достаточно одной природы; роковой инстинктъ съ успѣхомъ можетъ замѣнить собою всякіе порывы свободной воли. Если вамъ кажется иногда, что вы дѣйствуете свободно и безкорыстно, то это потому только, что вы смотрите на себя со стороны и, не находя въ себѣ сознательнаго и тонкаго разсчета, думаете, что открыли нѣчто необыкновенное и сверхчувственное — свободу, безкорыстіе! Но вмѣсто того, чтобы искать рѣшенія загадки надъ интеллектомъ, въ непостижимой для него свободѣ воли, попробуйте поискать этого рѣшенія подъ нимъ, въ простой чувствительности. Подчиняясь симпатіи, вы дѣйствительно не разсчитываете, но за васъ разсчитываетъ сама природа; это она толкаетъ васъ потихоньку въ объятія ближняго, и дѣлаетъ это такъ деликатно, что вамъ кажется, будто вы сами идете, вполнѣ добровольно, какъ ребенокъ, который не замѣчаетъ поддерживающей его руки матери или няньки.

Такъ разсуждаютъ сторонники эгоистической основы дѣйствій человѣка. Но авторъ Systèmes de morale contemporaine (Fouillée) ввелъ въ вопросъ

[1]) Сохраняю это слово для краткости. Прим. Перев.

новый, чрезвычайно важный факторъ: вліяніе идеи. Еслибы даже наша натура въ самомъ дѣлѣ была чужда истинныхъ и свободныхъ привязанностей, то развѣ мы не имѣли бы никакого понятія по крайней мѣрѣ о наружномъ проявленіи этихъ послѣднихъ? Безъ сомнѣнія, имѣли бы. Попробуемъ же разсуждать съ точки зрѣнія сторонниковъ эгоизма, но опираясь на вышеписанное понятіе. Въ каждомъ живомъ существѣ, между различными роковыми наклонностями, существуютъ и такія, которыя толкаютъ его къ ближнему и называются альтруистическими. Эти наклонности гнѣздятся, конечно, въ каждомъ изъ насъ и стремятся насъ сблизить; мы идемъ другъ къ другу, роковымъ образомъ подчиняясь сидящей внутри насъ пружинѣ, но снаружи кажется, что мы дѣлаемъ это въ силу нравственной идеи. Развѣ этого мало? Если я вижу, что кто либо изъ моихъ ближнихъ протягиваетъ мнѣ руку и дѣлаетъ видъ, что любитъ меня (по выраженію Канта), то ясно, что я долженъ стать жертвой неизбѣжной, но благотворной иллюзіи: всѣ дѣйствія этого ближняго покажутся мнѣ безкорыстными и имѣющими цѣлью не его благо, а мое. Такимъ образомъ, идея любви во мнѣ уже готова: я буду считать себя любимымъ, буду считать дѣйствія моего ближняго вполнѣ свободными, хотя бы они, въ сущности, обусловливались только роковымъ инстинктомъ. Иначе быть не можетъ, если только я не принадлежу къ числу ученыхъ физіологовъ, способныхъ приписать совершенно свободную съ виду любовь дѣйствію тайныхъ эгоистическихъ инстинктовъ, присущихъ организму моего ближняго. По всей вѣроятности, даже и въ послѣднемъ случаѣ мнѣ не придетъ въ голову искать эти инстинкты, въ виду полнаго и безспорнаго безкорыстія даннаго поступка. Однимъ словомъ, такъ или иначе, но, разъ мнѣ покажется, что я вижу сердце и волю тамъ, гдѣ нѣтъ, можетъ быть, ничего кромѣ рычаговъ и колесъ машины, то я уже готовъ — я пріобрѣлъ идею чистой и свободной любви. А идея эта можетъ произвести чудеса. Если я вижу любовь ко мнѣ со стороны моего ближняго, и притомъ любовь совершенно безкорыстную, то не могу уже остаться холоднымъ и безчувственнымъ, — не могу ограничиться одной только внѣшней, преднамѣренной любезностью — какимъ-то обманомъ. Я захочу въ самомъ дѣлѣ быть достойнымъ любви, въ самомъ дѣлѣ заслужить ту привязанность, которую ко мнѣ чувствуетъ мой ближній. Я захочу въ дѣйствительности быть тѣмъ, чѣмъ кажусь любящему меня человѣку. Но что же дѣлаетъ человѣка достойнымъ любви, если не такая же любовь съ его стороны? Чѣмъ отвѣчать на привязанность, если не привязанностью? Такимъ образомъ, натура моя должна дѣлаться все болѣе и болѣе способною къ настоящей, свободной любви.

Слѣдовательно двѣ способности, снисходительно оставленныя намъ утилитаристами, — интеллектъ и чувствительность (общительность) — сами изъ себя, совершенно естественнымъ образомъ, порождаютъ идею любящей воли. Мы вывели эту идею путемъ нѣсколько кривымъ, но тѣмъ не менѣе вполнѣ естественнымъ, ибо ребенокъ, напримѣръ, научается любить только благодаря тому, что его самого любятъ. Можно ли утверждать, что для него любовь есть чувство врожденное, а не развитое воспитаніемъ?[1]). Первыя движенія ребенка—крики радости и горести—выражаютъ только одно *я*, ощущенія и желанія этого *я*; позднѣе, съ развитіемъ чувства личности, появляются еще крики гнѣва. Но, замѣчая во всѣхъ окружающихъ ясныя проявленія нѣжной любви къ себѣ, чувствуя себя любимымъ, ребенокъ начинаетъ, наконецъ, желать заслужить чѣмъ нибудь эту любовь: онъ старается проборматать отвѣтъ на щедро предлагаемое ему чувство. Только видя улыбку, ребенокъ начинаетъ и самъ улыбаться. И какъ долго нужно ждать этого перваго проявленія любви! Его считаютъ внезапнымъ, не стоившимъ никакого труда, а между тѣмъ—кто знаетъ, какихъ усилій, какой настойчивости, какой концентраціи воли потребовалось отъ ребенка для того, чтобы совершить это чудо—улыбнуться въ первый разъ, въ первый разъ совершить безкорыстный актъ? Прослѣдите за нравственнымъ состояніемъ ребенка, отражающимся на его лицѣ, и вы увидите съ какимъ трудомъ вырабатывается эта первая попытка,—Рафаэль съ меньшими усиліями рисовалъ свои картины! Ребенокъ по природѣ эгоистиченъ,—все для него и какъ можно меньше для другихъ; только получивъ многое, онъ научается давать: любовь не только не лежитъ въ его натурѣ, но составляетъ шагъ въ сторону отъ нея, вынужденное ея расширеніе. Съ большою степенью вѣро-

---

[1]) Я полагаю, что его можно утверждать съ такимъ же правомъ, съ какимъ и по отношенію къ другимъ чувствамъ: ребенокъ не рождается съ готовой любовью, но онъ рождается съ большей или меньшей способностью любить, которая и можетъ быть развита или не развита жизнью. Прим. Перев.

зтія можно думать, что любовь родится изъ благодарности и составляетъ рефлексъ на сдѣланное добро, на благодѣяніе[1]). Первый актъ благодарности есть, повидимому, довѣріе: я вѣрю въ сдѣланное мнѣ добро, вѣрю въ добрыя намѣренія благодѣтеля. Ребенокъ изъ извѣстныхъ признаковъ любви заключаетъ о ея существованіи у родителей; взрослый—изъ такихъ же признаковъ выводитъ заключеніе о любви къ нему ближняго. Идея свободы побуждаетъ насъ дѣйствовать такъ, какъ будто бы мы въ самомъ дѣлѣ были свободны, а идея любви подсказываетъ намъ вѣру въ любовь ближнихъ и заставляетъ дѣйствовать такъ, какъ будто бы и мы ихъ тоже любимъ. Эта идея, при помощи которой эгоизмъ превращается въ альтруизмъ, аналогична силѣ, заставляющей паръ въ паровой машинѣ идти обратно и давать задній ходъ.

Воспитаніе должно содѣйствовать проявленію этой силы; оно должно научить ребенка видѣть свое счастье въ счастьи ближнихъ, дѣлать выборъ между наслажденіями и предпочитать тѣ изъ нихъ, которыя болѣе возвышенны и безличны, а потому болѣе прочны и безобидны.

Предыдущій анализъ привелъ насъ къ заключенію, что быть нравственнымъ—значитъ, во-первыхъ, чувствовать силу своей воли и разнообразіе способностей, а во-вторыхъ—понимать превосходство стремленій къ универсальнымъ объектамъ надъ стремле-

[1]) Едвали это объясненіе можетъ выдержать критику! Какъ же образуются тѣ нѣжныя, любящія, безкорыстно-альтруистичныя натуры, которыя, къ счастью человѣчества, далеко не рѣдко встрѣчаются и которыя любятъ quand même (дочь м-ра Домби, напримѣръ, или «идіотъ», князь Мышкинъ)? Прим. Перев.

ніями къ объектамъ частнымъ. Сознаніе долга есть, въ одно и то же время, сознаніе своей силы и сознаніе возможности проявить свое вліяніе на большей группѣ существъ, на широкой аренѣ дѣйствія. Сквозь предѣлы, обозначаемые для насъ долгомъ, просвѣчиваетъ что-то безконечное и притомъ неимѣющее въ себѣ ничего мистическаго. Исполняя долгъ, мы, по словамъ Спинозы, чувствуемъ, что личность наша можетъ безконечно развиваться, что мы безконечны сами для себя и что самыми подходящими объектами для нашей дѣятельности могутъ быть лишь объекты универсальные. Чувство долга растетъ пропорціонально общности, универсальности его объекта и потому выражается тѣмъ болѣе интенсивно, чѣмъ дальше стоитъ этотъ объектъ отъ грубыхъ, физіологическихъ функцій организма.

Итакъ мы успѣли замѣтить три слѣдующія стадіи въ развитіи нравственнаго инстинкта:

1) Механическій импульсъ, моментально проскальзывающій черезъ сознаніе для того, чтобы вызвать слѣпыя стремленія и непродуманныя чувства.

2) Импульсъ задержавшійся въ сознаніи и стремящійся овладѣть имъ, производя *постоянное давленіе* на чувство.

3) Движущая идея—импульсъ, уже овладѣвшій сознаніемъ, продуманный и образовавшій центръ, вокругъ котораго группируются другія идеи и чувства. Изъ опредѣляющей идеи родится чувство долга, т. е. *резонированное постоянное давленіе*, такое, которое окрѣпло благодаря размышленію. Сознать свои нравственныя обязанности, значитъ сознать свои *способности высшаго порядка*, стремящіяся про-

явиться въ дѣйствіи, сознать свои идеи, стремящіяся реализироваться,— свои чувства, стремящіяся соціализироваться, то есть вмѣстить въ себя всю чувствительность, все сочувствіе, разлитое въ человѣчествѣ и во вселенной.

Однимъ словомъ, чувство долга есть сознаніе 1) силы и плодовитости высшихъ опредѣляющихъ идей, объекты которыхъ универсальны, 2) силы противодѣйствія противоположныхъ, эгоистичныхъ наклонностей.

Воля есть стремленіе жизни къ максимальной интенсивности и экстенсивности; явленія механическаго импульса, постояннаго давленія и нравственнаго долга суть результаты столкновенія или гармоніи воли съ другими наклонностями души человѣка. Столкновеніе воли съ наклонностями разрѣшается выясненіемъ и опредѣленіемъ той изъ этихъ послѣднихъ, которая имѣетъ въ нашей душѣ больше союзниковъ, связана съ большимъ количествомъ другихъ прочныхъ наклонностей и потому болѣе важна для насъ. Другими словами, столкновеніе—это есть попытка отыскать наиболѣе сложную и въ то же время наиболѣе прочную наклонность, а таковыми бываютъ лишь стремленія къ универсальному. Нравственный поступокъ подобенъ, стало быть, звуку, который будитъ въ насъ возможно большее количество продолжительныхъ и сильныхъ гармоническихъ вибрацій.

Слѣдуетъ замѣтить, что сознаніе импульсивной силы универсальныхъ мотивовъ проявляется рѣзкимъ образомъ только послѣ отказа подчиниться имъ. Въ этомъ случаѣ нравственные инстинкты появляются вновь, значительно усиленные противодѣйствіемъ.

Такимъ образомъ появляется раскаяніе, мученія совѣсти. Эти чувства вовсе не предполагаютъ существованія абсолютной свободы воли; для ихъ образованія нужно лишь сознаніе причинной связи между нашимъ прошлымъ, настоящимъ и будущимъ. Еслибы мы достаточно сильно чувствовали свободу нашей воли, еслибы мы твердо вѣрили въ возможность вполнѣ возродиться при помощи волевого акта, еслибы въ насъ не было смутной боязни, что всѣ наши дѣйствія роковымъ образомъ другъ съ другомъ связаны, то раскаяніе наше не было бы такъ горько, такъ какъ касалось бы лишь прошлаго акта, который больше ужъ не повторится—*мы вольны* не повторять его. Отвѣтственность обусловливается не только *совершеніемъ* злаго дѣла, но еще и *солидарностью* съ нимъ; нужно чувствовать свою связь съ извѣстнымъ дурнымъ дѣломъ, для того чтобы стыдиться его. Актъ, совершенный мною съ наилучшими намѣреніями, но, несмотря на всѣ старанія, кончившійся дурно, причинитъ мнѣ все же нѣкоторыя страданія, оставитъ сожалѣніе о недостаточности моего интеллекта, вполнѣ аналогичное сожалѣнію о недостаточности нравственной, т. е. собственно раскаянію. Отецъ гордится, обыкновенно, хорошими поступками своего сына и стыдится дурныхъ почти такъ же, какъ еслибы онъ самъ ихъ сдѣлалъ. Даже болѣе: дурной поступокъ посторонняго намъ человѣка, совершенный въ нашемъ присутствіи, оставляетъ въ насъ тяжелое чувство, похожее на раскаяніе (если только нравственность наша достаточно высоко развита и достаточно чувствительна): намъ кажется, что отвѣтственность за этотъ поступокъ падаетъ, частію, и на насъ. Вообще, во всѣхъ людяхъ есть что-то лично намъ принадлежащее, что-то *наше*, и мы не безъ основанія считаемъ себя униженными въ нашихъ собственныхъ глазахъ, при видѣ чужихъ поступковъ, унижающихъ человѣческое достоинство. Вопреки мнѣнію Канта, отвѣтственность вовсе не витаетъ внѣ времени и пространства, въ области абсолютной свободы и чистаго нумена; она, напротивъ, связана съ большинствомъ идей, составляющихъ феноменальное *я*. Она объясняется солидарностью, преемственностью и взаимной связью всѣхъ живыхъ существъ, прошедшихъ, настоящихъ и будущихъ; поэтому-то она и переносится съ одного существа на другое. Можно раскаиваться и можно радоваться за другихъ, можно испытывать симпатію или антипатію, какъ къ себѣ самому, такъ и къ другимъ. Если отвѣтственность за наше прошедшее переносится въ настоящее и будущее, то это потому, что мы, даже иногда не отдавая себѣ отчета, прекрасно чувствуемъ причинную связь, существующую между всѣми моментами нашей индивидуальной жизни: мы чувствуемъ, что въ ней все другъ съ другомъ сковано и что наше прошлое тянется за нами, какъ цѣпи. Нравственныя раны наши, какъ иногда рубцы на кожѣ, остаются болѣзненными на всю жизнь, потому что мы, хотя и измѣняемся постоянно, но не можемъ вполнѣ возобновиться, позабыть свое прошлое—отдѣлиться отъ него и удовлетворить нашимъ собственнымъ идеаламъ.

IV. Возможность распаденія нравственности.

Поговоривъ о генезѣ нравственности, слѣдуетъ сказать нѣсколько словъ и о возможности ея распаденія, какъ въ индивидуумѣ, такъ и въ обществѣ, о болѣзненномъ ея состояніи и объ остановкахъ въ ея развитіи.—Воспитатель долженъ обо всемъ этомъ имѣть понятіе.

Жизнь нравственная, какъ и физическая, можетъ распадаться и идти ненормально, болѣзненно, причемъ степени этого распаденія и этой болѣзненности могутъ быть различны.

1) Нравственность чисто отрицательная производится взаимной нейтрализаціей противоположныхъ наклонностей. Эта средняя нравственность основана не на прочномъ равновѣсіи инстинктовъ, связанныхъ цѣлыми системами опредѣляющихъ идей, а на общей слабости стремленій, изъ коихъ ни одно не можетъ отклонить субъекта далеко отъ прямой линіи. Это—нравственность большинства.

2) Нравственная атонія, или царство капризовъ, отличающаяся отъ предыдущей формы тѣмъ, что отклоненія въ любую сторону отъ прямой линіи, благодаря сравнительной силѣ наклонностей, становятся возможными, и амплитуда ихъ можетъ быть довольно велика, но отклоненія эти не имѣютъ никакого общаго направленія. Нравственная атонія свойственна импульсивнымъ темпераментамъ, если они не обладаютъ достаточно сильнымъ центромъ, состоящимъ изъ ассоціаціи опредѣляющихъ идей. Импульсивнымъ темпераментомъ отличается большая часть преступниковъ, хотя не особенно опасныхъ;

но онъ порождалъ иногда и героевъ. У такихъ людей нравственныя наклонности существуютъ, но онѣ черезчуръ непостоянны и легко уступаютъ свое мѣсто наклонностямъ противоположнымъ. Сознаніе этихъ людей однобоко и не можетъ заразъ вмѣстить и обсудить оба противоположныя направленія совершаемаго поступка. Чувство долга, иногда очень сильное, временно исчезаетъ у нихъ, подъ давленіемъ какой либо наклонности, которая, въ свою очередь, исчезаетъ по совершеніи подсказаннаго ею акта. Потому-то у одного и того же субъекта, вслѣдъ за только что совершеннымъ безнравственнымъ поступкомъ, появляется иногда сильное, искреннее, но въ большей части случаевъ безплодное раскаяніе. Такой субъектъ, обладающій импульсивнымъ характеромъ, бываетъ неспособенъ обыкновенно побороть дурной импульсъ во-время, точно такъ же какъ неспособенъ воспротивиться и хорошему—имъ всегда владѣетъ одна какая нибудь наклонность, но владѣетъ не надолго. Вмѣсто того, чтобы появляться одновременно, противоположныя состоянія сознанія появляются у него одно за другимъ. Это не уродъ, но человѣкъ безсильный съ точки зрѣнія нравственности: воля его потерпѣла измѣненіе, аналогичное съ тѣмъ, которое является у больныхъ, одержимыхъ «абуліей». Эти послѣдніе не могутъ перейти отъ намѣренія къ дѣйствію: они хотятъ идти гулять и не могутъ,—желанія ихъ слишкомъ слабы, чтобы обусловить дѣйствіе. При нравственной же абуліи способность выполнить намѣреніе сохраняется, но способность представлять себѣ одновременно противоположные мотивы и мобили дѣйствія — исчезла. Люди, страдающіе такой абуліей, забываютъ положить на вѣсы своей совѣсти весь имѣющійся у нихъ разновѣсъ и находятъ забытыя гирьки лишь тогда, когда взвѣшиваніе уже кончилось.

3) *Нравственное сумасшествіе*, т. е. появленіе *ненормальныхъ импульсовъ* (побуждающихъ разрушать и дѣлать зло изъ любви къ искусству, совершать безстыдные поступки, ѣсть собственныя испражненія etc.). Эти импульсы, болѣе или менѣе непобѣдимые, могутъ существовать рядомъ съ нормальными и допускаютъ раскаяніе въ тѣхъ поступкахъ, которые совершены подъ ихъ вліяніемъ. Дипсоманъ — не пьяница, клептоманъ — не воръ, пироманъ — не поджигатель; всѣ они сами протестуютъ противъ совершаемыхъ ими дѣяній, скорбятъ о нихъ. Нравственное чувство ихъ оказывается безсильнымъ на практикѣ, но оно не измѣнено.

4) *Нравственный идіотизмъ*, то есть полное или частичное отсутствіе альтруистическихъ, интеллектуальныхъ, эстетическихъ etc. импульсовъ. Въ полномъ видѣ эта форма никогда почти не встрѣчается, но въ частичномъ — на всякомъ шагу: какое множество дѣтей и взрослыхъ людей, по отношенію къ нѣкоторымъ сторонамъ своего поведенія, остаются непобѣдимо грубыми! У иныхъ альтруизмъ совершенно отсутствуетъ и притомъ не постепенно исчезаетъ, какъ у многихъ преступниковъ по профессіи, а просто слѣдовъ его нѣтъ, какъ въ томъ пасторѣ, о которомъ разсказываетъ Maudsley и который совершенно покойно, безъ всякихъ колебаній и протестовъ совѣсти, ни съ того ни съ сего, отравилъ свою жену. Въ этихъ крайнихъ случаяхъ со-

знаніе нравственной обязанности отсутствуетъ, какъ до совершенія дѣйствія, такъ и послѣ него.

5) **Нравственный развратъ**, то есть господство нормальныхъ инстинктовъ, достигшихъ ненормальной интенсивности (гнѣвъ, мщеніе) и, въ концѣ концовъ, координировавшихся, оправданныхъ умомъ и вполнѣ замѣнившихъ нравственное чувство,—однимъ словомъ, вторичный нравственный идіотизмъ (какъ бываетъ вторичное помѣшательство). Это состояніе представляетъ собою послѣднюю степень распаденія нравственности, такъ какъ при немъ эволюція движущихъ чувствъ и движущихъ идей идетъ въ направленіи, противоположномъ нормальному—совершается организація безнравственности. Достоевскій, говоря о нѣкоторыхъ каторжникахъ, замѣчаетъ, что въ нихъ нѣтъ ни малѣйшихъ слѣдовъ стыда или раскаянія, а Garofalo прибавляетъ: «ихъ нравственная безчувственность такъ велика, что, даже находясь передъ судомъ, преступники хладнокровно описываютъ самыя ужасныя подробности своихъ преступленій и остаются совершенно индиферентными къ стыду, которымъ они покрываютъ свои семьи, и къ горю родителей» [1]).

Такимъ образомъ, нравственный инстинктъ, считаемый нѣкоторыми философскими школами за цѣльную и незыблемую способность, есть лишь сложный продуктъ эволюціи, способный развиваться въ обѣ стороны, положительную и отрицательную. Разумный воспитатель долженъ постоянно помнить объ этомъ, имѣть въ виду неустойчивость нравственнаго

---

[1]) Garofalo, Revue philosophique, мартъ 1887.

чувства. Не только отдѣльныя личности, но даже цѣлыя націи могутъ деморализироваться. А такъ какъ нравственность есть одно изъ главныхъ условій прогресса и даже самой жизни ихъ, то онѣ могутъ, значитъ, подниматься и опускаться, побѣждать и быть побѣжденными въ борьбѣ за существованіе, смотря по тому, увеличиваютъ онѣ или уменьшаютъ свой наслѣдственный запасъ нравственности.

Такимъ образомъ, нравственность расы, вмѣстѣ съ ея здоровьемъ и бодростью, являются главными объектами воспитанія; все остальное—дѣло второстепенное. Интеллектуальныя качества, напримѣръ,—въ особенности знаніе, умѣнье, образованіе—имѣютъ гораздо меньшее значеніе для расы, чѣмъ ея нравственная и физическая бодрость. Поэтому воспитатель не долженъ упускать изъ вида нормальную іерархію свойствъ, нужныхъ расѣ: пусть онъ не забываетъ, что всѣ религіи обязаны своей силой и жизненностью морализующему своему вліянію на народъ, и, чѣмъ болѣе это вліяніе падаетъ, тѣмъ болѣе слѣдуетъ стараться замѣнить его всѣми другими способами морализаціи.

V. Роль наслѣдственности и воспитанія въ развитіи нравственнаго чувства.

Выше мы видѣли, что нравственное чувство есть важнѣйшій изъ продуктовъ воспитанія въ широкомъ смыслѣ слова, то есть суммы всѣхъ вліяній, какъ физической, такъ и соціальной среды. Изъ этого не слѣдуетъ, однако же, чтобы нравственность была чѣмъ-то искусственно созданнымъ; изъ этого слѣдуетъ только, что она есть вторая натура, наростающая на первоначальной—животной—благодаря взаимодѣйствію способностей этой послѣдней и окружающей среды. Человѣкъ, какъ мы видѣли, самъ себѣ создаетъ нравственные законы, при помощи высшихъ способностей, развивающихся въ немъ благодаря воспитанію, отчасти—самопроизвольному, отчасти—насильственному иногда—индивидуальному, иногда—коллективному. Ясно, однако же, что и наслѣдственность должна играть роль въ развитіи нравственнаго чувства. Попробуемъ опредѣлить вліяніе каждаго изъ этихъ двухъ факторовъ въ отдѣльности.

По Вундту, даже понятіе о пространствѣ едвали является врожденнымъ у человѣка. Во всякомъ случаѣ, простыя чувственныя перцепціи, несмотря на постоянное ихъ повтореніе въ теченіе тысячелѣтій, не врождены: слѣпой отъ рожденія не имѣетъ понятія о свѣтѣ, а глухой—о звукѣ. Поэтому никакъ нельзя говорить о «врожденныхъ нравственныхъ понятіяхъ», которыя предполагаютъ предварительное существованіе множества сложныхъ представленій объ отношеніяхъ субъекта къ самому себѣ, къ обществу и ко всему окружающему міру. Безъ всякаго сомнѣнія; но мы и не говоримъ о вполнѣ образовавшихся нравственныхъ понятіяхъ. «Наклонность» не есть «понятіе», а врожденныя наклонности, нравственныя и безнравственныя, несомнѣнно существуютъ,—это всякому извѣстно, и Дарвинъ доказалъ, что у нѣкоторыхъ дикихъ животныхъ пугливость дѣлается наслѣдственною. Такъ, при первой высадкѣ людей на Фоклэндскіе острова, дикія собаки (canis antarcticus) подходили къ матросамъ безъ всякаго страха. Еще недавно можно было убивать ихъ ножемъ, приманивая къ себѣ кусками мяса. На одномъ изъ островковъ Аральскаго моря, антилопы, обыкновенно очень пугливыя, рѣшались подходить къ человѣку и разсматривать его, какъ курьезъ. Ламантины, на островѣ Св. Маврикія, сначала совсѣмъ не боялись человѣка, также какъ моржи, тюлени и птицы въ нѣкоторыхъ мѣстахъ земного шара. «Въ Galapagos'скомъ архипелагѣ, говоритъ Дарвинъ, я могъ стволомъ своего ружья сталкивать соволовъ съ вѣтокъ, на которыхъ они сидѣли, и поить разныхъ птицъ изъ чашки, которую держалъ въ рукахъ». Значитъ, только долгимъ опытомъ птицы научаются бояться человѣка, и страхъ этотъ передается у нихъ наслѣдственно[1]). Въ такой передачѣ проглядываетъ, если не врожденное понятіе, то по-крайней мѣрѣ врожденная ассоціація рефлективныхъ чувствъ и движеній съ представленіемъ о человѣкѣ. Почему же въ самомъ-то человѣкѣ не можетъ быть такого же врожденнаго представленія о себѣ подобныхъ, представленія, вызывающаго не страхъ, а удовольствіе, стремленіе приближаться къ нимъ, говорить съ ними, помочь, услужить? Когда ребенокъ падаетъ подъ колеса кареты, то присутствующіе бросаются спасать его совершенно инстинктивно, точно такъ же, какъ сами они стремились бы избѣжать внезапной опасности. Образъ ближняго

---

[1]) Плохое доказательство: у птенцовъ, воспитываемыхъ человѣкомъ, никакого наслѣдственнаго страха передъ нимъ не оказывается. Да и вообще, наслѣдственной можетъ быть лишь способность пугаться, а вовсе не страхъ передъ извѣстнымъ, опредѣленнымъ предметомъ или явленіемъ. Прим. Перев.

можетъ, стало быть, замѣнить нашъ собственный, и на чашкахъ внутреннихъ вѣсовъ *мы* и *я* по временамъ могутъ вѣсить одинаково. Этотъ тонкій механизмъ есть, отчасти, произведеніе наслѣдственности. Человѣкъ самъ себя смягчалъ, приручалъ и цивилизовалъ; на земномъ шарѣ, въ каждое данное время, можно видѣть всѣ стадіи процесса цивилизаціи. Результатъ вѣковаго воспитанія фиксируется, такимъ образомъ, при помощи наслѣдственности, что и служитъ доказательствомъ громадной важности воспитанія вообще, если не для настоящаго, то по крайней мѣрѣ для будущаго.

Извѣстны также примѣры возврата къ старому, атавизмъ.

Воинственные и бродячіе истинкты, свойственные первобытнымъ народамъ, проявляются иногда и у людей цивилизованныхъ. Нѣкоторымъ натурамъ трудно бываетъ приспособиться къ той сложной средѣ, какую образуютъ обычаи и привычки, сопровождающіе цивилизацію. По мнѣнію Ribot, въ этомъ слѣдуетъ видѣть атавизмъ. Воинственныя наклонности—суть самыя распространенныя среди дикихъ народовъ; для этихъ послѣднихъ—жить значитъ сражаться. «Этотъ инстинктъ, по всей вѣроятности, даже содѣйствовалъ прогрессу человѣчества, такъ какъ, благодаря ему, расы болѣе сильныя и интеллигентныя одержали побѣду надъ расами менѣе одаренными. Но, будучи сохраненъ и аккумулированъ наслѣдственностью, этотъ инстинктъ становится теперь причиной войнъ, разрушенія и гибели. Создавъ соціальную жизнь, онъ стремится ее разрушить; обусловивъ побѣду цивилизаціи, онъ работаетъ теперь на ея погибель. Въ обыденной жизни, у отдѣльныхъ субъектовъ, онъ проявляется въ любви къ ссорамъ, въ бреттерствѣ, къ мстительности и кровожадности» [1]). То же самое можно сказать и про любовь къ приключеніямъ: дикіе народы одержимы ею до такой степени, что рвутся къ неизвѣстному съ безпечностью дѣтей. Духъ предпріимчивости и отсутствія заботъ о будущемъ, побуждавшій человѣчество къ открытію новыхъ торговыхъ рынковъ, къ путешествіямъ, къ научнымъ изслѣдованіямъ и проч., превращается у нѣкоторыхъ субъектовъ въ источникъ тщеславныхъ и разорительныхъ возбужденій, единственныхъ, дозволенныхъ современной средою, какъ, напримѣръ, страсть къ игрѣ, къ ажіотажу, къ интригамъ, къ военнымъ подвигамъ, которымъ цѣлыя страны приносятся въ жертву, и проч. Старые расовые инстинкты, спавшіе иногда въ теченіе нѣсколькихъ поколѣній, вдругъ просыпаются у отдѣльныхъ потомковъ, по неизвѣстнымъ причинамъ возвращающихся къ нравственному типу предковъ. Высшіе классы общества, находящіеся на виду, могутъ дать намъ разительные тому примѣры: какъ будто бы досугъ и матеріальная независимость, спасая ихъ отъ вліянія современной среды и условій жизни, освобождаетъ «психическія силы», связанныя у ихъ болѣе стѣсненныхъ современниковъ.

«Такимъ образомъ, говоритъ г-жа Royer, инстинктъ вражи проявляется иногда не только у дѣтей, у которыхъ воспитаніе быстро его уничтожаетъ, но даже у взрослыхъ, и притомъ съ такой силой, что патал-

[1]) Ribot, l'Hérédité.

ваетъ многихъ изъ нашихъ аристократовъ на преступленія, простительныя лишь въ виду ихъ роковаго характера, какъ будто бы дамы эти получили въ наслѣдство инстинкты своихъ предковъ, варваровъ, покорившихъ нашу страну»[1]).

Всѣмъ извѣстно, что климатъ, конфигурація мѣстности, почва, пища, одежда, жилище, вообще circumfusa и ingesta, дѣйствуя медленно, но постоянно, измѣняютъ человѣческій организмъ, даютъ ему, помимо сознанія, извѣстный обычный строй, извѣстный темпераментъ. Точно также, по мнѣнію Ribot, дѣйствуетъ и воспитаніе: образуя нравственную среду, оно создаетъ привычки. Среда эта, прибавляетъ Ribot, сложнѣе, разнороднѣе и перемѣнчивѣе физической. «Воспитаніе, говоритъ онъ, въ полномъ и точномъ смыслѣ слова, состоитъ не изъ однихъ только родительскихъ наставленій и уроковъ учителя; нравы окружающаго общества, религіозныя вѣрованія, случайныя письма и разговоры — все это дѣйствуетъ на душу такъ же медленно и такъ же вѣрно, какъ физическая обстановка дѣйствуетъ на тѣло — все это входитъ въ составъ воспитанія и содѣйствуетъ развитію привычекъ». Несмотря, однако же, на такія свои слова, Ribot старается съузить роль воспитанія въ развитіи индивидуума, выдвигая на первый планъ врожденность. «Появляются ли извѣстныя психическія свойства произвольно, или пере-

[1]) Здѣсь авторъ, въ выноскѣ, разсказываетъ довольно длинную исторію, смыслъ которой состоитъ въ томъ, что маленькій дикарь съ Филиппинскихъ острововъ, воспитанный въ Европѣ и по-европейски, выросши, убѣжалъ все же на родину и сталъ жить прежней дикой жизнью. Прим. Перев.

даются по наслѣдству—въ данную минуту это для насъ не важно, говоритъ онъ, намъ нужно доказать, что они существуютъ раньше воспитанія, которое иногда преобразуетъ ихъ, но никогда не создаетъ».

Но почему же, спросимъ мы у Ribot, воспитаніе не можетъ создать нѣкоторыхъ психическихъ свойствъ? Слово создавать не должно быть понимаемо въ абсолютномъ смыслѣ ни по отношенію къ наслѣдственности, ни по отношенію къ воспитанію. Наслѣдственность тоже не создаетъ, въ собственномъ смыслѣ этого слова; она только аккумулируетъ и закрѣпляетъ тѣ свойства, которыя были пріобрѣтены съ помощью воспитанія, такъ, какъ Ribot его понимаетъ и опредѣляетъ. Противники наслѣдственности дѣлаютъ, по словамъ Ribot, большую ошибку, приписывая внѣшнимъ причинамъ—воспитанію—то, что зависитъ отъ причинъ внутреннихъ, какъ, напримѣръ, характеръ: «они ставятъ обыкновенно, говоритъ Ribot, слѣдующую, рѣшительную по ихъ мнѣнію, дилемму: или ребенокъ не похожъ на своихъ родителей, и тогда куда дѣвается законъ наслѣдственности? или ребенокъ похожъ нравственно на отца съ матерью, и тогда зачѣмъ искать причинъ этого явленія въ чемъ нибудь кромѣ воспитанія? Не вполнѣ ли естественно думать, что живописецъ или музыкантъ научатъ своихъ дѣтей своему искусству, что воръ научитъ сына воровать, а развратникъ—развратничать?» По нашему мнѣнію, если эта дилемма не доказываетъ исключительнаго вліянія воспитанія, то она доказываетъ, по крайней мѣрѣ, что и вліяніе наслѣдственности не можетъ быть доказано и что въ большей части случаевъ разграничить роли этихъ двухъ факторовъ въ образованіи даннаго характера нѣтъ никакой возможности [1]).

Признавая справедливость доказаннаго Gall'емъ положенія, что способности и наклонности разныхъ индивидуумовъ, принадлежащихъ къ одному и тому же зоологическому виду, могутъ быть различны, независимо отъ воспитанія, мы все же должны признать, что существованіе наклонностей естественныхъ (врожденныхъ) нисколько не мѣшаетъ животному имѣть и наклонности благопріобрѣтенныя. Между домашними животными, охотничьи собаки одной и той же породы не всѣ имѣютъ одинаковое чутье, одинаковую стойку и одинаковое искусство преслѣдовать дичь; пастушьи собаки не всѣ одинаково умны; скаковыя лошади не всѣ одинаково быстры и выносливы; пѣвчія птицы одной породы, хотя и поютъ одинаково, но не всѣ обладаютъ однимъ и тѣмъ же тэмбромъ голоса etc. etc.—Пусть такъ; но все же плохо поющія птицы могутъ выучиться пѣть лучше, а лошади могутъ выучиться скакать быстрѣе.

Что касается человѣка, то Ribot думаетъ, что достаточно нѣсколькихъ, хорошо выбранныхъ примѣровъ для того, чтобы доказать врожденность его способностей и отвергнуть вліяніе воспитанія. Всѣмъ извѣстно какъ d'Alembert, будучи найденышемъ и воспитанный вдовою бѣднаго стекольщика, безъ всякихъ средствъ, подъ градомъ насмѣшекъ своей пріем-

[1]) Это не относится, однако же, къ тѣмъ очень частымъ случаямъ, въ которыхъ ребенокъ воспитывался далеко отъ своихъ родителей или даже не зналъ ихъ совсѣмъ, а тѣмъ не менѣе похожъ на нихъ физически и нравственно. Прим. Перев.

ной матери, товарищей и учителей, которые его не понимали, все же не оставилъ излюбленной научной карьеры и въ 24 года сдѣлался членомъ академіи, что было только началомъ его дальнѣйшей славы. «Представьте себѣ, говоритъ Ribot, что онъ былъ воспитанъ въ салонѣ родной матери, интеллигентной дамы, въ такомъ салонѣ, гдѣ онъ встрѣчался бы съ просвѣщеннѣйшими людьми своего времени, былъ бы еще въ юношествѣ посвященъ ими во всѣ тайны научной и философской мысли и изощрилъ бы свой умъ въ ученыхъ спорахъ,—противники врожденности не преминули бы тогда видѣть въ его геніальности продуктъ воспитанія». Эта геніальность, отвѣтимъ мы, не могла быть продуктомъ воспитанія, такъ какъ воспитаніе не имѣетъ претензіи творить геній, но оно можетъ развить его, дать ему матеріалъ. По словамъ Ribot, біографіи знаменитыхъ людей доказываютъ, что воспитаніе не имѣло на нихъ никакого вліянія, или, по крайней мѣрѣ, очень слабое, а иногда даже прямо было вредно. Если мы возьмемъ, говоритъ онъ, полководцевъ, то есть людей, начало дѣятельности которыхъ легко констатировать, такъ какъ оно сопровождалось шумомъ и блескомъ, то мы увидимъ, что Александръ Македонскій началъ свою карьеру въ 20 лѣтъ, Сципіонъ Африканскій—въ 24 года, Карлъ Великій—въ 30 лѣтъ, Карлъ XII—въ 18, Принцъ Евгеній—въ 25, Наполеонъ I командовалъ итальянской арміей въ 26, и такъ далѣе. «Такое же преждевременное начало дѣятельности многихъ мыслителей, артистовъ, ученыхъ, изобрѣтателей и проч. доказываетъ, что воспитаніе ничего не значитъ въ сравненіи съ врожденностью». Ясно, что Ribot говоритъ только о геніальныхъ людяхъ, объ Александрахъ и Бонапартахъ. Да еще не извѣстно, насколько слѣдуетъ вѣрить разсказамъ о началѣ ихъ дѣятельности, о томъ, что геній ихъ былъ вдругъ пробужденъ чтеніемъ біографій великихъ людей, жившихъ ранѣе. Въ заключеніе Ribot приводитъ вліяніе воспитанія къ его естественнымъ границамъ, говоря: оно никогда не бываетъ абсолютнымъ и дѣйствуетъ лишь на натуры посредственныя.

Предположимъ, что различныя степени человѣческаго интеллекта расположены такимъ образомъ, чтобы верхушки ихъ образовали прямую линію, восходящую отъ идіотизма до геніальности. По Ribot, вліяніе воспитанія будетъ минимальнымъ на обоихъ концахъ этой линіи. На идіотовъ воспитаніе почти совсѣмъ не дѣйствуетъ: всевозможныя усилія, чудеса терпѣнія и ловкости приводятъ обыкновенно къ результатамъ незначительнымъ и эфемернымъ. Но по мѣрѣ поднятія къ среднимъ частямъ линіи, вліяніе воспитанія растетъ. Оно достигаетъ своего maximum'а въ тѣхъ натурахъ, которыя не хороши и не дурны, а становятся такими, какими дѣлаетъ ихъ случай. Далѣе, на противоположномъ концѣ линіи, вліяніе воспитанія опять уменьшается и доходитъ до minimum'а въ натурахъ геніальныхъ. Я охотно допускаю такую схему, за исключеніемъ только ея конца. Легко понять, въ самомъ дѣлѣ, что идіоты представляютъ собою неблагопріятную почву для воспитанія, но почему-бы высокія природныя качества генія могли препятствовать его вліянію? Чѣмъ болѣе человѣкъ интелигентенъ отъ природы, тѣмъ болѣе онъ способенъ стать ученымъ, благодаря воспитанію. Чѣмъ болѣе человѣкъ *великодушенъ* отъ природы, тѣмъ болѣе онъ способенъ стать *героемъ*, благодаря воспитанію. Я полагаю, что геній совмѣщаетъ въ себѣ maximum'ы плодотворной *наслѣдственности* и плодотворной *культуры* [1].

Однимъ изъ доказательствъ могущества врожденности считается также то обстоятельство, что въ религіозныхъ семьяхъ нерѣдко встрѣчаются дѣти скептики, а въ скептическихъ — религіозные; что часто люди дѣлаются развратниками, живя среди монашеской обстановки, порочными — родясь отъ мирныхъ и скромныхъ родителей, etc. Но религіозные родители не всегда могутъ быть хорошими религіозными наставниками, а скептикъ можетъ развить въ своемъ воспитанникѣ религіозное чувство просто вслѣдствіе реакціи. Ни скептицизмъ, ни богомольность не могутъ быть наслѣдственными.

Ribot кончаетъ заявленіемъ, что господствовать надъ средними натурами есть все же завидная участь, такъ какъ, «если высшія натуры *дѣйствуютъ*, то среднія *противодѣйствуютъ*, а исторія насъ учитъ, что прогрессъ человѣчества создается столько же дѣйствіемъ, сколько и противодѣйствіемъ». Я соглашаюсь съ этимъ заключеніемъ, прибавивъ къ нему только, что воспитаніе должно и можетъ направлять также и натуры высшія — пріобрѣтенная скорость не

[1] Если только культура эта нецѣлесообразна и неосмотрительна, что почти всегда случается при воспитаніи собственно такъ называемомъ, то есть доктринерски-систематичномъ. Ученые педагоги, зная изъ химіи, что растенія нуждаются въ азотистой пищѣ, способны и картофель сажать на чистомъ навозѣ. *Прим. Перев.*

служитъ препятствіемъ къ дальнѣйшему ея увеличенію.

Воспитаніе господствуетъ, главнымъ образомъ, надъ нравственной стороной человѣка (о которой Ribot не говоритъ). Трудно думать, чтобы люди рождались добродѣтельными по наслѣдству. Если и можно имѣть врожденную доброту, деликатность, великодушіе, то вѣдь нравственность этимъ не исчерпывается. Эта послѣдняя есть дитя интеллекта, который созваетъ добро въ его цѣломъ, ставитъ передъ собою идеалъ и, пользуясь *возможностью*, возникающею уже изъ самой идеи о добрѣ, творитъ *законъ*, *долгъ* полнаго осуществленія *идеала*. Воспитаніе обладаетъ громадной силою для того, чтобы развить такое возвышенное стремленіе, такой постоянный sursum. Я думаю, что оно, смотря по обстоятельствамъ, можетъ быть или великимъ факторомъ нравственности, или великимъ разрушителемъ ея.

Стремленіе жизни къ наибольшей интенсивности и экстенсивности, есть, по моему мнѣнію, неотъемлемо присущее ей свойство,—основная ея пружина. По отношенію къ интенсивности это стремленіе становится нравственнымъ, когда направлено въ сторону высшей психической дѣятельности,—стало быть, въ этомъ случаѣ весь вопросъ сводится къ хорошему направленію. А такое направленіе можетъ быть дано воспитаніемъ, хотя врожденное преобладаніе нѣкоторыхъ чувствъ надъ всѣми другими можетъ значительно облегчить дѣло, предопредѣлить его ходъ, заранѣе устанавливая правильную іерархію между чувствами. Съ другой стороны, стремленіе жизни къ наибольшей экстенсивности можетъ быть нравственнымъ лишь тогда, когда оно проявляется въ общеніи, въ симпатіяхъ и любви къ ближнимъ, а не въ насиліи и грубости. Здѣсь опять, какъ воспитаніе, такъ и наслѣдственность играютъ значительную роль; воспитаніе направляетъ мысли, чувство и волю всѣхъ членовъ общества къ одной цѣли, а наслѣдственность, съ своей стороны, упрочиваетъ и передаетъ въ потомство общительныя свойства духа — деликатность, великодушіе, доброту etc., облегчая такимъ образомъ работу будущаго.

Остается разсмотрѣть вліяніе обоихъ факторовъ прогресса на развитіе чувства долга. Выше мы видѣли, что обязанность есть возможность, которая, сознавъ свое превосходство надъ другими, себѣ подобными, борется съ ними и превращается въ долгъ: я могу сдѣлать больше и лучше, значитъ я долженъ это сдѣлать. Такая наклонность къ проявленію максимальной силы аккумулируется двумя путями: при помощи воспитанія и при помощи наслѣдственности. Чѣмъ больше и лучше человѣкъ дѣлаетъ, тѣмъ больше и лучше ему хочется сдѣлать; у него является постоянное стремленіе превойти самого себя, аналогичное съ равномѣрно-ускоряющимся движеніемъ, зависящимъ отъ постояннаго наростанія скорости. Что касается силы, которая обусловливаетъ это наростаніе — внутренняго императива, то онъ лежитъ въ инстинктахъ, передаваемыхъ по наслѣдству. Мы родимся уже болѣе или менѣе ему подчиненными; ребенокъ цивилизованныхъ родителей, въ противоположность ребенку дикаря, родится уже готовымъ принять и носить узду императива. Воспитаніе находитъ въ немъ уже готовую, предсуществующую, природную лойяльность, которую она только подкрѣпляетъ силою пріобрѣтенныхъ привычекъ, а эта послѣдняя аккумулируется и передается будущимъ поколѣніямъ при помощи наслѣдственности. Такимъ образомъ, современное воспитаніе должно считать главной своей цѣлью сохраненіе и дальнѣйшее развитіе нравственности, какъ наслѣдія, полученнаго отъ предковъ. Нужно стараться увеличить нравственныя силы ребенка, прививая ему хорошія привычки. Если долгъ есть лишь сознанная возможность, сознанная сила высшаго порядка, то нужно дать ребенку эту силу или, по крайней мѣрѣ, увѣрить его, что онъ ее имѣетъ, такъ какъ увѣренность есть уже начало обладанія.

Herbart ясно видѣлъ это стремленіе духа человѣческаго къ максимаціи, которая, по Канту, характеризуетъ «практическій разумъ». Herbart понялъ, какъ имъ можно воспользоваться, какую роль оно должно играть въ воспитаніи. Въ теченіе жизни каждому приходится формулировать для себя правила поведенія, вкусы, привычки, нужды. Человѣкъ легкомысленный, какъ и труженикъ, преступникъ, какъ и филантропъ, подчиняются извѣстнымъ постояннымъ правиламъ, которыя, въ сущности, есть теоретическій выводъ изъ ихъ практической жизни. Этотъ странный фактъ объясняется, по Herbart'у, тѣмъ обстоятельствомъ, что всякое дѣйствіе, по необходимости, предшествуетъ анализу, критикѣ. Въ душѣ ребенка не можетъ быть совѣсти, какъ чего-то цѣльнаго, законченнаго, но она развивается по мѣрѣ развитія дѣятельности, по мѣрѣ накопленія матеріала, подлежащаго ея суду. Поэтому, для развитія въ дѣтихъ совѣсти, нужно прежде всего направлять ихъ дѣйствія, а правила они уже сами выведутъ, и выведутъ ихъ вполнѣ сообразно тѣмъ добрымъ привычкамъ, которыя въ нихъ заблаговременно выработаны». Если люди не всегда любятъ поступать согласно своимъ теоретическимъ правиламъ, то они никогда не забываютъ выводить правила изъ своихъ поступковъ, что нисколько не вредитъ дѣлу, когда поступки вполнѣ нравственны».—Идея вполнѣ вѣрная, но Herbart слишкомъ преувеличиваетъ, говоря, что проповѣди и правила дѣтямъ не нужны. Хорошо бы было, еслибы ребенокъ самъ привыкъ составлять для себя законы и сознавать свой долгъ, но разсчетъ на абсолютную его самодѣятельность можетъ оказаться ошибочнымъ, а потому слѣдуетъ предписать ему законъ, въ справедливости и разумности котораго онъ былъ бы увѣренъ. Такой законъ будетъ непремѣнно принятъ и автономія уступитъ свое мѣсто повиновенію. Но для этого самъ воспитатель долженъ быть дѣйствительно законодателемъ, то есть хотѣть и дѣйствовать твердо, однообразно, послѣдовательно. Тогда воспитаніе вступитъ въ союзъ съ наслѣдственностью, а эта послѣдняя, будучи вполнѣ достаточна для того, чтобы создать геніи, безъ содѣйствія воспитанія никогда не создастъ нравственнаго человѣка ([5]).

ГЛАВА ТРЕТЬЯ.

Физическое воспитаніе и наслѣдственность. Интернатъ. Переутомленіе.

I. Физическое воспитаніе.

Первымъ перомъ, которымъ люди начали писать, была, говорятъ, пшеничная соломина. Значитъ, стволъ растенія, питающаго тѣло, послужилъ къ приготовленію первой пищи и для ума.

Здоровье и физическая сила принадлежатъ къ такимъ безспорнымъ благамъ, что развитіе ихъ въ ребенкѣ любаго пола никогда не можетъ быть признано черезчуръ высокимъ. Интеллектуальное развитіе, напротивъ, можетъ иногда быть признано таковымъ, ибо оно, утомляя тѣло, выводитъ изъ равновѣсія и самую душу. «Для того, чтобы закалить душу, говоритъ Montaigne, нужно укрѣпить мышцы». «Чѣмъ слабѣе тѣло, говоритъ Руссо, тѣмъ болѣе оно командуетъ, а чѣмъ оно сильнѣе, тѣмъ болѣе повинуется».

Raison d'être высокаго давленія въ современномъ воспитаніи состоитъ въ томъ, что это послѣднее является естественнымъ продуктомъ той фазы цивилизаціи, которую мы теперь переживаемъ. Во времена первобытныя, замѣчаетъ Спенсеръ, когда нападеніе и защита были единственными проявленіями соціальной дѣятельности, бодрость тѣла составляла главную цѣль воспитанія, которое, поэтому, было чисто физическимъ. О культурѣ духа тогда мало заботились и даже въ средніе вѣка не обращали на нее вниманія. Но теперь, когда въ обществѣ людей цивилизованныхъ царствуетъ сравнительный миръ, когда мускульная сила стала нужна лишь для работы, а успѣхъ въ жизни зависитъ, главнымъ образомъ, отъ силы интеллекта, теперь воспитаніе должно было сдѣлаться почти исключительно интеллектуальнымъ. Вмѣсто того, чтобы ухаживать за тѣломъ и презирать духъ, мы поступаемъ какъ разъ наоборотъ. «Очень немногіе, прибавляетъ Спенсеръ, хорошо понимаютъ, что есть на свѣтѣ нѣчто, что называется физической нравственностью. Люди думаютъ, повидимому, что о тѣлѣ не стоитъ заботиться».

И хотя послѣдствія такого образа мыслей отзываются на виновныхъ въ немъ и на ихъ потомствѣ такъ же ужасно, какъ послѣдствія какого нибудь преступленія, но люди эти совсѣмъ не считаютъ себя преступниками. Правда, что дурное вліяніе пьянства, напримѣръ, всѣми признается, но никому не приходитъ въ голову считать и другія нарушенія гигіеническихъ правилъ столь же гибельными. На самомъ же дѣлѣ, всякое добровольное нанесеніе вреда своему здоровью есть физическій грѣхъ.

Цѣль воспитанія состоитъ въ развитіи всѣхъ способностей живаго существа, въ доставленіи ему возможности дѣйствовать во всѣхъ направленіяхъ съ наименьшей затратой силъ, и притомъ быстро вознаграждаемой. Типомъ такихъ затратъ можетъ служить физическая работа на чистомъ воздухѣ. А къ противоположному типу принадлежитъ продолжительная физическая бездѣятельность въ спертомъ воздухѣ, каковымъ онъ бываетъ въ фабричныхъ мастерскихъ, канцеляріяхъ, свѣтскихъ салонахъ и гимназіяхъ, въ которыхъ сидячая жизнь учениковъ неизбѣжна. А между тѣмъ сидячая жизнь есть величайшій врагъ тѣлеснаго здоровья, такъ же, какъ привычка быть невнимательнымъ есть врагъ здоровья душевнаго. Стало быть, идеалъ воспитателя состоитъ въ томъ, чтобы, овладѣвъ на короткое время всѣмъ вниманіемъ ребенка, поскорѣе дать ему отдыхъ и возможность вознаградить свои потери.

II. Интернатъ.

Учебныя заведенія во многомъ антигигіеничны. Время, отпускаемое имъ для обѣда и завтрака, слишкомъ коротко—ученики торопятся, ѣдятъ молча и наживаютъ себѣ диспепсію. Воздухъ въ классахъ съ каждымъ часомъ занятій портится все болѣе и болѣе,—ученики дышатъ, такъ сказать, объѣдками—воздухомъ, успѣвшимъ уже побывать въ легкихъ нѣсколькихъ человѣкъ. Наконецъ, сонъ учениковъ слишкомъ коротокъ и плохо распредѣленъ, тогда какъ онъ, наравнѣ съ хорошей пищей, хорошимъ воздухомъ и достаточнымъ движеніемъ, есть одинъ изъ основныхъ факторовъ здоровья.

Недостатки интернатовъ, обусловливаемые значительнымъ скопленіемъ людей въ одномъ мѣстѣ, не столинымъ пребываніемъ дѣтей въ четырехъ стѣнахъ—губительно дѣйствующимъ на тѣло и душу, слишкомъ строгой дисциплиной—убивающей въ дѣтяхъ волю, которую воспитаніе должно бы было развить, невозможностью найти толковыхъ воспитателей въ надлежащемъ количествѣ, наконецъ—удаленіемъ отъ семьи, уничтожающимъ привязанности—до такой степени ясны, что сознаются всѣми. Наполеонъ I лишь съ большими усиліями наполнилъ заведенные имъ интернаты при лицеяхъ; даже 6,400 казенныхъ стипендій мало помогали дѣлу. Нужно было (декретомъ 15 ноября 1811 года) закрыть всѣ маленькіе пансіоны, содержимые учителями и частными лицами, для того чтобы родители стали отдавать своихъ дѣтей въ лицейскіе интернаты. Такимъ образомъ, эти послѣдніе являются учрежденіями, искусственно навязанными Франціи всемогущей рукой государственной власти. Наполеонъ хотѣлъ, чтобы лицеисты, еще въ дѣтскомъ возрастѣ, становились солдатами и чиновниками. Съ нравственной точки зрѣнія, Sainte-Claire-Deville, еще 20 лѣтъ тому назадъ, обращалъ вниманіе Академіи Политическихъ и Нравственныхъ Наукъ на интернаты. «Нравственные опыты, говоритъ онъ, точно такъ же не могутъ быть производимы на человѣкѣ, какъ и физіологическіе; но, производя ихъ на животныхъ, наблюдая дѣтей—которые въ извѣстный періодъ своей жизни такъ близки къ животнымъ—съ цѣлію опредѣлить физическія причины развитія различныхъ пороковъ и недостатковъ, можно, по моему убѣжденію, придти къ чрезвычайно важнымъ выводамъ... Всякій разъ, когда большое количество животныхъ одного и того же пола, особенно мужскаго, скучивается въ закрытыхъ помѣщеніяхъ, то можно замѣтить въ нихъ значительное усиленіе половаго инстинкта и затѣмъ самыя невозможныя его извращенія. Выпустите этихъ животныхъ на свободу, дайте имъ возможность жить правильно составленными обществами, и все войдетъ въ норму... То, что происходитъ въ стадѣ животныхъ, произойдетъ и между мальчиками, поставленными въ тѣ же условія, хотя бы ихъ стерегли день и ночь. А въ результатѣ получится распутство, которое будетъ продолжаться лѣтъ до тридцати». Вліяніе же распутства на потомковъ и цѣлый родъ человѣческій всѣмъ извѣстно.

Государство много дѣлаетъ для образованія, но почти ничего для воспитанія. Передайте это послѣднее всецѣло въ его руки, и оно неизбѣжно дойдетъ до учрежденія обширныхъ интернатовъ, въ родѣ іезуитскихъ коллегій XVII и XVIII вѣка, въ которыхъ дѣти, разлученные съ семьями, не могли пріобрѣсти ни достоинства, ни деликатности. Воспитаніе, говоритъ Renan, это есть уваженіе ко всему доброму, великому, прекрасному; это—вѣжливость, «очаровательная добродѣтель, могущая замѣнить много другихъ», это—тактъ, который тоже есть почти добродѣтель [1]). Всему этому никакой учитель не научитъ. «Откуда же ребенку взять эту чистоту, эту чувствительность совѣсти—основу всякой прочной нравственности—

[1]) Взглядъ, по своей исключительности, чисто французскій.
Прим. Перев.

этотъ зародышъ возвышенныхъ чувствъ, который разцвѣтетъ, современемъ, въ зрѣломъ человѣкѣ? Изъ книгъ? Изъ внимательно выслушанныхъ уроковъ? Изъ текстовъ, заученныхъ наизусть? Никоимъ образомъ! Всѣ эти вещи берутся изъ среды, которая окружаетъ ребенка и молодого человѣка; ихъ дастъ ему семейная и соціальная жизнь. Образованіе получается въ классахъ лицея, въ школѣ, а воспитаніе—въ родительскомъ домѣ. Учителями въ этомъ отношеніи являются мать и сестры. Одна только глубоко нравственная и серьезная женщина можетъ излечить язвы нашего времени, перевоспитать мужчину, очистить его нравы и вкусы». А для этого нужно воротить ребенка изъ интерната въ семью, вырвать его изъ продажныхъ рукъ, не разлучаться съ нимъ иначе, какъ только на время, посвященное ученью въ классѣ.

Защитники интернатовъ говорятъ о взаимной дрессировкѣ характеровъ между интернами. Кулакъ дѣйствительно можетъ сгладить нѣкоторыя неровности нрава, но вѣдь эти неровности не исчезнутъ совсѣмъ, а излишекъ кулака, весьма частый въ интернатахъ, можетъ развить кромѣ того еще и несообщительность.

Но, если интернатъ есть зло, то онъ, тѣмъ не менѣе, необходимъ, и люди, настаивающіе передъ правительствомъ на его уничтоженіи при лицеяхъ, не видятъ къ чему это можетъ повести. Во Франціи всего около сотни лицеевъ, да столько же коллегій и частныхъ учрежденій, въ которыхъ можно получить подходящее среднее образованіе; а между тѣмъ она состоитъ изъ 36,000 коммунъ, изъ коихъ въ каждой есть множество дѣтей, которымъ «надо же гдѣ нибудь учиться». Интернатъ, стало быть, для большинства провинціальныхъ обывателей, представляетъ простѣйшее, если не единственное средство дать дѣтямъ образованіе безъ большихъ пожертвованій. Если государство закроетъ сегодня интернаты при лицеяхъ, то завтра ихъ откроютъ частныя лица и духовенство. Общественное образованіе изъ прерогативъ государства превратится въ частную спекуляцію, въ наихудшій изъ промысловъ. Посмотрите на эти маленькіе пансіоны—они имѣютъ всѣ недостатки большихъ, но безъ достоинствъ этихъ послѣднихъ, безъ ихъ дисциплины. Хозяинъ пансіона прежде всего видитъ свою личную выгоду; онъ боится потерять ученика и закрываетъ глаза на его поведеніе. Учителя въ такихъ пансіонахъ набираются чуть не съ публичнаго торга—кто меньше! Подумайте, каковы они должны быть! Пища тоже должна соотвѣтствовать платѣ, постоянно понижаемой, благодаря конкурренціи. Наконецъ, безнравственность, при отсутствіи правильнаго надзора и отвѣтственности директоровъ передъ университетомъ [1]), можетъ достигнуть крайнихъ размѣровъ—laissez faire, laissez passer, а главное—не выносить сору изъ избы и не дѣлать скандала.

Но, если интернатъ не можетъ быть въ настоящее время уничтоженъ, то его должно, по крайней мѣрѣ, усовершенствовать. Для того, чтобы понять, какія для

---

¹) Университетомъ во Франціи называется совокупность образовательно-воспитательныхъ учрежденій даннаго района.

Прим. Перев.

этого нужны мѣры и чѣмъ отчасти можно замѣнить интернатъ, посмотримъ что въ этомъ отношеніи дѣлается за границею.

Въ Англіи, средняя школа, Harrow, напримѣръ, представляетъ собою большую усадьбу. Множество различныхъ построекъ, въ которыхъ живутъ учителя и ученики, группируются около зданія, содержащаго классныя залы, и все это окружено обширными садами и газонами, предназначенными для игры въ мячъ, въ крикетъ и въ lawn tennis. Ученики собираются въ главное зданіе только для уроковъ, по окончаніи которыхъ расходятся по своимъ домикамъ.

Пансіонеры англійскихъ общественныхъ школъ, во все время своего въ нихъ пребыванія (что очень важно), живутъ въ семьѣ одного изъ учителей, вмѣстѣ съ его женой, матерью, сестрами и дѣтьми. Въ теченіе курса мальчикъ можетъ имѣть множество преподавателей, но воспитатель, туторъ, у него одинъ. Этотъ туторъ замѣняетъ ему отца, а семья его—родную семью.

Въ однихъ школахъ, какъ, напримѣръ, въ Eton'ѣ, каждый ученикъ получаетъ отдѣльную комнату; въ другихъ—напримѣръ въ Rugby—существуютъ общіе дортуары на 2—16 человѣкъ, но въ этихъ дортуарахъ ученики только спятъ. Характерная особенность англійскихъ школъ состоитъ въ томъ, что внѣ классовъ онѣ предоставляютъ ученикамъ полную свободу уходить, возвращаться, играть или учиться какъ и когда имъ угодно, съ единственнымъ, но за то уже крайне строго соблюдаемымъ условіемъ, чтобы въ часы уроковъ, завтрака и обѣда, а также сна (лѣтомъ двери школы запираются въ 9 часовъ вечера, а зимою—при наступленіи темноты), всѣ были на своихъ мѣстахъ. Вообще англійская школа налагаетъ на ученика немного обязанностей, но требуетъ точнаго ихъ выполненія, подъ страхомъ весьма суровой кары. При такихъ условіяхъ, постоянный надзоръ, какъ онъ понимается во Франціи, совершенно невозможенъ; внѣ классныхъ занятій ученики сами за собой наблюдаютъ.

Большіе, или, лучше сказать, ученики высшихъ классовъ — monitors, prepositors, préfets — облечены законной властью и энергически поддерживаютъ свои права. Никакихъ особыхъ надзирателей и гувернеровъ не имѣется.

Главнымъ недостаткомъ англійской школы служитъ ея аристократическій характеръ и крайняя дороговизна. Пребываніе въ Eton'ѣ или въ Harrow стоитъ отъ восьми до двѣнадцати тысячъ франковъ въ годъ. За эту цѣну можно имѣть комфортъ! Но для бѣдныхъ людей англійская школа почти совершенно недоступна; хотя есть въ ней и пансіоны менѣе дорогіе, и множество стипендій, но ученики-аристократы относятся къ своимъ товарищамъ-плебеямъ повсюду съ крайнимъ презрѣніемъ.

Harrow, Eton, Rugby — главнѣйшія средне-образовательныя школы Англіи—соотвѣтствуютъ большимъ французскимъ лицеямъ; въ нихъ отъ 500 до 800 учениковъ. Уроки продолжаются maximum 8 часовъ въ сутки, чаще же 7 и 6, а три раза въ недѣлю и того меньше—все остальное время занято атлетическими играми, катаньемъ на лодкѣ, верховой ѣздой и крикетомъ.

Недаромъ англичане и англійскіе врачи упрекаютъ свою школу въ физическомъ переутомленіи[1], то есть совершенно обратномъ тому, которое производятъ школы континента. Большая часть англійскаго общества, не исключая и аристократовъ, до такой степени исключительно предана спорту и атлетическимъ играмъ, что это вызвало даже протестъ въ литературѣ. Однимъ изъ самыхъ ярыхъ противниковъ такого порядка является извѣстный беллетристъ Wilkie Collins, который, въ своемъ сочиненіи «Мужъ и жена», говоритъ о дурномъ вліяніи атлетическихъ игръ на здоровье и нравственность подростающихъ поколѣній Англіи. Въ предисловіи къ этому сочиненію онъ говоритъ слѣдующее:

«Эта новая форма нашей національной эксцентричности стоила намъ уже многихъ жертвъ, разбитыхъ и искалѣченныхъ на всю ихъ остальную жизнь. Что же касается нравственныхъ результатовъ овладѣвшаго нами атлетизма, то едва ли я ошибусь, предположивъ существованіе прямой связи между этимъ послѣднимъ и крайней грубостью нравовъ въ нѣкоторыхъ классахъ англійскаго населенія. Развѣ можно отрицать, что грубость и дикость широко распространились между нами за это послѣднее время? Мы такъ позорно свыклись со всяческимъ насиліемъ и ругательствами, что признаемъ ихъ необходимой составной частію нашего соціальнаго порядка и отводимъ нашимъ домашнимъ дикарямъ осо-

---

[1] Едва ли, однако же, это можно назвать переутомленіемъ. Атлетическія игры ведутъ иногда къ случайнымъ изуродованіямъ и къ преобладанію тѣла надъ духомъ, но не переутомляютъ.

Прим. Перев.

бое мѣсто въ представительствѣ подъ новоизмышленнымъ названіемъ Roughs» (Rough—грубый, суровый, оборванецъ).

Matthew Arnold, съ своей стороны, не побоялся сказать, что большая часть его соотечественниковъ, какъ изъ черни, такъ и изъ буржуазіи и изъ аристократіи, суть варвары. Онъ полагаетъ, что характеръ человѣка опредѣляется понятіемъ его о счастіи, а для варваровъ счастіе состоитъ въ физическихъ упражненіяхъ, въ спортѣ, въ буйствѣ, да развѣ еще въ удовлетвореніи тщеславія. Первое и послѣднее составляетъ жизнь англійскихъ аристократовъ; коммерческая молодежь заботится только о наживаніи денегъ, о комфортѣ и женщинахъ, а для низшихъ слоевъ общества нѣтъ другихъ удовольствій кромѣ драки, буйства, да развѣ еще дешеваго пива. Matthew Arnold думаетъ, что общественное воспитаніе въ Англіи крайне неудовлетворительно, что оно только увеличиваетъ число варваровъ и содѣйствуетъ одичанію народа, что государство хорошо бы сдѣлало, еслибы взяло его въ свои руки, такъ какъ воспитывать народъ есть прямая его обязанность. А въ доказательство справедливости своихъ взглядовъ, онъ указываетъ на Францію.

Одинъ изъ главныхъ университетскихъ авторитетовъ, E. Littleton, тоже указываетъ на злоупотребленіе атлетическими играми въ школахъ. Родители и общество такъ поощряютъ эти игры, публика присутствуетъ на нихъ въ такомъ большомъ количествѣ, что онѣ стали главнымъ, почти единственнымъ занятіемъ учениковъ. Сильный и ловкій между ними становится первымъ, хоть бы онъ былъ полный не-

ныя. Интеллектуальная культура уступила мѣсто физической—не игры распредѣляются между уроками, а уроки между играми. Что касается нравственности, то, по мнѣнію Littleton'a, если атлетизмъ и помогаетъ обуздывать нѣкоторыя стремленія, то самъ по себѣ не имѣетъ ничего морализующаго. «Нравы толковаго рабочаго могутъ быть столь же чисты, какъ и нравы атлета-спеціалиста. Причиною увлеченія молодежи атлетизмомъ Littleton считаетъ поощреніе атлетическихъ игръ публикой, массами собирающейся смотрѣть на нихъ.

Надо, однако же, признаться, что, не смотря на частныя невыгоды, въ общемъ, атлетизмъ, сдерживаемый въ извѣстныхъ границахъ, есть одно изъ условій физическаго возрожденія расы, передачи силы въ наслѣдство. Если англійскіе лентяи становятся геркулесами, такъ это, по крайней мѣрѣ, полезно для будущаго. А наши (французскіе) лѣнивцы превращаются въ «petits crevés», благодаря которымъ весь нашъ родъ можетъ прекратиться.

Посмотримъ теперь, что происходитъ въ Германіи, полагаясь на слова M. Bréal'я, человѣка, особенно компетентнаго по данному вопросу. Тамъ большая часть учениковъ живетъ въ частныхъ семьяхъ, пользующихся хорошей репутаціей, и притомъ за плату до смѣшнаго маленькую. Одинъ или два такихъ нахлѣбника никого не стѣснятъ и почти не прибавятъ расходовъ, а между тѣмъ они пользуются совершенно семейной обстановкой и живутъ чуть ли не на правахъ родныхъ дѣтей. Въ Германіи такая система практикуется уже больше двухсотъ лѣтъ. Изъ тысячи гимназистовъ едва ли сотня не пользуются семейной жизнью всѣ этимъ довольны, и никто не думаетъ измѣнять положеніе дѣла [1]). Но въ Германіи существуетъ и интернатъ, хотя въ размѣрахъ очень ограниченныхъ.

Сѣверо-Американскіе Штаты, по части устройства школьнаго дѣла, составляютъ средину между Германіей и Англіей. Для людей состоятельныхъ тамъ есть коллегіи, ни въ чемъ не уступающія Harrow.

До какой степени всѣ эти системы приложимы къ Франціи, съ ея современными нравами? Противъ принятія англійской системы туторства возражаютъ обыкновенно тѣмъ, что нельзя быть одновременно и хорошимъ туторомъ, и хорошимъ учителемъ, что воспитаніе, даваемое одному ученику, отнимаетъ время, нужное для преподаванія цѣлому классу. «При университетѣ, говоритъ Bersot, имѣется цѣлый институтъ преподавателей, весьма ученыхъ и почтенныхъ; они не богаты, но вполнѣ независимы отъ своихъ учениковъ и ихъ семей; въ большей части

---

[1]) Та же система господствовала когда-то и во Франціи. «Я родился, говоритъ Renan, въ маленькомъ городкѣ Нижней Бретани, въ которомъ была коллегія, содержимая почтенными духовными лицами, прекрасно обучавшими латыни. Вся обстановка этой коллегіи отзывала чѣмъ-то тихимъ, отшельническимъ, о чемъ мнѣ до сихъ поръ пріятно вспомнить: она переносила во времена Rollin'а и Портъ-Рояльскихъ пустынниковъ. Въ ней воспитывалась вся молодежь городка и его окрестностей на восемь лье вокругъ. Интерновъ было мало. Большинство дѣтей жило или въ родныхъ семьяхъ, или у обывателей городка, находившихъ въ такомъ нахлѣбничествѣ скромныя выгоды. Родители, пріѣзжая въ среду на базаръ, привозили дѣтямъ провизіи на недѣлю, и провизія эта весело, добродушно и экономно дѣлилась между мальчиками и хозяевами. Это, собственно говоря, средневѣковая система, но она до сихъ поръ процвѣтаетъ въ Англіи и Германіи, странахъ передовыхъ по части воспитанія».

случаевъ они исключительно преданы классному преподаванію, но многіе занимаются и чистой наукой, производя работы въ высшей степени серьезныя. Мы не хотимъ, чтобы они перестали быть тѣмъ, что есть, и дѣлать то, что дѣлаютъ». Говоря, что наши преподаватели исключительно преданы классным занятіямъ, Bersot забываетъ, что $^{9}/_{10}$ изъ нихъ проводятъ цѣлые дни на частныхъ урокахъ, на репетиторствѣ, которое требуетъ столько же времени и столь же для нихъ безплодно, какъ и туторство. Ясное дѣло, что при другихъ порядкахъ только эти $^{9}/_{10}$ и занялись бы содержаніемъ пансіонеровъ.

Образцовая Эльзасская школа, къ которой приложены всѣ усовершенствованія, требуемыя современной педагогіей, замѣнила интернатъ туторіальнымъ режимомъ. Директоръ этой школы имѣетъ полное право поздравить себя съ такой замѣной. Противополагая жизнь ребенка въ лучшемъ изъ лицейскихъ интернатовъ съ жизнью въ семьѣ преподавателя, онъ ярко обрисовываетъ преимущества первой. Въ семьѣ мальчикъ имѣетъ отдѣльную комнату; частная жизнь его, будучи вполнѣ свободной, подчинена, однако же, отеческому надзору; встаетъ онъ рано, но не по звонку или барабану, а потому, что весь домъ рано поднимается, такъ какъ утренняя работа наиболѣе гигіенична и плодотворна; уроки онъ подготовляетъ и вообще работаетъ или въ своей комнатѣ, если онъ уже большой, или въ общей залѣ, вмѣстѣ съ нѣсколькими пріятелями и подъ руководствомъ тутора; свободное время и воскресенья посвящаются длиннымъ прогулкамъ, играмъ, велосипеду, плаванью, катанью на конькахъ, вообще тому, что занимаетъ большую часть жизни у англійской молодежи и что входитъ, въ большей части случаевъ, и въ традиціи его родной семьи.

Какъ образчикъ исправленнаго и улучшеннаго интерната, можно также привести Ecole Monge, въ которой ученики имѣютъ право разговаривать за обѣдомъ и завтракомъ, спятъ въ хорошо провѣтренныхъ помѣщеніяхъ и притомъ подолгу: большіе 9 часовъ, а маленькіе—10, тогда какъ лицеистъ, съ 13-ти лѣтъ, можетъ располагать только 8-ю часами времени для сна.

Но главнымъ недостаткомъ туторства является все же его дороговизна. Даже въ Эльзасской школѣ, гдѣ все устроено на началахъ строгой экономіи, содержаніе маленькаго пансіонера стоитъ 2.500 фр., а большого 3.000 фр.

Житье въ семьяхъ частныхъ людей — нахлѣбничество—несравненно дешевле. При низшихъ французскихъ школахъ существуютъ казенныя стипендіи, предназначенныя именно для помѣщенія дѣтей на хлѣба въ почтенныя семьи, живущія недалеко отъ школы. За каждаго изъ такихъ нахлѣбниковъ, мальчиковъ 12—16 лѣтъ, правительство платитъ 500 фр. въ годъ. Надо думать, что за 700 фр. можно бы было устроить такимъ же образомъ и учениковъ среднихъ школъ, такъ что, съ прибавкой 300 фр. платы за ученье, всѣ издержки на лицеиста-пансіонера не превышали бы 1000 фр., то есть равнялись бы издержкамъ современнаго интерна. Главное затрудненіе состоитъ въ томъ, гдѣ найти семьи, достаточно почтенныя для того, чтобы можно было отдавать дѣтей на ихъ попеченіе. Но Bréal и Капніе думаютъ, что въ такихъ семьяхъ не будетъ недостатка—родители экстерновъ очень часто высказываютъ желаніе взять къ себѣ одного или двухъ товарищей своего сына.

Лучшей формой жизни для ученика, остается, однако же, жизнь въ родной семьѣ, экстернатъ, и я полагаю, что онъ долженъ быть поощряемъ всѣми мѣрами, особенно въ Парижѣ и вообще въ большихъ городахъ.

У насъ во Франціи положительно царствуетъ ни на что ненужное единообразіе. Почему, напримѣръ, всѣ наши лицеи и коллегіи построены по одному типу? Почему бы не попробовать ввести за-разъ и англійскія школьныя усадьбы, съ ихъ туторствомъ, и нѣмецкую семейную систему, да оставить и интернатъ, введя въ него нѣкоторыя цѣлесообразныя реформы,—ослабить, напримѣръ, черезъ чуръ строгую дисциплину, позволить дѣтямъ разговаривать тамъ, гдѣ это ничему не мѣшаетъ, улучшить надзоръ, ввѣряя его лицамъ, болѣе компетентнымъ, наконецъ ввести даже взаимный надзоръ, учредивъ градацію учениковъ по достоинствамъ?

Дѣйствительный, неподдѣльный авторитетъ долженъ быть основанъ на высшихъ способностяхъ и выполненіи высшихъ обязанностей; поэтому надзиратели тогда только будутъ уважаемы, когда станутъ дѣйствительными воспитателями и репетиторами по отношенію къ ученикамъ. А возможно ли это, когда на каждаго изъ нихъ приходится 25—30 человѣкъ? Jules Simon предлагалъ уже возстановить во Франціи давно брошенную систему взаимнаго надзора, но ему отвѣтили, что это будетъ шпіонство! «Вовсе нѣтъ, возражаетъ Jules Simon, открытаго шпіонства не бываетъ»[1]). Можно дать сержантскіе галуны лучшимъ ученикамъ и сдѣлать ихъ властью на время учебныхъ занятій. Такимъ образомъ не будетъ ни шпіонства, ни нарушенія товарищества. «Во время моего дѣтства, прибавляетъ Jules Simon, система эта практиковалась въ широкихъ размѣрахъ. У насъ былъ одинъ надзиратель на 60 и болѣе человѣкъ, но каждая скамейка подчинялась старшему ученику, обязанному слѣдить за порядкомъ и прекрасно исполнявшему эту обязанность, не переставая быть товарищемъ и не шпіоня. Надзиратель могъ свободно уходить изъ класса, тишина была полная, и всѣ къ этому привыкли. Военная іерархія много помогаетъ установленію такого порядка». Слѣдуетъ замѣтить, что во всей Европѣ одни только французы не прибѣгаютъ въ школахъ къ системѣ взаимнаго надзора; правда, что они суть самый недисциплинированный народъ по натурѣ!

Нужно также измѣнить какимъ нибудь образомъ систему прогулокъ. Во времена іезуитовъ, да и до сихъ поръ во всѣхъ клерикальныхъ школахъ, ученики, отъ времени до времени, дѣлаютъ большія прогулки: къ какому нибудь старому замку, на берегъ моря, въ красивый сельскій уголокъ etc. Прогулки эти обыкновенно очень утомительны, но совершаются весело, доставляютъ всѣмъ большое удовольствіе и сопровождаются закуской, а то и ужиномъ на чистомъ воздухѣ. «Я бы предложилъ, говоритъ Jules Simon, вновь ввести этотъ старый обы-

---

[1]) Réformes de l'enseignement secondaire.

чай въ наши лицеи и коллегіи. Для прогулокъ всегда можно найти какую нибудь назидательную цѣль. Лѣтомъ, въ хорошую погоду, можно отправляться за городъ, въ деревню, которая такъ привлекаетъ дѣтей, а зимой и въ дурную погоду можно осматривать музеи, картинныя галлереи, общественные памятники, замѣчательныя церкви etc. Въ деревню можно отправляться, напримѣръ, съ ботаническими или геологическими цѣлями, въ сопровожденіи преподавателей этихъ наукъ, и, выслушавъ предварительно лекцію о томъ, что на прогулкѣ встрѣтится и чего участвующіе должны искать. А въ музеи, картинныя галлереи и проч. можно отправляться съ учителями исторіи, живописи, искусствъ вообще и брать у нихъ, такимъ образомъ, практическій урокъ, который никогда не изгладится изъ памяти. Montaigne не довольствовался для своихъ учениковъ простыми прогулками;—онъ, какъ и Locke, совѣтовалъ дѣлать цѣлыя путешествія. Bouillier доказалъ, что ничего не можетъ быть легче и дешевле, какъ путешествіе къ морю, къ горамъ, изъ провинціи въ Парижъ и изъ Парижа въ провинцію, если только желѣзно-дорожная плата будетъ понижена для лицеистовъ въ тѣхъ же размѣрахъ, какъ для военныхъ, и если промежуточные лицеи и коллегіи, въ видахъ взаимнаго одолженія, согласятся служить даровыми гостиницами и ресторанами. Въ результатѣ вѣдь ни для кого лишней траты не выйдетъ и всѣ счеты будутъ кончены простой передачей денегъ отъ одного эконома другому.

Интернаты должны быть устраиваемы внѣ городовъ и, если можно, на возвышенностяхъ. Еслибы во Франціи, такъ же, какъ въ Англіи и Германіи, были учебныя заведенія, расположенныя въ деревнѣ, среди лѣса или, еще лучше, гдѣ нибудь въ Пиринеяхъ, то такія заведенія скоро сдѣлались бы модными и привлекли бы къ себѣ всѣхъ богатыхъ людей. Такая мѣра можетъ спасти французскую буржуазію отъ окончательнаго вырожденія, идущаго быстрѣе, чѣмъ гдѣ либо въ Европѣ.

Другіе интернаты можно бы устроить около большихъ городовъ, но тоже въ деревнѣ, по желѣзнымъ дорогамъ и конкамъ. Эти послѣднія, какъ принято въ Бельгіи, Германіи и нѣкоторыхъ мѣстахъ Франціи, могли бы учредить особые школьные поѣзды за дешевую плату и такимъ образомъ, какъ для учениковъ-экстерновъ, такъ и для учителей, неудобства отдаленности лицеевъ отъ центра города были бы уравновѣшены [1].

III. Переутомленіе.

Вопросъ о переутомленіи до сихъ поръ дѣлитъ наше общество на партіи и дебатируется въ высшей степени страстно.

---

[1]) Разсужденія автора о французскихъ интернатахъ вполнѣ применимы и къ нашимъ учрежденіямъ того же рода, хотя у насъ, въ доброе старое время, по крайней мѣрѣ, большая часть учениковъ провинціальныхъ гимназій жили или въ собственныхъ семьяхъ, или въ чужихъ, въ видѣ нахлѣбниковъ, какъ въ Германіи. Къ большимъ интернатамъ у насъ, собственно говоря, можно причислить только кадетскіе корпуса, семинаріи и женскіе институты. Къ нимъ и слѣдовало бы применить тѣ desiderata, о которыхъ говоритъ авторъ, за исключеніемъ отдаленныхъ прогулокъ «къ морю, въ горы и въ столицы», что у насъ, въ виду «дистанціи громаднаго размѣра», окажется совершенно невозможнымъ. Прим. Перев.

Спенсеръ справедливо замѣчаетъ, что конкуренція, съ каждымъ годомъ все усиливающаяся и проявляющаяся во всѣхъ профессіяхъ и промыслахъ, истощаетъ силы и способности современнаго человѣчества. Но этого мало; зло оказывается двойнымъ. Отцы принуждены бороться съ промышленной или коммерческой конкуренціей, и въ то же время удовлетворять постоянно растущимъ потребностямъ своей семьи. Для этого они должны работать непокладывая рукъ, съ утра до ночи, лишая себя прогулки и отдыха, окончательно подрывая свое здоровье. И это подрытое занятіями здоровье они передаютъ своимъ дѣтямъ, которые, будучи уже сравнительно слабыми, принуждены между тѣмъ проходить курсъ наукъ гораздо болѣе продолжительный и трудный, заниматься гораздо усиленнѣе, чѣмъ это дѣлали, въ свое время, ихъ родители. Не трудно предвидѣть ужасныя послѣдствія такого порядка, въ особенности для дѣвочекъ, и они дѣйствительно на всякомъ шагу встрѣчаются, а наслѣдственность ихъ аккумулируетъ и упрочиваетъ.

Трата жизненныхъ силъ у ребенка и молодого человѣка настойчива и разнообразна. Нужно замѣщать ежедневныя потери тканей, обусловленныя мышечнымъ движеніемъ; нужно замѣщать потери нервной ткани, обусловленныя ученіемъ; нужно, наконецъ, давать матерьялъ для постояннаго роста всего организма и поддерживать усиленную функцію органовъ питанія. Значитъ, усиливая искусственно траты въ одномъ какомъ нибудь направленіи, мы отвлекаемъ вознаграждающій матерьялъ отъ всѣхъ другихъ нуждъ организма. Умозаключеніе это, справедливое a priori, доказывается опытомъ и a posteriori. Всѣмъ извѣстно, что чрезмѣрный физическій трудъ уменьшаетъ силу духа. Временное изнеможеніе, произведенное необычными усиліями или продолжительной ходьбой, напримѣръ, дѣлаетъ умъ лѣнивымъ. Мѣсяцъ постояннаго путешествія пѣшкомъ, безъ остановокъ для отдыха, произведетъ такую умственную инерцію, поправиться отъ которой можно лишь черезъ нѣсколько дней. У крестьянъ, постоянно занимающихся физическимъ трудомъ, интеллектуальная дѣятельность слаба, какъ извѣстно. Приступы усиленнаго роста, иногда случающіеся въ дѣтствѣ, всегда сопровождаются физическимъ и нравственнымъ ослабленіемъ. Чрезмѣрныя мышечныя упражненія, совершаемыя тотчасъ же послѣ обѣда, пріостанавливаютъ пищевареніе, и дѣти, принужденныя слишкомъ рано трудиться какимъ нибудь образомъ, не растутъ. Все это доказываетъ, что избытокъ дѣятельности въ одномъ какомъ нибудь направленіи обусловливаетъ недостаточность ея въ другомъ. А законъ, рѣзко проявляющійся въ исключительныхъ случаяхъ, бываетъ, обыкновенно, справедливъ всегда и вездѣ. Эти гибельныя перемѣщенія силъ на одну какую нибудь дѣятельность вліяютъ на организмъ такъ же гибельно и тогда, когда они совершаются хронически, незамѣтнымъ образомъ. «Поэтому, если въ дѣтствѣ расходъ силъ на интеллектуальную работу превосходитъ намѣренія самой природы, то сумма силъ, оставшихся на всѣ другія надобности, падаетъ ниже нормы, что неизбѣжно влечетъ за собою бѣдствія разнаго рода»[1].

[1] Spencer, de l'Education.

Мозгъ, довольно объемистый въ дѣтствѣ, но не вполнѣ организовавшійся, организуется, конечно, быстрѣе при условіи насильственнаго упражненія, но въ результатѣ организація эта выйдетъ несовершенною: мозгъ не достигнетъ ни размѣровъ, ни силы, которыя онъ пріобрѣлъ бы при нормальномъ развитіи. «Въ этомъ и лежитъ одна изъ причинъ, можетъ быть, главная причина, въ силу которой преждевременно развитые дѣти и молодые люди, не знавшіе соперниковъ, стоявшіе выше всякой конкуренціи, вдругъ останавливаются и обманываютъ надежды своихъ родителей». Нужны годы принужденнаго отдыха для того, чтобы изгладить результатъ усиленной и несвоевременной мозговой работы. Иногда вредное вліяніе этой работы выражается преимущественно на сердцѣ: слабостью пульса, постоянными пальпитаціями, уменьшеніемъ числа сердцебіеній съ 72 на 50 и даже меньше. Иногда оно выражается на желудкѣ, въ видѣ диспепсій, превращающихъ жизнь въ тяжелое бремя и почти неизлечимыхъ. Часто сердце и желудокъ бываютъ поражены одновременно; при этомъ сонъ почти всегда бываетъ короткій и безпокойный, а самочувствіе угнетенное. Вообще, чрезмѣрная умственная работа въ дѣтскомъ возрастѣ ни съ какой точки зрѣнія не можетъ быть оправдана. Она даже не даетъ лишнихъ знаній, ибо умъ, какъ и тѣло, не можетъ усваивать неограниченнаго количества питательныхъ веществъ; онъ, какъ и тѣло, выбрасываетъ изъ себя лишнее. Вмѣсто того, чтобы сдѣлаться «камнями, заложенными въ основаніе интеллекта», лишніе факты только проходятъ черезъ память, оставляя за собою отвращеніе къ такому безтолковому ученію. Ошибоченъ и самый принципъ, въ силу котораго пріобрѣтеніе знаній считается самой главной задачей образованія: организація этихъ знаній несравненно важнѣе. А для нея, по словамъ Спенсера, нужны двѣ вещи: время и самостоятельная работа мысли. «Не тѣ знанія важны, которыя накопляются въ мозгу, какъ жиръ въ тѣлѣ, а тѣ, которыя претворяются въ мышцы духа» [1]. Маленькая и несовершенная машина, но работающая при высокомъ давленіи, сдѣлаетъ больше, чѣмъ большая и прекрасно устроенная, но работающая при давленіи низкомъ. Поэтому было бы въ высшей степени неблагоразумно, желая усилить дѣйствіе машины, переполнить ея котелъ водою до такой степени, что паръ даже не могъ бы образоваться.

Переутомленіе, на которое Спенсеръ жалуется, является въ Англіи только въ видѣ исключеній, но во Франціи оно составляетъ правило. Ученики парижскихъ лицеевъ имѣютъ каждый день 4 часа классныхъ занятій и $7^1/_2$ часовъ приготовляютъ уроки; итого одиннадцать съ половиной часовъ обязательныхъ занятій! А во время короткихъ рекреацій они сидятъ по угламъ или чинно прохаживаются, разговаривая между собою, какъ солидные буржуа. Веревочка, мячикъ, вообще дѣтскія игры—даже по имени не извѣстны въ нашихъ лицеяхъ. «Да много-ли же и между взрослыми-то людьми такихъ, которые работаютъ по $11^1/_2$ часовъ въ сутки?» спрашиваетъ Jules Simon. Хорошая работа лучше работы продолжительной. Эта истина доказывается опы-

---

[1]) Spencer, loc. cit.

томъ лондонскихъ школъ. Chadwick, инспекторъ этихъ школъ, былъ однимъ изъ главныхъ сторонниковъ сокращенія школьныхъ занятій. Онъ продѣлалъ слѣдующій опытъ: составивъ изъ учениковъ двѣ равносильныхъ серіи, онъ заставилъ одну изъ нихъ заниматься цѣлый день, а другую—только полъ-дня. На произведенномъ послѣ этого опыта экзаменѣ, первая половина во всѣхъ отношеніяхъ побила вторую, какъ по части знаній, такъ и по части физическихъ упражненій. Два часа бодрой работы дали лучшіе результаты, чѣмъ четыре часа принужденной,

Сколько предметовъ проходятъ ученики лицея, находящіеся въ классѣ риторики? Jules Simon, какъ бывшій министръ народнаго просвѣщенія, лучше тѣмъ кто либо это знаетъ. Есть у нихъ, прежде всего, преподаватель риторики французской и преподаватель риторики латинской; у перваго — пять часовъ въ недѣлю, а у второго—шесть. Затѣмъ преподаватель математики беретъ два часа, преподаватель химіи довольствуется однимъ, исторія требуетъ трехъ часовъ и наконецъ одинъ изъ новѣйшихъ языковъ, нѣмецкій или англійскій—одинъ часъ. Всего, стало-быть, шесть преподавателей, но программа каждаго изъ нихъ весьма широка. «Вмѣстѣ съ французской и латинской риторикой преподается литература этихъ языковъ; нѣмецъ или англичанинъ также читаютъ свою литературу (это ихъ главное занятіе, такъ какъ языкъ, собственно, принято изучать уже по окончаніи лицейскаго курса); вмѣстѣ съ исторіей читается обыкновенно и географія, притомъ все это съ такимъ изобиліемъ подробностей и съ такой эрудицiей, что въ головѣ учениковъ не можетъ остаться никакой идеи ни о характерѣ страны, ни о жизни ея обывателей. Что могутъ подѣлать всѣ эти дѣти съ матерьяломъ, которымъ начиняютъ ихъ шесть преподавателей: съ французскими, латинскими, греческими и англiйскими текстами, съ безчисленными формулами геометрiи и алгебры, съ естественно-исторической номенклатурой и съ исторической хронологiей въ такомъ количествѣ, отъ котораго струситъ записная архивная крыса? «Что-жъ имъ дѣлать, какъ не нанизывать всѣ эти прекрасныя вещи на свою память. Останавливаться надъ идеями и подробностями, пробовать разъяснить ихъ себѣ—нѣтъ времени. Попробуй остановиться и задуматься, а преподаватель уже успѣлъ выложить еще дюжину такихъ же идей и подробностей, и товарищи ихъ уже подхватили и на экзаменѣ успѣютъ выложить въ свою очередь, а ты будь послѣднимъ и оставайся въ классѣ! Но вѣдь придетъ же минута, когда и у самаго старательнаго ученика голова совсѣмъ полна — нѣтъ больше мѣста, а преподаватель и тутъ не даетъ ему покоя — стоитъ сзади и приговариваетъ: еще немножко терпѣнiя, вотъ вамъ дюжина фактовъ да дюжина демонстрацiй. Въ результатѣ же оказывается, что, къ концу года, лицеистъ переполненъ идеями, которыхъ онъ не понимаетъ, и фактами, которые для него не имѣютъ никакого значенiя. Справедливы ли факты, вѣрны ли идеи — это не его дѣло, онъ долженъ только помнить ихъ, а не обсуждать. Соберутся экзаменаторы, въ желтыхъ или розовыхъ шелковыхъ мантiяхъ, и заставятъ брать билетики, по пятидесяти фактовъ и по стольку же идей въ каждомъ; если кто нибудь изъ экзаменующихся знаетъ десяткомъ больше, такъ онъ и первый». А дальше что? Дальше пойдутъ ученыя степени: баккалавръ, лиценціатъ, докторъ. Каждый изъ этихъ персонажей представляетъ собою тоже ящикъ, нагруженный идеями и фактами, цѣны и достовѣрности которыхъ онъ не знаетъ; память его до такой степени переполнена, что при всякой попыткѣ жить—драгоцѣнный багажъ сыплется изъ нея на дорогу. Въ концѣ концовъ она оказывается совсѣмъ пуста. А такъ какъ ее культивировали въ ущербъ всему прочему, то это прочее не могло развиться — запасы растрачены, а новыхъ сдѣлать не на что: нѣтъ ни силъ, ни метода для самостоятельной работы, нѣтъ разсудка для критики, нѣтъ воли для выполненія. Баккалавръ есть, а человѣка нѣтъ, ибо что такое человѣкъ, если не совокупность воли и разсудка? Преподаватели, прибавляетъ Jules Simon, первые становятся жертвами школьной китайщины. Сначала имъ навязываютъ программу, которую потомъ они начинаютъ навязывать ученикамъ; сначала ихъ лишаютъ свободы, для того чтобы они позаботились отнять ее у нашихъ дѣтей. Величайшее преступленіе, которое можетъ сдѣлать учитель, это—быть въ классѣ самимъ собою; если онъ, по несчастію, не слѣдовалъ тупо и слѣпо программѣ, инструкціямъ, циркулярамъ, то онъ погибъ,—за нимъ устанавливается репутація непокорнаго, неуживчиваго человѣка, препятствующая всякому повышенію. Хорошо еще, если онъ не потеряетъ мѣста. «Я не нападаю на учителей, говоритъ Jules Simon; напротивъ, я ихъ жалѣю; я жалѣю о томъ, что, несмотря на ихъ присутствіе въ классѣ, ихъ все равно что нѣтъ тамъ. Самый тяжелый упрекъ, который можно сдѣлать переутомляющей системѣ ученія, это тотъ, что она убила воспитателей. Ученики, переходящіе поминутно отъ французской реторики къ химіи, отъ нѣмецкаго языка къ исторіи и отъ латинскаго къ математикѣ, кажутся мнѣ совсѣмъ оставленными на произволъ судьбы. Будучи направляемо черезчуръ многими людьми, ихъ воспитаніе, собственно говоря, никѣмъ не направляется. Есть у насъ учителя, но нѣтъ воспитателей; есть слушатели и студенты, но нѣтъ воспитанниковъ; есть образованіе, но нѣтъ воспитанія. Мы производимъ баккалавровъ, лиценціатовъ, докторовъ, но о человѣкѣ никто и не думаетъ, напротивъ—мы употребляемъ 15 лѣтъ для того, чтобы убить его мужество, всѣ характерныя его свойства. Мы выпускаемъ въ жизнь смѣшныхъ маленькихъ китайцевъ, у которыхъ совсѣмъ нѣтъ мышцъ, которые не умѣютъ ни перепрыгнуть черезъ канаву, ни выстрѣлить изъ ружья, ни сѣсть верхомъ на лошадь, ни дать дѣльный совѣтъ себѣ самому или ближнимъ, которые не знаютъ ничего, что имъ нужно бы было знать, но за то нагружены всѣми сортами безполезныхъ свѣдѣній, охотно выгружаемыхъ ими на словахъ или на бумагѣ, при всякомъ удобномъ и неудобномъ случаѣ. Люди эти не могутъ ходить безъ помочей, сами чувствуютъ свою слабость и бросаются—какъ на послѣдній ресурсъ—на политическій соціализмъ. Имъ нужно, чтобы общество вело ихъ подъ ручки, какъ это дѣлалъ университетъ—ихъ научили только быть пассивными. Вы думаете, что изъ нихъ выйдутъ граждане? Для того чтобы сдѣлаться гражданиномъ, нужно сначала быть человѣкомъ...»[1])

Медицинская Академія уже высказалась противъ школьнаго переутомленія. Проф. Peter особенно энергично ратовалъ противъ него. Университетскія программы, по словамъ Peter'а, расчитаны не на среднія, а на высшія способности и съ каждымъ днемъ все болѣе и болѣе растутъ, дѣлаются болѣе и болѣе невозможными. Когда мускулъ устаетъ отъ непосильной работы, то ткань его переполняется продуктами дезинтеграціи; то же самое происходитъ и съ мозгомъ, утомленнымъ чрезмѣрной интеллектуальной дѣятельностью. Первый симптомъ такого состоянія есть страшная головная боль—цефалальгія. Если это первое предостереженіе не подѣйствуетъ, если усиленная мозговая работа будетъ продолжаться, несмотря на цефалальгію, то, сначала, эта послѣдняя станетъ болѣе частою и сильною, а затѣмъ появится положительное притупленіе интеллекта, полная невозможность послѣдовательно мыслить. Въ этомъ состояніи, говоритъ Peter, есть нѣчто аналогичное съ профессіональными судорогами мышцъ—его можно назвать профессіональнымъ спазмомъ мозга. Но съ него только начинается развитіе дальнѣйшихъ патологическихъ явленій.

Въ низшихъ школахъ серьезнаго мозгового переутомленія не бываетъ[2]). Въ среднихъ школахъ оно

[1]) Слова Jules Simon'а прекрасно могутъ быть примѣнимы и къ нашей доморощенной интеллигенціи. Прим. Перев.

[2]) Здѣсь, въ объемистой выноскѣ, авторъ говоритъ, что переутомленіе въ деревенскихъ школахъ немыслимо, такъ какъ тамъ не задаютъ уроковъ на домъ. Весь вредъ, приносимый этими школами,

проявляется, вѣроятно, не больше какъ у третьей части учениковъ, у тѣхъ именно, которые стремятся быть первыми въ классѣ, держать трудные экзамены или приготовляются къ поступленію въ одно изъ высшихъ правительственныхъ училищъ. Но въ большей или меньшей степени оно бываетъ у всѣхъ, даже у преподавателей и лѣнивыхъ учениковъ, въ силу одного уже продолжительнаго сидѣнья въ плохо-провѣтриваемыхъ помѣщеніяхъ. Даже ничего недѣлающіе устаютъ при этомъ и испашиваются. Да еще хорошо, что есть ничего недѣлающіе — они спасаютъ нашу расу отъ черезчуръ быстраго вырожденія.

Въ англійскихъ школахъ число часовъ мозговой работы вдвое меньше чѣмъ во французскихъ. Самыя строгія изъ нихъ требуютъ только восьми часовъ занятій въ день, а большинство довольствуется семью.

Германія тоже можетъ служить примѣромъ для Франціи, если не по сокращенію часовъ работы, то по толковому ихъ распредѣленію. Bersot говоритъ по этому поводу слѣдующее: «Если принять въ разсчетъ, что каждый часъ, а иногда каждые $^{3}/_{4}$ часа классныхъ занятій отдѣляются, въ Германіи, другъ

лежитъ въ чрезмѣрной скученности учениковъ въ плохихъ школьныхъ помѣщеніяхъ. Здѣсь же онъ приводитъ правила школьной гигіены, составленныя Женевскимъ гигіеническимъ обществомъ и парижской Медицинской Академіей. Вся суть какъ тѣхъ, такъ и другихъ состоитъ въ уменьшеніи часовъ занятій—до 3-хъ для маленькихъ дѣтей и до 8 для большихъ; въ разумной смѣнѣ интеллектуальной работы физическою; въ уменьшеніи программъ ученія; въ замѣнѣ годовыхъ экзаменовъ частыми репетиціями, наконецъ, въ признаніи ремеслъ, вообще ручнаго труда, а также гимнастики всякаго рода—фехтованія, верховой ѣзды, плаванія, военной выправки и проч. необходимыми составными частями школьнаго обученія.

Прим. Перев.

отъ друга рекреаціями, то стыдно становится за наше варварство, запирающее дѣтей въ классахъ на три часа сряду, и это въ такіе года, когда ребенокъ жить не можетъ безъ движеній, а ужъ особенно ребенокъ французскій, наиболѣе подвижный изъ всѣхъ».

Во Франціи два свободныхъ учрежденія: Ecole Monge и образцовая Эльзасская школа подали благой примѣръ реформы учебнаго дѣла. Въ первой, напримѣръ, вмѣсто $11^1/_2$ часовъ занятій принято только девять, и то лишь для взрослыхъ учениковъ, а маленькіе работаютъ всего $7^1/_2$. Наибольшая продолжительность безпрерывной работы равняется $2^1/_2$ часамъ; ежедневно полчаса посвящаются занятіямъ гимнастикою. Все это представляетъ уже шагъ впередъ противъ казенныхъ лицеевъ.

Въ частной, какъ и въ интернаціональной, конкуренціи успѣхъ обусловливается не однимъ только количествомъ знаній, а больше всего запасомъ врожденной или благопріобрѣтенной физической энергіи и здраваго смысла, которые даютъ возможность разумно распоряжаться знаніями и прилагать ихъ къ дѣлу. Поэтому Медицинская Академія, вдохновляясь примѣромъ Соединенныхъ Штатовъ, совершенно благоразумно напоминаетъ правительству золотое американское правило: 8 часовъ сна + 8 часовъ работы + 8 часовъ развлеченій = 24 часамъ [1]). «Мы думаемъ, прибавляетъ она, что это правило прекрасно и что 8 часовъ работы есть maximum, котораго ни-

---

[1]) Это правило, по отношенію къ рабочимъ, выражается даже поговоркой: Eight hours work, eight hours play, eight hours sleep and eight schillings a day. Прим. Перев.

когда не должны достигать низшія школы и никогда не должны переступать среднія. Продолжительность одного урока слѣдуетъ сократить до 1½ часа». Число же рекреацій должно быть увеличено, да и способъ проводить ихъ измѣненъ радикально [1]).

Главное вниманіе должно быть обращено на тѣлесныя упражненія, необходимыя какъ для здоровья индивидуума, такъ и для процвѣтанія рода. Въ былыя времена Ж. Ж. Руссо, своимъ Эмилемъ, вызвалъ во всей Европѣ сильное движеніе въ пользу гимнастическихъ упражненій; но движеніе это совпавъ въ Германіи съ борьбою за независимость и съ воинственнымъ настроеніемъ, особенно сильно въ ней укоренилось и положило начало современной нѣмецкой гимнастикѣ. Этой послѣдней противополагается гимнастика шведская, чисто теоретическая, основная мысль которой состоитъ въ томъ, что «мышечныя упражненія должны быть разнообразны, но по возможности просты и расчитаны на методическое укрѣпленіе отдѣльныхъ группъ мышцъ, совершаемое при помощи строго-опредѣленныхъ движеній съ препятствіемъ». Кромѣ нѣмецкой и шведской гимнастикъ, самостоятельно возникъ еще англійскій спортъ. Англичане, во время французской революціи и имперіи болѣе чѣмъ когда нибудь отдѣленные отъ

---

[1]) Во французскихъ лицеяхъ, по показанію д-ра Gauthier, начиная съ 3-го класса, дѣти уже не играютъ болѣе, а чинно ходятъ вокругъ маленькаго, скучнаго двора, и притомъ только справа налѣво — ходить слѣва направо считается неприличнымъ. Пѣніе и крики тоже считаются неприличными, такъ какъ безпокоятъ наставниковъ. Всякія игры воспрещены. Въ общемъ, рекреаціи продолжаются 2 ч. 50 м. въ день—для маленькихъ и 1½—для большихъ.

континента, остались чуждыми какъ идеямъ Руссо, такъ и новаинстскимъ вожделѣніямъ нѣмца Jahn'а. Но у нихъ и надобность гимнастики чувствовалась не такъ сильно, какъ среди населенія континентальныхъ странъ, потому что они никогда объ ней не забывали; не только въ общественныхъ школахъ, въ которыхъ игры и спортъ, какъ мы видѣли, процвѣтаютъ, но и въ частной жизни всевозможныя физическія упражненія—охота, рыбная ловля, плаваніе, физическій трудъ—всегда брали большое количество времени. Англійскіе асцензіонисты, успѣвшіе влѣзть даже на Чимборасо, и всеобщее увлеченіе ежегодными гонками оксфордскихъ и кэмбриджскихъ студентовъ, возбуждающими сильное соревнованіе среди молодежи, служатъ доказательствомъ того, что англичане смотрятъ на спортъ, какъ древніе греки смотрѣли на свои національныя игры.

Если мы, вооружившись современнымъ пониманіемъ сущности тѣлесныхъ упражненій, взглянемъ на всѣ три сорта гимнастики: нѣмецкую, шведскую и англійскую, то замѣтимъ, прежде всего, что шведская гимнастика едва ли можетъ быть пригодна для вполнѣ здоровой молодежи. Тѣлесныя упражненія, говоритъ Dubois-Reymond, суть не только упражненія мышцъ, какъ это ошибочно думаютъ нѣкоторые наблюдатели, но и упражненія сѣраго вещества мозга. Въ одной этой замѣткѣ заключается полное осужденіе шведской гимнастики: она можетъ укрѣпить мышцы, но не способна облегчить **сложныя движенія**. «Можно даже представить себѣ такую систему гимнастики, которая разовьетъ громадную силу въ мышцахъ извѣстнаго субъекта, но не научитъ его ходить. Шведская гимнастика хороша лишь какъ терапевтическое средство, для того, чтобы сохранить или возстановить дѣятельность нѣкоторыхъ мышечныхъ группъ (такъ какъ отдѣльныя мышцы рѣдко могутъ быть произвольно сокращаемы)» [1]).

Что касается сравнительнаго достоинства нѣмецкой гимнастики и англійскаго спорта, то этотъ послѣдній, съ извѣстной точки зрѣнія, болѣе отвѣчаетъ требованіямъ, вытекающимъ изъ физіологическаго анализа воспитательнаго значенія тѣлесныхъ упражненій вообще. Онъ образуетъ хорошихъ ходоковъ, танцоровъ, бѣгуновъ, борцовъ, наѣздниковъ, пловцовъ, гребцовъ, конькобѣжцевъ, и проч. Но, по мнѣнію Dubois-Reymond'а, нѣмецкая гимнастика даетъ возможность упражняться физически большому количеству учениковъ заразъ, независимо отъ средствъ и окружающихъ обстоятельствъ, которыя рѣдко благопріятствуютъ развитію спорта. Кромѣ того она, имѣя въ виду самоулучшеніе безъ всякихъ непосредственныхъ утилитарныхъ цѣлей, такъ же какъ и нѣмецкое интеллектуальное воспитаніе, способствуетъ и развитію нравственности. Наконецъ, при разумномъ выборѣ упражненій, повѣренномъ указаніями опыта, нѣмецкая гимнастика можетъ привести къ болѣе равностороннему развитію тѣла, чѣмъ какая нибудь однообразная форма спорта—гребля, плаваніе, восхожденіе на горы—выбранная инстинктивно, по капризу или изъ тщеславія.

Молодой человѣкъ, продѣлавшій нѣмецкую школу, пользуется большимъ преимуществомъ быть приспо-

---

[1]) Dubois-Reymond, l'Exercice.

собленнымъ къ движеніямъ всякаго рода—онъ владѣетъ методомъ, позволяющимъ ему рѣшать всевозможныя задачи. Ничто, стало быть, не помѣшаетъ ему перейти отъ своихъ теоретическихъ упражненій къ любому практическому дѣлу, непосредственно для него нужному. «Научившись учиться, онъ, во всякомъ дѣлѣ, быстро пріобрѣтетъ ту степень ловкости, къ которой способна его природная организація, точно такъ же какъ люди, получившіе солидное общее образованіе, даже въ спеціальномъ дѣлѣ быстро догоняютъ людей, получившихъ только одно спеціальное».

Въ концѣ концовъ нѣмцы культивируютъ всѣ сорты физическихъ упражненій. Ходьба, плаваніе, ѣзда на велосипедѣ, фехтованіе—находятся у нихъ въ гораздо большемъ уваженіи, чѣмъ во Франціи. Германское правительство требуетъ, чтобы во всѣхъ учебныхъ заведеніяхъ имперіи два часа въ день посвящались физическимъ упражненіямъ, подъ руководствомъ особаго учителя. Въ Берлинѣ есть даже гроссмейстеръ гимнастики, какъ въ Парижѣ Grand Maître de l'Université. Тамъ знаютъ, что народъ, у котораго нѣтъ мышцъ, а одни только нервы, одна только мозговая жизнь, плохо подготовленъ къ борьбѣ за существованіе [1]).

Но англійскія игры все же не заслуживаютъ такого суроваго отзыва, какой даетъ объ нихъ Dubois-Reymond, по сравненію съ научной гимнастикой нѣмцевъ, напоминающей собою теоретическій урокъ. Нѣмцы здѣсь, какъ и во многихъ другихъ случаяхъ,

---

[1]) Cambon, de France en Allemagne.

стараются устранить вредъ, причиненный искусственно, при помощи мѣръ, столь же искусственныхъ. Запретивъ дѣтямъ упражняться самопроизвольно, они замѣтили вредъ, происходящій отъ полнаго отсутствія физической дѣятельности, и устраняютъ его при помощи «системы поддѣльныхъ игръ», какъ называетъ Спенсеръ ихъ гимнастику. Я согласенъ съ Dubois-Reymond'омъ, что это все же лучше чѣмъ ничего, но не могу не согласиться и съ Спенсеромъ, что нѣмецкая гимнастика не есть настоящая игра. Въ систематическихъ упражненіяхъ есть недостатки положительные и отрицательные.

Во-первыхъ, всѣ эти регулированныя движенія, по необходимости, не могутъ быть такъ разнообразны, какъ при добровольной игрѣ, а потому и не обезпечиваютъ равномѣрнаго распредѣленія дѣятельности по всѣмъ частямъ организма, что служитъ причиною быстраго утомленія тѣхъ изъ нихъ, которыя работаютъ. Д-ръ Lagrange доказалъ, что гимнастика на аппаратахъ, при настойчивомъ приложеніи, обусловливаетъ уродливо-чрезмѣрное развитіе нѣкоторыхъ частей тѣла. Но этого мало, регулированныя упражненія не только неравномѣрно распредѣляются, но они даже менѣе приносятъ пользы, такъ какъ не сопровождаются удовольствіемъ. Если они не надоѣдаютъ ученикамъ, какъ вообще все принужденное, подневольное, то утомляютъ своею монотонностью, отсутствіемъ веселыхъ стимуловъ, присущихъ игрѣ. Правда, стимулы эти замѣняются отчасти соревнованіемъ, но такая замѣна не прочна и не можетъ служить такъ долго, какъ удовольствіе, примѣшивающееся къ разнообразнымъ играмъ. Спенсеръ говоритъ, что гимнастика уступаетъ этимъ послѣднимъ не только по количеству физической работы, ею обусловливаемому, но и по качеству. Сравнительное отсутствіе удовольствія, заставляющее дѣтей охотно прекращать гимнастическія упражненія, служитъ причиною недостаточно полнаго ихъ дѣйствія на организмъ. Ходячее мнѣніе, что все вліяніе физическихъ упражненій зависитъ отъ ихъ количества, въ высшей степени ошибочно. «Мозговое возбужденіе, вызываемое весельемъ, говоритъ Спенсеръ, дѣйствуетъ на тѣло въ высокой степени укрѣпляющимъ образомъ». Вспомните про цѣлебную силу доброй вѣсти или свиданія съ близкими людьми! Не даромъ врачи рекомендуютъ своимъ больнымъ веселую компанію; не даромъ они также совѣтуютъ имъ прибѣгать къ путешествію, къ перемѣнѣ мѣстъ, къ развлеченіямъ разнаго рода. «Дѣло въ томъ, что веселье есть могущественнѣйшее изъ тоническихъ средствъ». Ускоряя движенія сердца, оно облегчаетъ совершеніе всѣхъ функцій организма [1]) и содѣйствуетъ, какъ поддержанію существующей нормы, такъ и возстановленію нарушенной. Отсюда — несомнѣнное превосходство свободной игры передъ гимнастикой. «Интересъ, съ которымъ дѣти предаются игрѣ, безтолковая радость, вызываемая у нихъ глупѣйшими выходками, въ сущности имѣютъ такое же важное

---

[1]) Къ такимъ объясненіямъ слѣдуетъ прибѣгать съ большой осторожностью: ускоренное движеніе сердца далеко не всегда «облегчаетъ совершеніе функцій». Не лучше ли просто признаться, что мы не знаемъ, почему удовольствіе дѣйствуетъ на человѣка благотворно, хотя нисколько въ такомъ его дѣйствіи не сомнѣваемся.

Прим. Перев.

вліяніе на развитіе тѣла, какъ и мышечное движеніе, имъ сопутствующее. Такимъ образомъ, всякая гимнастика, не заключающая въ себѣ интеллектуальныхъ стимуловъ, является неполною и, хотя можетъ быть допущена за неимѣніемъ чего нибудь лучшаго, но свободныхъ игръ замѣнить не въ состояніи». Для здоровья, какъ дѣвочекъ, такъ и мальчиковъ, крайне важны тѣ игры, къ которымъ ихъ сама природа толкаетъ[1]).

У насъ, во Франціи, гимнастика имѣетъ черезчуръ военный оттѣнокъ. Вообще у насъ, подъ вліяніемъ идеи, хотя и благородной, но слишкомъ узкой, развилось стремленіе къ милитаризму въ дѣлѣ воспитанія. «Военный спортъ, говоритъ Coubertin, въ противоположность спорту въ широкомъ смыслѣ слова, не можетъ создать хорошихъ гражданъ. Нельзя отрицать, что многочисленныя общества гимнастики и стрѣльбы въ цѣль, возникшія послѣ войны, содѣйствуютъ развитію дисциплины и патріотизма, но, съ другой стороны, ихъ военная обстановка порождаетъ узкость взглядовъ и губитъ индивидуальную иниціа-

---

[1]) Введеніе гимнастики въ классныя занятія низшихъ и среднихъ школъ составляетъ у насъ теперь модный вопросъ, а потому вполнѣ разумная оцѣнка различныхъ ея видовъ, дѣлаемая авторомъ, является какъ нельзя болѣе кстати. Свободныя игры, безъ всякаго сомнѣнія, представляютъ собою лучшій изъ этихъ видовъ, но, за недостаткомъ мѣста и времени для нихъ въ нашихъ городскихъ школахъ, можно довольствоваться и той формой упражненій, которая введена у насъ профессоромъ Лесгафтомъ и пріобрѣла уже право гражданства въ Петербургѣ. Кстати, у насъ есть много прекрасныхъ народныхъ игръ, ни въ чемъ не уступающихъ англійскимъ: бабки, свайка, городки, горѣлки, лапти и особенно — лапта, русскій крикетъ; почему онѣ находятся въ такомъ пренебреженіи?

Прим. Перев.

тиву, которую они должны бы были поощрять. Въ этомъ отношеніи, два или три общества пловцовъ, существующія въ Парижѣ, оказываются болѣе полезными, чѣмъ 38 общества гимнастовъ, съ ихъ 3.041 членомъ».

Laprade, съ весьма понятнымъ удивленіемъ, задаетъ себѣ вопросъ: почему мы, охотно подражающіе древнимъ грекамъ въ ихъ поэзіи, скульптурѣ, философіи, политикѣ, не подражаемъ лучшему, что они имѣли — ихъ системѣ физическаго воспитанія? Если интеллектуальная работа въ школахъ будетъ сведена къ восьми часамъ, то, полагая полтора часа на обѣдъ, завтракъ и проч., у насъ останется 3½ часа на рекреаціи и 2 — на занятія гимнастикой. Время, значитъ, есть; нужно только имъ воспользоваться, нужно вновь ввести въ школы игры и физическія упражненія. Переняв интернатъ у іезуитовъ, мы отбросили самую разумную его часть, которая въ іезуитскихъ школахъ до сихъ поръ процвѣтаетъ. Въ самомъ дѣлѣ, теперь только еще въ однѣхъ этихъ школахъ ученики играютъ и бѣгаютъ, какъ въ доброе, старое время. «Единственную систему воспитанія хотѣлъ бы я заимствовать у св. отцовъ, говоритъ Legouvé, это систему воспитанія ногъ».

Къ несчастью, трудно заставить учениковъ играть, когда имъ отпущено для этой игры такое пространство, въ которомъ они едва помѣщаются. «Еслибы вы знали, г. директоръ, какъ скучно играть такимъ образомъ!» отвѣтилъ одинъ изъ учениковъ г-ну Dupanloup. И на самомъ дѣлѣ скучно: убѣдившись, что игра дѣтямъ необходима, мы стали принуждать ихъ играть, подъ страхомъ наказанія; можно ли при этихъ условіяхъ увлекаться? Для того, чтобы избѣгнуть незаслуженной кары, дѣти у насъ только притворяются играющими, а сами ждутъ не дождутся случая продолжать прерванные разговоры.

Гимнастическія упражненія дозволены въ лицеяхъ лишь во время рекреацій, а трапеція въ каждомъ изъ нихъ только одна, такъ что едва ли даже каждый ученикъ можетъ добиться случая близко подойти къ ней. «Почему бы, спрашиваетъ Coubertin, не дозволить дѣтямъ упражняться во всякое свободное время, когда они хотятъ?»

Лѣтомъ, мѣсто гимнастики занимаетъ купанье, но это продолжается только два мѣсяца, остальное время года дѣти не моются[1]). Въ Vanves'скомъ лицеѣ существуетъ прекрасно устроенная писцина, но и она открыта только лѣтомъ. Между тѣмъ, въ Harrow, по словамъ Coubertin'a, писцина открыта круглый годъ, и за пользованіе ею съ учениковъ (всѣхъ ихъ 500) берется очень недорогая плата, около 12-ти франковъ.

Что касается лучшаго изъ упражненій — свободной игры — то наши лицеисты предаются ей съ большимъ жаромъ, всякій разъ, когда находятъ къ тому удобный случай. Стало быть, имъ не охоты недостаетъ, а только свободы и пространства. И, для Парижа, въ этомъ послѣднемъ обстоятельствѣ лежитъ неустранимая бѣда, такъ какъ садовъ при парижскихъ лицеяхъ нѣтъ, дворы слишкомъ малы, а прикупить земли нельзя, по ея крайней дороговизнѣ.

---

[1]) On ne se lave pas — слѣдуетъ ли понимать это буквально?
Прим. Перев.

Впрочемъ, правительство могло бы дать для этой цѣли мѣста за городомъ, а желѣзныя дороги не откажутся перевозить лицеистовъ за небольшую плату [1]). Что касается провинціи, то тамъ, насчетъ мѣста для игръ, не можетъ встрѣтиться никакихъ затрудненій.

IV. Ручной трудъ.

Ручной трудъ, такъ же какъ и игры, имѣетъ громадное гигіеническое значеніе для индивидуума, а стало быть и для рода. Въ Англіи при всѣхъ школахъ есть мастерскія, въ которыхъ ученики занимаются различными ремеслами, подъ руководствомъ опытныхъ мастеровъ. Пожеланія Ж. Ж. Руссо тамъ выполнены; но этотъ послѣдній, высказывая ихъ, руководствовался поэтически-эгалитарными идеями, а англичане видятъ только практическую сторону вопроса,—они гонятся за умѣньемъ управлять своими руками и извлекать изъ нихъ пользу. Молодые американцы, изучающіе въ Итакскомъ университетѣ высшую математику, философію, исторію и проч., ничуть не стыдятся проводить большую часть своего времени за ручнымъ трудомъ, которымъ они зарабатываютъ себѣ средства, необходимыя для пріобрѣтенія знаній. Въ 1870 году пятая часть всѣхъ студентовъ этого университета поступала такимъ образомъ и заработала въ годъ 15.000 франковъ, причемъ профессора не жаловались на то, чтобы сту-

[1]) По написаніи этой книги, Т. Р. Daryl издалъ свое сочиненіе о физическомъ вырожденіи, благодаря которому образовалась компанія физическаго воспитанія дѣтей и правительство назначило особую коммисію для изслѣдованія вопроса.

денты-рабочіе не посѣщали лекцій. Три часа ручнаго труда въ день отнюдь не повредятъ работѣ умственной. Во Франціи, въ низшихъ школахъ, ручной трудъ уже вошелъ въ программу, и министерскія инструкціи разъяснили, что цѣль этого труда состоитъ не въ томъ, чтобы сдѣлать изъ ребенка мастера, а въ томъ, чтобы научить его употребленію инструментовъ, развить ловкость и вкусъ, познакомить съ матеріалами, какъ частью окружающаго міра. «Ручной трудъ, говоритъ Emerson, есть изученіе вселенной». Верстакъ и наковальня могутъ быть употребляемы при воспитаніи вовсе не для того, чтобы дѣлать учениковъ столярами и кузнецами. Цѣль ихъ употребленія должна состоять въ томъ, чтобы ученики знакомились со свойствами желѣза и дерева, пріучали глазъ и руку работать совмѣстно, пріобрѣтали вкусъ и глазомѣръ, наконецъ—упражняли бы свои мышцы. Мастерская должна быть дополненіемъ класса живописи: послѣдній знакомитъ съ формой, а первая съ веществомъ, матеріаломъ ([2]).

Считать образованіе, полученное изъ книгъ, лучшимъ — есть, по мнѣнію Спенсера, средневѣковой предразсудокъ. Собственно говоря, всякая игра есть работа, если только дѣти стараются провести ее какъ слѣдуетъ. Игра есть первый ихъ трудъ, и въ манерѣ играть видны уже будущіе характеры; можно даже направлять эти характеры, вырабатывая настойчивость и энергію въ игрѣ. Но идеальнымъ воспитаніемъ была бы частая смѣна игры и серьезной работы, уроковъ и рекреацій.

V. Ученическія колоніи и путешествія.

Каникулы должны быть всецѣло посвящены тѣлеснымъ упражненіямъ, особенно ходьбѣ по горамъ, гдѣ воздухъ наиболѣе чистъ. «Среди горъ, говоритъ Тиндаль, я ежегодно свожу свой жизненный балансъ и возобновляю равновѣсіе между тѣломъ и духомъ, нарушенное чисто интеллектуальными раздраженіями лондонской жизни». Французскій альпійскій клубъ, желая доставить развлеченіе школьной молодежи въ продолженіе вакаціоннаго времени, организовалъ школьные караваны, цѣль которыхъ состоитъ въ томъ, чтобы: «соединять молодыхъ людей въ группы, по возрасту; отправлять ихъ въ горныя мѣстности; усиленной ходьбой подготовлять къ военной службѣ и походамъ; распространять между ними свѣдѣнія по геологіи, ботаникѣ и минералогіи, при помощи лекцій, читаемыхъ на чистомъ воздухѣ, во время остановокъ; вообще: учить — развлекая, возвышать душу — укрѣпляя тѣло». И Альпійскій клубъ трудился не даромъ: на его призывъ откликнулись уже многія большія учебныя заведенія, отправляющія своихъ воспитанниковъ путешествовать, во время малыхъ и большихъ вакацій. Кромѣ гигіеническаго значенія, такія путешествія имѣютъ еще важный нравственный и патріотическій смыслъ, но, къ несчастію, они слишкомъ дорого стоютъ и не для всѣхъ доступны. Поэтому Cottinet предложилъ просто отправлять учениковъ въ деревню или на берегъ моря, на деньги, собранныя по подпискѣ, такъ, чтобы родителямъ это ничего не стоило. Даже и такое, сравнительно ничтожное путешествіе дѣйствуетъ, по его словамъ, въ высшей степени благодѣтельно на здоровье дѣтей. «При этомъ, говоритъ онъ, можно было констатировать слѣдующій краснорѣчивый фактъ: вѣсъ дѣтей и окружность ихъ груди, бывшіе до поѣздки гораздо ниже — печальнымъ образомъ ниже средней, соотвѣтстаующей данному возрасту — по возвращеніи оказались превышающими эту среднюю почти настолько же, насколько прежде отъ нея отставали. Дѣти въ пять, въ десять, въ двадцать разъ больше развились физически за эту поѣздку, чѣмъ могли бы развиться безъ нея!»

Надо замѣтить, что управляющій ученической колоніей въ Buskang'ѣ, предназначенной для такихъ поѣздокъ, ввелъ теперь строгій контроль гигіеническихъ результатовъ, ими обусловленныхъ. Для каждаго мальчика составляется санитарный листокъ, въ которомъ сгруппированы всѣ данныя относительно здоровья индивидуума, полученныя какъ изъ разспросовъ, такъ и по измѣренію — до и послѣ поступленія въ колонію. Не дурно-бы было, еслибы этотъ обычай былъ принятъ во всѣхъ французскихъ учебныхъ заведеніяхъ и еслибы врачи ежемѣсячно осматривали всѣхъ учениковъ, отмѣчая въ санитарномъ листкѣ замѣченныя ими измѣненія. Тогда, по крайней мѣрѣ, можно бы было судить о силѣ и здоровьѣ подростающихъ поколѣній — объ исполнимости надеждъ Франціи на будущее.

Реорганизація физическаго воспитанія тѣмъ нужнѣе для насъ, что надежды эти шатки — тѣлесная сила падаетъ въ нашемъ племени. И, если мы не внесемъ какого нибудь порядка въ нашу жизнь, то быстро выродимся, благодаря наслѣдственности, и интеллигенція наша погибнетъ первая. Будучи интеллектуалистами, мы преувеличенно гонимся за образованіемъ, за развитіемъ ума. Намъ нужно вылечиться отъ этого предразсудка, нужно убѣдиться, что крѣпкій физически человѣкъ, и притомъ хорошій производитель, гораздо важнѣе для будущаго націи, чѣмъ человѣкъ, память котораго переполнена знаніями, въ большей части случаевъ никуда не нужными.

VI. Физическій прогрессъ расы и рождаемость.

Къ вопросу о наслѣдственности и воспитаніи близко примыкаетъ вопросъ о физической плодовитости, о рождаемости, поскольку онъ зависитъ отъ воли, идей и вѣрованій человѣческихъ, отъ интересовъ человѣка, дѣйствительныхъ или мнимыхъ. Для французовъ этотъ вопросъ имѣетъ громадную важность. Я уже говорилъ объ немъ въ другомъ мѣстѣ, но считаю нужнымъ еще разъ настойчиво повторить свое предостереженіе, чтобы мы знали, что намъ угрожаетъ.

По послѣдней переписи (1885 г.), народонаселеніе Германіи оказалось равнымъ 46.855.704. Между тѣмъ, въ 1870 году, число лицъ, живущихъ на той же территоріи, равнялось лишь 40.816.249. Если принять въ расчетъ значительную эмиграцію нѣмцевъ въ разныя страны и общую рождаемость, то окажется, что дѣйствительный прирость населенія Германіи равняется 535,444 въ годъ. Предположивъ, что прирость этотъ будетъ столь же великъ и въ будущемъ, мы увидимъ, что народонаселеніе Германіи должно удвоиться менѣе чѣмъ въ 60 лѣтъ. Вѣдь послѣ войнъ первой имперіи, въ 1816 году, народонаселеніе это равнялось только 24-мъ милліонамъ, почему же оно, къ концу будущаго столѣтія, не можетъ возрасти до 170 милліоновъ, причемъ плотность его, безъ увеличенія территоріи, возрастетъ до 315 человѣкъ на квадратный километръ (въ 1880 году было 84 человѣка на кил.)?

По сравненію съ Германіей, народонаселеніе Франціи остается почти постояннымъ, такъ какъ съ 32.569,223 человѣкъ въ 1831 году, оно едва доросло до 37.321,186, въ 1881-мъ. Ежегодный прирость, за два послѣднія пятилѣтія, равняется лишь 0,2%, то есть въ 6—7 разъ меньше германскаго. Фактъ серьезный, достойный того, чтобы на него обратили вниманіе не только статистики, но и государственные люди, заботящіеся о будущемъ, такъ какъ, для націи, перестать рости—значитъ отстать, передать политическое значеніе въ руки націй болѣе свѣжихъ и сильныхъ.

Муегъ, разсматривая мои таблицы по движенію народонаселенія въ Irréligion de l'Avenir, приписываетъ «современному французскому пессимизму» угнетающее вліяніе на рождаемость во Франціи. Я не совсѣмъ понимаю это объясненіе. Какимъ образомъ пессимизмъ, хотя бы даже разлитой въ массахъ, самъ по себѣ можетъ стерилизировать націю? Китайцы и японцы съ дѣтства пропитываются идеей ничтожества всего земного; у нихъ нѣтъ вѣры въ безсмертіе души—Буддійская религія молчитъ на этотъ счетъ; а они, тѣмъ не менѣе, размножаются въ широкихъ размѣрахъ. Я думаю, что они обязаны этимъ культу семьи, какъ древніе евреи, которые тоже не вѣрили въ безсмертіе души [1]). Вообще въ этомъ отношеніи насъ долженъ интересовать духъ массъ, особенно крестьянскихъ, которыя однѣ могутъ населить или обезлюдить страну.

А французскій крестьянинъ—крайній оптимистъ: онъ, по его собственному выраженію, старается брать жизнь съ хорошаго конца—prendre la vie du bon côté. Кромѣ того, большинство французовъ остались спиритуалистами; отвергая религію, они все же от-

[1]) Да и существуетъ ли еще «современный французскій пессимизмъ»? Конечно, онъ былъ нѣкоторое время моднымъ въ салонахъ, въ которыхъ разные недоноски и выродки величали себя пессимистами, но ни одинъ изъ французскихъ философовъ, съ Taine'а, Renouvier и Ravaisson'а, до Fouillée и Ribot, не проповѣдывалъ пессимизма. E. Zola, могучій талантъ, нѣсколько наклонный къ ироніи и грязи рисуетъ, правда, въ своихъ романахъ тяжелыя и угрюмыя сцены, но это частный случай, скорѣе результатъ темперамента, чѣмъ философскихъ взглядовъ. Мнѣ могутъ назвать Ренана, но, если онъ и былъ когда нибудь пессимистомъ, то теперь, кажется, вновь вернулся къ оптимизму. Въ поэзіи наше величайшее имя есть В. Гюго—человѣкъ, далекій не только отъ пессимизма, но даже отъ простаго сомнѣнія: онъ всю жизнь свою боролся съ отрицательными идеями, чего нельзя сказать про великихъ поэтовъ другихъ странъ, про Байрона и Шелли, про Гейне, про Леопарди. Мнѣ предъявятъ поэтовъ второстепенныхъ: M-me Ackermann, Baudelaire'а и Richepain'а, но ихъ мало кто читаетъ, а послѣдній есть лишь простой риторъ, для котораго пессимизмъ служитъ «темой», какъ для лицеистовъ, сочиняющихъ латинскіе стихи.

носятся съ уваженіемъ къ великой загадкѣ, къ смерти: самый невѣрующій изъ нихъ скажетъ вамъ, что похороны человѣка и собаки не одно и тоже. Смерть, по мнѣнію крестьянъ, должна быть сопровождаема словами утѣшенія. И это такъ идетъ не со вчерашняго дня. Правда, однако же, что уваженіе къ смерти и колеблющаяся вѣра въ безсмертіе слишкомъ слабы для того, чтобы бороться съ главнымъ недостаткомъ французскаго крестьянина — съ его крайнею, часъ отъ часу растущею разсчетливостью; да и переходъ отъ этой вѣры и этого уваженія къ практическому ихъ послѣдствію — плодитесь и множитесь, — через-чуръ для него неожиданъ. Вообще, разъ экономическіе и соціальные мотивы выдвигаются въ обществѣ на первый планъ, то вопросъ о плодовитости расы становится въ зависимость отъ экономическихъ и соціальныхъ реформъ, отъ нравственныхъ взглядовъ и общественнаго воспитанія.

Въ этомъ послѣднемъ, прежде всего, не слѣдуетъ открыто ставить вопроса о добровольномъ воздержаніи отъ дѣторожденія, а нужно показать преимущества усиленнаго роста населенія, какъ для рода человѣческаго, такъ и для государства и для семьи. Приведенныя мною цифры относительно размноженія германской расы сами по себѣ очень краснорѣчивы. Нужно разрушить нравственные, соціальные и экономическіе предразсудки, въ распространеніи которыхъ современные экономисты играли не малую роль. Преподавая въ школахъ географію и политическую экономію, слѣдуетъ настаивать на зависимости матеріальнаго и интеллектуальнаго богатства страны отъ роста ея населенія. Нужно проповѣдовать то же самое солдатамъ, рабочимъ, крестьянамъ. И для этого вовсе не придется входить въ какія нибудь скабрезныя подробности, способныя оскорбить черезчуръ чувствительный слухъ,—нужно лишь пріучить людей имѣть въ виду будущность націи и рода [1].

---

[1] Для того, чтобы имѣть въ виду то и другое, нужно вѣрить въ родъ и націю, нужно любить ихъ, нужно считать себя незначительной частью великаго цѣлаго, роль котораго крайне важна если не для вселенной, то хоть для рода человѣческаго; нужно, наконецъ, видѣть въ жизни что нибудь кромѣ матеріальныхъ выгодъ и наслажденій, а современный пессимизмъ (не только французскій) отрицаетъ всякую роль самого человѣчества, всякій смыслъ его существованія, все, чего нельзя «ни взвѣсить, ни смѣрить». При такихъ условіяхъ обѣщаніе матеріальной выгоды дѣлу не поможетъ.

Прим. Перев.

ГЛАВА ЧЕТВЕРТАЯ.

Цѣль и методъ интеллектуальнаго воспитанія.

I. Цѣль и предметъ образованія.

Воспитаніе дѣтей и юношей не имѣетъ и не должно имѣть другой цѣли, кромѣ нормальнаго, полнаго, гармоническаго развитія всѣхъ способностей, заложенныхъ въ мозгу индивидуума — жизнь сама позаботится нарушить ихъ равновѣсіе.

Прежде всего нужно добиться, чтобы молодой человѣкъ, дѣлая въ жизни рѣшительный шагъ, отчетливо сознавалъ свою сущность, свои силы и желанія, для того, чтобы разумно выбрать себѣ дорогу и предаться той изъ своихъ наклонностей, которая дѣйствительно преобладаетъ. Даже для этой самой наклонности выгоднѣе быть поддерживаемой всѣми другими и выдвинуться, такъ сказать, съ ихъ согласія, безъ помощи внѣшней, искусственной поддержки. Однимъ словомъ, воспитаніе должно лишь подготовить почву, посѣвъ же на ней будетъ сдѣланъ позже, когда придетъ время проффессіональнаго образованія. Но для того, чтобы сѣмена взошли, нужно, чтобы вся почва была одинаково подготовлена, потому что, кто знаетъ, на какое мѣсто они упадутъ?

Первое мѣсто въ воспитаніи должно принадлежать интересамъ общимъ, какъ индивидууму такъ и роду—тѣмъ интересамъ, отъ которыхъ зависитъ интенсивность и экстенсивность жизни вообще. Нельзя смотрѣть на личность, какъ на нѣчто, само себѣ довлѣющее, какъ на точку въ пространствѣ, безъ всякаго отношенія къ умственной и нравственной атмосферѣ, которою она окружена какъ воздухомъ и которая, можетъ быть, такъ же нужна для ея жизни, какъ этотъ послѣдній. Если первая необходимость состоитъ въ томъ, чтобы жить, то второю будетъ, конечно, необходимость приспособиться къ средѣ, то есть получить возможность жить. А такъ какъ человѣкъ предназначенъ къ жизни общественной, то главной заботой воспитанія должна быть подготовка его къ этой жизни, стараніе притесать его, такъ сказать, къ обществу, уравновѣсить врожденные эгоистическіе инстинкты развитіемъ альтруизма, общественности, которые, со временемъ, будутъ играть такую важную роль даже въ его индивидуальной жизни.

Какіе же однако интересы суть общіе индивидууму и роду? Здоровье занимаетъ между ними, конечно, первое мѣсто, такъ какъ отъ него зависитъ сила физической жизни не только въ индивидуумѣ, но и въ родѣ. Поэтому воспитаніе должно стремиться поддержать и развить организмъ ребенка, то есть заботиться о гигіенѣ и гимнастикѣ, которымъ греки придавали такое важное значеніе и о которыхъ мы совсѣмъ позабыли. Слѣдуетъ, однако же, имѣть въ виду антагонизмъ между интересами тѣла и духа, встрѣчающійся въ нѣкоторыхъ избранныхъ натурахъ. Даже теорія эволюціи допускаетъ возможность такого антагонизма, предполагая, что прогрессъ рода совершается на счетъ интересовъ извѣстнаго числа недѣлимыхъ. Для того, чтобы произвести Паскалей и Ньютоновъ, нужно дать согласіе на нѣкоторый ущербъ ихъ тѣлу, причиненный ученіемъ. Но Паскали и Ньютоны принадлежатъ къ числу исключеній, а здоровье рода, его сила, его физическая энергія,—есть правило, при соблюденіи котораго только и возможно появленіе такихъ геніальныхъ исключеній.

Вслѣдъ за физическимъ развитіемъ, а пожалуй и прежде его, слѣдуетъ поставить развитіе нравственное, безъ котораго самое существованіе общества невозможно и которымъ обусловливается цѣлостность, законченность индивидуума. Нужно признаться, что, при нашей системѣ воспитанія, мы столько же заботимся о нравственномъ развитіи дѣтей, сколько и о физическомъ: они у насъ могутъ морализироваться и деморализироваться, заболѣвать или поправляться, какъ хотятъ. Никакой систематической помощи мы имъ не оказываемъ, никакого метода морализаціи мы не выработали: мы учимъ и полагаемся на морализирующее вліяніе науки,—вотъ и все. А это вліяніе далеко не такъ могущественно, какъ мы думаемъ, по крайней мѣрѣ не всѣ знанія въ равной степени его оказываютъ: ариѳметика, физика, химія—не способны «развить сердце».

Поэтому научное образованіе должно идти послѣ эстетическаго, такъ какъ красота стоитъ ближе всего къ добру, и наиболѣе прямое морализирующее дѣйствіе принадлежитъ эстетикѣ, искусству, литературѣ—тому, что принято называть humaniora. Такимъ образомъ, интеллектуальное и научное образованіе, собственно такъ называемое, оказывается стоящимъ въ послѣднемъ ряду.

При развитіи интеллекта можно преслѣдовать одну изъ трехъ цѣлей: общее расширеніе кругозора, какое нибудь практическое, профессіональное приложеніе, или, наконецъ, простую меблировку ума—превращеніе его въ блестящій салонъ, съ штофными занавѣсами, китайскими игрушками и японскимъ лакомъ. Эта послѣдняя цѣль преслѣдуется въ наше время чаще другихъ; образованіе стало принадлежностью туалета—предметомъ кокетства для дѣвушки и тщеславія—для молодого человѣка. Такой порядокъ представляетъ собою отклоненіе отъ истиннаго пути. Ввести въ сознаніе возможно большее количество великодушныхъ и плодотворныхъ идей, съ наименьшей затратой силъ,—такова настоящая цѣль интеллектуальнаго воспитанія. А разъ мозгъ отдѣльныхъ личностей будетъ выработанъ въ извѣстномъ направленіи, наслѣдственность укрѣпитъ эту выработанность за цѣлымъ родомъ. Здѣсь, какъ вездѣ, наслѣдственность и воспитаніе дополняютъ другъ друга.

II. Методы образованія.

Психологи доказали, что внѣшнія проявленія чувства, будучи механически имитированы, возбуждаютъ самое чувство, и выше мы видѣли, что это послѣднее можетъ быть внушено. Значитъ, воспитатель, безъ особыхъ затрудненій, можетъ сообщить своимъ воспитанникамъ веселое настроеніе духа или интересъ къ извѣстному дѣлу. Его молчаніе заставитъ молчать и ихъ; его аккуратность заставитъ и ихъ быть аккуратными, вселитъ въ нихъ привычку къ порядку. Нельзя не работать, когда всѣ кругомъ работаютъ; нервы до такой степени возбуждаются видомъ работающихъ, что бездѣйствіе начинаетъ доставлять страданіе. «Не найдется здороваго ребенка, говоритъ Herbert, который бы отказался работать, находясь въ средѣ, побуждающей къ работѣ».

Слѣдовательно, вселить въ ребенка любовь къ труду гораздо легче, чѣмъ это обыкновенно думаютъ. Вообще у дѣтей чаще встрѣчается непривычка къ труду и отсутствіе метода, чѣмъ лѣнь, въ настоящемъ смыслѣ слова. Нужно развить въ нихъ наблюдательность предметными уроками; нужно предъявлять ихъ вниманію конкретные факты прежде абстрактныхъ истинъ; нужно сдѣлать трудъ и ученье пріятными для нихъ. Общая черта новѣйшихъ методовъ воспитанія состоитъ въ томъ, чтобы согласовать его съ естественной эволюціей ребенка, что, однако-же, не обязываетъ къ полному laissez faire, такъ какъ умственная пища все же должна быть подготовлена и принимаема въ извѣстномъ порядкѣ. По Спенсеру, общія, вполнѣ установленныя правила воспитанія суть слѣдующія: 1) умъ долженъ переходить отъ простого къ сложному; 2) онъ долженъ переходить отъ неопредѣленнаго къ опредѣленному; 3) индивидуальное развитіе ребенка воспроизводитъ фазы историческаго развитія человѣчества; 4) слѣдуетъ покровительствовать самостоятельному, произвольному развитію; 5) умственная дѣятельность сама по себѣ пріятна, и хорошо поставленное ученіе должно возбуждать интересъ, а не отвращеніе. Однимъ словомъ, пріобрѣтеніе знаній должно быть результатомъ самостоятельной дѣятельности ребенка, которая, въ виду удовольствія, доставляемаго умственной работой, при правильной ея постановкѣ, должна быть ему пріятна.

Тѣмъ не менѣе, однако-же, и тутъ надо остерегаться преувеличеній; превращать трудъ въ игру, учить играя, было-бы плохой подготовкой къ жизни. Развѣ жизнь есть игра? Кантъ совершенно справедливо говоритъ: «Плохое дѣло пріучить ребенка смотрѣть на все какъ на игру... Важнѣе всего—научить дѣтей работать: человѣкъ есть единственное животное, обязанное это дѣлать». А Спенсеръ считаетъ лучшимъ критеріемъ годности воспитательнаго метода удовольствіе ребенка; пусть бы еще интересъ, восхищеніе, но съ какой же стати удовольствіе или забава? Подчинять трудъ удовольствію не слѣдуетъ, нужно только, чтобы трудъ ребенку нравился самъ по себѣ, чтобы этому послѣднему было пріятно упражнять свои способности и въ то-же время исполнять свой долгъ. Жизнь есть ничто иное, какъ работа и подчиненіе правиламъ; не представляйте же ея дѣтямъ въ видѣ игры въ мячикъ: это значило бы деморализировать ихъ и дать обществу большихъ ребятъ, вмѣсто взрослыхъ людей. Тотъ, кто умѣетъ только играть и смотритъ на все съ точки зрѣнія удовольствія, есть ничто иное, какъ лѣнивый эгоистъ.

Да, наконецъ, и сама игра требуетъ нѣкотораго труда. Не слѣдуетъ забывать, что главное удовольствіе играющихъ состоитъ въ преодолѣніи трудностей, а когда онѣ побѣждены, то игра и занимать перестанетъ. Переходя къ ученію, нужно, стало быть, направить вниманіе, настойчивость и мысли ребенка на болѣе серьезныя цѣли. А въ концѣ концовъ — научить его интересоваться всѣмъ существующимъ, значитъ научить хотѣть, познакомить съ сознательнымъ усиліемъ, съ цѣлесообразной и систематической настойчивостью, то есть вообще сдѣлать нравственнымъ.

Въ культурѣ вниманія заключается весь секретъ «дрессировки ума». Вниманіе группируетъ идеи и представленія такимъ образомъ, что всѣ онѣ приходятъ во взаимную связь по логическому или эстетическому сходству. Невнимательность, напротивъ, состоитъ въ томъ, что идеи и представленія являются отрывочно и гибнутъ, не успѣвъ вызвать прочной группировки. Вниманіе, стало быть, есть столько же вопросъ естественной способности, сколько и метода преподаванія. Привыкнуть быть внимательнымъ, значитъ пріучиться связывать идеи между собою, пріучиться располагать ихъ систематично.

Вниманіе есть порядокъ и честность мысли. Все дѣло въ томъ, чтобы не давать идеямъ разрываться — связывать ихъ кончики, какъ это дѣлаетъ ткачъ съ разорванной ниткой. Есть, правда, умы, въ которыхъ нитки рвутся безпрестанно, но при маленькомъ усиліи даже и эти умы могутъ связывать разорванные концы. Это вопросъ воли, и вниманіе является такимъ образомъ въ видѣ элементарной нравственности, нравственности интеллекта, искусства честно вести себя въ дѣлахъ разума.

Вниманіе есть настойчивость мысли. Поэтому нужно развивать въ ребенкѣ настойчивость ранѣе, чѣмъ интеллитуальныя способности, для того, чтобы они могли на нее опереться. Ребенокъ долженъ привыкнуть къ послѣдовательности въ дѣйствіяхъ и къ исполненію обязанностей для того, чтобы впослѣдствіи мыслить послѣдовательно. «Онъ былъ несчастенъ лишь тогда, когда ему приходилось думать», говоритъ Вольтеръ о Кандидѣ и потомъ прибавляетъ: «какъ и большинство людей». Но развѣ высшее счастье состоитъ въ томъ, чтобы совсѣмъ не думать?—нѣтъ оно состоитъ въ томъ, чтобы быть хозяиномъ своей мысли и умѣть направлять ее по желанію, что страшно трудно. Люди привыкаютъ быть поверхностными, привыкаютъ къ отсутствію вниманія и настойчивости: недостатокъ этотъ столько же нравственный, сколько интеллектуальный, и можетъ быть исправленъ при помощи доброй воли.

Вниманіе, направленное къ извѣстной цѣли, создаетъ методъ. Чѣмъ большаго напряженія и чѣмъ большихъ усилій требуетъ извѣстный трудъ, тѣмъ болѣе методично онъ долженъ быть выполняемъ—это законъ. Самымъ тяжелымъ для организма и наиболѣе дорого стоющимъ является трудъ интеллектуальный, поэтому онъ и требуетъ, при своемъ выполненіи, наибольшей правильности и методичности. Беспорядочная умственная работа губитъ индивидуума и его потомство. Поэтому-то жизнь артиста, которая часто имѣетъ цыганскій характеръ, и представляетъ всѣми признанныя опасности. Великіе производители въ дѣлѣ науки (а иногда и великіе художники) работали, въ большинствѣ случаевъ, съ правильностью часового механизма, давая себѣ достаточные промежутки для отдыха.

Но, если нужно развивать вниманіе, настаивая на послѣдовательности мысли, то столь же нужно и остерегаться его переутомленія. Типичный методъ для обученія маленькихъ дѣтей есть тотъ, при помощи котораго они выучиваются родному языку; то есть вслушиваясь въ звуки лишь тогда, когда хочется, и усвоивая ихъ путемъ частаго повторенія. Нельзя развить вниманіе, переутомляя его, развѣ только въ ущербъ общему здоровью. Ребенокъ долго и, повидимому, внимательно учитъ урокъ; онъ даже самъ считаетъ себя внимательнымъ, а въ сущности онъ былъ внимателенъ только нѣсколько минутъ, все же остальное время потерялъ даромъ. Нужно стараться увеличить интенсивность вниманія, уменьшая продолжительность занятій и не допуская непроизводительной траты времени. Требовать отъ ребенка продолжительныхъ усилій вниманія, значитъ истощать его безъ пользы. Но можно, за то, выработать въ немъ привычку не прыгать мыслью съ предмета на предметъ, задерживаться въ кругу извѣстныхъ идей. Результатъ этотъ достигается простымъ пребываніемъ въ обществѣ интеллигентныхъ и методично думающихъ людей. Для того, чтобы выкопать яму, вовсе не нужно дѣлать 50 ударовъ заступомъ въ минуту, а нужно рыть хоти-бы и долже, но все въ одномъ мѣстѣ. Продолжительность вниманія бываетъ обыкновенно пропорціональна любопытству; поэтому можно увеличить первую, расширяя сферу послѣдняго. Упражняя вниманіе, можно развивать его, а, развиваясь, оно становится продолжительнѣе; такъ что продолжительность вниманія есть мѣрка его силы и въ то же время одно изъ средствъ развить эту силу.

Во французскихъ школахъ приняты предметные уроки, то есть наглядный методъ обученія. По одной наглядности мало. Нужно пріучить ребенка понимать, разсуждать и дѣйствовать. Нужно, чтобы онъ самъ умѣлъ сдѣлать то, что ему теперь только показываютъ. Въ Америкѣ не довольствуются тѣмъ, чтобы ребенокъ понялъ дѣйствіе машины, а требуютъ, чтобы онъ разобралъ и собралъ маленькую модель ея. Знаменитый англійскій физикъ, Тиндаль, написалъ прекрасную книгу по электричеству, чтобы доказать, что ребенокъ среднихъ способностей самъ для себя можетъ устроить большинство инструментовъ, нужныхъ для демонстраціи, и притомъ всего за нѣсколько франковъ. Нужно всячески содѣйствовать развитію иниціативы въ дѣтяхъ. Это можно дѣлать даже въ классѣ, заставляя ребенка дѣйствовать—разсказывать, описывать и проч. Возбужденіе самодѣятельности есть лучшій методъ воспитанія. Во Франціи же по виду господствуетъ методъ мнемотехническій, дающій то ложное знаніе, которое Лейбницъ весьма остроумно называлъ пситтацизмомъ (psittacisme). Къ какой цѣли долженъ стремиться человѣкъ? Быть человѣкомъ въ настоящемъ смыслѣ слова, то есть производить все то, къ чему натура человѣческая способна. Какимъ путемъ можетъ онъ достигнуть этой цѣли? Путемъ дѣйствія. Это древній принципъ, греческая философія,—философія энергіи, возобновленная Вольтеромъ въ 1727 г. Ту же мысль указываетъ Локкъ въ Робинзонѣ де Фо, въ книгѣ, по преимуществу англійской. Она же проглядываетъ и въ Эмилѣ и у Машле. Этотъ послѣдній говоритъ, что нужно вновь собрать человѣка, раздробленнаго на отдѣльныя способности, искусственно развиваемыя, въ ущербъ прочимъ; нужно возстановить въ классахъ жизнь, дѣятельность и движеніе. Главные недостатки современнаго образованія—суть пассивность, инерція, молчаніе, на которыя осужденъ ребенокъ, находящійся въ классѣ: «Всегда только получать, ничего отъ себя не давая! Да вѣдь это совершено обратное тому, что происходитъ въ жизни. Въ ней происходитъ постоянная смѣна того и другаго: человѣкъ беретъ съ жадностью, но и отдаетъ съ удовольствіемъ».

Часто спрашиваютъ, нужно ли, въ самомъ дѣлѣ, переходить при обученіи, отъ конкретнаго къ абстрактному, отъ частнаго къ общему, отъ эмпирики къ раціонализму. Для маленькихъ дѣтей, конечно, такъ и нужно поступать, не слѣдуетъ только преувеличенно слѣдовать этому методу, потому только, что онъ аналогиченъ естественной эволюціи, какъ духа человѣческаго, такъ и самой науки. Во-первыхъ, дѣти сами очень рано начинаютъ обобщать и наклонны къ абстракціи. Они упростители по преимуществу, а иногда страшные резонеры. Умъ ребенка чрезвычайно логиченъ: будучи самъ капризнымъ, онъ не допускаетъ капризовъ въ другихъ; что при немъ разъ сдѣлано, то должно быть и всегда повторяемо буквально, точь-въ-точь такъ же—онъ не имѣетъ никакого понятія о различіи условій и различіи результатовъ. Народы, въ этомъ отношеніи, совершенно подобны дѣтямъ — они тоже упростители, неспособные видѣть, въ политической или нравственной задачѣ, нѣсколькихъ данныхъ сразу.

Поэтому я думаю, что первое мѣсто при обученіи должно принадлежать раціональному, синтетическому методу, особенно тамъ, гдѣ онъ спеціально показуется, какъ въ логикѣ и грамматикѣ. Но во всѣхъ другихъ отрасляхъ знаній я считаю возможнымъ соединять оба метода, а тамъ, гдѣ дѣло идетъ о наукахъ опытныхъ, тамъ ребенокъ долженъ наблюдать самъ,—преподаватели должны требовать отъ него самостоятельной дѣятельности.

Но главный вопросъ состоитъ въ томъ, чтобы опредѣлить, какая духовная пища и въ какой дозѣ наиболѣе подходитъ къ данному индивидууму, алчущему получить ее. Между простымъ поглощеніемъ пищевыхъ веществъ, простымъ нагруженіемъ памяти, и полной ассимиляціей поглощеннаго—лежитъ цѣлая пропасть. Выборъ духовной пищи долженъ соотвѣтствовать природнымъ качествамъ мозга.

Часть старыхъ психологическихъ предразсудковъ живетъ еще въ дѣлѣ воспитанія; память, напримѣръ, считается до сихъ поръ простою, цѣльной способностью. Говорятъ обыкновенно: *упражнять* память, *развить* память, а на самомъ дѣлѣ упражнять и развить можно только извѣстную часть памяти, на слова или на цифры, напримѣръ. Память есть *привычка*[1]), и нельзя ее развить *вообще*, нагружая словами, цифрами и проч., точно такъ же какъ нельзя развить *привычки вообще*, пріучивъ ребенка играть

[1]) Едва ли авторъ имѣетъ право выражаться такъ категорически. Прим. Перев.

въ бильбоке или прыгать со сжатыми ногами. Вмѣсто того, чтобы развить память у ребенка, нагружая ее ни къ чему ненужными мелочами, воспитатели обыкновенно забиваютъ ее, такъ какъ эти мелочи начинаютъ занимать въ умѣ мѣсто важныхъ идей. Извѣстно, что количество знаній, могущихъ вмѣститься въ среднемъ человѣческомъ мозгу, все же ограничено; что одни знанія выталкиваютъ другія, что погоня за словами, напримѣръ, вредитъ идеямъ, что пустачныя знанія вредятъ серьезнымъ и т. д. Поэтому нагружать умъ пустяками—значитъ выталкивать изъ него идеи серьезныя, приспособлять его исключительно къ пустякамъ. Такимъ образомъ, вмѣсто упражненія и развитія памяти выходитъ приспособленіе ея къ идеямъ низшаго порядка.

Кромѣ того слѣдуетъ отличать легкость запоминанія отъ его прочности. Обиліе конкурсовъ, экзаменовъ, программъ, точно опредѣляющихъ сумму знаній, которая должна накопиться въ индивидуумѣ къ извѣстному дню, не только не содѣйствуетъ прочности запоминанія, а, напротивъ, угнетаетъ ее въ пользу легкости. Всякому изъ насъ знакомо то чувство интеллектуальнаго благосостоянія, которое слѣдуетъ за окончаніемъ экзаменовъ, когда можно уже выбросить изъ ума все, что было въ него на скорую руку напихано. Экзаменъ, для большинства учениковъ, есть позволеніе забывать, а дипломъ—привиллегія на превращеніе въ невѣжду. И это блаженное невѣжество оказывается, обыкновенно, тѣмъ глубже, чѣмъ больше усилій потребовалось отъ ученика для накопленія къ данному дню извѣстной дозы знаній, вызвавшей нервное истощеніе.

III. Выборъ знаній.

Роль образованія состоитъ въ томъ, чтобы снабдить ученика рамками, въ которыхъ, со временемъ, сгруппируются идеи и факты, данные ему жизнію, чтеніемъ и опытомъ. Факты и идеи могутъ быть полезны для ума только тогда, когда онъ самъ свяжетъ ихъ другъ съ другомъ и приведетъ въ систему; въ противномъ случаѣ, они останутся инертными. Одна изъ главнѣйшихъ чертъ образованія въ томъ и состоитъ, что учитель можетъ лишь направить мысль ребенка на извѣстный путь. Самое полное образованіе снабжаетъ знаніями, въ высшей степени недостаточными, которыя будутъ со временемъ совсѣмъ поглощены жизненнымъ опытомъ.

Нужно также отличать излишнія знанія отъ необходимыхъ, роскошь—отъ насущнаго хлѣба, и современная классификація наукъ, съ этой точки зрѣнія, крайне ошибочна. Я думаю, напримѣръ, что исторія, въ большей части случаевъ, составляетъ роскошь, а гигіена—необходимость. Плохо одаренные интеллекты должны довольствоваться строго необходимымъ. Всѣ высшіе курсы во Франціи переполнены; по моему мнѣнію, вступительный экзаменъ долженъ щедро рубить тѣ вѣтки, которыя не обѣщаютъ быть плодовитыми—это простой экономическій законъ.

Къ числу connaissances de luxe я вовсе не причисляю высшихъ истинъ и спекулятивныхъ научныхъ принциповъ, такъ же какъ и совершеннѣйшихъ созданій искусства и литературы. Все это, по моему, есть хлѣбъ насущный, который одинъ только можетъ содѣйствовать росту духа и морализировать его, сообщивъ безкорыстную любовь къ истинѣ и красотѣ. Настоящую роскошь представляютъ собою тѣ мелочи и подробности различныхъ прикладныхъ наукъ, знаніе которыхъ считается въ наше время полезнымъ и необходимымъ. Надо, стало быть, различать, при обученіи, знанія не-утилитарныя отъ неудобо-утилизируемыхъ; только одни послѣднія составляютъ роскошь: образованіе должно поднимать человѣка выше простой, низменной утилитарности, но оно должно избѣгать такихъ подробностей, такихъ частностей въ наукахъ, которыя не могутъ быть утилизируемы умомъ средняго масштаба.

Наставникъ долженъ прежде всего помнить слѣдующія главныя правила: для ума, ассимилирующая способность котораго безгранична, никакое знаніе не будетъ лишнимъ; всякое плохо-ассимилированное знаніе есть лишняя обуза для ума, требующая напрасной траты силъ; для того, чтобы опредѣлить дозу знаній, нужную для ума извѣстныхъ размѣровъ, слѣдуетъ принимать въ соображеніе не одну только сущность этихъ знаній, но и отношеніе ихъ къ способностямъ интеллекта, ими снабжаемаго.

Практическій выводъ изъ этихъ главныхъ правилъ состоитъ въ томъ, вопервыхъ, что всякій человѣкъ, достигая зрѣлыхъ лѣтъ, долженъ быть снабженъ средней дозой знаній не утилитарныхъ, въ низкомъ смыслѣ слова, но удобо-утилизируемыхъ, то есть вполнѣ усвоенныхъ; а вовторыхъ—что не слѣдуетъ всѣмъ безъ разбора предлагать знанія въ избыткѣ, такъ какъ безплодная умственная работа, къ которой недетъ большинство людей такое предложеніе, способна лишь ослабить ихъ тѣло, не принося пользы духу. Лучшей системой общаго образованія слѣдуетъ считать ту, которая даетъ индивидууму наибольшую свободу выбора, снабжаетъ его широкими рамками, годными для наполненія тѣмъ матерьяломъ, который онъ найдетъ на пути жизни и способенъ будетъ вполнѣ ассимилировать.

Одно изъ важнѣйшихъ искусствъ, которому слѣдуетъ научить ребенка, есть искусство читать методически, усваивая прочтенное. Для этого онъ долженъ умѣть отличать въ книгѣ: 1) мѣста, важныя съ эстетической и нравственной точки зрѣнія; 2) факты и идеи, важныя съ точки зрѣнія науки. Интеллектуальное развитіе, едва начавшееся въ школьные годы, продолжается обыкновенно при помощи чтенія, при чемъ главную роль играютъ романы, газеты и журналы. Но при умѣньи читать, можно и изъ газетъ почерпнуть множество полезныхъ свѣдѣній.

Одной изъ важнѣйшихъ задачъ образованія является усвоеніе ребенкомъ не факта, не идеи, а чувства любви къ ученію, и притомъ не къ поверхностному, не къ схватыванью вершковъ знанія, а къ солидному, глубокому, основательному. Такая любовь къ основательному изученію идентична съ искреннимъ желаніемъ знать истину, такъ какъ эта послѣдняя никогда не лежитъ на поверхности, и для того чтобы добыть ее, нужно трудиться и копать вглубь.

Слѣдуетъ замѣтить также, что знанія, наиболѣе трудно дающіяся ребенку, суть тѣ, между которыми нѣтъ никакой логической связи: факты, недопускающіе обобщеній; даты, неимѣющія особаго значенія; географическія названія, ни на что ненужныя; мелкіе историческіе факты. Такія знанія только утомляютъ мозгъ, вмѣсто того, чтобы развивать его, пріучая къ мышленію. Это—бестолковая трата интеллектуальныхъ силъ, толченіе воды. Такъ называемая эрудиція есть одинъ изъ главнѣйшихъ враговъ настоящаго знанія. Спѣшу оговориться—подъ именемъ эрудиціи я подразумѣваю не знакомство съ греческимъ или санскритскимъ языкомъ, а знаніе черезчуръ мелкихъ подробностей, въ которыхъ умъ теряется и ослабѣваетъ. Знать въ хронологическомъ порядкѣ всѣ имена Меровинговъ, съ датами ихъ рожденія и смерти; помнить названія всѣхъ рѣкъ и рѣченокъ, протекающихъ въ Италіи; умѣть перечислять всѣхъ писателей по вопросу о воспитаніи—вотъ что я называю эрудиціей.

Лучшимъ образованіемъ я называю не то, которое только учитъ, а то, которое внушаетъ и слѣдовательно направляетъ, которое вводитъ въ интеллектъ не только знанія, годныя для «двоякаго употребленія», какъ говорилъ Сократъ, но и общественныя чувства, привычку дѣйствовать, находящуюся въ связи съ привычкою возвышенно мыслить. Другими словами, образованіе не должно быть разлитымъ (diffuse), создающимъ въ умѣ противоположныя тенденціи, но координированнымъ, концентрирующимъ интеллектъ въ одной точкѣ и дающимъ этому послѣднему способность внушать практическія рѣшенія.

Вотъ тѣ правила, которыя Декартъ установилъ для самого себя и которымъ «всегда слѣдовалъ при своихъ занятіяхъ»: 1) Употреблять лишь немного часовъ въ день на мысли, занимающія воображеніе (искусства и конкретныя знанія); 2) употреблять немного часовъ въ годъ на знанія, занимающія одинъ только разумъ (математика, метафизика) 3) употреблять все остальное время на отдыхъ ума и чувства и на тѣлесныя упражненія.

Въ числу занятій, обусловливающихъ работу воображенія, Декартъ относилъ, между прочимъ, и «серьезные разговоры», вообще все то, что требуетъ напряженнаго вниманія; потому-то онъ и искалъ уединенія въ деревнѣ. Лейбницъ, приводя Декартовскія правила, говоритъ: «Въ самомъ дѣлѣ, излишнее ученіе не только не полируетъ нашъ умъ, а напротивъ,—растрепываетъ его».

Но достаточно ли немногихъ часовъ ученія въ день для того, чтобы пріобрѣсти всѣ необходимыя знанія? Вполнѣ достаточно, отвѣчаетъ одинъ изъ современныхъ французскихъ философовъ (Ravaisson), если только, съ одной стороны, хорошо обработанный умъ соберетъ всѣ свои силы на время ученія, а съ другой стороны—это послѣднее будетъ ограничено только такими предметами, которые дѣйствительно стоитъ изучать. «Великія научныя истины, великіе образцы искусствъ и литературы, могутъ быть, въ видахъ обученія, сведены къ небольшому количеству типовъ, которые, за то, тѣмъ сильнѣе подѣйствуютъ на разумъ и воображеніе ученика».

ГЛАВА ПЯТАЯ.

Школа.

I. Недостаточность чисто интеллектуальнаго образованія.

Низшее образованіе предназначено для массъ народныхъ, составляющихъ фундаментъ націи, ея наслѣдственный фондъ; нужно, стало быть, подѣйствовать благотворно на эти глубокіе общественные слои. Именно въ нихъ-то и слѣдуетъ содѣйствовать, по выраженію Монтескье, образованію «хорошо устроенныхъ», а не «переполненныхъ» головъ; но еще болѣе слѣдуетъ содѣйствовать развитію въ этихъ слояхъ честныхъ и добрыхъ сердецъ.

Судебная статистика говоритъ, что, въ началѣ текущаго вѣка, на сто преступниковъ приходилось 39 человѣкъ, получившихъ нѣкоторое образованіе, и 61 полный невѣжда. Въ виду такого процента совсѣмъ необразованныхъ людей между преступниками, невѣжество было признано главной причиной преступности, а распространеніе просвѣщенія—главнымъ средствомъ противъ нея. Но теперь, когда первоначальное образованіе стало обязательнымъ, статистическія цифры говорятъ совершенно обратное: теперь на сто преступниковъ приходится 70 образованныхъ людей и только 30 невѣждъ. Приходится, стало быть, признать, что невѣжество само по себѣ не имѣетъ деморализующаго вліянія, а количество невѣждъ между преступниками зависитъ лишь отъ ихъ количества въ массѣ населенія. Нѣкоторые авторы, какъ, напримѣръ, Tarde, думаютъ, что только одно высшее образованіе можетъ поднять умъ человѣческій на высоту, не доступную для преступныхъ идей. Имъ возражали, что высшее образованіе само по себѣ не предохраняетъ отъ преступности, но что оно связано съ условіями, устраняющими необходимость совершать преступленія — съ достаткомъ въ извѣстной степени, съ возможностью легко зарабатывать средства къ жизни etc. Еслибы всѣ получали высшее образованіе, то статистика показала бы, вѣроятно, то же, что она теперь показываетъ по отношенію къ низшему образованію—большинство преступниковъ, и притомъ крайне опасныхъ, принадлежало бы къ личностямъ высоко-образованнымъ. Даже и теперь уже можно замѣтить нѣкоторый прогрессъ въ этомъ отношеніи: 50 лѣтъ тому назадъ, среди преступниковъ было только 2% людей съ высшимъ образованіемъ, а теперь ихъ стало 4%. Еще Сократъ говорилъ, что знаніе есть оружіе обоюдуострое и что его не слѣдуетъ давать въ руки людямъ, не получившимъ нравственной и эстетической подготовки; онъ не понималъ перваго безъ послѣдней и не вѣрилъ, чтобы знаніе фактовъ и истинъ могло въ воспитаніи занять мѣсто развитія добрыхъ чувствованій ([18]).

Избытокъ чисто интеллектуальнаго обученія нетолько не дѣлаетъ людей нравственными, то есть общительными, но часто выталкиваетъ ихъ изъ общества. Знаніе страшно развиваетъ самолюбіе, а черезчуръ самолюбивый человѣкъ рѣдко добивается въ обществѣ такого положенія, которое онъ считаетъ достойнымъ себя; не добившись же, онъ становится пессимистомъ, ненавидитъ весь свѣтъ и обвиняетъ въ своихъ неудачахъ существующій общественный строй. Если онъ слабъ и истощенъ, то поступаетъ въ ряды людей, хотя и подчиняющихся, по недостатку энергіи возмутиться, но ежеминутно готовыхъ къ бунту противъ общественнаго порядка, лишь бы нашлись энергичные вожаки. И, когда послѣдніе затѣютъ какое нибудь дурное дѣло, то первые, ужъ конечно, имъ мѣшать не станутъ, такъ какъ и тѣ и другіе одинаково заинтересованы въ перемѣнѣ общественнаго порядка [1]) Въ началѣ своего черезчуръ короткаго царствованія, императоръ германскій, Фридрихъ III, писалъ, между прочимъ, Бисмарку: «Я думаю, что школьный вопросъ тѣсно связанъ съ вопросами соціальными. Высшее образованіе должно стать доступнымъ для болѣе широкаго круга людей; слѣдуетъ, однако же, остерегаться, чтобы полуобразованіе не надѣлало намъ большихъ бѣдъ, чтобы оно не создало людей, большія претензіи которыхъ не могутъ быть удовлетворены экономическими силами страны. Нужно избѣгать также усиленнаго роста образованія, въ ущербъ воспитанію». И дѣйствительно, пер-

[1]) Авторъ, въ выноскѣ, упоминаетъ о проектѣ преобразованія нашихъ реальныхъ гимназій въ чисто-техническія школы. Проектъ этотъ кажется ему вполнѣ разумнымъ. Прим. Перев.

вая роль въ школѣ должна принадлежать нравственнымъ и соціальнымъ наукамъ, какъ имѣющимъ большее воспитательное значеніе.

II. Образованіе нравственное.

Если образованіе должно быть прежде всего нравственнымъ, то есть ли какая нибудь возможность методически преподавать нравственныя науки? Нравственность, по моему, на половину положительна, на половину условна. Въ положительной ея части есть одна основная теорема, которая и должна служить фундаментомъ нравственнаго образованія. Теорема эта, важность которой указана выше, состоитъ въ соотношеніи между интенсивностью жизни и общительностью (expansion vers autrui), — въ томъ, что я называю нравственной плодовитостью. Въ силу своей интенсивности, какъ мы видѣли, жизнь стремится перейти черезъ край, истратиться, и тѣмъ самымъ стать экстенсивною, вырости въ другомъ отношеніи. Повторю еще разъ: главный законъ жизни состоитъ въ томъ, что она можетъ быть сохранена только при постоянномъ распространеніи, обогащена — при постоянной тратѣ. Этотъ законъ справедливъ даже для жизни физической, наиболѣе, казалось бы, эгоистичной, наиболѣе замкнутой, наиболѣе сконцентрированной въ своемъ я. Въ самомъ дѣлѣ, всѣ физическія функціи направлены къ тратѣ, къ движенію, къ распространенію: избытокъ питанія будитъ въ насъ половые инстинкты — стремленіе размножиться; дыханіе и кровообращеніе вызываютъ паклонность двигаться, то есть опять-таки трату внутреннихъ силъ на внѣшнія цѣли; короче: всякая сильная жизнь необходимо отражается на внѣшнемъ для нея мірѣ. Что же касается психической жизни, то она еще рѣзче стремится къ распространенію, и на этотъ разъ уже прямо къ ближнимъ, даже для ближнихъ, во имя ихъ. Гармонія силъ въ обществѣ есть, въ самомъ дѣлѣ, единственное средство сохранить ихъ интенсивность. Всякій конфликтъ уничтожаетъ силу: направлять дѣятельность противъ своего ближняго, значитъ напашивать ее даромъ, самопроизвольно уничтожаться, угождать своему самолюбію въ ущербъ счастья. Всѣ нравственныя теоріи, даже самыя скептическія и эгоистичныя, констатируютъ тотъ фактъ, что личность не можетъ жить исключительно собою и для себя, что эгоизмъ съуживаетъ сферу дѣятельности, измѣняетъ и ослабляетъ силы. Великодушіе есть чувство, лежащее въ основѣ всякой человѣческой нравственности: даже философскія системы Эпикура и Бентама кончаютъ великодушіемъ и филантропіей[1]). Это-то чувство, присущее всякому нравственному человѣку, и слѣдуетъ развивать въ людяхъ, убѣждая ихъ умъ въ его законности.

На это возражаютъ обыкновенно, что пропаганда нравственныхъ идей, не поддерживаемыхъ религіей, лишенныхъ главнаго своего устоя — увѣренности въ загробной ихъ санкціи, будетъ безсильна. Я отвѣчалъ уже на такое возраженіе — высшее нравственное чувство въ томъ именно и состоитъ, чтобы дѣлать добро

---

[1]) См. Morale d'Epicure и Morale anglaise contemporaine того же автора.

для самого добра, не заботясь о санкціи. И, если мнѣ скажутъ, что мой идеалъ черезчуръ высокъ и потому химериченъ, я отвѣчу желаніемъ, чтобы онъ былъ еще выше, такъ какъ только въ такомъ случаѣ онъ станетъ дѣйствовать на будущее общество съ силой, достаточной для его реализаціи[1]).

Принято думать, что возвышенныя идеи съ трудомъ проникаютъ въ массы; но это великая ошибка, которую будущее несомнѣнно разсѣетъ [2]). У китайцевъ, которымъ нельзя отказать въ наблюдательности, есть пословица, гласящая, что «тотъ, кто находитъ порокъ пріятнымъ, а добродѣтель скучною, есть новичекъ и въ томъ и въ другомъ». Цѣль нравственнаго воспитанія въ томъ именно и состоитъ, чтобы заставить дѣтей находить удовольствіе въ добродѣтели и сдѣлать порокъ для нихъ отвратительнымъ. Но не на пользу добра имъ слѣдуетъ указывать, а на его красоту, которая способна сама по себѣ доставить наслажденіе.

Утилитарная школа, желающая основать нравственное воспитаніе на подражаніи хорошимъ примѣрамъ, на понятіяхъ о непосредственной пользѣ и благодѣтельныхъ послѣдствіяхъ альтруизма, понижаетъ нравственный уровень дѣтей, отнимая у нихъ наклонность дѣлать добро для добра, независимо отъ того, что дѣлали, дѣлаютъ или будутъ дѣлать другіе. Кантъ, повидимому, заранѣе предвкушалъ англійскую педагогику—неизбѣжное послѣдствіе англійской психологіи—говоря, что очевидное безсиліе утилитарныхъ проповѣдей, переполненныхъ примѣрами

---

[1]) См. Esquisse d'une morale.
[2]) См. l'Irreligion de l'avenir.

награжденнаго благонравія, зависитъ отъ того, что въ этихъ проповѣдяхъ идеалъ добра перемѣшанъ съ элементами, вполнѣ ему чуждыми. «Моралисты, говоритъ онъ, никогда ясно не выражали своихъ концепцій. Руководимые самыми лучшими намѣреніями, они повсюду отыскиваютъ мобилей для хорошаго поступка и тѣмъ портятъ лѣкарство, которое хотѣли бы сдѣлать болѣе дѣйствительнымъ. Въ самомъ дѣлѣ, самое поверхностное наблюденіе доказываетъ, что, если передъ нами будутъ поставлены два совершенно идентичныхъ хорошихъ дѣянія, изъ коихъ первое было совершено безъ всякихъ видовъ на вознагражденіе въ этомъ мірѣ или въ будущемъ, а въ мотивахъ втораго замѣшался хотя бы малѣйшій слѣдъ житейскаго разсчета, то нѣтъ никакого сомнѣнія, что первый примѣръ подѣйствуетъ на насъ гораздо сильнѣе, возвыситъ нашу душу и вселитъ въ насъ желаніе подражать ему. Даже дѣти, достаточно взрослые, чтобы разсуждать, испытываютъ на себѣ такое дѣйствіе, и, въ виду его, нѣтъ никакой надобности прибѣгать къ сложнымъ объясненіямъ для того, чтобы научить ребенка исполнять свои обязанности. Нравственность дѣйствуетъ на человѣка тѣмъ сильнѣе, чѣмъ въ болѣе чистомъ видѣ проявляется»[1]. И это вполнѣ логично. Полезный для дѣятеля результатъ добраго дѣянія вовсе не обязателенъ; достаточно имѣть крупицу здраваго смысла, чтобы въ этомъ убѣдиться. Да, еслибы даже онъ и былъ обязательнымъ, еслибы всякій

---

[1] Не приложимы ли эти же самыя разсужденія и къ теоріи автора, разсматривающей нравственность какъ стремленіе жизни къ наибольшей экстенсивности и интенсивности, а добро какъ простое условіе для процвѣтанія общества и рода? Прим. Перев.

хорошій поступокъ былъ непремѣнно выгоденъ, то все же нельзя указывать на это обстоятельство, какъ на мотивъ для альтруизма, потому, что эгоистическіе разсчеты не могутъ служить ни мотивомъ, ни судьями безкорыстныхъ дѣяній, — эти послѣдніе должны быть судимы только своими мѣрами. Адресуйтесь къ великодушію, когда дѣло идетъ о великодушномъ порывѣ, и вы будете поняты: возвышенныя, то есть самыя сильныя чувства тотчасъ же возьмутъ верхъ надъ всѣми прочими, и требуемый эффектъ будетъ произведенъ.

Въ одномъ изъ предыдущихъ сочиненій я пробовалъ доказать, что религіи не вѣчны, что миѳическая, догматическая и обрядовая стороны ихъ отживаютъ болѣе или менѣе быстро. Въ культѣ идеала, въ религіозной аноміи (anomie religieuse), къ которой мы, повидимому, стремимся, должны найти себѣ удовлетвореніе всѣ наклонности индивидуальныхъ и расовыхъ темпераментовъ. Съ своей стороны, я нисколько не стою за разрушеніе стараго; я даже думаю, что разрушить, собственно говоря, нечего нельзя — что въ мысли человѣческой, какъ и въ природѣ, всякое разрушеніе есть лишь трансформація. Идеальная иррелигіозность, отрицая догмы и суевѣрія, отнюдь не исключаетъ глубокаго религіознаго чувства, въ обновленномъ видѣ, чувства, идентичнаго съ тѣмъ, которое охватываетъ насъ при мысли о вселенной, при философской спекуляціи о безконечномъ. Догматизмъ, свободомысліе, религіозность, невѣріе — все это лишь приблизительныя выраженія: на дѣлѣ нѣтъ и не можетъ быть такихъ грубыхъ скачковъ, такихъ рѣзкихъ противоположностей, какіе обозначаются этими словами. Поэтому я вѣрю, что всѣ современныя религіи подвергнутся медленной и вѣрной диссолюціи; но я вѣрю также, что человѣкъ, къ какой бы расѣ и классу общества онъ ни принадлежалъ, никогда не перестанетъ задумываться надъ тайнами бытія и цѣлью существованія вселенной. Онъ будетъ дѣлать это наивно или глубокомысленно, смотря по развитію и по индивидуальнымъ свойствамъ своего духа.

Но, если это такъ, то я не вижу причинъ изгонять религіи изъ общественнаго воспитанія, такъ какъ онѣ, при настоящемъ состояніи человѣческаго ума, имѣютъ все же громадное морализующее значеніе. Онѣ составляютъ цементъ, мѣшающій общественному зданію окончательно развалиться, и мы, въ виду индивидуалистическихъ и анархическихъ стремленій нашихъ демократовъ, не имѣемъ права относиться съ презрѣніемъ къ такому цементу.

Французскія общественныя школы не могутъ быть конфессіональными, но такая философская доктрина какъ деизмъ, понимаемый въ широкомъ смыслѣ слова, не есть ни вѣроисповѣданіе, ни догматъ: она есть простое изложеніе традиціонныхъ мнѣній большинства. Съ другой стороны, атеизмъ тоже вѣдь нельзя считать ни догматомъ, ни вѣроисповѣданіемъ, а потому онъ и не имѣетъ права смотрѣть на противоположныя доктрины, какъ на личное оскорбленіе, какъ на попытку насиловать свободу совѣсти. Стало быть, никакая религія, никакая доктрина не можетъ пострадать отъ преподаванія въ школахъ нравственности и философіи, приспособленныхъ къ дѣтскому пониманію. Кромѣ того, атеистическій фанатизмъ точно такъ же опасенъ, какъ и фанатизмъ религіозный;

поэтому государство обязано охранять дѣтей какъ отъ того, такъ и отъ другого. Оно не имѣетъ права относиться индифферентно къ такимъ важнымъ вопросамъ. Воспитаніе, по словамъ Мишле, есть единственная настоящая внутренняя политика. Одно только государство можетъ помѣшать нашимъ дѣтямъ быть воспитанными въ узкомъ партикуляризмѣ, антипатріотическомъ и безнравственномъ, противномъ лучшимъ національнымъ традиціямъ. Однимъ словомъ, государство должно позаботиться о передачѣ будущимъ поколѣніямъ того наслѣдства, которое мы получили отъ предковъ, тѣхъ научныхъ, артистическихъ и литературныхъ богатствъ, пріобрѣтеніе которыхъ стоило столькихъ трудовъ. «Непрерывность національныхъ традицій есть истинное условіе прогресса, неиссякаемый источникъ просвѣщеннаго и плодотворнаго патріотизма. А между тѣмъ непрерывность эта, связь наша съ славнымъ прошлымъ, можетъ быть нарушена, если общественное воспитаніе будетъ предоставлено частной иниціативѣ, съ ея низко-утилитарными цѣлями и узкими взглядами. Единственное средство избѣгнуть колебаній и ошибокъ, сдѣланныхъ нашими предшественниками, состоитъ въ томъ, чтобы изучить ихъ. Никакой прогрессъ для насъ не будетъ возможенъ, если мы не воспользуемся уроками прошлаго» [1]).

Стало быть, государство должно поддерживать уровень ученія на извѣстной высотѣ, слѣдить за поддержаніемъ добрыхъ національныхъ традицій и принять мѣры къ тому, чтобы все великое и пре-

---

[1]) См. l'Education selon Herbart, Roehrich'a.

красное, входящее въ составъ современной цивилизаціи, было передано грядущимъ поколѣніямъ.

Въ наше время явилась мысль подставить на мѣсто государства коммуну (территоріальную общину) и дать ей право на безконтрольное распоряженіе школами своего района. Но на эту мысль справедливо возражаютъ, что большинство французскихъ коммунъ были бы неспособны поставить общественное образованіе на мало-мальски серьезную ногу. Въ большей части случаевъ онѣ отдавали бы все дѣло воспитанія въ руки интеллигентныхъ, но неопытныхъ новаторовъ или даже просто шарлатановъ; поручали бы его сегодня—религіознымъ конгрегаціямъ, а завтра—атеистическимъ сектамъ, смотря по модѣ и по направленію общественныхъ вкусовъ. Тѣ изъ нихъ, которыя стали бы держаться простой школьной рутины, менѣе другихъ были бы обмануты. Молодое поколѣніе есть гордость и богатство страны; нельзя отдавать его въ руки людей, желающихъ производить надъ нимъ опыты in anima vili, или превратить его въ инструментъ односторонней политики. Государство не можетъ смотрѣть хладнокровно на то, что будущность цѣлаго поколѣнія эксплоатируется представителями одной партіи; оно обязано поддерживать безпристрастіе и высшую объективность образованія.

III. Дисциплина.

Нравственная дисциплина въ школахъ есть вопросъ громадной важности. Руссо рекомендовалъ оставлять дѣтей лицомъ къ лицу съ естественными послѣдствіями ихъ поступковъ. Спенсеръ воспроизвелъ теорію Руссо подъ именемъ системы естественныхъ реакцій,[1]), а Толстой приложилъ эту систему къ дѣлу, въ своей анархической яснополянской школѣ. Мнѣнія Спенсера на этотъ счетъ не разъ уже были критикуемы, и не безъ основанія. Легкомысленный ученикъ дразнитъ, въ классѣ, своего сосѣда; естественной реакціей на такой поступокъ будетъ шумъ и безпорядокъ, которые прервутъ урокъ, а если бы учитель вздумалъ призвать нарушителя тишины къ порядку, то это было бы покушеніемъ на цѣлость системы. Предположимъ даже, что ученикъ просто лишь невнимателенъ во время занятій, а учитель, во имя доктрины, боится сдѣлать ему замѣчаніе; къ чему это, въ концѣ концовъ, поведетъ? Надо думать, что къ образованію въ ученикѣ привычки быть невнимательнымъ, которая повлечетъ за собою естественную реакцію только тогда, когда дѣло уже будетъ непоправимо[2]). Наконецъ, ребенокъ, въ силу законнаго стремленія двигаться, изъ-за игры совсѣмъ забудетъ про уроки,—какая будетъ естественная реакція такого проступка? физическая усталость? Но эта усталость отнюдь не накажетъ его за неисполненіе обязанностей; онъ даже не въ состояніи будетъ логически связать эти два факта другъ съ другомъ. Значитъ, и тутъ естественная реакція не достигла цѣли, не вернула ребенка отъ игры къ занятіямъ. Необходимо направлять даже самые инстинктивные акты ребенка: наѣв-

---

[1]) Или наказаній, какъ говорятъ у насъ. Прим. Перев.

[2]) См. Chaumeil, Pédagogie psychologique.

шись до отвала, онъ все-таки способенъ увлечься чѣмъ нибудь очень вкуснымъ; будучи въ испаринѣ, онъ съ радостью выпьетъ холодной воды. А естественной реакціей на эти неблагоразумные поступки является катарръ желудка или пневмонія,—слѣдуетъ-ли ожидать ихъ? Вообще человѣкъ, предоставленный на жертву естественнымъ реакціямъ, долженъ занять низшее мѣсто на лѣстницѣ живыхъ существъ: онъ даже, пожалуй, не выжилъ бы.

Толстой, въ своей яснополянской школѣ, исходилъ изъ того принципа, что свобода дѣтей ненарушима, что никакія правила не могутъ имѣть мѣста въ классѣ и что учитель долженъ даже подчиняться указаніямъ учениковъ, при выборѣ методы и матеріала для ученія. Толстой вѣритъ, что свобода предшествовала культурѣ, что Провидѣніе само позаботится повернуть людей, предоставленныхъ самимъ себѣ, къ добру и къ истинѣ. Поэтому-то школа его представляла живописный безпорядокъ, такъ очаровательно имъ описанный.

«Учитель входитъ въ классъ. На полу, кучей, возятся ученики и изъ этой кучи слышатся крики и хохотъ.—«Ребята, вы меня задавите!»—«Оставь! да не тяни же меня за волосы!»—слышится голосъ лежащаго въ основаніи кучи—«Петръ Михайловичъ! велите имъ меня оставить!»—«Здравствуйте, Петръ Михайловичъ!» кричатъ дѣти, не переставая играть. Учитель идетъ къ шкафу и начинаетъ раздавать книги тѣмъ, которые за нимъ послѣдовали. Куча, мало-по-малу, уменьшается. Запоздалые, видя въ рукахъ своихъ товарищей книги, тоже сбѣгаются къ шкафу, крича: «А мнѣ?...»—«А мнѣ?..»—«Дайте мнѣ вчерашнюю книгу!...» — «А мнѣ дайте Кольцова!...» и т. д. А если двое какихъ нибудь очень ужъ заигравшихся учениковъ и продолжаютъ еще кататься по полу, то на нихъ уже возстаетъ весь классъ, успѣвшій размѣститься по скамейкамъ: Чего вы разозвались? Ничего не слыхать!.. «Будетъ!» Воюющіе подчиняются и, запыхавшись, идутъ брать книги, а затѣмъ садятся и нѣкоторое время болтаютъ ногами, вслѣдствіе неулегшагося волненія. Жаръ битвы утихъ, и въ классѣ настаетъ царство ученія. Мальчикъ, только что тянувшій Мишку за волосы, съ тѣмъ же увлеченіемъ читаетъ теперь Кольцова: глаза блестятъ; губы полуоткрыты, онъ очевидно ничего не видитъ кругомъ себя. «Теперь такъ же трудно оторвать его отъ книги, какъ прежде — отъ возни». Мальчики садятся гдѣ желаютъ, на скамейкахъ, на столахъ, на подоконникахъ, на полу, наконецъ въ единственномъ креслѣ, находящемся въ классѣ и служащемъ предметомъ общаго вожделѣнія. Только что одному придетъ въ голову занять это кресло, какъ другой по глазамъ уже отгадалъ, и оба бросаются сразу. Самый ловкій ухитрился улечься такъ, что голова у него очутилась ниже книги, но онъ читаетъ такъ же внимательно, какъ и другіе — весь погруженъ въ это занятіе. «Я никогда не видалъ, говоритъ Толстой, чтобы они шептались во время класса, вертѣли пальцами, смѣялись, щипали другъ друга или жаловались одинъ на другого учителю. Если какой нибудь ученикъ, перешедшій изъ приходской школы или отъ пономаря, вздумаетъ пожаловаться, то ему говорятъ — «Чего ты? это ты самъ себя ущипнулъ».

По словамъ Толстого, никакое насиліе съ ними

невозможно. Чѣмъ сильнѣе кричитъ учитель — это бывало—тѣмъ сильнѣе кричатъ и ученики: его крикъ только раздражаетъ ихъ. Надо отвлечь какимъ нибудь образомъ вниманіе, и тогда взбаломученное море начнетъ мало-по-малу утихать. Но въ большей части случаевъ нужно молчать, не смущаясь тѣмъ, что безпорядокъ ростетъ, повидимому, что крики усиливаются и что остановить ихъ, казалось бы, можно только насиліемъ. «А стоитъ лишь подождать немножко, и они сами собою затихнутъ, замѣнившись порядкомъ, лучшимъ и болѣе постояннымъ, чѣмъ тотъ, который могъ бы водворить учитель».

По вечерамъ замѣчается положительное отвращеніе къ математикѣ и строгому мышленію, но за то возникаетъ стремленіе пѣть, читать, слушать разсказы. «Все ариѳметика да ариѳметика», говорятъ ученики, «хоть бы разсказали что нибудь!» Вечерніе уроки отличаются отъ утреннихъ особой печатью поэтическаго спокойствія. «Приходите вечеромъ въ школу, вы не увидите огня въ окнахъ и не услышите шума. Снѣгъ на ступенахъ лѣстницы, слабый шепотъ и движеніе за дверью, мальчикъ, медленно шагающій черезъ двѣ ступеньки, держась за перила—только по этимъ признакамъ вы и узнали, что школа полна. Проходя въ сумеркахъ черезъ классъ, загляните въ лицо одного изъ сидящихъ на скамейкахъ учениковъ: онъ сидитъ неподвижно, упершись глазами въ учителя; брови его сжаты отъ усиленнаго вниманія; онъ въ десятый разъ молча отталкиваетъ плечомъ руку товарища, вздумавшаго на него опереться. Пощекочите ему шею—онъ даже не улыбнется, онъ только махнетъ головой, какъ бы для того, чтобы избавиться отъ докучной мухи. Онъ весь поглощенъ таинственнымъ и поэтическимъ разсказомъ о томъ, какъ завѣса храма разодралась на части и тьма облекла землю; ему и страшно и пріятно... Но вотъ учитель кончилъ говорить. Всѣ сразу вскакиваютъ и, тѣснясь и крича, начинаютъ повторять слышанное. Даже тотъ, который знаетъ прекрасно и отъ котораго учитель вовсе не требуетъ повтореній, и тотъ никакъ не можетъ успокоиться—подходитъ къ товарищамъ, къ постороннимъ лицамъ, наконецъ къ сторожу школы, упрашивая выслушать его. Рѣдко разсказываетъ одинъ кто нибудь. Обыкновенно ученики дѣлятся на группы; каждый отыскиваетъ равныхъ себѣ по способностямъ и всѣ говорятъ, поощряя и поправляя другъ друга. «Повторимъ теперь вмѣстѣ!» предлагаетъ одинъ ученикъ другому, но тотъ, чувствуя свою несостоятельность, сваливаетъ дѣло на третьяго. Высказавшись, наконецъ, всѣ умолкаютъ. Зажигаются свѣчи и вниманіе переносится на другой предметъ. Къ восьми часамъ всѣ начинаютъ позѣвывать и тереть глаза; свѣчи тоже горятъ тусклѣе, такъ какъ снимать съ нихъ нагаръ начинаютъ рѣже. Старшіе мальчики еще держатся, но маленькіе и лѣнивые, положивъ локти на столъ, преспокойно засыпаютъ подъ „монотонный говоръ учителя».

Когда дѣти очень устали или наканунѣ какого нибудь праздника, кто нибудь одинъ изъ нихъ вдругъ, среди урока, вскочитъ, схватитъ шапку и вонъ.— «Куда ты?» — «Домой».— «А урокъ? Пѣніе?» — «Да ребята говорятъ, надо идти домой», отвѣчаетъ онъ, спѣша къ двери.— «Кто же это говоритъ?» Но уже поздно—всѣ, толпясь, бѣгутъ къ двери. «Да постойте, куда вы?» кричитъ раздраженный учитель, стараясь остановить хоть кого нибудь. Всѣ его старанія остаются, однако же, безуспѣшными, такъ какъ съ улицы раздаются оживленные голоса «эй вы! скорѣе!—ребята-то ужъ вонъ-они гдѣ! почти у кузницы!» Дѣло кончается обыкновенно тѣмъ, что и послѣдній, остановленный учителемъ мальчикъ, сжимающій шапку, выскакиваетъ за дверь, крича: «прощайте, Иванъ Петровичъ!» И затукаютъ маленькіе ножки по ступенямъ лѣстницы и, прыгая, крича, кувыркаясь по снѣгу, перегоняя другъ друга, побѣгутъ мальчики по домамъ».

Такія сцены, по словамъ Толстого, повторяются одинъ или два раза въ недѣлю. Онѣ непріятны и унизительны для учителя, но приходится терпѣть ихъ, такъ какъ, за то, пять, шесть, а иногда и семь уроковъ въ день прослушиваются учениками добровольно и внимательно. Еслибы было предоставлено на выборъ: не допускать ни одной такой сцены въ теченіе года, или видѣть ихъ черезъ день, то Толстой, по его словамъ, выбралъ бы послѣднее. Яснополянская школа, говоритъ онъ, развилась совершенно свободно, единственно благодаря отношеніямъ, установившимся между учениками и учителемъ. Несмотря на добровольно признанный авторитетъ послѣдняго, первые всегда имѣютъ право не ходить въ школу, или, посѣщая ее, не слушать уроковъ. Учитель, за то, можетъ дѣйствовать всею силою своего нравственнаго вліянія на общество учениковъ и удалять тѣхъ, которые почему либо оказались негодными. По Толстому, этотъ безпорядокъ, или «свободный порядокъ», какъ онъ называетъ, кажется намъ страннымъ только потому, что сами мы были иначе воспитаны. Въ школьномъ дѣлѣ, какъ и повсюду, насиліе употребляется лишь вслѣдствіе необдуманности, непониманія и непочтительнаго отношенія къ натурѣ человѣка. Школьники суть тоже люди, подчиненные такимъ же нуждамъ и такъ же думающіе, какъ и мы; они ходятъ въ школу потому, что хотятъ все знать, и безъ особыхъ усилій доходятъ до убѣжденія, что достичь этой цѣли можно, лишь подчиняясь нѣкоторымъ условіямъ. Они не только люди, но даже составляютъ между собою общество, соединяются во имя общихъ стремленій: а тамъ, гдѣ «трое соберутся во имя Мое, тамъ и Я посреди нихъ». Уступая единственно законамъ, наложеннымъ самою природою, школьники не могутъ ни роптать, ни возмущаться; а, уступая неразумному насилію человѣка, они могутъ не признавать вашихъ правилъ, вашихъ звонковъ, вашихъ програмъ.

Въ Яснополянской школѣ, на 30—40 учениковъ, въ теченіе года, было всего только два случая поврежденій, оставившихъ слѣды: одинъ мальчикъ, котораго столкнули съ лѣстницы, упалъ и ранилъ себѣ колѣно (рана въ двѣ недѣли зажила), а другому обожгли щеку горящей резиной и струпъ тоже въ двѣ недѣли отпалъ. Толстой находитъ, что воспитаніе не можетъ входить въ обязанности школы, что это есть дѣло семьи; школа не имѣетъ права ни наказывать, ни награждать. Лучшая полиція и администрація въ ней есть та, которую устроютъ сами ученики, будучи предоставлены самимъ себѣ.

Толстого, такъ же какъ и Спенсера, можно упрекнуть въ томъ, что онъ называетъ свою систему дисциплины, основанную на естественныхъ реакціяхъ, нравственнымъ воспитаніемъ. Эти реакціи даютъ дѣтямъ понятіе только о естественной причинности, да и то въ недостаточной степени, но нравственнаго характера онѣ имѣть не могутъ. Спенсеръ думаетъ, однако же, что естественныя реакціи способны внушить ребенку чувство отвѣтственности. Пожалуй и такъ, но только отвѣтственности чисто утилитарной. Цѣль настоящей педагогіи состоитъ въ томъ, чтобы развить въ ребенкѣ нравственную разсудительность; создать, поддержать и усилить въ немъ внутреннія санкціи — одобреніе и негодованіе совѣсти, судъ надъ самимъ собою. Вотъ чѣмъ она отличается отъ мѣръ чисто дисциплинарныхъ, которыя ограничиваются лишь внѣшними одобреніями и порицаніями. Воспитатель долженъ стремиться согласовать между собою эти двѣ стороны критики поступковъ. «Совѣсть воспитанника развивается параллельно, такъ сказать, съ совѣстью воспитателя, проявляющеюся въ одобреніи и порицаніи»[1].

Почему, спросимъ мы у Толстого, школа должна ограничиваться однимъ ученьемъ, предоставляя воспитаніе семьѣ, когда эта послѣдняя не умѣетъ или не можетъ воспитывать? Анархическая система можетъ быть приложима къ школѣ, когда этой послѣднею завѣдуетъ Толстой, но обобщать ее никакъ нельзя. Мы вовсе не можемъ быть увѣрены въ томъ, что, гдѣ соберутся три мальчика, тамъ и Христосъ является между ними. Очень часто вмѣсто Христа является злой духъ —

---

[1]) Pillon.

духъ первобытнаго варварства. Кромѣ того, школа должна быть приготовленіемъ къ общественной жизни, то есть къ жизни организованной и легальной, какою она является въ современныхъ обществахъ. А анархическая Ясенополянская школа можетъ лишь подготовить членовъ того общества, о которомъ мечтаетъ великій писатель — безъ судей, безъ тюремъ, безъ армій, безъ законовъ. Не слѣдуетъ внушать дѣтямъ, что единственный законъ на свѣтѣ есть собственное удовольствіе, ограниченное удовольствіемъ ближнихъ, что жить—значитъ забавляться, что работать и учиться можно лишь когда хочется, а, когда не хочется, то и не надо. При такой системѣ не выработать не только солдата, но и гражданина.

Что же можно извлечь изъ школьныхъ опытовъ Толстого? Только то заключеніе, что дисциплина въ въ школахъ нужна, но она не должна быть строго-формальною. Всякій разъ, когда нравственное вліяніе учителя на учениковъ оказывается достаточнымъ, то и нужно имъ довольствоваться; а когда ученикъ начинаетъ злоупотреблять своей силой и свободой, то нужно дать ему понять, что всякое человѣческое общество подчиняется опредѣленнымъ законамъ, а не живетъ среди анархіи, о которой мечтають славяне (?!).

IV. Гражданское образованіе.

Къ нравственному воспитанію примыкаетъ воспитаніе гражданское, цивическое.

Стюартъ Милль говорилъ, что для того чтобы имѣть право вотировать, нужно, по крайней мѣрѣ, «умѣть писать по-англійски и знать тройное правило». А Спенсеръ отвѣчаетъ на это, что таблица умноженія не поможетъ понять ложность соціалистическихъ тезисовъ. Зачѣмъ рабочему умѣть читать, если онъ прочтетъ лишь то, что способствуетъ къ поддержанію его несбыточныхъ иллюзій? Утопающій хватается за соломенку, а бѣдный — за любую соціальную теорію, только бы она обѣщала ему обогащеніе. Что намъ дѣйствительно нужно, такъ это толковое гражданское воспитаніе. Кто изъ рабочихъ всякаго сорта наиболѣе образованъ? Несомнѣнно фабричные; но именно они то, съ ихъ ложными идеями, и угрожаютъ обществу полнымъ разрушеніемъ. «Невѣжественный крестьянинъ, справедливо говоритъ Fouillée [1]), гораздо умнѣе просвѣщеннаго фабричнаго рабочаго. Поверхностное образованіе часто лишаетъ здраваго смысла, и только глубокое, дѣйствительное, вновь возвращаетъ къ нему. Если первоначальное образованіе во Франціи не будетъ измѣнено къ лучшему, то скоро всѣ крестьяне будутъ доведены до образовательнаго уровня фабричныхъ рабочихъ, что дастъ имъ возможность съ еще большимъ вредомъ для страны вмѣшиваться въ ея политику и государственную экономію». Спенсеръ и Блюнчли сходятся во мнѣніи, что среди современныхъ демократій ни свобода, ни выборы, ни покойное обладаніе собственностью не возможны безъ «толковаго политическаго воспитанія». Школа, и въ особенности первоначальная, можетъ лишь подготовлять къ такому воспитанію. «Ребенокъ съ трудомъ усваи-

[1]) La propriété sociale et la démocratie, стр. 202.

ваетъ себѣ идею государства. Ему можно дать лишь самое поверхностное понятіе о политической и соціальной конституціи, не представляющей для него никакого интереса. Остается, стало быть, внушать ему общественную нравственность, патріотизмъ, гражданскія добродѣтели, и притомъ не на словахъ только, а примѣрами».

Вслѣдъ за первоначальной школою наступаетъ, однако же, большой пробѣлъ, который нужно чѣмъ нибудь наполнить. Пробѣлъ этотъ—время, протекающее отъ окончанія курса (въ 14 лѣтъ) до гражданскаго совершеннолѣтія. Въ это время, юноша, предоставленный самому себѣ, навѣрное позабудетъ все, чему учился въ школѣ; гражданственность же выскакиваетъ изъ него какъ разъ въ то время, когда она была бы необходима. Если мы считаемъ нужнымъ для молодыхъ людей цѣлые пять лѣтъ изучать военное ремесло, то неужели же нельзя взять у нихъ нѣсколькихъ часовъ въ недѣлю на изученіе конституціоннаго права и на политическое образованіе? Защита отъ «нашествія внутреннихъ варваровъ» столь же важна, сколько и защита отъ варваровъ, извнѣ приходящихъ. Я принадлежу къ числу людей, полагающихъ, что желательно было бы преподавать солдатамъ не только «теорію» военнаго искуства, но и теорію гражданской жизни: основы французской конституціи, понятіе объ организаціи государства вообще, о правахъ и обязанностяхъ гражданъ etc. Это преподаваніе должно производиться по руководствамъ, написаннымъ безъ всякой предвзятой мысли, безъ всякой партійной или конфессіональной окраски.

Въ Бельгіи установленъ особый экзаменъ на право

участвовать въ выборахъ; не дурно было бы ввести то же самое и у насъ, во Франціи[1]).

V. Образованіе эстетическое.

Чисто эстетическаго воспитанія у насъ до сихъ поръ не было, а было только историческое. Даже литература изучалась лишь съ точки зрѣнія именъ и датъ, тогда какъ для эстетики ни то ни другое совсѣмъ не важно. Необходимо на разныхъ ступе-

---

¹) Въ новомъ бельгійскомъ избирательномъ законѣ принятъ за основаніе не имущественный, а интеллектуальный и нравственный цензъ. Кандидаты держатъ, въ особой комиссіи, электоральный экзаменъ, отвѣчая на самые простые вопросы касательно нравственности, отечественной исторіи, конституціоннаго устройства страны, а также изъ ариѳметики и географіи. Прежде чѣмъ дойти до этого, были сдѣланы опыты надъ результатами первоначальнаго образованія: пробовали экзаменовать молодыхъ милиціонеровъ, пробывшихъ въ школѣ 4—6 лѣтъ. При этомъ оказалось, что 35% изъ нихъ совсѣмъ не могутъ назвать четырехъ главныхъ городовъ страны и рѣкъ, на которыхъ эти города стоятъ, а 14% дали отвѣтъ неполный. На вопросъ: «кѣмъ издаются законы?» только 15% отвѣчали правильно, остальные же или совсѣмъ ничего не могли сказать, или отвѣчали, что законы издаются королемъ, королевою, министрами, сенатомъ и проч. Когда нужно было назвать какого нибудь знаменитаго бельгійца, то 67% называли разнообразныхъ иностранцевъ, а 20% могли назвать только Леопольда I или Леопольда II. Бланчаи предлагаетъ государствамъ слѣдовать примѣру церкви, которая прекрасно умѣетъ пропитывать юные умы своимъ ученіемъ и принимаетъ людей въ свою среду только послѣ «конфирмаціи». Такую же конфирмацію Бланчаи рекомендуетъ и государству. «Для того, чтобы пользоваться гражданскими правами, говоритъ онъ, нужно получить гражданское воспитаніе и выдержать соотвѣтствующій экзаменъ. Ежегодный національный праздникъ прекрасно напоминалъ бы объ этой необходимости; гражданственность росла бы, благодаря ему, а интеллектуальная и моральная зрѣлость избирателей была бы лучше обезпечена».

нихъ образованія побольше заниматься прекраснымъ, и не въ одной только литературѣ, но всюду, гдѣ его можно встрѣтить. Во всякомъ человѣкѣ есть запасъ энтузіазма, который ждетъ только случая, чтобы проявиться; къ несчастію, онъ часто проявляется при обстоятельствахъ, того не заслуживающихъ. Я зналъ одного прекраснаго человѣка, который рѣшился бросить свой домъ и привычки для того только, чтобы съѣздить въ Пиренеи и поѣсть тамъ форели изъ Гобскаго озера (truites du lac de Gaube)—гурмандизмъ, дошедшій до энтузіазма. Цѣль воспитанія состоитъ не въ томъ, чтобы забить энтузіазмъ, а въ томъ, чтобы направить его на предметы, которые его достойны — на все великое, доброе и прекрасное.

Воображеніе бываетъ двухъ сортовъ: однимъ людямъ свойственно схватывать лишь общіе контуры предметовъ, а другимъ — подробности. Первые, поэтому, замѣчаютъ главнымъ образомъ сходство формъ, которыя, не имѣя рѣзкихъ контуровъ, сливаются для нихъ въ неясные образы—въ метафору. Это — воображеніе дѣтей и юныхъ народовъ, у которыхъ даже языкъ состоитъ изъ метафоръ. Другіе, напротивъ того, замѣчая преимущественно подробности формъ, быстро схватываютъ ихъ различіе. Но лица, одаренныя высокой степенью воображенія, творческой его силой, умѣютъ видѣть заразъ и сходство, и различіе. Перцепція различій есть самая произвольная, отъ труда и усилій зависящая часть воображенія. Актъ творчества артиста или мыслителя состоитъ изъ двухъ моментовъ: сначала смутный и непроизвольный синтезъ, а затѣмъ произвольно впесенный анализъ и порядокъ. Творить, значитъ объединять, обобщать, но, въ то же время, видѣть и различія въ подробностяхъ обобщаемаго. Искусство и даже наука производятъ метафоры, но метафоры, сознающія сами себя, различныя свои части и связь, которая между ними существуетъ. Надо пріучать ребенка управлять своимъ воображеніемъ, давать ему аналитическое направленіе, превращать его изъ игры—въ методическую работу, въ искусство. Избытокъ воображенія, замѣчаемый какъ у дѣтей, такъ и у первобытныхъ народовъ, зависитъ именно отъ меньшей ясности перцепцій, отъ возможности играть ими, превращая одну въ другую. Въ смутныхъ образахъ, какъ въ облакахъ, можно увидать все, что хочешь. Названіе, для ребенка, не есть алгебраическій символъ предмета, и языкъ не есть рядъ формулъ, каковымъ онъ является для насъ. Ребенокъ долженъ видѣть то, о чемъ ему говорятъ, а, когда не видитъ, то и не понимаетъ. Онъ ясно не различаетъ ни времени, ни мѣста, ни личностей. Точкой исхода для дѣтскаго воображенія служитъ, стало быть, смѣшеніе различныхъ образовъ, произведенное ихъ сродствомъ. Дѣти смѣшиваютъ, обыкновенно, настоящее съ прошедшимъ и будущимъ. Они не живутъ, подобно намъ, среди реальныхъ, строго опредѣленныхъ формъ; рѣзкіе контуры образовъ и чувствованій для нихъ не существуютъ. Другими словами: не получая отчетливыхъ перцепцій, они могутъ лишь грезить обо всемъ. Смѣшеніе настоящаго съ прошлымъ особенно ярко видно въ ребенкѣ. Одинъ мальчикъ двухъ съ половиной лѣтъ потерялъ разъ свой мячъ около балкона; затѣмъ нашелъ его и долго игралъ имъ, а потомъ вдругъ привелъ меня къ балкону и жалобнымъ тономъ, очевидно не притворяясь, разсказалъ мнѣ о своей потерѣ, какъ будто бы мячъ не былъ еще найденъ. Ребенокъ больше запоминаетъ и воспроизводитъ образы, чѣмъ творитъ ихъ и выдумываетъ, потому-то у него и нѣтъ опредѣленной идеи о времени: репродуктивное воображеніе не противополагается въ немъ конструктивному, онъ еще не доразвился до этого послѣдняго. У ребенка, какъ и у животныхъ, на самомъ дѣлѣ нѣтъ прошедшаго, то есть непрерывныхъ и приведенныхъ въ порядокъ воспоминаній, которыя онъ могъ бы противопоставить настоящему и будущему. Сильно развитая у дѣтей способность обобщать оттого именно и зависитъ, что они лучше схватываютъ сходство, чѣмъ различіе предметовъ. Для моего сына, напримѣръ, которому $2^{1}/_{2}$ года, всѣ фрукты суть яблоки, а всякій яркій цвѣтъ—красный. Лежа въ постели, онъ показываетъ мнѣ сначала на матрасъ, а потомъ на разстояніе между этимъ послѣднимъ и стѣнками кровати, причемъ говоритъ: «это дорога, а это канавы, по бокамъ ея». Я думаю, что онъ, увлеченный такой поверхностной аналогіей, былъ уже не способенъ видѣть разницы и заснулъ въ полномъ убѣжденіи, что находится посреди шоссе, по бокамъ котораго идутъ канавы. Дѣти также часто ошибаются и относительно личности. Когда я нахожу у себя въ домѣ что нибудь разбитымъ и спрашиваю у своего мальчика: «кто это сдѣлалъ?» то онъ почти постоянно отвѣчаетъ: «Bébé». Такой отвѣтъ является у него, во-первыхъ, потому, что онъ дѣйствительно часто бываетъ неловокъ, а, во-вторыхъ, потому, что онъ считаетъ себя центромъ міра и причиной всѣхъ причинъ.

Работа воображенія, какъ я уже сказалъ, начинается съ безсознательнаго и непроизвольнаго смѣшенія образовъ, согласно ихъ дѣйствительному сходству; смѣшеніе это, составленіе грезъ на яву, доставляетъ нѣкоторое удовольствіе, а потому начинаетъ повторяться уже произвольно, въ видѣ игры. Игра воображенія беретъ свое начало изъ простой ошибки, какъ любимое занятіе дѣтей—скатываніе кувыркомъ съ горы, покрытой травою,—беретъ начало съ простого, случайнаго паденія.

Фикція свойственна дѣтямъ. Думать, что они лгутъ только нарочно, для того чтобы избавиться отъ наказанія, напримѣръ, было бы большой ошибкой. Дѣтская ложь чаще всего представляетъ собою первый опытъ работы воображенія, первое изобрѣтеніе, зародышъ искусства. Мой сынъ лжетъ самому себѣ; онъ разсказываетъ вслухъ исторіи, въ которыхъ истина является въ прикрашенномъ видѣ, а самъ онъ играетъ роль гораздо лучшую, чѣмъ это было на самомъ дѣлѣ. Въ настоящую минуту, напримѣръ, онъ кричитъ: «папа говорить не умѣетъ, онъ говоритъ: sévette, а бобо хорошо говоритъ, онъ говоритъ: sérviette». На самомъ дѣлѣ было, конечно, наоборотъ—я только что успѣлъ поправить его произношеніе. Ложь есть первый романъ, сочиненный ребенкомъ, съ цѣлью украсить дѣйствительность; метафизическая гипотеза есть вѣдь тоже романъ, и съ тою же цѣлью придуманный, только не ребенкомъ, а философомъ.

Что касается искренности, то она есть результатъ общественной жизни, и притомъ весьма сложный: она родится изъ уваженія къ человѣческому достоинству, изъ сильнаго чувства личности, изъ правильнаго пониманія собственныхъ интересовъ и проч. Ребенокъ можетъ быть искреннимъ только порывами, благодаря естественной прозрачности его души; но, какъ только порывъ кончился, такъ въ умѣ его снова начнутъ толпиться безсвязные и неясные образы, въ силу вліянія которыхъ и рѣчь его не будетъ вѣрно передавать его ощущенія. Онъ играетъ словами и идеями, какъ и всѣмъ, встрѣчающимся на его пути; онъ ихъ ставитъ и комбинируетъ на всевозможные лады, строитъ изъ нихъ фразы такъ же, какъ строитъ «домики» изъ картъ, «сады» изъ прутиковъ и «пироги» изъ песку, то есть совсѣмъ не заботясь о сходствѣ съ дѣйствительностью. А разъ онъ отъ нея отклонился, то уже изъ упрямства, изъ желанія настоять на правахъ своей личности, не сознается въ ошибкѣ. Онъ безпрестанно смѣшиваетъ то, что онъ дѣйствительно сдѣлалъ, съ тѣмъ, что хотѣлъ сдѣлать, съ тѣмъ, что происходило на его глазахъ, съ тѣмъ, что ему разсказывали, и съ тѣмъ, что онъ самъ придумалъ. А прошлое для него лишь болѣе ясный образъ изъ безчисленнаго количества разныхъ образовъ, въ безпорядкѣ наполняющихъ его память [1]).

Но, являясь, по натурѣ, *изобрѣтателемъ*, не за-

---

[1]) Все это дѣйствительно случается, но едва ли можетъ быть такъ рѣзко обобщаемо. Я знаю дѣтей, которыхъ съ самаго ранняго возраста коробило отъ всякой неправды, и вовсе не вслѣдствіе какого нибудь особеннаго воспитанія, такъ какъ другія дѣти въ той же семьѣ вполнѣ оправдывали вышеизложенное мнѣніе Гюйо.

Прим. Перев.

ботящийся о реальности того, что онъ разсказываетъ, ребенокъ никогда почти не бываетъ лицемѣренъ, никогда не притворяется. Лицемѣріе, то есть настоящая безнравственная ложь, родится у ребенка только изъ страха; она находится въ прямомъ отношеніи къ неумѣстной строгости родителей, къ плохому воспитанію [1]). Ребенокъ, обыкновенно не только не пробуетъ скрыть свое неповиновеніе, но даже выставляетъ его, какъ проявленіе своей независимости. Мой сынъ всегда приходитъ ко мнѣ, хвастаться подвигами, совершенными имъ въ теченіе дня, и я никогда не наказывалъ его за то, что онъ мнѣ, такимъ образомъ, самъ открываетъ, а только за то, въ чемъ я его ловлю. Единственная цѣль моя, при этомъ, состоитъ въ томъ, чтобы замѣнить пріятное чувство, доставляемое ему разными дурными поступками, непріятнымъ, что мнѣ и удается, при помощи мягкихъ, а главное—краткихъ выговоровъ.

Сочинить какую нибудь исторію, или видоизмѣнить слышанную, изукрасивъ ее по возможности, доставляетъ дѣтямъ, какъ я уже сказалъ, большое удовольствіе, но это имъ очень трудно дается. Одна моя четырехлѣтняя пріятельница приступала къ дѣлу такъ: «Послушайте, я вамъ разскажу сказку, только не о Petit Poucet; жилъ разъ въ лѣсу маленькій мальчикъ, сынъ дровосѣка, только это былъ не Petit Poucet...» и такъ далѣе, она разсказывала извѣстную

---

[1]) И это, опять-таки, едва ли можетъ быть обобщено: встрѣчаются дѣти лицемѣрные и лживые, не смотря ни на какое воспитаніе. Прим. Перев.

сказку, вставляя въ скобкахъ: «это похоже на Petit Poucet, но только это совсѣмъ не то!»[1])

Истинная культура воображенія есть искусство, въ различныхъ его проявленіяхъ: нужно сдѣлать ребенка артистомъ, то есть внести въ его самостоятельныя игры правила истины и красоты, въ чемъ и будетъ состоять морализированіе воображенія. Воспитаніе, поэтому, должно быть глубоко эстетическимъ. Умѣть отличать прекрасное, когда оно встрѣтится, умѣть вообразить его себѣ—вотъ что должно быть развито въ ребенкѣ воспитаніемъ. Знаніе придетъ позже, и его морализующее вліяніе можетъ начаться лишь тогда, когда оно, изъ простого полезнаго орудія, станетъ произведеніемъ искусства.

Для ребенка, а можетъ быть, и для всѣхъ насъ, образъ, изображеніе есть лучшая иллюстрація идеи. Поэтъ можетъ лучше другихъ схватить отношеніе между мыслью или эмоціей и формой, въ которой онѣ выражаются. Онъ, при помощи образовъ, являетъ міру то, что таится въ нашей душѣ несознаннымъ. Потому-то древніе видѣли въ поэтахъ существа божественныя, по крайней мѣрѣ, вдохновенныя богами;

---

[1]) Дѣвочки часто любятъ старую, изуродованную куклу больше, чѣмъ новую и хорошую; это потому, что съ первой связывается множество воспоминаній и ее можно, при помощи воображенія, превратить во что угодно. Вообще, кукла должна давать просторъ воображенію. Одна дама разсказывала автору, что, когда ей, въ дѣтствѣ, хотѣлось изобразить мать съ ребенкомъ, то она брала себѣ на руки не куклу, а просто свернутую салфетку. Обыкновенно думаютъ, что дѣвочки любятъ куколъ, только какъ символъ будущихъ дѣтей. Авторъ находитъ, что это не вѣрно, что къ куклѣ, при помощи воображенія, можно лично привязаться, причемъ разсказываетъ, что одна дама, будучи ребенкомъ, привязалась такимъ образомъ даже къ раскрашенному мячику и смотрѣла на него какъ на друга.

потому-то они считали Орфея воспитателемъ самой природы и смотрѣли на своихъ поэтовъ, какъ на единственныхъ воспитателей юношества. Нужно создать въ ребенкѣ нравственное, думающее и чувствующее существо. Какъ нельзя надѣяться, чтобы самъ онъ могъ открыть основные законы знанія, такъ нельзя разсчитывать и на то, чтобы онъ самъ самостоятельно дошелъ до способности возвышенно думать и чувствовать. Нужно привести его къ этому мало-по-малу; нужно познакомить его не только съ открытіями ума человѣческаго, но и съ высшими стремленіями души, породившими знаніе вообще. Прежде чѣмъ говорить съ интеллектомъ не только ребенка, но и молодого человѣка, нужно говорить ихъ сердцу, воображенію, чувствамъ. А для того, чтобы воображеніе могло видѣть, нужно, чтобы все ему предлагаемое имѣло форму и цвѣтъ. Даже сердце должно видѣть, для того чтобы чувствовать. Маленькій ребенокъ, неспособный оцѣнить заботы, которыми его окружаютъ, убѣждается въ любви къ нему матери изъ взглядовъ, жестовъ и тона ея голоса. Позыв материнской нѣжности дѣйствуетъ на сердце черезъ глаза и слухъ. Свойство поэзіи, какъ и самой нѣжности, состоитъ въ томъ, чтобы переливаться черезъ край—переростать видимыя формы, въ которыхъ она проявляется, и намекать на что-то безконечное, стоящее за ними. Скульптора можно сравнить съ поэтомъ: когда рѣзецъ его разсѣкаетъ мраморъ, то это не для того, чтобы запереть въ него идею, а для того, чтобы, напротивъ, вызвать ее изъ безжизненной матеріи. По мѣрѣ того, какъ контуры статуи опредѣляются, опредѣляется и ея идея, ея выраженіе, то есть жизнь и реальность. Эта жизнь, эта идея, играетъ на безжизненной матеріи, какъ лучъ солнца и какъ онъ же отражается въ наши очи, въ наши сердца, въ глубочайшіе тайники нашего существа.

Но поэзія еще болѣе выразительна. Благодаря ей, смыслъ словъ становится шире, образы достигаютъ степени символовъ. Выражая многое, она даетъ возможность отгадывать еще больше и потому доступна пониманію какъ дѣтей, такъ и взрослыхъ — всякій черпаетъ изъ нея то, что сможетъ. Она—какъ зеркало, въ которомъ отражаются и смѣшиваются, какъ образы внѣшняго міра, такъ и состоянія нашего духа, наиболѣе интимныя и сложныя. Будемъ же учить нашихъ дѣтей понимать поэзію, понимать то, къ чему мы такъ часто обращаемся: въ молодости—за надеждою, а въ старости — за утѣшеніемъ и забвеніемъ.

Эстетическія наклонности лучше другихъ передаются по наслѣдству, а потому поддерживать и развивать ихъ есть дѣло въ высшей степени благодарное. Древній грекъ отъ рожденія обладалъ хорошимъ вкусомъ, вѣрнымъ глазомѣромъ и музыкальнымъ слухомъ; даже современные французы еще не совсѣмъ прожили это наслѣдіе своихъ предковъ. Въ самомъ дѣлѣ, внѣшнія чувства и внутреннія чувствованія играютъ главную роль въ эстетикѣ, а совершенство тѣхъ и другихъ есть дѣло наслѣдственной, родовой культуры. Но, если культура можетъ ихъ усовершенствовать, то отсутствіе ея произведетъ эффектъ обратный,—будемъ же помнить объ этомъ и отведемъ эстетикѣ большую роль въ воспитаніи нашего юношества.

На вопросъ: «нужно ли искусство народу?»—педагоги, по словамъ Толстого, или ничего не отвѣчаютъ или путаются (кромѣ Платона, давшаго рѣзкій отрицательный отвѣтъ). Они говорятъ: «нужно, но съ нѣкоторыми ограниченіями; сдѣлать всѣхъ артистами было бы вредно для общественнаго строя»; или—«нѣкоторыя искусства могутъ достичь извѣстной степени совершенства только въ извѣстныхъ слояхъ общества»;—или—«искусство должно имѣть своихъ исключительныхъ адептовъ, преданныхъ только ему одному»; или—«великіе таланты должны имѣть возможность выдѣлиться изъ толпы, для того, чтобы всецѣло предаться искусству». И все это, по мнѣнію Толстого, несправедливо. Онъ думаетъ, что потребность артистическихъ наслажденій живетъ въ каждомъ человѣкѣ, каково бы ни было его общественное положеніе, что потребность эта вполнѣ законна и должна быть удовлетворяема. Считая это правило за аксіому, Толстой прибавляетъ, что, если въ настоящее время культъ искусства и наслажденіе имъ не распространены въ массахъ, такъ только потому, что современное искусство стоитъ на ложномъ пути. «Мы должны дать нашему молодому поколѣнію возможность выработать себѣ искусство новое, какъ по формѣ, такъ и по сущности», говоритъ онъ. «Всякій крестьянскій ребенокъ имѣетъ не только равныя, но гораздо большія права на пользованіе эстетическими наслажденіями, чѣмъ дѣти привилегированныхъ сословій, не стѣсненныя нуждою и окруженныя всевозможнымъ комфортомъ». «Одно изъ двухъ, говоритъ Толстой далѣе, или искусства вообще безполезны и даже вредны (что далеко не такъ странно, какъ съ перваго взгляда кажется), или каждый, безъ различія сословій, имѣетъ право ими пользоваться. Спрашивать, можетъ ли народъ наслаждаться искусствомъ, все равно что спрашивать, имѣетъ ли онъ право ѣсть говядину, то есть удовлетворять насущнѣйшія свои нужды. Нѣтъ, вопросъ совсѣмъ не въ томъ. Намъ важно знать, хороша ли та говядина, о которой идетъ рѣчь. Точно такъ же, передавая народу нѣкоторыя наши знанія и замѣчая, что они ему приносятъ вредъ, я прихожу къ заключенію, что не народъ глупъ или неразвитъ, потому что ихъ не принимаетъ и не умѣетъ утилизировать, а что самыя эти знанія плохи и ненормальны; что намъ нужно, съ помощью народа, выработать другія, которыя годились бы одинаково всѣмъ,—свѣтскимъ людямъ, какъ и крестьянамъ. Я прихожу къ заключенію, что извѣстныя знанія, извѣстныя искусства, процвѣтающія въ нашей средѣ, нисколько ей, повидимому, не вредя, не могутъ привиться къ народу единственно потому, что эти знанія и искусства ни на что не нужны. Мы уживаемся съ ними потому только, что сами мы испорчены, какъ тѣ люди, которые безнаказанно могутъ проводить цѣлые дни среди фабричной или трактирной вони, способной убить свѣжаго человѣка. Но меня, можетъ быть, спросятъ: кто же это сказалъ, что знанія и искусство интеллигентныхъ классовъ ложны? Почему мы должны считать ихъ ложными, если народъ ихъ принять не желаетъ? Отвѣчать на эти вопросы очень легко: потому что насъ тысячи, а ихъ — милліоны. Что же касается извѣстнаго парадокса, истрепаннаго до банальности, что будто бы пониманіе прекраснаго требуетъ нѣкоторой подготовки, то чѣмъ же онъ доказывается? Это только лазейка, устроенная для того, чтобы выйдти изъ тупика, къ которому мы пришли, благодаря ложной точкѣ зрѣнія, благодаря привилегіи на пользованіе искусствомъ. Почему же пониманіе красотъ природы, человѣческаго лица, народной пѣсни, пониманіе любви и самопожертвованія доступно каждому и не требуетъ никакой подготовки?»

«Потому что насъ тысячи, а ихъ милліоны!» говоритъ Толстой. Доказательство поистинѣ сильное, если не качественно, то количественно. Считать ложнымъ то, чего не видитъ и не понимаетъ большинство, значитъ походить на современниковъ Христофора Колумба, невѣрившихъ въ существованіе Америки. Должны ли мы такъ же не вѣрить въ существованіе звѣздъ, которыхъ глаза наши не видятъ?

У Толстого, конечно, есть основаніе говорить такимъ образомъ: тенденціи современнаго искусства дѣйствительно нездоровы и мы терпимъ ихъ только потому, что привыкли. Мы привыкли инстинктивно отвлекаться отъ той стороны современныхъ художественныхъ произведеній, которая замѣнила собою классическую избранность сюжета—церемоніальность его, если можно такъ выразиться [1]), и видимъ въ нихъ лишь то, что дѣйствительно прекрасно. Я полагаю, что одинъ прочный успѣхъ художественнаго

[1]) «Cérémonial des oeuvres classiques»—мысль автора нѣсколько темна, но онъ, повидимому, желаетъ именно намекнуть на бѣдность и мелочность сюжета современныхъ художественныхъ произведеній.
Прим. Перев.

произведенія доказываетъ уже, что въ этомъ послѣднемъ есть стороны истинно прекрасныя.

Толстой мечтаетъ о великомъ и всѣмъ доступномъ искусствѣ, близкомъ къ природѣ, простомъ и въ то же время возвышенномъ, здоровомъ и чистомъ, какъ свѣтъ и воздухъ, чуждомъ аффектаціи и утонченности, составляющихъ большую сторону искусства современнаго. Это прекрасная мечта, и благо тому, у кого она есть: излишняя утонченность еще не доказываетъ глубины, и современное искусство только выиграло бы, стремясь къ общедоступности, къ универсальному. Но исключать изъ него все то, что не блеститъ передъ глазами всѣхъ людей какъ лучъ солнца, значило бы его ограничивать. Простѣйшихъ изъ нихъ никакъ нельзя сразу заставить понять то, до чего глубокое мышленіе дошло лишь послѣ долгихъ усилій. Для того, чтобы слѣдовать за другими, надо самому пройти весь пройденный ими путь: артистическое воспитаніе зрѣнія начинается у дѣтей съ простого умѣнья отличать цвѣта. Толстой, для того, чтобы доказать справедливость своего мнѣнія, совершенно напрасно сближаетъ артистическую красоту съ нравственной. Если всякій, безъ подготовки, можетъ понять внутреннюю красоту любви и самопожертвованія, то это потому, что они исходятъ изъ сердца человѣческаго во внѣшній міръ, между тѣмъ какъ красота внѣшнихъ предметовъ должна идти путемъ обратнымъ: первая—уже наша, принадлежитъ намъ, а вторая должна еще нашею сдѣлаться. Да, мы всѣ видимъ солнце, но всѣ ли мы восхищаемся имъ одинаково? Думать, что для пониманія самыхъ простыхъ и естественныхъ проявленій прекраснаго не нужно никакого толчка, никакой подготовки— было бы парадоксомъ: эти-то проявленія, къ несчастію, и понимаются позже другихъ. Вѣрить, что дѣти и народъ (это собраніе большихъ дѣтей) скорѣе увлекутся хорошей гравюрой и простымъ, но возвышеннымъ гимномъ, чѣмъ раскрашенными лубочными картинками и плясовымъ мотивомъ, значило бы доводить любовь къ народу до трогательнаго ослѣпленія. Кто намъ дастъ искусство, одновременно общедоступное и возвышенное, классическое, обладающее дѣйствительной воспитательной силой? А пока его нѣтъ, воспользуемся простыми, здоровыми и возвышенными сторонами современнаго искусства, для того, чтобы сдѣлать ихъ доступными народу. Можетъ случиться, что онѣ послужатъ сѣменемъ, изъ котораго когда нибудь выроститъ новое искусство—одна изъ формъ универсальной религіи.

«Если правда, говоритъ Ravaisson, что у дѣтей, и особенно въ простомъ народѣ, воображеніе преобладаетъ надъ разумомъ, то не слѣдуетъ ли изъ этого, что культура воображенія не только должна имѣть мѣсто, но даже главное мѣсто въ первоначальномъ воспитаніи?» И въ самомъ дѣлѣ: всякая нарождающаяся способность должна быть развиваема и направляема, а ужъ особенно та, которая преобладаетъ. Водворить порядокъ среди образовъ значитъ проложить путь идеямъ, очистить арену для разума. Въ наше время искусство играетъ еще нѣкоторую роль при воспитаніи дѣтей въ высшихъ классахъ общества, но въ воспитаніи низшихъ—ровно никакой. А между тѣмъ дѣтство и отрочество всего народа должно протекать in hymnis et canticis:

«такъ это было у древнихъ, у которыхъ воспитаніе опиралось прежде всего на религіозную и патріотическую поэзію и таковое же искусство, однимъ словомъ, на культъ прекраснаго. Почему же современное воспитаніе, вмѣсто того, чтобы тонуть въ такъ называемомъ утилитаризмѣ, оставляющемъ безъ развитія такія способности, отъ которыхъ зависитъ весь импульсъ къ жизни, не беретъ примѣра съ древнихъ? Вѣдь этимъ былъ бы рѣшенъ, между прочимъ, и тотъ вопросъ современной педагогіи, котораго не могли рѣшить ни Руссо, ни Песталоцци, то есть вопросъ о средствахъ заинтересовать маленькаго ребенка ученіемъ». Далѣе Ravaisson говоритъ, что красота есть ключъ во вселенной и съ еще большимъ правомъ прибавляетъ, что она есть «ключъ къ воспитанію».

Не раздѣляя опасеній Ravaisson'а относительно вліянія чисто ручного труда на учениковъ низшихъ школъ, я думаю, что этотъ трудъ, имѣющій дѣло съ матеріей, долженъ быть дополняемъ эстетическимъ изученіемъ формы. Хорошій глазомѣръ, по словамъ Леонардо да Винчи, необходимъ не только при всѣхъ ремеслахъ, но и во всѣхъ обстоятельствахъ жизни. «Въ самомъ дѣлѣ, говоритъ знаменитый художникъ, всѣ искусства и науки, какъ астрономія, такъ и навигація, какъ живопись, такъ и плотничество, какъ архитектура, такъ и гидравлика — всѣ созданы глазомъ».

Живопись и пѣніе суть искусства, общедоступныя по преимуществу и наименѣе отдалившіяся отъ природы. Можетъ быть, кто нибудь скажетъ, что въ первоначальныхъ школахъ слѣдуетъ преподавать только техническое черченіе, да вспомогательный для этого послѣдняго рисунокъ (плуга, фасада, машины etc.), пригодный для прямого приложенія къ обыденной жизни. Но Толстой совершенно справедливо отвѣчаетъ на это, что опытъ давно уже доказалъ безполезность чисто технической и утилитарной программы.

Техническое черченіе въ четыре мѣсяца до такой степени успѣваетъ надоѣсть большинству учениковъ, что они начинаютъ чувствовать отвращеніе ко всякимъ моделямъ, заводятъ себѣ отдѣльныя тетради, въ которыхъ рисуютъ потихоньку людей и лошадей, «съ ногами, исходящими изъ одной точки». Во всякомъ ребенкѣ заложенъ инстинктъ независимости, выразившійся, въ данномъ случаѣ, отвращеніемъ къ моделямъ; душить этотъ инстинктъ въ высшей степени вредно. Если ребенокъ не выучится въ школѣ творить, то онъ останется подражателемъ на всю жизнь: удачное подражаніе устраняетъ необходимость въ самостоятельной дѣятельности и лишаетъ привычки къ ней. «Я пробовалъ избѣгнуть рутины и аффектаціи, давая рисовать попеременно предметы самые разнообразные: листья, посуду, цвѣты, орудія; благодаря этому методу, около тридцати учениковъ въ нѣсколько мѣсяцевъ основательно выучились проводить контуры правильно и отчетливо. Механическое черченіе развивается понемножку, само собою». Леонардо да Винчи тоже предлагалъ обучать рисованію, начиная съ наиболѣе характерныхъ и красивыхъ формъ, а геометрическія фигуры къ таковымъ не принадлежатъ.

Музыка должна сдѣлаться по преимуществу общедоступнымъ искусствомъ, развлеченіемъ, отрывающимъ отъ матерьяльныхъ заботъ, развивающимъ симпатію и общительность. Заниматься сообща музыкой, значитъ заставлять всѣ сердца биться сообща, какъ вибрируютъ струны и звучатъ голоса. Концертъ есть идеальное общество, въ которомъ гармонія и аккордъ реализованы, въ которомъ жизнь превращается въ божественную симпатію. Во Франціи начинаютъ понимать это, но не достаточно еще поняли, до какой степени необходимо развивать музыкальный вкусъ, всѣмъ присущій, до какой степени важна для народа любовь къ высокой, морализирующей музыкѣ. Наши военные и вообще государственные оркестры имѣютъ воспитательное значеніе, о которомъ не слѣдуетъ забывать и о развитіи котораго слѣдуетъ заботиться. Да и помимо воспитательнаго вліянія, музыка есть одно изъ тѣхъ рѣдкихъ удовольствій, которыя могутъ соединять всѣ классы общества, что, въ наше время крайняго разъединенія, въ высшей степени важно.

Пластическія искусства, конечно, менѣе доступны дѣтямъ, чѣмъ музыка и поэзія, но все же нѣтъ никакихъ разумныхъ основаній лишать дѣтей даже изученія архитектуры. За неимѣніемъ монументальныхъ зданій, можно пользоваться фотографическими ихъ изображеніями, изъ которыхъ, благодаря объясненіямъ преподавателя, можно научиться очень многому. Тоже слѣдуетъ сказать и о скульптурѣ.

VI. Интеллектуальное образованіе.

Послѣ нравственнаго, гражданскаго и эстетическаго образованія, даваемаго первоначальными школами, перейдемъ къ образованію интеллектуальному. Полная программа первоначальнаго образованія во Франціи заключаетъ въ себѣ теперь: чтеніе, письмо, французскую грамматику и литературу (элементарно); географію и исторію (преимущественно Франціи); элементы права и политической экономіи; элементы естественныхъ наукъ, физики, математики, агрикультуры и гигіены; ручной трудъ, то есть обращеніе съ различными инструментами, при немъ употребляемыми; рисованіе, лѣпка, музыка; наконецъ гимнастика и военныя упражненія. Желая научить всему этому въ нѣсколько лѣтъ, мы только черезчуръ напрягаемъ незрѣлыя умственныя силы нашихъ дѣтей и рискуемъ навсегда ослабить ихъ нравственную и интеллектуальную энергію.

Литературная, грамматическая, историческая и естественно-научная часть программы дѣлаютъ изъ нея то, что англичане называютъ cramming [1]). Неужели такъ важно наполнять дѣтскія головы фактами, словами, датами и формулами? Словъ у дѣтей и безъ того много, но имъ недостаетъ идей, стало быть идеи и должны быть имъ даваемы. Къ несчастію, въ нашихъ школахъ всѣ науки, даже грамматика, запружены эрудиціей! Не лучше ли оставить историческіе комментаріи, сравнительную грамматику,

[1]) Пичканье.

лексикологію и фонетику для среднихъ, а еще лучше для высшихъ школъ? Не будемъ стѣснять нашихъ дѣтей и ихъ преподавателей высшими соображеніями, съ которыми они не знаютъ, что дѣлать. Стремясь подражать во всемъ нѣмецкой методѣ, будемъ остерегаться замѣны «фривольнаго педантизма», педантизмомъ тяжелымъ и сухимъ.

Въ первоначальной школѣ, какъ и въ коллегіи, научное образованіе превратилось въ простое нагруженіе памяти, тогда какъ главной его цѣлью должно бы быть развитіе наблюдательности и мышленія, и лишь второстепенной—снабженіе ученика нѣсколькими полезными и прочно запоминаемыми свѣдѣніями. Но количество такихъ свѣдѣній все же велико и ростетъ съ каждымъ днемъ. Поэтому пора начать смѣшивать ученіе съ рекреаціей,—пора прибѣгать къ школьнымъ прогулкамъ. Если св. Людовикъ судилъ, сидя подъ дубомъ, то почему бы учителю не давать подъ дубомъ уроки не только ботаники, но географіи и французской исторіи, особенно друидическихъ временъ.

Толстой полнымъ юмора языкомъ разсказываетъ свои попытки преподавать исторію. Онъ началъ съ того, съ чего обыкновенно начинаютъ, то есть съ древнихъ временъ. Но дѣти и къ Сезострису, и къ египетскимъ пирамидамъ, и къ финикіянамъ отнеслись въ высшей степени беззаботно. Изъ древней исторіи они удержали въ памяти только нѣкоторыя мѣста, Семирамиду, напримѣръ, и проч., но и то случайно, не изъ желанія знать, а потому что это было имъ артистически разсказано. Послѣ всеобщей, Толстой «началъ ту печальную русскую исторію ,и художественную, ни поучительную, появившуюся въ столькихъ различныхъ передѣлкахъ отъ Ишимовой и до Водовозова». Онъ «въѣхалъ во всю безсмыслицу и безурядицу Мстиславовъ, Брячиславовъ и Болеславовъ». Всѣ умственныя силы учениковъ были напряжены на то, чтобы запомнить эти «чудныя» имена.

«Вотъ онъ,—какъ его—Барикавъ что-ль? началъ одинъ, пошолъ на—какъ бишь его?—Муславъ, Левъ Николаичъ? подсказываетъ дѣвочка—Мстиславъ, отвѣчалъ я.—И разбилъ его на голову, съ гордостью говорилъ одинъ.—Ты постой! рѣка тутъ была.—А сынъ его войску собралъ и наголову расшибъ, какъ бишь его?...» «Чудная исторія, говоритъ Семка, ну ее, Миславъ, Числавъ? на что ее, чортъ ее разберетъ!..» «Самые памятливые пытались еще и сказали, пожалуй, вѣрно, ежели подсказать имъ кое-что. Но до-того все это было уродливо и до-того жалко было смотрѣть на этихъ дѣтей: всѣ они какъ куры, которымъ кидали прежде зерна и вдругъ кинули песку, вдругъ растерялись, раскудахтались, напрасно засуетились и готовы перещипать другъ друга».—Поставьте на мѣсто Муслава и Числава Клотаря, Лотаря и Хильперика, и вы будете имѣть школьную сцену во Франціи.

По словамъ Толстого, вкусъ къ исторіи у большинства дѣтей развивается только послѣ появленія художественнаго вкуса. Онъ сдѣлалъ попытку преподавать исторію нашего времени и остался доволенъ успѣхомъ. Онъ разсказалъ ученикамъ про Крымскую кампанію, про царствованіе Императора Николая I-го, про двѣнадцатый годъ. Наибольшимъ успѣхомъ увѣнчался, какъ и слѣдовало ожидать, разсказъ про отечественную войну. «Этотъ классъ остался памятнымъ въ нашей жизни: я никогда его не забуду», говоритъ Толстой. Какъ только театръ войны былъ перенесенъ въ Россію, «со всѣхъ сторонъ послышались звуки и слова живого участія.— Что-жъ онъ и насъ завоюетъ?—Не бось, Александръ ему задастъ, — сказалъ кто-то, знавшій про Александра. Но я долженъ былъ ихъ разочаровать—не пришло еще время. Ихъ очень обидѣло то, что хотѣли за Наполеона отдать царскую сестру и что съ нимъ, какъ съ равнымъ, Александръ говорилъ на мосту.—Погоди же ты! проговорилъ Петька, съ угрожающимъ жестомъ.—Ну, ну, разсказывай! —Когда не покорился ему Александръ, то есть объявилъ войну, всѣ выразили одобреніе. Когда Наполеонъ, съ двѣнадцатью языками, пошелъ на насъ, взбунтовалъ нѣмцевъ, Польшу, всѣ замерли отъ волненія».

Товарищъ Толстого, нѣмецъ, находился въ той же комнатѣ.—«А, и вы на насъ — сказалъ ему Петька (лучшій разсказчикъ).—Ну молчи! закричали другіе. Отступленіе нашихъ войскъ мучило слушателей такъ, что со всѣхъ сторонъ спрашивали объясненій, зачѣмъ? и ругали Кутузова и Барклая.—Плохъ твой Кутузовъ!—Ты погоди... говоритъ другой.—Да что-жъ онъ? сдался? спрашивалъ третій. Когда пришла Бородинская битва и когда въ концѣ ея я долженъ былъ сказать, что мы все-таки не побѣдили, мнѣ жалко было ихъ: видно было, что я страшный ударъ наношу всѣмъ.—Хоть не наша, да и не ихняя взяла!—Когда пришелъ Наполеонъ въ Москву и ждалъ ключей и поклоновъ—все загрохотало отъ сознанія непокоримости. Пожаръ Москвы, разумѣется, одобренъ».

«Наконецъ наступило торжество—отступленіе.— Какъ онъ вышелъ изъ Москвы, тутъ Кутузовъ погналъ его и пошелъ бить, сказалъ я.—Окарачилъ его! поправилъ меня Ѳедька, который, весь красный, сидѣлъ противъ меня и отъ волненія корчилъ свои тоненькіе черные пальцы. Какъ только онъ сказалъ это, такъ вся комната застонала отъ гордаго восторга. Какого-то маленькаго придушили сзади, и никто не замѣчалъ.

«— Такъ-то лучше! вотъ-те и ключи».—Толстой продолжалъ разсказывать, какъ выгнали французовъ. Больно было ученикамъ слышать, что кто-то опоздалъ на Березинѣ и русскіе упустили Наполеона.— «Петька даже крикнулъ. — Я бы его разстрѣлялъ, зачѣмъ онъ опоздалъ!—Потомъ немножко мы пожалѣли даже мерзлыхъ французовъ. Потомъ, какъ перешли мы границу и нѣмцы, что противъ насъ были, повернули за насъ, кто-то вспомнилъ нѣмца, стоящаго въ комнатѣ. — А, вы такъ-то? то на насъ, а какъ сила не беретъ, такъ съ нами?—и вдругъ всѣ поднялись и стали ухать на нѣмца, такъ что гулъ на улицѣ былъ слышанъ».

Когда всѣ успокоились, Толстой продолжалъ свой разсказъ. Онъ разсказалъ, какъ проводили Наполеона до Парижа, какъ посадили настоящаго короля, торжествовали и пировали. Но воспоминаніе о Крымской войнѣ испортило все дѣло.—«Погоди же ты (проговорилъ Петька, потрясая кулаками;—дай я выросту, я же имъ задамъ!—Попался бы намъ теперь Шевардинскій редутъ или Малаховъ курганъ, мы бы его отбили». Было уже поздно, когда Толстой кончилъ. Въ этотъ часъ дѣти привыкли спать. И однако же не дремалъ никто. Только что всталъ Толстой, изъ-подъ его кресла, ко всеобщему изумленію, вылѣзъ Тараска и посмотрѣлъ на него оживленно и вмѣстѣ серьозно.—«Какъ ты сюда залѣзъ?—Онъ съ самаго начала, сказалъ кто-то. Нечего было и спрашивать, понялъ ли онъ—видно было по лицу.—Что, ты разскажешь? спросилъ я.—Я-то? онъ подумалъ,—все разскажу.—Я дома разскажу.—И я тоже.—И я.—Больше ничего не будетъ?—Нѣтъ!—и всѣ полетѣли по лѣстницѣ, кто обѣщаясь задать французу, кто укоряя нѣмца, кто повторяя, какъ Кутузовъ его окарачилъ».

«Вы разсказали совсѣмъ по-русски,—сказалъ мнѣ вечеромъ нѣмецъ, на котораго ухали.—Вы бы послушали, какъ у насъ разсказываютъ эту исторію. Вы ничего не сказали о нѣмецкихъ битвахъ за свободу. Я совершенно согласился съ нимъ, что мой разсказъ не была исторія, а сказка, возбуждающая народное чувство».

Толстой кончаетъ выводомъ, что, въ исторіи, происшествія и личности интересуютъ дѣтей не въ силу историческаго ихъ значенія, а въ силу драматическаго интереса, ими представляемаго, и пропорціонально искусству разсказчика. Исторія Ромула и Рема интересуетъ дѣтей не потому, что эти два брата основали могущественную имперію, а потому, что судьба ихъ чудесна—волчицей вскормлены, etc. Исторія Гракховъ, какъ и папы Григорія VII, тоже интересна своею драматичностью, а потому удерживается въ памяти. Вообще у ребенка, какъ у человѣка, мало еще жившаго, вкусъ къ исторіи, самой по себѣ, вовсе не развитъ, а существуетъ вкусъ къ искусству, къ чудесному, къ тому, что дѣйствуетъ на воображеніе.

По мнѣнію Толстого, если отбросить старый предразсудокъ, то не окажется ничего ужаснаго въ томъ, что люди выростутъ, не зная кто такой былъ Ярославъ или Оттонъ и гдѣ находится Эстремадура. Внушить дѣтямъ желаніе узнать, какъ и по какимъ законамъ жилъ, живетъ, преобразуется и развивается родъ человѣческій въ разныхъ концахъ земнаго шара — внушить имъ интересъ къ законамъ, по которымъ совершаются различныя явленія въ природѣ — это другое дѣло. «Можетъ быть, говоритъ Толстой, было бы полезно внушить дѣтямъ такія желанія, но во всякомъ случаѣ при помощи Сегюровъ, Тьеровъ и Ободовскихъ этого достигнуть нельзя. Я вижу для этого только два пути: развитіе художественнаго чувства и патріотизмъ».

Патріотизмъ, въ самомъ дѣлѣ, долженъ быть душою исторіи, нравственнымъ ея фундаментомъ; но, разъ дѣло касается нравственности, то уваженіе къ истинѣ становится обязательнымъ. Нужно ли, въ самомъ дѣлѣ, какъ это думаетъ Толстой, видоизмѣнять исторію для того, чтобы сдѣлать ее интересною? Если дѣти любятъ сказки, то они еще больше, можетъ быть, любятъ разсказы о дѣйствительныхъ, всамдѣлишнихъ, какъ они говорятъ, происшествіяхъ. Превращать исторію въ рядъ драмъ, значитъ игнорировать величіе ея цѣлаго, перемѣщать интересъ жизни человѣчества на жизнь нѣсколькихъ героевъ, которая, въ этомъ случаѣ, поневолѣ будетъ приложиваема къ правиламъ драматическаго искусства.

Нѣтъ, исторія есть біографія народовъ, цѣлаго человѣчества, а не отдѣльныхъ людей, и, такъ какъ ея герои живутъ вѣчно, то интересъ къ ихъ жизни не долженъ падать съ паденіемъ той или другой личности. Этотъ интересъ весь въ идеяхъ, чувствахъ и усиліяхъ человѣчества, а не тѣхъ или другихъ людей: поэзія исторіи есть поэзія человѣческой жизни вообще. Если дѣтей огорчаютъ иногда пораженія тамъ, гдѣ они желали бы видѣть побѣду, то мы не можемъ измѣнить этого и не должны стараться скрывать отъ нихъ правду. Нужно только имѣть въ виду возрастъ ребенка.

Пока они очень малы, то книга исторіи можетъ быть только просмотрѣна ими, а не прочитана. И пусть при этомъ просмотрѣ вниманіе ихъ остановится на тѣхъ страницахъ, содержаніе которыхъ они могутъ понять. Но при изученіи исторіи никогда не должно быть рѣчи ни о сухихъ и точныхъ датахъ, ни о пустой номенклатурѣ, ни о фактахъ, причинная связь которыхъ съ жизнью вообще не выяснена. Что происходитъ, черезъ нѣсколько лѣтъ, въ такихъ головахъ, которыя только набиты именами и фактами? спрашиваетъ Lavisse. Смутныя воспоминанія становятся еще болѣе смутными, хронологическія рамки разваливаются, фигуры историческихъ личностей блѣднѣютъ: «Хлодвигъ, Карлъ Великій, Людовикъ Святой, Генрихъ IV —падаютъ съ своихъ мѣстъ, какъ плохо повѣшенные портреты». Нужно, стало-быть, дѣлать выборъ между фактами, и, отбрасывая мелкіе, малозначащіе, сильно освѣщать тѣ, въ которыхъ выражается жизнь и ростъ страны. Исторія нравовъ и учрежденій не можетъ быть преподаваема дѣтямъ въ абстрактныхъ выраженіяхъ, въ видѣ фразъ и теорій: слѣдуетъ излагать ее примѣрами и образами, описывая, по возможности просто, условія и обстановку жизни какъ личностей такъ и народовъ, въ каждое данное время [1].

---

[1] Lavisse былъ разъ въ одной изъ первоначальныхъ парижскихъ школъ, на урокѣ исторіи. Молодой учитель разсказывалъ дѣтямъ о феодальной системѣ и о различныхъ тонкостяхъ передачи должностей по наслѣдству. Ученики—мальчики 8—9 лѣтъ—очевидно ничего не понимали. Въ это время вошелъ директоръ школы и, прервавъ урокъ, спросилъ: «Кто изъ васъ видѣлъ феодальный замокъ?»—всѣ молчатъ. «А развѣ ты не былъ въ Венсеннѣ?» спросилъ директоръ у одного изъ мальчиковъ.—«Конечно былъ».—«Ну такъ ты, значитъ, видѣлъ феодальный замокъ».—И съ этого начался урокъ. Директоръ заставилъ мальчика нарисовать замокъ на доскѣ, затѣмъ, при помощи вопросовъ и отвѣтовъ, разъяснилъ ученикамъ, почему замокъ имѣлъ стѣны и бойницы; почему его трудно было взять, когда огнестрѣльнаго оружія не существовало; зачѣмъ строились такіе замки; что дѣлали сидѣвшіе въ нихъ феодалы; какъ они относились къ народу; почему феодалы постоянно воевали другъ съ другомъ; къ чему привела эта война; какъ голодъ и необезпеченность жизни и имущества обусловили Божій Миръ; почему этотъ миръ, несмотря на его несовершенство, былъ все же благодѣяніемъ для народа (директоръ привелъ въ примѣръ, что, если бы всѣ лѣнивые ученики стали прилежно учиться хоть бы съ субботы до среды, то ужъ и это было бы хорошо); какъ, наконецъ, возникла королевская власть, прекратившая феодальную систему, и какую услугу оказали короли Франціи. А въ концѣ урока директоръ спросилъ: «Жестокіе были люди всѣ эти сеньоры, не правда ли?» — Единогласный и убѣжденный отвѣтъ: «О да, конечно!» —«А какъ вы думаете, народъ былъ лучше ихъ?» — «Разумѣется!» — «Ну вотъ ужъ нѣтъ — народъ не имѣлъ понятія ни о добрѣ, ни о злѣ: онъ даже не умѣлъ читать и, предоставленный самому себѣ, жегъ, грабилъ, рѣзалъ женщинъ и дѣтей нисколько не хуже сеньоровъ».

Весь урокъ продолжался полчаса и былъ прослушанъ съ увлеченіемъ.

«Кто во Франціи можетъ разъяснить ребенку, что такое отечество?» спрашиваетъ Lavisse. «Ужъ конечно не семья, такъ какъ въ ней не осталось ни авторитета, ни дисциплины, ни нравственности; но и не общество, во всякомъ случаѣ, такъ какъ въ немъ говорятъ о гражданскихъ обязанностяхъ только для того, чтобы смѣяться надъ ними. Школа должна сказать французамъ, что такое Франція. Окончательной цѣлью преподаванія исторіи должно быть созданіе въ сердцахъ учениковъ чувства, болѣе сильнаго и прочнаго, чѣмъ пустое тщеславіе, которое, въ счастливыя для націи времена, раздувается до невыносимости, а въ несчастныя—уступаетъ мѣсто отчаянію, восторгу передъ всѣмъ иностраннымъ и презрѣнію ко всему родному»[1]).

Роль школьнаго учителя и географіи, въ побѣдахъ нѣмцевъ надъ австрійцами и французами, была черес

---

[1]) «Бросьте всю эту никуда негодную старину, совѣтуютъ иные. Что вамъ до Меровинговъ, Каролинговъ и Капетинговъ. Мы родились всего сто лѣтъ тому назадъ — начинайте исторію съ нашей эры!» Хорошая метода! отвѣчаетъ Lavisse: желая воспитать твердыхъ и спокойныхъ людей, запереть ихъ умъ въ одно только столѣтіе и притомъ такое, въ которомъ кровавая борьба почти не прекращалась, въ которомъ всѣ страсти были разнузданы! Избрать революцію точкой исхода; заставить дѣтей восхищаться народнымъ бунтомъ, хотя бы и справедливымъ; заставить ихъ вѣрить, что хорошій французъ долженъ хоть разъ въ жизни взять Бастилію или Тюильери! Но вѣдь такое преподаваніе доведетъ до того, что нельзя будетъ поручиться ни за Елисейскій дворецъ, ни за Palais-Bourbon. Бросить старину!—но въ этой старинѣ есть поэзія, безъ которой мы не можемъ жить. Поэзія и опытъ. Не зная прошлаго, нельзя ни объяснить настоящее, ни отвести ему надлежащее мѣсто въ исторіи. Не надо забывать, что будущее обусловлено не только настоящимъ, но и прошлымъ; что лучшее средство не впадать въ ошибки по нѣскольку разъ, состоитъ въ томъ чтобы изучать свое прошлое.

чуръ преувеличена. Дисциплина у нѣмцевъ была дѣйствительно замѣчательная, а уровень образованія солдатъ далеко не таковъ, какимъ его представляютъ. Для того, чтобы выигрывать сраженія, недостаточно умѣть читать, писать, да разбирать географическія карты. Hoenig, авторъ «трактата о дисциплинѣ съ точки зрѣнія арміи, народа и государства», открываетъ намъ, что рекруты его роты вынесли не много знаній со школьныхъ скамеекъ. Онъ много лѣтъ сряду собиралъ свѣдѣнія о развитіи рекрутовъ и былъ иногда пораженъ ихъ крайней невѣжественностью. Послѣ войны 1870 — 1871 года многіе не знали даже имени императора Германскаго. А мы, во Франціи, продолжаемъ наивно вѣровать, что въ эту войну каждый простой нѣмецкій солдатъ зналъ географію.

Эта послѣдняя, въ наше время, совсѣмъ измѣнилась и стала энциклопедіей: астрономія, геологія, минералогія, ботаника, зоологія, физика, исторія, политическая экономія, антропологія, миѳологія, соціологія, лингвистика, фонетика, исторія расъ и религій, агрикультура, торговля и промышленность etc. etc. — все это входитъ въ составъ географіи и дѣлаетъ изъ нея, конечно, наиполезнѣйшую науку.

Толстой разсказываетъ, между прочимъ, свои затрудненія по поводу преподаванія географіи. Изложивъ причины тепла и холода, онъ запутался при объясненіи лѣта и зимы, такъ что долженъ былъ прибѣгнуть къ свѣчѣ и шару, причемъ, какъ ему показалось, дѣти все прекрасно поняли. По крайней мѣрѣ они слушали его съ большимъ вниманіемъ (причина была та, что дѣтямъ пріятно было выставить свои знанія передъ родителями, которые отказывались вѣрить въ научныя чудеса). Но, въ концѣ урока, скептикъ Сёмка, наиболѣе способный изъ всѣхъ, обратился къ Толстому съ такимъ вопросомъ: «Да какъ же это такъ, земля двигается, а изба наша все стоитъ на томъ же мѣстѣ, вѣдь и она должна бы двигаться?» По этому поводу Толстой дѣлаетъ слѣдующее замѣчаніе: «Ужъ если мое объясненіе оказалось непосильнымъ для самаго умнаго изъ учениковъ, то что же поняли тупые?» Толстой воротился назадъ, толковалъ, чертилъ, привелъ всѣ доказательства круглоты земли: путешествія вокругъ свѣта, показываніе мачты корабля прежде палубы и проч. Затѣмъ, утѣшаясь мыслью, что всѣ его поняли, заставилъ написать урокъ. Всѣ написали: «Земля какъ шаръ — первая доказательства... другая доказательства... третью доказательству забыли и спрашивали у меня. Видно было, что главное дѣло для нихъ помнить доказательства. Не разъ и не десять разъ, а сотни разъ возвращался я къ этимъ объясненіямъ и всегда безуспѣшно. На экзаменѣ всѣ ученики отвѣтили бы и теперь отвѣтятъ удовлетворительно; но я чувствую, что они не понимаютъ и, вспоминая, что и самъ я хорошенько не понималъ дѣла до 30 лѣтъ, я извиняю имъ это непониманіе. Какъ я въ дѣтствѣ, такъ и они теперь, вѣрили на слово, что земля кругла и т. д., и ничего не понимали. Мнѣ еще легче было понять — мнѣ нянька въ первомъ дѣтствѣ внушала, что на концѣ свѣта небо съ землею сходится и тамъ бабы на краю земли въ морѣ бѣлье моютъ, а на небо скалки кладутъ. Наши ученики давно утвердились и теперь постоянно остаются въ понятіяхъ, совершенно противныхъ тѣмъ, которыя мнѣ хочется передать имъ. Надо долго еще разрушать тѣ объясненія, которыя они имѣютъ, и то воззрѣніе на міръ, которое ничѣмъ еще не нарушалось, прежде чѣмъ они поймутъ».

А я на это отвѣчу, что нельзя надѣяться быть понятымъ дѣтьми во всемъ, что въ сущности превосходитъ ихъ пониманіе. Способность понимать, какъ и всѣ другія, развивается только со временемъ. Нужно сдѣлать лишь первый шагъ — самый дорогой — и то уже будетъ хорошо. Откладывать на будущее время все, что не можетъ быть ясно понято сегодня — это плохой разсчетъ; въ будущемъ очень многое придется понимать! и надо къ этому будущему подготовиться. Для того, чтобы сдѣлать умъ способнымъ къ гимнастическимъ упражненіямъ, нужно за нихъ, какъ и за мышечную гимнастику, приняться пораньше.

Точно такъ же, какъ при изученіи исторіи, существуетъ мысль изучать и географію съ конца, съ родной деревни. Попытки такого рода были дѣлаемы въ Германіи. Толстой, обезкураженный неуспѣхомъ обыкновенной географіи, также попробовалъ начать дѣло съ класса, школы, деревни. «Какъ рисованіе плановъ, такія упражненія не лишены пользы, но знать — какая земля за нашею деревней не интересно, потому что всѣ они знаютъ, что тамъ находятся Телятинки. А знать, что за Телятинками — не интересно потому, что тамъ такая же, вѣрно, деревня, какъ Телятинки, а Телятинки съ своими полями совсѣмъ не интересны. Пробовалъ я ставить географическія вѣхи—какъ Москва, Кіевъ, но все это укладывалось въ ихъ головахъ такъ безсвязно, что они учили наизусть. Пробовалъ я рисовать карты, и это занимало ихъ и дѣйствительно помогало памяти; но опять являлся вопросъ: зачѣмъ помогать памяти? Пробовалъ я еще разсказывать о полярныхъ и экваторіальныхъ странахъ,—они слушали съ удовольствіемъ и разсказывали, но запоминали въ этихъ разсказахъ все, кромѣ того, что было въ нихъ географическаго. Главное то, что рисованье плановъ деревни — было рисованье плановъ, а не географія; рисованье картъ—было рисованье картъ, а не географія, разсказы о звѣряхъ, лѣсахъ, льдахъ и городахъ были сказки, а не географія. Географія была только ученье наизусть». Дѣти, прибавляетъ Толстой, разсказываютъ, но рѣдко запоминаютъ названіе и положеніе на картѣ той мѣстности, въ которой происходило разсказываемое; только одна фабула приключенія остается въ памяти. «Когда Митрофанушку убѣждали учиться географіи, то его матушка сказала: зачѣмъ учить всѣ земли? кучеръ довезетъ, куда будетъ нужно. Сильнѣе никогда ничего не было сказано противъ географіи, и всѣ ученые міра не въ состояніи ничего отвѣтить противъ такого несокрушимаго довода. Я говорю совершенно серьезно. Для чего мнѣ нужно было знать положеніе рѣки и города Барцелоны, когда, проживши 33 года, мнѣ ни разу не понадобилось это знаніе. Къ развитію же моихъ духовныхъ силъ, самое живописное описаніе Барцелоны и ея жителей, сколько я могу предполагать, не могло содѣйствовать. Для чего Сёмкѣ и Ѳедькѣ знать Маріинскій каналъ и водяное сообщеніе, если они, какъ надо предполагать, никогда туда не попадутъ; если же придется Сёмкѣ поѣхать туда, то все равно, училъ онъ это или не училъ, онъ узнаетъ, и хорошо узнаетъ, это водяное сообщеніе на практикѣ.

Можно спросить себя, однако же, до какой степени выгодно долго останавливаться на описаніи школы и родной деревни. Никогда не слѣдуетъ уменьшать вселенную, а стало быть и человѣка, даже въ глазахъ дѣтей. Если сдѣлать ихъ самихъ, ихъ школу и ихъ родное село центромъ всякаго интереса, то они скоро перестанутъ интересоваться всѣмъ тѣмъ, что не касается ихъ прямо и непосредственно. Мнѣ скажутъ, можетъ быть, что это лишь предварительные уроки, простая точка исхода; для учителя—да, но дѣти, умъ которыхъ такъ же коротокъ, какъ ноги, непремѣнно поспѣшатъ ограничить вселенную линіей видимаго горизонта, если только ихъ не убѣдишь въ противномъ. Для того, чтобы заинтересовать ихъ отдаленными странами, можно бы было воспользоваться любовью къ чудесному. Разъ они, по словамъ Толстого, прекрасно запоминаютъ все, касающееся дикихъ животныхъ, дѣвственныхъ лѣсовъ, ледниковъ и проч., то, мнѣ кажется, не трудно бы было, частыми повтореніями, заставить ихъ удержать въ памяти и нѣсколько географическихъ названій. Память у дѣтей, обыкновенно, прекрасная; стоитъ лишь не очень ее утомлять. Мой сынъ, очень интересующійся Америкою, отлично запомнилъ ея названіе и знаетъ, что солнце свѣтитъ тамъ въ то время, когда у насъ ночь, и что тамошнія дѣти начинаютъ играть какъ разъ въ тѣ часы, когда онъ ложится спать. Прибавлю къ этому, что свѣдѣнія о странахъ, въ которыхъ никогда не придется побывать, далеко не такъ безполезны, какъ это думаетъ Толстой. Извѣстно, что путешествіе сильно развиваетъ человѣка, поэтому и разсказъ объ немъ долженъ имѣть развивающее значеніе, съ чѣмъ, впрочемъ, соглашается и Толстой. Да наконецъ—и это важнѣе всего—образованіе непремѣнно должно идти по системѣ; ученики не могутъ и не должны судить о томъ, что имъ нужно и что нѣтъ, не должны по доброй волѣ начинать и бросать работу. Послѣдовательность въ идеяхъ и нѣкоторыя усилія тамъ, гдѣ они нужны, вовсе не ведутъ къ прозаизму. Исполненная работа полезна уже тѣмъ, что она исполнена, что умъ справился съ нею, хотя бы при помощи усилія.

Слѣдовать совѣтамъ Толстого, конечно, нельзя; Толстой—поэтъ, отыскивающій утопическую методу воспитанія, въ которую не входили бы никакія правила и никакая дисциплина. Но въ его психологическихъ замѣчаніяхъ относительно обученія географіи есть все же много правды. Сама по себѣ она очень неблагодарна и преподаваніе ея должно быть ограничено самымъ необходимымъ, но къ ней можетъ быть присоединена масса постороннихъ и крайне интересныхъ свѣдѣній. Взявшись за это дѣло такъ же, какъ взялся за него Толстой, только при условіи меньшаго дилетантизма въ ученикахъ, можно отъ родной деревни переходить къ странамъ все болѣе и болѣе отдаленнымъ, разсказывая исторію ихъ открытія, описывая нравы и обычаи ихъ обывателей, производительность почвы etc. etc. Въ концѣ концовъ, съ помощію географіи, можно очертить всю жизнь человѣческихъ обществъ, національную и интернаціональную.

Скажу, въ заключеніе, что какая бы наука ни преподавалась въ школѣ, изученіе ея должно быть направлено не къ нагруженію памяти, не къ пріобрѣтенію эрудиціи и чистаго знанія, а къ нравственному, умственному и гражданскому развитію. Задача образованія состоитъ въ томъ, чтобы поддержать равновѣсіе между различными отраслями преподаванія и брать въ каждой изъ нихъ только самое существенное, безжалостно отбрасывая подробности. Единственная цѣль его—развить умъ ребенка, и не въ одномъ какомъ нибудь направленіи, а по возможности разносторонне; поставить этотъ умъ на уровнѣ современнаго знанія—«спустить его на воду». А когда подуетъ вѣтеръ, то умъ, такимъ образомъ подготовленный, будетъ годенъ на то, чтобы плыть въ любую сторону.

ГЛАВА ШЕСТАЯ.

Среднее и высшее образованіе.

1. Цѣль классическаго образованія.

Задача средняго классическаго образованія состоитъ въ томъ, чтобы гармонически развить способности молодаго человѣка ради ихъ самихъ [1]). Средствомъ для этого служатъ вѣчныя истины, красоты поэзіи и краснорѣчія, наконецъ нравственность и глубокій альтруизмъ, присущіе твореніямъ лучшихъ моралистовъ, философовъ, историковъ, литераторовъ и поэтовъ. Для успѣшнаго хода средняго образованія нужны модели и нужны личныя упражненія, самостоятельная работа. Модели должны быть дѣйствительно классическія, то есть такія, литератур-

[1]) Едва ли можно согласиться съ такимъ, чересчуръ неполнымъ опредѣленіемъ задачъ средняго образованія. Мнѣ кажется, что оно должно не только «гармонически развивать способности» молодого человѣка, но и дать ему элементарныя энциклопедическія знанія, указать ему пути и цѣли научныхъ стремленій человѣчества, такъ, чтобы ему, въ самомъ дѣлѣ, «ничто человѣческое не было чуждымъ». Впрочемъ, въ дальнѣйшемъ изложеніи и у автора проскальзываетъ та же мысль. Прим. Перев.

ныя красоты которыхъ возможно чисты и находятся въ полной гармоніи между собою. Не нужно искать образцовъ наиболѣе геніальныхъ—геній не прививается; достаточно будетъ, если дѣти наши получатъ хорошій вкусъ, любовь къ прекрасному, критическій смыслъ и нѣкоторый талантъ мыслить послѣдовательно и правильно излагать свои мысли. А для этого достаточно будетъ выбрать такіе образцы, красоты которыхъ могутъ быть имитированы, а недостатки—удобно обойдены. И такіе образцы давно уже найдены—противъ этого никто не споритъ: если только можно научить ребенка по-гречески и по-латыни достаточно для того, чтобы онъ могъ прочесть избранныя произведенія древнихъ авторовъ, то лучшаго литературнаго образованія, лучшихъ образцовъ онъ нигдѣ не найдетъ, такъ же какъ нигдѣ, кромѣ Греціи, не найдетъ образцовъ для скульптуры, и нигдѣ, кромѣ Италіи—образцовъ для живописи.

Греко-латинская старина имѣетъ одно, важное съ педагогической точки зрѣнія качество: она не романтична. Она не можетъ, стало быть, развить въ молодыхъ людяхъ разнузданнаго воображенія, гонящагося за химерами; не можетъ она также развить мечтательности, дряблости, болѣзненной нервности. Перенося ихъ въ совершенно отличную отъ нашей и отдаленную по времени среду, она не даетъ имъ возможности преждевременно проникнуться страстностью. Этой послѣдней, конечно, не совсѣмъ чужда и она, но на такомъ далекомъ разстояніи все умѣряется, все сводится къ красотѣ болѣе интеллектуальной, чѣмъ эмоціональной. Разумность есть характеристическая черта древней литературы, особенно римской, а молодежь именно нуждается въ разумности, въ здравомъ смыслѣ и хорошемъ вкусѣ.

Говорятъ, что изученіе греческаго и латинскаго языковъ слишкомъ трудно и продолжительно; предлагаютъ замѣнить ихъ языками живыми. Я отвѣчу на это, что изученіе живыхъ языковъ, волей-неволей поведетъ къ утилитаризму, такъ какъ главная цѣль его—выучиться говорить—слишкомъ непосредственно и видимо ведетъ къ прямой, практической пользѣ. Кромѣ того творенія нѣмецкихъ и англійскихъ геніальныхъ писателей не блещутъ классическими красотами. Новая литература повсюду или груба, или черезчуръ рафинирована и безпорядочна, черезчуръ страстна и переполнена тѣмъ, что Паскаль называетъ les passions de l'amour. Женщина есть единственная муза-вдохновительница современной литературы, а преждевременное введеніе въ дѣтскій умъ понятія о вѣчной женственности слишкомъ опасно. Любовь же грековъ и римлянъ черезчуръ далека отъ насъ и притомъ смутными чертами обрисована, такъ что вреднаго впечатлѣнія произвести не можетъ. Но страницы, ей посвященныя, все же должны быть проходимы по возможности вскользь, а главное вниманіе слѣдуетъ обращать на тѣ, которыя касаются отечества и семьи.

Наконецъ, мы исторически и наслѣдственно связаны съ латинской и греческой древностью и съ нашей стороны вполнѣ естественно стараться поддержать эту связь, тѣмъ болѣе, что греки и римляне были несравненными мастерами въ литературѣ, такъ что замѣнять ихъ тевтонами и англо-саксами нѣтъ никакого резона. Что мы выиграемъ отъ такой замѣны? Черезъ семь или восемь лѣтъ, которыя всегда будутъ необходимы для полнаго образованія, наши дѣти точно такъ же не будутъ знать ни нѣмецкаго, ни англійскаго языковъ, какъ теперь не знаютъ по-латини и по-гречески. Но вѣдь намъ не за знаніемъ языка, собственно, нужно гоняться, а за развитіемъ ума и вкуса, и для этого мы должны остаться при древнихъ классикахъ, которые были отцами классицизма французскаго.

Въ нашихъ коллегіяхъ приняты бѣглые изустные переводы вмѣсто отчетливыхъ письменныхъ, полупассивныя упражненія вмѣсто активныхъ. Это, по моему мнѣнію, путь ложный. Считаютъ необходимымъ пройти отъ доски до доски возможно большее количество древнихъ авторовъ, но дѣло вѣдь не въ количествѣ. Да, кромѣ того, древніе—и не только Гомеръ, а большинство—мѣстами очень однообразны. Лучше одинъ хорошій отрывокъ изучить вполнѣ, чѣмъ наскоро прочесть цѣлую книгу. Заняться исключительно однимъ авторомъ, проникнуть въ значеніе каждой его фразы, сравнивать ихъ между собою—вотъ что укрѣпляетъ умъ и логику и, сверхъ того, вырабатываетъ форму: нужно вѣрно и красиво перевести выраженія автора на родной языкъ, ничего къ нимъ не прибавляя и ничего не убавляя, передать смыслъ, гармонію и построеніе—при такой работѣ развивается слогъ.

Писаніе сочиненій на заданную тему пріучаетъ находить идеи и чувства, подходящія къ данному случаю. Это упражненіе психологическое, при которомъ учитель долженъ внушать ученикамъ отвращеніе отъ декламаціи и любовь къ истинѣ, указывая имъ на лучшіе литературные образцы. Для французскихъ сочиненій нужно давать темы, вполнѣ доступныя ученикамъ, такія, по поводу которыхъ они могли бы излагать свои дѣйствительныя наблюденія, впечатлѣнія и чувства. Что же касается сочиненій латинскихъ, то Bersot ихъ не рекомендуетъ, говоря, что они требуютъ отъ ученика большихъ усилій и компромиссовъ между мыслью и формой ея выраженія. Я отвѣчу на это, что всякое изящное литературное произведеніе требуетъ усилій, что усилія-то для ученика и полезны. А компромиссы между мыслью и формой, старанія ученика найти мысль, которую онъ можетъ выразить по-латыни, и латинскую фразу, которая бы выражала его мысль, причемъ онъ пользуется приходящими ему на память оборотами ихъ различныхъ авторовъ и различныхъ эпохъ, теряя типичную цѣлость языка, такіе компромиссы ничему не вредятъ, такъ какъ латинскій языкъ изучается вовсе не для того, чтобы чисто говорить на немъ, а только для того чтобы понимать авторовъ и для простой гимнастики. Мы должны цѣнить не прямой результатъ такихъ упражненій, а усилія, употребленныя для того, чтобы ихъ составить, чтобы подыскать надлежащія выраженія. Сочиненіе латинскихъ стиховъ еще болѣе подходитъ къ этой цѣли, и оно, кромѣ того, представляетъ собою приспособленіе къ языку поэзіи, несовершенное, конечно, но весьма полезное, такъ какъ пріучаетъ къ ассоціація образовъ, къ гармоніи и ритму. Письменныя упражненія, разсказы, научныя, философскія и критическія разсужденія, пріучающія отличать характерныя черты литературныхъ произведеній — все это укрѣпляетъ мысль и развиваетъ слогъ. Но стихи, особенно латинскіе, есть литературное упражненіе по преимуществу: человѣка, который никогда не сочинилъ ни одного латинскаго стиха, нельзя назвать литературно-образованнымъ. Этотъ стихъ развиваетъ поэтическія наклонности, не давая, въ то же время, повода считать себя поэтомъ и не опьяняя дешевымъ успѣхомъ [11].

Въ литературномъ образованіи никакой другой методъ, кромѣ сочиненія стиховъ, разсказовъ и разсужденій, вообще кромѣ самостоятельнаго письменнаго упражненія, не мыслимъ. Изобрѣтеніе его приписываютъ іезуитамъ, за что ихъ иногда хвалили, иногда порицали. Но поэзія и краснорѣчіе всегда, собственно говоря, служили основаніемъ литературнаго образованія, не только у насъ, но и въ Индіи, въ Египтѣ, въ Греціи и въ Римѣ. Manoeuvrier совершенно справедливо говоритъ, что въ каждомъ изъ насъ есть зародышъ поэта и оратора, который проявляется въ минуты эмоцій, для того, чтобы выразить наши страсти, наши ощущенія. Къ развитію этого-то зачатка, тѣсно связаннаго съ существеннѣйшими элементами нашей человѣческой природы, и направлено литературное образованіе; потому-то оно и считается одною изъ главнѣйшихъ задачъ воспитанія. Но при помощи какого же метода можно развить въ молодомъ человѣкѣ поэтическія и ораторскія наклонности? Достаточно ли будетъ только разсказывать ему для этого разныя исторіи или заставлять его читать поэтическія и ораторскія произведенія? Можно ли образовать скульптора или живописца, разсказывая о Микель-Анджело и Рафаэлѣ, показывая Моисея или Святое Семейство? Нѣтъ, нужно, чтобы самъ адептъ работалъ рѣзцомъ и кистью, самъ составлялъ стихи и рѣчи, разсказы и описанія, хотя бы плохія. Только привыкнувъ приводить въ порядокъ свои идеи, можно пріобрѣсти новыя и выучиться хорошо выражать ихъ.

Не слѣдуетъ, конечно, впадать въ исключительный культъ формы, но противъ этого есть вѣрное средство: пораньше ввести въ классы нравственныя, гражданскія и эстетическія знанія, однимъ словомъ, философію. Присоединивъ къ нимъ преподаваніе точныхъ наукъ, но съ философскимъ и даже эстетическимъ оттѣнкомъ, такъ, чтобы выставить возвышенную и прекрасную сторону міровыхъ истинъ, мы пріучимъ дѣтей думать и чувствовать, а не болтать пустыя фразы. Философское образованіе полезно не для однихъ только высоко-одаренныхъ натуръ, но также и для мало-способныхъ къ культурѣ. Эти послѣднія прекрасно усваиваютъ факты и мелкія подробности, но обобщенія, связывающія эти факты въ стройную систему, ускользаютъ отъ нихъ обыкновенно. И спеціально-научное образованіе, какъ бы оно ни было серьезно, не можетъ познакомить ихъ съ этими обобщеніями, равно какъ и образованіе литературное, — только одна философія, расширяя кругозоръ, можетъ помочь дѣлу [1]).

[1]) Литературное и философское образованіе у насъ, повидимому, совершенно отсутствуетъ, а о результатахъ этого отсутствія могли бы очень многое порасказать редакторы журналовъ и газетъ, которымъ приходится просматривать и исправлять рукописи множества лицъ, не только получившихъ «высшее образованіе», но и не чуждыхъ литературы... Прим. Перев.

II. Преподаваніе исторіи.

Исторію не безъ основанія называютъ «большимъ кладбищемъ»: самый образованный историкъ есть тотъ, который знаетъ больше именъ усопшихъ и прочиталъ больше эпитафій на человѣческихъ гробницахъ. Исторія можетъ остаться безплодной, какъ сама смерть, для ума, который исключительно ею занимается. Вся ея стоимость зависитъ отъ философской и соціальной сторонъ, въ ней заключающихся.

Существуетъ стремленіе расширить преподаваніе исторіи и точныхъ наукъ въ классическихъ школахъ. Это большая ошибка и противно даже мнѣнію лучшихъ историковъ. Когда Fustel de Coulanges началъ читать, въ Сорбоннѣ, свои лекціи о римскихъ учрежденіяхъ, то посвятилъ первую изъ нихъ полемикѣ съ ходячимъ мнѣніемъ о пользѣ изученія исторіи. «Мы будемъ изучать исторію, сказалъ онъ, чисто изъ-за нея самой, изъ-за интереса, представляемаго историческими фактами и ходомъ жизни народовъ». Что же касается побочной пользы, приносимой изученіемъ исторіи для государственныхъ людей и вожаковъ политическихъ партій, то Fustel de Coulanges цѣнитъ ее очень дешево. «Государственный человѣкъ, хорошо знающій нужды, идеи и интересы своего времени, не можетъ нуждаться въ обширной исторической эрудиціи. Его знанія гораздо важнѣе пресловутыхъ уроковъ исторіи». Исторія, по F. de C., можетъ даже сильно заблуждаться, если не будетъ принимать въ разсчетъ разницы, обусловливаемой временемъ. «Я не требую, говоритъ онъ, чтобы міромъ правили историки. Между исторіей и политикой есть существенное различіе, особенно въ современной Франціи, не получившей въ наслѣдство отъ прошлаго никакой исторической силы, которую слѣдовало бы изучать и съ которой бы нужно было считаться». — «Политикъ можетъ обойтись безъ исторической эрудиціи, говоритъ въ свою очередь Lavisse; довольно и того, если онъ будетъ знать идеи, интересы и страсти, двигающія общественнымъ мнѣніемъ и общественной жизнью современной Франціи. Я даже думаю, что хорошій историкъ былъ бы плохимъ государственнымъ человѣкомъ, такъ какъ уваженіе къ развалинамъ, къ остаткамъ древности удерживало бы его отъ необходимыхъ жертвъ». Плохо было бы, въ самомъ дѣлѣ, еслибы оздоровленіемъ Парижа завѣдывало «Общество исторіи Парижа и Иль-де-Франса»: археологи способны относиться съ уваженіемъ даже къ тифу, если онъ обитаетъ въ старомъ дворцѣ.

Но, если исторія не даетъ никакихъ указаній относительно разныхъ частностей въ искусствѣ управлять народомъ, то не объяснитъ ли она намъ, все же, качества и недостатки французскаго характера, съ которыми правители французскаго народа должны считаться? Не укажетъ ли она различнымъ формамъ государственной власти на тѣ опасности, которыя имъ угрожаютъ? Не научитъ ли она насъ спокойствію, терпѣнію, надеждѣ на всеисцѣляющую руку времени, а также не выучитъ ли она насъ отличать между нашими сосѣдями исконныхъ враговъ отъ исконныхъ друзей?

Преподаваніе исторіи и географіи ведется у насъ тоже по системѣ черезчуръ пассивной: монологъ учителя, нѣчто въ родѣ факультетской лекціи, а затѣмъ спрашиваніе уроковъ; роль учениковъ при такомъ преподаваніи состоитъ только въ томъ, что они записываютъ лекцію и потомъ выучиваютъ ее почти наизусть. Не дурно бы было познакомить ихъ съ историческимъ методомъ изслѣдованія, показать имъ, что такое документъ и что такое монументъ, дать имъ понять, какъ контролируются и критикуются различные источники[1]). Хорошо бы было также предпринимать съ учениками историческія прогулки, подобныя ботаническимъ и геологическимъ: на поля битвъ, по улицамъ, церквамъ и ратушамъ старыхъ

---

[1]) Для того, чтобы доказать, какъ трудно добиться исторической правды, авторъ приводитъ въ выноскѣ длинный разсказъ d'Harcourt'а о томъ, какъ составлялась реляція о сраженіи при Сольферино. Она была написана, по приказанію маршала Макъ-Магона, на самомъ мѣстѣ битвы и тотчасъ же послѣ нея. Въ составленіи участвовали всѣ генералы и офицеры генеральнаго штаба; все дѣло было свѣжо у нихъ въ памяти; поле, на которомъ оно произошло, было передъ глазами—и все-таки всѣ очевидцы и участники противорѣчили другъ другу, а когда они, наконецъ, кое-какъ сошлись, то, сначала начальникъ главнаго штаба и потомъ самъ маршалъ нашли изложеніе реляціи невѣрнымъ и два раза заставляли его переписывать. D'Harcourt заключаетъ изъ этого, что, если ужъ о такомъ ясномъ дѣлѣ, какъ только что кончившееся сраженіе, которое продолжалось всего нѣсколько часовъ, происходило на очень ограниченномъ пространствѣ и при дневномъ свѣтѣ, показанія свидѣтелей были разнорѣчивы, то насколько же можно вѣрить показаніямъ очевидцевъ о такихъ сложныхъ историческихъ фактахъ, которые длились годами и значеніе которыхъ можетъ быть безсознательно или преднамѣренно перетолковано? По его мнѣнію, *исторія всегда будетъ темна для людей, которые изучаютъ ее только по книгамъ, сами не участвуя въ исторической жизни народа, въ дѣлахъ, служащихъ предметомъ исторіи.*

городовъ, въ музеи и библіотеки. При этомъ можно бы было распредѣлять между учениками нѣкоторыя обязанности, заставить ихъ самостоятельно рѣшать легкія историческія задачи, для того, чтобы они привыкли составлять собственное мнѣніе, а не принимать все на вѣру и не утверждать легкомысленно.

III. Преподаваніе точныхъ наукъ.

Помимо суммы положительныхъ знаній, необходимыхъ въ обыденной жизни, всякое чисто и узко-научное образованіе, даваемое средними школами, остается безплоднымъ. Слѣдуетъ гнаться не за интенсивностью, а за экстенсивностью, энциклопедичностью его, такъ какъ главное значеніе точныхъ наукъ при среднемъ образованіи состоитъ не въ томъ, что онѣ даютъ положительное знаніе, а въ томъ, что расширяютъ міровоззрѣніе—не въ фактахъ, которые въ нихъ сообщаются, а въ ихъ обобщеніи. Однимъ словомъ, и естественныя, и точныя науки имѣютъ воспитательное значеніе лишь постольку, поскольку онѣ гуманитарны.

Точныя науки далеко не такъ сильно развиваютъ разумъ, какъ это принято думать. Онѣ снабжаютъ его фактами и формулами въ готовомъ видѣ; онѣ не требуютъ самостоятельной мысли и не пріучаютъ къ инициативѣ, которая служитъ основаніемъ всякой самостоятельной работы ума. Съ другой стороны, онѣ не культивируютъ воображенія, для чего болѣе пригодно образованіе эстетическое. Только одно философское образованіе развиваетъ разумъ, такъ же какъ и образованіе литературное, толково проведенное. Математика, съ ея кажущейся точностью, учитъ скрывать слабость доказательствъ за силою разсужденій (cacher la faiblesse des raisons sous la force des raisonnements!) она даетъ простыя формулы, которыя не могутъ включить въ себѣ реальности (enserrer la réalité) и разрушаютъ ту гибкость ума (esprit de finesse), безъ которой здравый смыслъ не мыслимъ. Математики считаютъ свои формулы непогрѣшимыми только потому, что онѣ суть формулы (parce qu'elles sont tirées des mathématiques), и строятъ ихъ для всего на свѣтѣ. Все у нихъ классифицировано и распредѣлено совершенно неоспоримымъ образомъ, такъ какъ съ формулой спорить нельзя. Даже въ наукахъ физическихъ, преподаваніе исключаетъ всякую возможность сомнѣваться въ фактахъ, принятыхъ и зарегистрованныхъ наукою. Правда, что въ нѣкоторыхъ случаяхъ учитель можетъ демонстрировать ученикамъ практическое приложеніе законовъ, о которыхъ только что шла у него рѣчь. Но вѣдь демонстрація есть лишь «иллюстрація» къ тексту и ничѣмъ не выясняетъ механизма индуктивнаго метода. Herbart справедливо говоритъ, что преподаваніе точныхъ наукъ въ коллегіяхъ всегда будетъ содѣйствовать развитію дедуктивныхъ наклонностей; для того, чтобы получить противуположный результатъ, нужно дать ученику возможность безпрестанно контролировать и повѣрять тѣ законы, которые сами по себѣ не кажутся ему очевидными и не импонируютъ его уму съ непобѣдимой силой,—а это именно и достигается упражненіями грамматическими и литературными. Въ правильности примѣненія грамматическаго правила сомнѣваться дозволено; ученикъ свободно можетъ критиковать его, считать произвольнымъ, колебаться передъ слѣпой вѣрой въ его непреложность, но кто же можетъ представить себѣ ученика, сомнѣвающимся въ точности таблицы логариомовъ или законовъ тяготѣнія?

Въ преподаваніи точныхъ наукъ очень важенъ самый методъ, а между тѣмъ онъ въ нашихъ коллегіяхъ вполнѣ пассивенъ—ученики машинально записываютъ уроки и редактируютъ ихъ. Слѣдовало бы перейти къ методу активному. Слѣдовало бы передавать точныя знанія вполнѣ научно, то есть строя научное зданіе на глазахъ учениковъ и заставляя ихъ самихъ его строить. Сами ученики поочередно должны продѣлывать всѣ опыты и манипуляціи; сами они должны ухаживать за машинами и собирать коллекціи растеній и минераловъ. А при теперешнемъ ходѣ занятій, связь между научной теоріей и практикой не ясна для нихъ, привычки къ точному наблюденію въ нихъ не вырабатывается. Начинать слѣдуетъ съ такихъ знаній, которыя имѣютъ прямое приложеніе въ жизни, не забывая ни гигіены, ни физіологіи. Не найдется человѣка, говоритъ Спенсеръ, который бы, въ теченіе жизни, не заболѣлъ нѣсколько разъ потому только, что не имѣетъ самыхъ элементарныхъ свѣдѣній по физіологіи. «У одного — порокъ сердца, вслѣдствіе суставного ревматизма, пріобрѣтеннаго по неблагоразумію; другой—хромаетъ, благодаря тому, что не далъ покоя своему, слегка ушибленному колѣну; третій лежитъ цѣлыми годами, оттого только, что не прекращаетъ умственныхъ занятій, возбуждающихъ у него пальпитаціи». Физіологическія преступленія, какъ наши, такъ и нашихъ предковъ, дѣйствуя на здоровье, превращаютъ жизнь въ тяжелую обузу, вмѣсто благодѣянія, которымъ она должна бы быть ([12]).

IV. Спеціальное образованіе.

Спеціальные курсы, недавно присоединенные къ лицеямъ, находятся у лицеистовъ во всеобщемъ презрѣніи и, по моему, вполнѣ его заслуживаютъ, такъ какъ угрожаютъ правильному классическому образованію. Идя по этому пути далѣе, мы придемъ къ полной дезорганизаціи нашей средней школы, со всѣми логическими ея послѣдствіями. Мы станемъ пристраивать общее образованіе нашихъ дѣтей къ потребностямъ будущей ихъ профессіи. При этомъ латинскій и греческій языки натурально станутъ ненужными, какъ по мнѣнію родителей, такъ и по мнѣнію дѣтей. А въ результатѣ—Франція переполнится близорукими утилитарами, и классическое образованіе исчезнетъ. «Избранныхъ», выдающихся по своимъ способностямъ и предназначенныхъ для высшаго образованія, найдется очень мало или совсѣмъ не найдется.

Всякая преждевременная спеціализація крайне опасна. Индивидуумъ всегда сложенъ: многія дѣти походятъ и на отца, и на мать, и на дѣда, представляя, такимъ образомъ, цѣлую серію физически и нравственно различныхъ типовъ. Такимъ образомъ, ни въ ребенкѣ, ни даже въ молодомъ человѣкѣ, никакъ нельзя видѣть чего либо цѣльнаго, оконченнаго;

никакъ нельзя опредѣлить всѣ возможности, заключающіяся въ его характерѣ, и предугадать, какая изъ нихъ разовьется преимущественно. Потому-то образованіе, заранѣе опредѣляющее спеціальность будущаго человѣка, и не можетъ быть допущено. Профессіональное образованіе, напримѣръ, должно только будить способности, а отнюдь не предопредѣлять, не развивать ихъ насильно, иначе оно превратится въ грубое уродованіе дѣтей, отъ котораго имъ придется терпѣть всю жизнь. Повторю еще разъ—воспитатель въ лицѣ воспитанника имѣетъ дѣло вовсе не съ фиксированнымъ и кристаллизованнымъ существомъ, а съ цѣлой серіей безпрестанно мѣняющихся индивидуумовъ, съ цѣлой семьей, въ нравственномъ и естественно-историческомъ смыслѣ слова.

Спеціалистъ есть, въ большей части случаевъ, утопистъ; умственныя очи его становятся близорукими вслѣдствіе узости горизонтовъ, съ которыми онъ имѣетъ дѣло. Всякая преждевременная спеціализація есть нарушеніе равновѣсія. Создать солдата, инженера, музыканта, врача—еще не значитъ создать человѣка, обладающаго всѣми своими способностями. Да кромѣ того нужно имѣть въ виду и неудачи на экзаменахъ, невозможность продолжать въ дѣтствѣ выбранную карьеру: на нѣсколько тысячъ кандидатовъ для поступленія въ Политехническую Школу, дѣйствительно поступаетъ только 300 человѣкъ, и уже если даже хорошій политехникъ не можетъ считаться вполнѣ законченнымъ человѣкомъ, то что же сказать о политехникѣ неудавшемся? [1]).

[1]) Къ мнѣнію автора о ранней спеціализаціи лицъ, стремящихся к. тейо.

V. Конкурсы и экзамены.

Дурныя стороны конкурсовъ и трудныхъ экзаменовъ всѣмъ извѣстны. Послѣдніе особенно вредны; они представляютъ собою трудновознаграждаемую трату силъ и времени, упражняютъ же одну только память, да и то не укрѣпляя, а изнашивая ее. Изъ хорошихъ сторонъ конкурса можно отмѣтить развѣ одно лишь возбуждаемое имъ соревнованіе, но и оно, имѣя цѣль часто фиктивную, вознаграждается первенствомъ въ одномъ какомъ нибудь частномъ пунктѣ, да и то не надолго. Соревнованіе, обыкновенно, конкурсомъ и кончается; этотъ послѣдній задерживаетъ побѣжденныхъ, окончательно ихъ обезкураживая, но задерживаетъ и побѣдителей, заставляя ихъ успокоиться на лаврахъ. Между тѣмъ соревнованіе слѣдуетъ организовать для того, чтобы оно было постояннымъ. Мнѣ могутъ возразить на это, что все-таки не дурно, отъ времени до времени, отбирать

къ высшему образованію, нельзя не присоединиться. Средняя общеобразовательная школа непремѣнно должна быть энциклопедической, и только люди, кончившіе въ ней курсъ могутъ имѣть доступъ въ высшія профессіональныя учрежденія, иначе наши спеціалисты превратятся въ полныхъ невѣждъ во всемъ, что не касается ихъ спеціальности. Но высшее образованіе есть въ нѣкоторомъ родѣ роскошь, которую не всѣ могутъ себѣ дозволить. Да, наконецъ, общество нуждается и въ простыхъ, скромныхъ работникахъ, которые могли бы дѣлать спеціальное дѣло по чужимъ указаніямъ, могли бы помогать настоящимъ, ученымъ спеціалистамъ. Вотъ для образованія такихъ-то людей и нужна ранняя спеціализація, нужно учрежденіе низшихъ и среднихъ профессіональныхъ школъ, дешево стоющихъ и отнимающихъ у ученика возможно мало времени. Прим. Перев.

лучшихъ; правда, но дурно то, что при этомъ отбираются и худшіе.

Степень баккалавра должна бы имѣть совершенно самостоятельное значеніе — значеніе конца общаго образованія, безъ всякаго отношенія къ профессіи, которую изберетъ себѣ баккалавръ. А у насъ смотрятъ на эту степень, какъ на право поступленія въ высшія профессіональныя школы, почему, какъ учителя, такъ и ученики коллегій, не только при экзаменѣ на баккалавра, но и вообще въ преподаваніи заботятся, главнымъ образомъ, о выполненіи требованій этихъ послѣднихъ, въ ущербъ свободѣ, высотѣ уровня и гуманитарному значенію общаго образованія. Благодаря этому обстоятельству, многіе увлекающіеся люди совсѣмъ отрицаютъ баккалавреатъ и совѣтуютъ замѣнить его простыми вступительными экзаменами въ высшихъ профессіональныхъ школахъ и факультетахъ, а также правительственнымъ экзаменомъ при поступленіи на административныя должности. Такое рѣшеніе вопроса можетъ только ускорить полную гибель классическаго образованія. Ученики перестанутъ тогда интересоваться тѣми предметами, которые не имѣютъ прямого практическаго приложенія ни къ какой карьерѣ — единство средняго образованія будетъ нарушено и общеобразовательная школа распадется на группы школъ приготовительныхъ. По моему мнѣнію, слѣдовало бы комбинировать экзаменъ на баккалавра съ экзаменами вступительными, какъ это дѣлается въ Германіи ([18]).

VI. Высшее образованіе.

По германской системѣ, спеціальныя школы посвящены отдѣльнымъ отраслямъ знанія, а университетъ синтетически сближаетъ ихъ между собою. Школы занимаются прикладными знаніями, а университетъ —чистымъ; школы выпускаютъ работниковъ, прилагающихъ открытія къ дѣлу, а университетъ —ученыхъ, дѣлающихъ научныя открытія. «Школы представляютъ собою царство дѣйствія,—говоритъ Dillon въ своей книгѣ о нѣмцахъ,—а университеты —царство свѣта. Въ наше время, когда границы знанія постоянно расширяются, изолированный умъ, одними своими силами не могъ бы объединить науки; университеты же, группы людей, соединившихся для этой цѣли, дѣлаютъ такое единство очевиднымъ. «Подобно конволюціямъ мозга, совокупностью своею составляющимъ органъ мышленія, отдѣльные циклы наукъ, собравшись группами въ факультеты, составляютъ университетъ — органъ коллективнаго знанія націи».

Но германскіе университеты начинаютъ отклоняться отъ этого идеала. Каждый университетъ,—говоритъ депутатъ Лисберъ,—расчленяется на спеціальныя школы; и даже спеціальности начинаютъ дробиться. «Студентъ становится школьникомъ и съ тѣхъ поръ какъ отмѣнено обязательное слушаніе лекцій, онъ, вслѣдствіе молчаливаго соглашенія съ профессоромъ, ограничивается жиденькимъ курсомъ, едва достаточнымъ для экзамена. Онъ не хочетъ разбрасываться по знаніямъ, безпрерывно ростущимъ, и концентрируетъ свое вниманіе на узкихъ, часто практическихъ задачахъ. Кто не изучаетъ естественныхъ наукъ спеціально, тотъ можетъ кончить курсъ въ университетѣ, не имѣя никакого понятія о самыхъ важныхъ открытіяхъ послѣдняго времени. Съ другой стороны, спеціалисты-естественники не имѣютъ даже самыхъ элементарныхъ знаній изъ политической экономіи, исторіи и литературы. Аудиторіи находятся рядомъ; факультеты принадлежатъ къ одному и тому же университету; профессора и преподавательскій персоналъ вообще связанъ общимъ уставомъ и участіемъ въ сенатѣ университета, но нравственная связь прервана: личныя сношенія ослабли — профессора и студенты дѣлятся по спеціальностямъ, какъ будто бы университетъ уже распался на совершенно отдѣльныя профессіональныя школы» [1]).

Другой писатель, анонимъ, котораго считаютъ профессоромъ одного изъ большихъ германскихъ университетовъ, вполнѣ подтверждаетъ показанія Ляскера. Онъ говоритъ, что студенты разныхъ факультетовъ совсѣмъ не смѣшиваются между собою и посѣщаютъ различныя аудиторіи. Если вы замѣчаете вокругъ себя безукоризненно одѣтыхъ джентльменовъ, то это значитъ, что вы попали въ аудиторію юридическаго факультета. Если вокругъ васъ господствуютъ стриженыя головы и попадаются характерныя фигуры, то это значитъ, что вы находитесь у теологовъ. Войдите въ третью залу и вы встрѣтите «очки на всѣхъ носахъ, букли à la Raphaël или прически à la brebis, моды послѣднихъ пятнадцати лѣтъ,

---

[1]) Deutsche Rundschau 1874.

порыжелые пледы, грязные рубашки, галстуки на боку, большія уши, толстыя щеки—это будетъ значить, что вокругъ васъ находятся филологи, историки, математики и натуралисты», то есть студенты «философскаго факультета», соотвѣтствующаго французскимъ факультетамъ des sciences и des lettres — будущіе профессора и учителя гимназій. Однимъ словомъ — каждый жмется къ своему углу, и даже философскій факультетъ распадается на множество спеціальностей: филологи чуждаются литературы, историки не изучаютъ филологіи, а ужъ что касается естественниковъ, то они совсѣмъ отдѣлились отъ всѣхъ другихъ». Точно будто бы университетъ, долженствующій, какъ самое имя его показываетъ, стремиться къ универсальности знанія, окончательно распался на спеціальныя школы.

Во Франціи до послѣдняго времени, факультеты не имѣли настоящихъ студентовъ [1]), но теперь это начинаетъ вводиться и вызываетъ соперничество и ссоры между преподавателями открытыхъ и закрытыхъ курсовъ. Всякій пропагандируетъ свою систему, а на дѣлѣ обѣ онѣ процвѣтаютъ рядомъ. Открытое, публичное преподаваніе «приглашаетъ всю націю и даже иностранцевъ къ изученію естественныхъ и философскихъ наукъ подъ руководствомъ первоклассныхъ авторитетовъ. Публичные курсы есть интеллектуальная школа, двери которой широко открыты для всѣхъ».

Въ германскихъ университетахъ профессоръ работаетъ окруженный студентами и молодыми учеными,

---

[1]) Курсы ихъ были общедоступны. Прим. Перев.

своими учениками. Нѣсколько разъ въ недѣлю онъ читаетъ лекціи, число которыхъ, равно какъ объемъ и содержаніе своего курса, онъ можетъ измѣнять, увеличивая или уменьшая, сообразно интересамъ аудиторіи—никакая программа его не стѣсняетъ, да и въ самыхъ лекціяхъ нѣтъ ничего предрѣшеннаго, такъ какъ онѣ суть простыя бесѣды о предметѣ всѣхъ равно занимающемъ. Частыя, почти ежедневныя встрѣчи профессора съ учениками и совмѣстныя ихъ работы дозволяютъ, по словамъ Bréal'я, въ короткое время достигать значительныхъ результатовъ.

Эта система была введена во Франціи въ Ecole pratique des hautes études; ее приняли многіе факультеты. Остается только распространить ее повсюду, прибавивъ къ публичнымъ курсамъ приватные, предметъ которыхъ, число и продолжительность должны вполнѣ зависѣть отъ воли преподавателя. У насъ и теперь уже есть студенты, въ настоящемъ смыслѣ этого слова. Снабдивъ ихъ стипендіями, государственный бюджетъ обезпечилъ существованіе учрежденія, которое послужитъ хотя бы только для рекрутированія персонала преподавателей. Къ несчастію, наши студенты не пропитаны студенческимъ духомъ. Между тѣмъ, какъ въ другихъ странахъ годы, проведенные въ университетѣ, считаются лучшимъ временемъ жизни и студенты стараются продлить ихъ по возможности, наши «кандидаты, получающіе стипендію, только о томъ и думаютъ, какъ бы поскорѣе сдать экзаменъ и уйти». Факультеты, значитъ, опять-таки превращаются въ спеціальныя школы.

Поэтому-то, рядомъ съ постоянными, регистрованными слушателями курсовъ, составляющими вѣрно будущаго студенчества, слѣдуетъ оставить мѣсто и для публики, для всѣхъ желающихъ. Большая часть французской молодежи, по выходѣ изъ лицеевъ, незнаетъ куда дѣвать свое время и, вовсе неимѣя намѣренія посвятить себя юриспруденціи, все же спѣшитъ запастись дипломомъ лиценціата правъ. «Всякій изъ насъ, говоритъ Lavisse, встрѣчалъ агрономовъ, торговцевъ, промышленниковъ, наконецъ, людей ничего не дѣлающихъ, которые, въ юности, числились въ спискахъ юридическаго факультета, хотя лабораторіи и аудиторіи Сорбонны были бы для нихъ болѣе подходящимъ мѣстомъ. Въ этихъ послѣднихъ они получили бы знанія, болѣе нужныя для ихъ жизни и, кромѣ того, общую культуру, которая въ нашей странѣ такъ рѣдко встрѣчается».

Французская классификація факультетовъ искусственна и вредитъ единству знанія. Факультеты des lettres и des sciences должны быть, по-прежнему, соединены въ одинъ «Faculté de philosophie» или «Faculté des Arts», какъ это до сихъ поръ принято въ иностранныхъ университетахъ. Факультеты въ первый разъ были раздѣлены при Наполеонѣ и это очень повредило преподаванію, произведя какую-то анархію ([14]).

VII. Профессіональныя школы.

Большія профессіональныя школы необходимы, но въ то-же время и опасны. Въ Политехнической Школѣ господствуетъ чистая наука; курсы этой школы представляютъ собою цѣлую физико-математическую энциклопедію; образованіе тамъ дается теоретическое, направленное къ тому, чтобы развить научный духъ и снабдить слушателей орудіями, которыя пригодятся имъ при самостоятельной работѣ. Однимъ словомъ, школа не производитъ ни инженеровъ ни практиковъ вообще; цѣль ея болѣе высокая, но и болѣе узкая: она состоитъ въ томъ, чтобы подготовлять учениковъ для школъ чисто профессіональныхъ, вырабатывающихъ изъ безформеннаго политехника опредѣленныхъ специалистовъ. Въ этихъ-то профессіональныхъ школахъ—Ecole de Fontainebleau, Ecole du génie maritime, Ecole des mines, des ponts et chaussées etc.—дается настоящее техническое образованіе.

Къ несчастію, политехники положительно переутомляются, какъ до поступленія въ школу, такъ и во время пребыванія тамъ. Если хорошо дѣлать выборъ между людьми, то не съ тою же, однако, цѣлью, чтобы окончательно истреблять выбранныхъ. По словамъ Lagneau, школьный режимъ доводилъ очень многихъ до болѣзни и сумасшествія. А между тѣмъ пріемный конкурсъ даетъ столько же шансовъ случаю, сколько и способностямъ, такъ что поступившіе въ школу первыми, очень часто становятся въ ней послѣдними. Экзаменаціонныя требованія ростутъ съ каждымъ годомъ, и теперь они таковы, что нужно окончательно разстроить свой организмъ для того, чтобы какъ слѣдуетъ выдержать экзаменъ. Это вовсе не потому, говорятъ Cournot и Simon, чтобы самой школѣ были нужны такія высокія познанія, но экзаменаторы не знаютъ какъ избавиться отъ наплыва кандидатовъ и поневолѣ повышаютъ уровень экзаменаціонныхъ требованій. Если въ програмѣ только двадцать вопросовъ, то всѣ будутъ знать ихъ, а если двѣсти, то, пожалуй, самый лучшій ученикъ не приготовитъ больше ста пятидесяти. Тѣмъ хуже для него, если онъ попадетъ на незнакомый билетъ, а совѣсть экзаменатора покойна. Надо думать, что дѣло скоро дойдетъ до того, что придется нарочно изобрѣтать такіе вопросы, на которые отвѣчать было бы невозможно.

Первая бѣда, отсюда проистекающая, состоитъ въ томъ, что «искусство преподаванія» мало-по-малу замѣняется во Франціи вновь изобрѣтеннымъ «искусствомъ подготовлять къ экзамену». Пока экзаменаторъ подвергаетъ кандидата пыткѣ, предлагая ему вмѣсто вопросовъ загадки, искусные репетиторы, находящіеся тутъ же въ аудиторіи, экзаменуютъ, разсматриваютъ и изучаютъ его самого, всѣ его обычаи, хитрости, любимыя формулы и даже фантазіи. Если на слѣдующемъ экзаменѣ появится онъ же, то его несомнѣнно проведутъ. Дѣло идетъ уже не о знаніи, а о томъ, кто кого надуетъ, объ искусствѣ отвѣчать такому-то экзаменатору. Искуство это пріобрѣтается уже въ приготовительной школѣ, въ которой изученіе вопросовъ вступительной программы начинается очень рано, на экзаменъ же являются еще не будучи окончательно готовыми, просто для того, чтобы свыкнуться съ нимъ и узнать слабыя стороны экзаменаторовъ. «Надо быть совсѣмъ глупымъ, говоритъ Jules Simon, чтобы при такой системѣ подготовки, безъ какого нибудь особаго несчастія, не выдержать экзамена и не попасть въ Политехническую Школу».

При университетѣ состоятъ только профессора, а не репетиторы и трэнеры на вышеписанный образецъ; но если онъ откажется принять систему подготовки къ экзаменамъ, то потеряетъ тѣхъ изъ своихъ слушателей, которые стремятся въ профессіональныя школы. Поэтому онъ, волей-неволей, тоже обязанъ пѣть въ общемъ хорѣ. Въ результатѣ и выходитъ, по словамъ Cournot, что «правительство платитъ репетиторамъ за то, что они обманываютъ профессоровъ, и профессорамъ за то, что они не поддаются обману репетиторовъ». Говорятъ, что конкуренція благодѣтельна, что она пришпориваетъ конкурентовъ, заставляя ихъ вырабатывать все лучшій и лучшій продуктъ. Это не совсѣмъ справедливо, отвѣчаетъ Jules Simon, особенно по отношенію къ образованію, а по отношенію къ репетиторамъ и совсѣмъ неправда, такъ какъ они стараются вырабатывать вовсе не лучшихъ учениковъ, а только болѣе счастливыхъ кандидатовъ. Университетъ оказывается во всемъ этомъ безъ вины виноватъ. Политехническая Школа, такъ же какъ и Сенъ-Сирская, принадлежитъ военному министерству, мало компетентному въ дѣлѣ образованія. А между тѣмъ она даетъ тонъ всѣмъ остальнымъ профессіональнымъ школамъ. Желая получить цвѣтъ молодежи, она дѣлаетъ даже черезчуръ строгій выборъ, но выборъ этотъ производится при помощи ложной и влекущей къ ошибкамъ системы. Не лучше-ли было бы для нея избирать своихъ кандидатовъ не изъ тѣхъ, память которыхъ наиболѣе загромождена, а изъ тѣхъ у кого больше таланта и чье міровоззрѣніе шире? Для этого слѣдуетъ только требовать отъ кандидата степени баккалавра ès lettres и затѣмъ подвергать его дополнительному экзамену изъ точныхъ наукъ:

«Профессіональныя школы при этомъ много выиграли бы, говоритъ Jules Simon, а для коллегій это было бы благодѣяніемъ, потому что освободило бы ихъ учениковъ отъ необходимости тренироваться исключительно для экзамена и позволило бы имъ получать образованіе достойное человѣка» ([15]).

ГЛАВА СЕДЬМАЯ.

Воспитаніе женщинъ и наслѣдственность.

I. Воспитаніе дѣвушекъ и наслѣдственность.

Весь вопросъ о женскомъ образованіи долженъ быть направляемъ, по моему мнѣнію, слѣдующими тремя принципами:

1) Женщина физіологически слабѣе мужчины; она обладаетъ меньшимъ запасомъ силъ, нужныхъ для того, чтобы удовлетворить значительному ихъ расходу, обусловливаемому мозговой работой, перешедшей за извѣстныя границы.

2) Функція воспроизведенія играетъ въ организмѣ женщины болѣе важную роль, чѣмъ въ организмѣ мужчины; а эта функція, по словамъ всѣхъ физіологовъ, обратно пропорціональна дѣятельности мозга, стало быть нарушеніе равновѣсія, производимое этой послѣднею, гораздо сильнѣе отразится на женскомъ организмѣ, чѣмъ на мужскомъ.

3) Послѣдствія такого нарушенія равновѣсія могутъ быть болѣе пагубными для рода, когда дѣло

касается женщины, чѣмъ когда оно касается мужчины.

Жизнь женщины, обыкновенно сидячая и мало гигіеничная, не позволитъ организму истощенному нераціональнымъ воспитаніемъ, поправиться; а между тѣмъ здоровье матери гораздо важнѣе для ребенка, чѣмъ здоровье отца. Издержки мужскаго организма, на то чтобы сдѣлаться отцомъ, вполнѣ ничтожны въ сравненіи съ тѣми, которые несетъ женщина. На беременность, роды, кормленіе и выхаживаніе ребенка требуется большой запасъ физическихъ и нравственныхъ силъ. Матери Бэкона и Гёте, будучи замѣчательными женщинами, не могли бы, все-таки, написать ни Novum organum, ни Фауста; а еслибы написали, то ихъ материнскія способности ослабли бы настолько, что ихъ дѣти не могли бы поровняться ни съ Бэкономъ ни съ Гёте. Если родители, въ теченіе своей жизни, неразсчетливо тратятъ свои внутреннія силы, то дѣтямъ не много достанется этихъ послѣднихъ. Кольриджъ самымъ серьезнымъ образомъ говоритъ, что: «исторія тѣхъ девяти мѣсяцевъ, которые предшествуютъ рожденію человѣка, содержитъ, вѣроятно, болѣе важныя происшествія и оказалась бы болѣе интересною, чѣмъ вся послѣдующая жизнь этого человѣка».

Высшіе авторитеты думаютъ, что чѣмъ утонченнѣе образованіе женщины, тѣмъ слабѣе здоровье ея дѣтей. Спенсеръ, въ Основахъ Біологіи, говоритъ, что физическій и нравственный трудъ дѣлаетъ женщинъ менѣе плодовитыми. Если принять во вниманіе, что дочери богатыхъ классовъ общества, лучше питаются и живутъ въ лучшихъ гигіеническихъ услоніяхъ, чѣмъ дочери бѣдныхъ людей, то ихъ сравнительно меньшая плодовитость можетъ быть объяснена только излишкомъ интеллектуальной жизни, неблаготворно вліяющимъ на ихъ здоровье. Эта меньшая плодовитость выражается не только большей частотой полнаго безплодія, не только уменьшеніемъ періода производительной дѣятельности, но и неспособностью къ выполненію другихъ обязанностей материнства, т. е. къ кормленію своего ребенка. «Полное материнство состоитъ въ томъ, чтобы доносить здороваго и хорошо развитого ребенка до срока и затѣмъ выкормить его надлежащимъ образомъ. Вотъ къ этой-то двухсторонней дѣятельности и оказываются, въ большей части случаевъ, неспособными тѣ женщины съ плоской грудью, которыхъ производитъ утонченное образованіе. Даже предположивъ, что онѣ будутъ имѣть среднее количество дѣтей, то все же ихъ нужно признать не плодовитыми». Датскій врачъ д-ръ Hertel, констатировалъ, что въ высшихъ школахъ его страны, 29% мальчиковъ и 41% дѣвочекъ, разстраиваютъ свое здоровье усиленными умственными занятіями; анэмія, золотуха и головныя боли распространены между ними въ высокой степени. Профессоръ Быстровъ, въ Петербургѣ, также собралъ аналогичныя данныя.

Изъ этихъ и многихъ другихъ фактовъ можно съ увѣренностью заключить, что излишняя умственная работа, обусловленная экзаменами, конкурсами и вообще обстановкой высшаго образованія, вредная для мальчиковъ, является еще болѣе вредною для дѣвочекъ, по отношенію къ вліянію на потомство. Умственное переутомленіе, повторившись въ нѣсколькихъ поколѣніяхъ, можетъ сдѣлать женщину совершенно неспособной къ выполненію функцій матери. Опасность чрезчуръ интенсивныхъ умственныхъ занятій для дѣвочекъ увеличивается еще тѣмъ обстоятельствомъ, что, будучи отъ природы расположены къ сидячей жизни, онѣ предаются этимъ занятіямъ съ большей усидчивостью, чѣмъ мальчики. Одновременно съ усиленнымъ умственнымъ трудомъ, вредно дѣйствуетъ на нихъ и его обстановка — жизнь въ четырехъ стѣнахъ, плохое питаніе, недостатокъ движенія etc. Къ этому слѣдуетъ прибавить еще недостатокъ сна — продолжительное бодрствованіе, проводимое дѣвушками богатыхъ классовъ «на вечерахъ», а бѣдными — въ трудѣ. Одинъ американецъ, T. Clarke, полагаетъ, что если мы будемъ продолжать теперешній нашъ образъ жизни, то лѣтъ черезъ пятьдесятъ намъ придется вывозить себѣ женъ изъ-за Атлантическаго океана. Въ этомъ случаѣ, при помощи наслѣдственности, происходитъ естественный подборъ навыворотъ, гибельный по своимъ послѣдствіямъ. Молодыя дѣвушки интеллигентныхъ классовъ, которыя должны бы были содѣйствовать поднятію нравственнаго и умственнаго уровня будущихъ поколѣній, оказываются неспособными къ материнству или производятъ на свѣтъ слабыхъ дѣтей, оставляя, такимъ образомъ, честь продолженія рода человѣческаго на долю женщинъ необразованныхъ, но крѣпкихъ и сильныхъ.

Матери, заботящіяся о томъ, чтобы сдѣлать своихъ дочерей привлекательными, не могли выбрать болѣе неподходящаго къ этой цѣли средства, какъ пожертвованіе тѣломъ въ пользу ума. Или онѣ не считаютъ нужнымъ сообразоваться, въ этомъ отношеніи, со вкусомъ мужчинъ, или имѣютъ очень неточное понятіе объ этомъ вкусѣ. Мужчины, говоритъ Спенсеръ, мало заботятся объ эрудиціи женщинъ; они цѣнятъ, главнымъ образомъ, красоту, доброту, хорошій характеръ и здравый смыслъ. «Могутъ ли синія чулки похвастаться побѣдами, одержанными при помощи знанія исторіи? Влюблялся ли кто нибудь въ женщину потому только, что она говоритъ по-итальянски? Гдѣ тотъ Эдвинъ, который палъ къ ногамъ Анжелины за то, что она знаетъ нѣмецкій языкъ? А розовыя щеки и блестящія глаза привлекаютъ многихъ. Веселость и добродушіе, обусловленныя хорошимъ здоровьемъ, внушаютъ глубокую привязанность, ведущую къ браку. Всѣмъ извѣстны случаи, въ которыхъ одна только красота формъ порождала неудержимую страсть, но едва ли кто нибудь видѣлъ, чтобы одно только образованіе, безъ всякихъ другихъ физическихъ и нравственныхъ достоинствъ, вызвало когда нибудь то же чувство». По Спенсеру, изъ всѣхъ элементовъ, соединяющихся въ сердцѣ человѣка въ сложную эмоцію, называемую чувствомъ любви, наиболѣе могущественными слѣдуетъ считать тѣ, которые порождаются внѣшностью женщины; на второмъ планѣ стоятъ нравственныя ея качества и только уже на третьемъ — умственныя. Но надо замѣтить еще, что и эти послѣднія больше зависятъ отъ врожденныхъ качествъ ума, чѣмъ отъ благопріобрѣтенныхъ: цѣнятся вовсе не знанія, не эрудиція, а живость пониманія, проницательность, гибкость ума etc. «Если кто нибудь найдетъ, что наше мнѣніе унижаетъ мужчину, что увлекаться такими ничтожными качествами недостойно этого послѣдняго, тому мы отвѣтимъ, что онъ не знаетъ, что говоритъ. Одна изъ цѣлей природы, даже главная ея цѣль, состоитъ въ сохраненіи рода; а для этой цѣли культивированный умъ, при плохомъ здоровьѣ, не имѣетъ никакой цѣны, такъ какъ потомки человѣка, обладающаго такимъ умомъ, вымрутъ въ одно или два поколѣнія. Наоборотъ, красивое и крѣпкое тѣло, хотя бы оно и не было носителемъ какихъ либо талантовъ или высоко развитаго интеллекта, все же заслуживаетъ сохраненія и передачи въ потомство, такъ какъ въ этомъ послѣднемъ, интеллектъ, мало-по-малу и безъ всякаго вреда для здоровья, можетъ развиться до высокой степени. Ясно, стало быть, какое важное значеніе имѣютъ инстинкты, вложенные природою въ мужчину. Но, какъ бы то ни было, инстинкты эти существуютъ, и съ нашей стороны было бы сумасшествіемъ настаивать на системѣ воспитанія, разрушающей здоровье женщинъ съ единственной цѣлью нагрузить ея память» [1]).

Не слѣдуетъ ли изъ этого, что женщина совсѣмъ не должна получать образованія? Далеко нѣтъ! Я къ тому и иду, чтобы сказать, что она должна быть образована возможно болѣе, но въ предѣлахъ силъ, которыми располагаетъ. Образованіе—одно дѣло, а интеллектуальная затрата—совсѣмъ другое. Въ томъ и состоитъ задача раціональнаго образованія, особенно образованія женскаго, чтобы сообщить ученику возможно большее количество знаній и поня-

[1]) Спенсеръ. О воспитаніи.

тій, съ возможно меньшей затратой интеллектуальныхъ силъ. Женщина имѣетъ въ семьѣ роль, которую она никакъ не можетъ съ себя сбросить: она должна давать нравственное и физическое воспитаніе своимъ дѣтямъ. Къ этой-то важной функціи мы и должны ее подготовить. Практическая педагогія, вмѣстѣ съ гигіеной, есть, собственно говоря, *единственное знаніе*, необходимое для женщины, и оно-то именно ей и не сообщается. Если мы замѣтимъ, при этомъ, что практическая педагогія, то есть искусство преподавать, требуетъ предварительнаго знакомства съ предметами преподаванія и что это знакомство должно быть основательнымъ, для того чтобы принести плоды, то дверь къ широкой интеллектуальной дѣятельности дѣвушекъ окажется вполнѣ открытою.

Другой порядокъ знаній соотвѣтствуетъ другой роли женщинъ, но уже не въ семьѣ, а въ обществѣ. Психологически, женщина представляетъ собою существо, въ которомъ чувства жалости, привязанности, альтруизма, преданности—особенно живы и могущественны; она должна быть воплощенной нѣжностью, сестрой милосердія для мужчины. Заниматься политикой было бы для нея безплодно и непрактично; а филантропія вполнѣ входитъ въ ея роль. Но эта послѣдняя превратилась теперь въ науку, близко соприкасающуюся съ политической экономіей — науку о направленіи, въ которомъ слѣдуетъ идти, для того чтобы уменьшить бѣдствія рода человѣческаго, науку объ устройствѣ благотворительныхъ учрежденій. Вотъ черезъ эту-то науку женщина должна познакомиться съ политической экономіей. На катеръ лежитъ обязанность развить сердце ребенка. Религія материнства есть самая безобидная и полезная изъ религій. Нѣжное уваженіе ребенка есть родъ религіознаго благоговѣнія. Вечеромъ посадите къ себѣ на колѣни вашего сына и сдѣлайте ему маленькую исповѣдь (достаточно одной минуты). «Мнѣ стыдно за моего мальчика; я хотѣла бы завтра гордиться имъ...» Всякое наказаніе должно быть для матери больнѣе чѣмъ для самого наказаннаго. Великое искусство материнства состоитъ въ томъ, чтобы концентрировать всю нравственность въ одной только дѣтской любви, которая есть несомнѣнно первая форма нравственности. Боязнь «огорчить маму» есть первая и на долгое время единственная форма нравственнаго инстинкта дѣтей. Нужно, чтобы эта форма была усовершенствована матерью и чтобы въ нее вошли наиболѣе разнообразныя и возвышенныя чувства. Сердце матери должно вполнѣ замѣнить ребенку совѣсть; нужно, стало-быть, чтобы это сердце вмѣщало въ себѣ всю совѣсть человѣчества.

Вообще, при воспитаніи женщины слѣдуетъ согласовать между собою два противоположныхъ принципа. Если, съ одной стороны, располагая меньшими силами, чѣмъ мужчина, она не можетъ произвести такого же, какъ онъ, количества интеллектуальной работы, то, съ другой стороны, будучи его сотрудницей и воспитательницей его дѣтей, она не можетъ быть чуждой никакимъ его чувствованіямъ и занятіямъ.

Поскольку интеллектуальный трудъ дѣлается все болѣе и болѣе обязательнымъ для молодого человѣка, постольку же обязательность его возрастаетъ и для молодой дѣвушки. Совершенно уничтожить эту обязательность въ послѣднемъ случаѣ, изъ боязни разстроить здоровье женщины и изъ желанія вознаградить рано или поздно, черезъ мать, тѣ убытки, которые терпитъ потомство, благодаря усиленнымъ умственнымъ занятіямъ отца, было бы непрактично. Ребенокъ наслѣдуетъ не только хорошія физическія и умственныя качества родителей, но и дурныя; такъ что, устраняя мать отъ всякаго умственнаго развитія, мы рискуемъ къ плохому здоровью, полученному въ наслѣдство отъ отца, прибавить въ дѣтяхъ умственную лѣнь и тупость матери. Мать, передающая своимъ дѣтямъ крѣпкое здоровье, дѣлаетъ имъ, конечно, неоцѣнимый подарокъ; но она можетъ удвоить значеніе этого подарка, укрѣпивъ прирожденное здоровье толковымъ воспитаніемъ и развивъ въ дѣтяхъ интеллектъ, энергію, волю. И вотъ къ этому-то второму материнству (къ материнству сердца и духа) еще труднѣе подготовить женщину, чѣмъ къ первому. Но прежде чѣмъ думать о будущихъ сыновьяхъ дѣвочки, нужно обдумать ея собственную судьбу, при томъ вполнѣ, то есть съ трехъ точекъ зрѣнія: физической, нравственной и интеллектуальной. «A vouloir marcher plus vite que les violons, on perd la mesure», говоритъ французская пословица; черезчуръ дальнозоркіе люди ничего не видятъ вблизи. Пусть же вспомнятъ тѣ, которые не хотятъ въ женщинѣ видѣть ничего, кромѣ розовыхъ щекъ, что у нея есть еще интеллектъ, нуждающійся въ дѣятельности, и что этотъ интеллектъ, не будучи занятъ надлежащимъ образомъ, найдетъ себѣ дѣятельность въ пустякахъ свѣтской жизни. А эта жизнь и эти пустяки вредятъ здоровью столько же, если не больше, чѣмъ серьезная и правильная умственная работа. И кромѣ того, расширеніе умственнаго кругозора даетъ точку опоры для порыва къ дальнѣйшему нравственному развитію, для появленія новыхъ нравственныхъ качествъ, важныхъ даже и въ восемнадцать лѣтъ. Наконецъ, странно было бы думать, что образованный человѣкъ можетъ удовольствоваться спутницей и сотрудницей, которая обладаетъ только розовыми щеками: вѣдь къ нимъ можно привыкнуть, да и поблѣднѣютъ онѣ рано или поздно; напротивъ, нравственныя качества никогда не надоѣдятъ: культурная женщина незамѣтно сдѣлается необходимымъ и незамѣнимымъ товарищемъ на цѣлую жизнь [1]).

---

[1]) «Какого прекраснаго совѣтника, говоритъ Stendhal, человѣкъ находитъ въ женѣ, умѣющей мыслить!» — «Невѣжды суть прирожденные враги женскаго образованія». — «Самый ничтожный мужчина, если только онъ молодъ и красивъ, можетъ быть опаснымъ для необразованной женщины, такъ какъ она живетъ только инстинктами; а въ глазахъ женщины умной, онъ ничто иное, какъ лакей». — «Красивыя, молодыя дѣвушки обладаютъ очень часто дурнымъ характеромъ и бываютъ лѣнивы; онѣ знаютъ, что красота пользуется большими правами въ глазахъ мужчинъ, и не считаютъ нужнымъ сдерживаться». — «Желаніе нравиться обезпечиваетъ женщинѣ всѣ ея женственныя прелести — никакое образованіе ихъ не уменьшитъ, тѣмъ болѣе, что онѣ совсѣмъ и не зависятъ отъ невѣжества: взгляните на женъ и дочерей нашихъ буржуа или толстыхъ англійскихъ купцовъ». — «Въ жизни мужчинъ бываютъ минуты, когда имъ все кажется возможнымъ и когда они дѣйствительно могутъ сдѣлать много хорошаго. Невѣжество женщинъ заставляетъ ихъ тратить такія минуты на пустяки. Въ наше время любовь заставляетъ людей много много что хорошо ѣздить верхомъ или заказывать платье у хорошаго портного». — «Всякій первый опытъ бываетъ ошибоченъ. Просвѣтите умъ молодой дѣвушки, образуйте ея характеръ, дайте ей, однимъ словомъ, хорошее воспитаніе, и она, сравнивъ себя со сверстницами, неизбѣжно станетъ педанткой, то есть самымъ про-

Изъ всѣхъ вышеписанныхъ соображеній ясно слѣдуетъ, что стремленіе женщинъ къ умственному образованію не должно быть останавливаемо, а только направляемо. Мы отправили нашихъ дочерей, какъ и сыновей, на усиленную работу, не заботясь о пополненіи тратъ, обусловленныхъ продолжительными усиліями; это все равно что отправиться въ дальнее путешествіе безъ всякихъ запасовъ. Плохія гигіеническія условія господствуютъ во всѣхъ нашихъ семьяхъ, а въ среднемъ классѣ, дочери котораго усиленно работаютъ (потому что для нихъ дѣло идетъ, можетъ быть, о кускѣ хлѣба на всю жизнь), на нихъ даже совсѣмъ не обращается вниманія. Отсюда — систематическое истощеніе дѣтей обоего пола, какъ разъ въ то время, когда тѣло и духъ ихъ должны развиваться. А лекарство очень просто и находится подъ руками: никто такъ строго не выполняетъ абсолютно наложенныхъ правилъ, какъ женщина; научите ее гигіенѣ такъ же, какъ учите вести хозяйство, и она во всю свою остальную жизнь никогда не нарушитъ гигіеническихъ правилъ, такъ же какъ не допуститъ пыли на диванѣ. Дать дѣвочкамъ возможность легко вознаграждать понесенныя ихъ организмомъ потери — хорошая пища, долгій сонъ, упражненія на чистомъ воздухѣ — и то ужъ будетъ много, такъ какъ у здоровыхъ людей самъ организмъ о себѣ заботится, былъ бы только необходимый матеріалъ.

Затѣмъ нужно опять-таки принять мѣры противъ

тивнымъ существомъ въ мірѣ. Каждый мужчина съ большимъ удовольствіемъ женится на горничной, чѣмъ на ученой женщинѣ. Но образуйте всѣхъ женщинъ заразъ, и тогда педантовъ не будетъ. Кто теперь гордится умѣньемъ читать?»

ненужнаго переутомленія, которое въ особенности важно, когда дѣло идетъ о дѣвочкахъ, силы которыхъ слабѣе, чѣмъ у мальчиковъ. Нужно выбросить изъ ихъ курса всѣ знанія, не имѣющія общаго значенія. Ничто такъ не утомляетъ, какъ скучныя и безполезныя подробности, которыя, нисколько не заинтересовывая ума, заставляютъ его только дѣлать усилія. Молодая дѣвушка, не предназначающая себя къ какой нибудь опредѣленной дѣятельности, должна пріобрѣсти только общій взглядъ на главныя отрасли человѣческихъ знаній, а не погружаться въ ни на что не нужную и по необходимости узкую эрудицію. Цѣль ея образованія состоитъ въ томъ, чтобы знать всего по немногу и, въ случаѣ надобности, мочь пристроиться къ любому дѣлу, такъ какъ она меньше, чѣмъ молодой человѣкъ, можетъ знать, куда ее броситъ и что заставитъ дѣлать судьба. Нужно сдѣлать ее способной учиться, нужно дать ей вкусъ къ пріобрѣтенію знанія и интересъ къ нему.

Но мотивы такого сорта, говоритъ Rochard, побуждаютъ иногда молодежь работать усиленно, черезчуръ. Юноши гонятся за дипломами, за первенствомъ на конкурсахъ, за возможностью поступить въ высшую профессіональную школу; а дѣвушки — за лиценціей учительницы и тоже за правомъ поступить въ одну изъ нормальныхъ (педагогическихъ) школъ. Положеніе учительницы, благодаря усилившемуся, въ низшихъ классахъ народа, за послѣдніе годы стремленію давать своимъ дѣтямъ хотя бы первоначальное образованіе, представляется для дѣвушки очень привлекательнымъ, такъ какъ поднимаетъ ее надъ уровнемъ семьи и позволяетъ доставлять себѣ удовольствія, жажду которыхъ современная общественная жизнь сильно возбуждаетъ. Нѣтъ такихъ усилій и пожертвованій, которыхъ онѣ не сдѣлали бы для достиженія цѣли. Переставъ заботиться о домѣ, о хозяйствѣ, онѣ съ возрастающимъ жаромъ предаются занятіямъ, которыя губятъ ихъ здоровье и приводятъ въ концѣ концовъ къ полному разочарованію. Учительская карьера, именно въ силу ея привлекательности, до такой степени переполнена теперь, что представляетъ изъ себя чистую ловушку. Въ 1887 году, къ 1 января, во Франціи было 12,740 кандидатокъ на учительство и изъ нихъ 4,174 (около трети) въ одномъ департаментѣ Сены. А городъ Парижъ, въ томъ же году, располагалъ только шестьюдесятью вакансіями учительницъ, да и изъ тѣхъ двадцать пять были предназначены для воспитанницъ нормальной школы. Можно, стало быть, представить себѣ судьбу, ожидавшую въ провинціи 8,567 молодыхъ дѣвушекъ, которыя стремились къ учительству. Постоянно возрастающее число аспирантокъ заставило даже университетъ увеличить препятствія къ полученію лиценціи. На всякую изъ преподавательскихъ степеней учреждены теперь конкурсы, съ очень трудными программами. Молодыя дѣвушки, стремящіяся поступить въ нормальныя школы, ведутъ теперь такую же жизнь, какъ молодые люди—кандидаты на поступленіе въ школы высшія, профессіональныя. Тѣ же эмоціи, тотъ же страшный трудъ, тѣ же отчаянныя усилія—а между тѣмъ организмъ ихъ гораздо слабѣе. Изъ четырехъ, пяти сотъ мололыхъ дѣвушекъ отъ 15 до 18 лѣтъ, конкуррирующихъ ежегодно въ нормальной школѣ Сенскаго департамента, поступаетъ въ эту школу только двадцать пять, то есть $\frac{1}{16}$—$\frac{1}{20}$, и все-таки всѣ въ нее стремятся. Причина этого явленія очень простая: школа обезпечиваетъ своимъ ученицамъ не только даровое образованіе и даровую жизнь (всѣ онѣ интерны), но, по окончаніи курса, и мѣсто учительницы въ одной изъ низшихъ департаментскихъ школъ.

Но что же дѣлаютъ тѣ $\frac{9}{10}$ молодыхъ дѣвушекъ, которымъ правительство, обѣщая карьеру наставницы, выдало лиценцію на это занятіе? Слѣдуетъ положительно придумать для нихъ какія нибудь мѣста, замѣнить ими мужчинъ тамъ, гдѣ это окажется возможнымъ. Въ низшихъ и даже въ среднихъ школахъ, напримѣръ, для нихъ могло бы очиститься много мѣстъ. Кромѣ того ничто не мѣшаетъ принимать ихъ на службу въ телеграфъ, на почту, наконецъ, въ разныя коммерческія конторы. Тогда, можетъ быть, погоня за правительственными мѣстами была бы менѣе отчаянной и число несчастныхъ дѣвушекъ, безплодно трудившихся для того, чтобы получить ни на что негодный дипломъ, перестало бы рости. Мы плакали, бывало, о судьбѣ несчастныхъ швей, живущихъ по мансардамъ, а развѣ судьба учительницы безъ мѣста и безъ надежды имѣть его менѣе жалка? Развѣ эти несчастныя дѣвушки не лишены всякихъ средствъ къ существованію и не выброшены, такъ сказать, изъ общества? Не пришлось бы намъ раскаяться въ реформѣ женскаго образованія, если она будетъ имѣть своимъ послѣдствіемъ только отвлеченіе молодыхъ дѣвушекъ отъ жизни въ семьѣ и въ созданіи изъ нихъ никому ненужныхъ гувернантокъ.

Образованіе есть вещь прекрасная, конечно, но лишь тогда, когда оно подготовляетъ людей къ исполненію обязанностей, имъ доступныхъ и на нихъ лежащихъ, а не тогда, когда оно отъ исполненія этихъ обязанностей отталкиваетъ. Правильно поставленное образованіе должно содѣйствовать совершенствованію общества, а не порчѣ нравовъ и не гибели соціальнаго строя, что оно у насъ дѣлаетъ, увеличивая число лицъ, выброшенныхъ изъ общества и недовольныхъ. Но, если наша система образованія даетъ такіе печальные результаты, то это значитъ, что она не такова, какою должна бы быть. Намъ нужно такое образованіе, которое, вмѣсто того, чтобы отталкивать отъ реальной жизни, вводило бы насъ въ нее хорошо вооруженными, сильными и искусными. Намъ нужно поменьше утонченности въ идеяхъ, поменьше эрудиціи, поменьше пустыхъ и ни на что ненужныхъ знаній; но за то побольше нравственности, эстетики, привычки ко всякому — и между прочимъ, ручному труду, побольше энергіи, побольше практичности и побольше иниціативы.

Gegenwart находитъ, что и въ Германіи воспитаніе дѣвочекъ оставляетъ многаго желать. «Имъ преподаютъ множество ни на что ненужныхъ вещей—датъ, именъ, правилъ, съ которыми онѣ не знаютъ потомъ, что дѣлать, а дѣйствительно важное образованіе и развитіе будущей матери—оставляется безъ вниманія. Въ результатѣ выходитъ ходячая энциклопедія» иногда, притомъ и развитая женщина, но женщины, дѣйствительно годной для общественной жизни—почти никогда не выходитъ.

Противъ этого зла есть одно только лекарство—отбросить большую часть преподаваемыхъ предметовъ и замѣнить ихъ знаніями дѣйствительно фундаментальными.

Одинъ изъ установившихся предрасудковъ состоитъ въ томъ, что воспитанію и образованію приписываютъ какой-то опредѣленный конецъ—все дѣло, какъ будто-бы, совсѣмъ заканчивается экзаменомъ и кромѣ благополучнаго окончанія этого послѣдняго воспитателю нечего желать, а воспитаннику не на что надѣяться. Предразсудокъ этотъ особенно важенъ по отношенію къ дѣвочкамъ, ибо для молодого человѣка экзаменъ хоть открываетъ карьеру, а для дѣвушки онъ, въ большинствѣ случаевъ, остается безплоднымъ. Возвратись въ семью, послѣ серьезныхъ школьныхъ занятій, послѣ усиленныхъ трудовъ приготовленія къ экзамену, молодая дѣвушка замѣчаетъ, что всѣ импульсы къ дальнѣйшему умственному развитію сразу прекратились, въ жизни ея появляется пустота, которую она и наполняетъ кокетствомъ, развлеченіями и свѣтской болтовней. А по настоящему нужно бы такъ устроить, чтобы какъ дѣвушка, такъ и молодой человѣкъ никогда не чувствовали своего образованія конченнымъ и сознавали бы, что его нужно продолжать всю жизнь.

«Вѣкъ живи—вѣкъ учись», говоритъ пословица—въ ученьи перерыва не должно быть. Экзаменъ есть слишкомъ грубое средство для того, чтобы даже приблизительно узнать, что человѣкъ знаетъ; это средство годится скорѣе для того, чтобы показать ему самому, чего онъ еще не знаетъ. Программы хороши только тогда, когда имъ не придаютъ абсолютнаго значенія, не смотрятъ на нихъ, какъ на барьеръ, какъ на опредѣленную границу интеллектуальнаго развитія. Ростъ тѣла продолжается иногда болѣе двадцати лѣтъ, а ростъ интеллекта долженъ продолжаться всю жизнь, до смерти. Развейте же въ дѣтяхъ, и особенно въ дѣвочкахъ, вкусъ къ чтенію, къ изученію, къ произведеніямъ искусства, къ благороднымъ и возвышеннымъ развлеченіямъ; такой вкусъ будетъ несравненно дороже стоить, чѣмъ всякое знаніе, собственно такъ называемое, насильственно набитое въ голову: вмѣсто ума, меблированнаго мертвыми знаніями, вы получите умъ живой, движущійся, прогрессивный. Вмѣсто того, чтобы атрофировать мозгъ усиленной и безполезной тратой, вы его разовьете, сдѣлаете способнымъ передать въ потомство предрасположеніе къ высокой интеллектуальной и моральной дѣятельности, и все это безъ вреда для физической и нравственной энергіи ([18]).

ГЛАВА ВОСЬМАЯ.

Воспитаніе и принципъ періодической смѣны культуръ интеллекта.

Постоянное пребываніе въ однихъ и тѣхъ же соціальныхъ условіяхъ, въ большей части случаевъ, оказывается гибельнымъ для расы. Въ самомъ дѣлѣ, всякій соціальный строй содержитъ въ себѣ много условнаго и, если въ комплексѣ этой условности есть хоть одинъ пунктъ, неблагопріятный для правильнаго развитія жизни, то, хотя бы всѣ остальные пункты ему благопріятствовали, вредное вліяніе одного, аккумулируясь съ теченіемъ времени, выведетъ расу изъ равновѣсія, и тѣмъ скорѣе, чѣмъ раса лучше приспособится къ своему строю. Въ результатѣ явится сумасшествіе и дегенерація. Стало быть, за невозможностью найти вполнѣ здоровую общественную среду, важнымъ условіемъ жизненности расы является перемѣна средъ, причемъ извѣстныя вредныя вліянія одной могутъ быть исправлены противоположными вліяніями другой. Улучшеніе путей сообщенія, ускоряя и напрягая, такъ сказать, жизнь, особенно въ большихъ бытовыхъ центрахъ, дѣлаетъ опасность еще болѣе настойчивой. Однимъ изъ результатовъ ненормальнаго хода общественной жизни является сумасшествіе, особенно въ городахъ. Лондонъ въ этомъ отношеніи на 39% превосходитъ среднюю цифру для всей Англіи. Самоубійства также прогрессируютъ съ каждымъ годомъ: въ Парижѣ, напримѣръ, совершается ежегодно седьмая часть всѣхъ самоубійствъ, имѣющихъ мѣсто во Франціи, а въ Сенскомъ департаментѣ—десятая. Отчаянная борьба за существованіе, работа въ нездоровыхъ помѣщеніяхъ, алкоголизмъ, легкая доступность разврата, нервная заразительность, испорченный воздухъ—таковы опасности, представляемыя современнымъ общественнымъ строемъ. Жизнь соціальнаго организма, такъ же какъ и всякаго другого, поддерживается горѣніемъ; но въ наиболѣе дѣятельныхъ общественныхъ центрахъ сгораетъ не какой нибудь посторонній матеріалъ, а сами живыя клѣточки общественнаго организма [1]). Современный соціальный строй создаетъ, съ одной стороны—лѣнивыхъ, а съ другой—переутомленныхъ, и ставитъ первыхъ въ качествѣ идеала передъ послѣдними. А между тѣмъ, завидовать имъ нѣтъ никакихъ основаній: ничего не дѣлать, значитъ всего желать, не имѣя силы добиться желаемаго—положеніе въ высшей степени безнравственное. И въ такомъ положеніи у насъ находится цѣлый классъ общества. Дѣятельность есть лучшее средство ограничить и регулировать страсти; а въ то же время она является лучшимъ средствомъ и для того, чтобы удовлетворить

---

[1]) Въ организмѣ животномъ горятъ также сами клѣточки.
Прим. Перев.

всему, что въ нихъ есть разумнаго и согласнаго съ общественными законами.

Высота умственнаго развитія, сама по себѣ, не представляетъ опасности для расы, напротивъ, она даетъ этой послѣдней лишнее оружіе въ борьбѣ за существованіе. Опасность лежитъ вовсе не въ преимуществахъ, каковы бы они ни были, а въ искушеніяхъ всякаго сорта, обусловливаемыхъ преимуществами. Въ наше время труднѣе всего устоять противъ искушенія эксплоатировать свой талантъ такъ, чтобы извлечь изъ него возможно большую выгоду, возможно большую сумму денегъ, почестей и проч. Вотъ такая-то чрезмѣрная эксплоатація преимуществъ и дѣлаетъ ихъ опасными. Это до такой степени неоспоримо, что проявляется даже въ такихъ категоріяхъ преимуществъ, которыя, казалось-бы, должны служить залогомъ наиболѣе успѣшнаго выживанія, какъ, напримѣръ, физическая, мускульная сила. Человѣкъ, обладающій замѣчательной физической силой, рѣдко утерпитъ, чтобы не извлечь изъ нея возможно большую выгоду, чтобы не сдѣлаться атлетомъ, напримѣръ, и этимъ губитъ какъ себя самого, такъ и свое потомство.

Основное правило нравственной, какъ и всякой, гигіены, состоитъ, стало быть, въ томъ, чтобы беречь себя, не смотрѣть на свой талантъ или на талантъ своихъ дѣтей, какъ хозяинъ, въ баснѣ, смотрѣлъ на курицу, несущую золотыя яица; не эксплоатировать свою жизнь, а сохранять ее, увеличивать и распространять.

Послѣдствіемъ этого принципа физіологической охраны является, для воспитанія, искусство соразмѣрять и направлять культуру интеллекта, не дѣлать ее черезчуръ интенсивной въ одномъ какомъ нибудь пунктѣ, но сообразовать интенсивность ея съ экстенсивностью. Не менѣе важнымъ принципомъ является и періодическая смѣна культуръ расы. Смѣна культуръ должна сдѣлаться такимъ же элементарнымъ правиломъ при воспитаніи, какимъ она стала въ сельскомъ хозяйствѣ, ибо культивировать долгое время все одну и ту же способность въ одной и той же расѣ также невозможно, какъ культивировать одно и то же растеніе въ одной и той же почвѣ. Придетъ, можетъ быть, день, когда мы въ состояніи будемъ отличать занятія истощающія расу, отъ такихъ, которыя ее обогащаютъ, какъ теперь это дѣлается въ агрикультурѣ относительно растеній.

Самымъ здоровымъ занятіемъ слѣдуетъ считать, конечно, земледѣліе и вообще сельское хозяйство, такъ что лучшимъ средствомъ надолго, а можетъ быть, и навсегда предохранить расу отъ физическаго и нравственнаго вырожденія—была бы періодическая замѣна городской жизни сельскою и обратно. Такимъ образомъ интеллектуальныя и нервныя траты, обусловливаемыя первою, вознаграждались бы въ теченіе второй. Этотъ идеалъ, отъ котораго мы, во Франціи, очень далеки, могъ бы, однако, очень удобно реализироваться, такъ какъ англичане его уже реализировали, по крайней мѣрѣ тѣ изъ нихъ, у которыхъ есть земельная собственность. Англійская аристократія и буржуазія проводятъ большую часть своей жизни въ загородныхъ имѣніяхъ и коттеджахъ, предаваясь деревенскимъ занятіямъ, представляющимъ собою полный отдыхъ отъ напряженій городского существованія.

Не желая предначертывать правилъ для выбора занятія, я полагаю, однако же, что воспитатель не долженъ навязывать своимъ воспитанникамъ профессію ихъ отца, по крайней мѣрѣ въ тѣхъ случаяхъ, когда она требуетъ большой затраты нервныхъ силъ, какъ, напримѣръ, профессія артиста, политическаго дѣятеля, ученаго, наконецъ, вообще «дѣлового» человѣка. Нѣтъ ничего наивнѣе, какъ боязнь прожить жизнь въ неизвѣстности, быть «ничѣмъ». Дѣйствительныя качества и таланты расы не могутъ быть зарыты въ землю совершенно безплодно; они только аккумулируются, накопляются. И изъ той сокровищницы, въ которую бѣдные ежедневно откладывали по таланту, не растрачивая его на пустяки, рано или поздно выходитъ геній. У китайцевъ почести переходятъ не отъ отцовъ къ дѣтямъ, а отъ дѣтей къ отцамъ, и это весьма разумно, такъ какъ прославившіеся дѣти растрачиваютъ капиталъ, не ими собранный. Сама природа накопляетъ свои богатства во время зимняго сна. Мы теперь стали такъ нетерпѣливы, что разучились спать: мы постоянно бодрствуемъ, постоянно производимъ усилія. Единственное средство поддержать эту неусыпную дѣятельность, эту постоянную трату безъ вознагражденія, состоитъ въ смѣнѣ культуры: мы должны помириться съ тѣмъ, что дѣти наши пойдутъ не по нашему пути, если не хотятъ погибнуть.

Цѣль соціальной и педагогической реформы состоитъ не въ томъ, чтобы ослабить усилія, производимыя человѣческимъ обществомъ, то есть главное условіе прогресса, а въ томъ, чтобы увеличить ихъ эффектъ правильнымъ распредѣленіемъ силъ и лучшей организаціей работы, какъ это дѣлается, напримѣръ, на фабрикахъ, при уменьшеніи количества рабочихъ часовъ съ 12-ти на 10. Для этого, прежде всего слѣдуетъ поставить человѣчество, и въ особенности дѣтей, въ лучшія гигіеническія условія по отношенію къ пищѣ, жилищу, числу часовъ работы и проч.; во вторыхъ, нужно, въ теченіе нѣкотораго времени, занимать народныя массы, вмѣсто физическаго труда, хорошо направленнымъ умственнымъ, а въ воспитаніе высшихъ классовъ — наоборотъ, ввести физическій трудъ, который бы возстановилъ равновѣсіе, нарушенное ничего недѣланіемъ или исключительно интеллектуальной жизнью. Къ несчастію, въ наше время общественная предусмотрительность проявляется, главнымъ образомъ, въ сферѣ политической экономіи, а экономическая предусмотрительность часто идетъ въ разрѣзъ съ дѣйствительными соціальными и гигіеническими интересами. Собирать, напримѣръ, деньги или даже честь — значитъ растрачивать здоровье и силы расы. Возьмемъ небогатаго молодого человѣка; онъ не женится, желая прежде упрочить свое общественное положеніе (сдать надлежащіе экзамены и проч.), а когда оно будетъ упрочено, то онъ достигъ уже извѣстныхъ лѣтъ, утомилъ себя работою, нервная система его разстроена, однимъ словомъ — онъ уже готовъ передать своимъ дѣтямъ всѣ условія вырожденія. Въ силу той же экономической предусмотрительности, онъ даже позаботится о сокращеніи числа своихъ дѣтей, что дастъ новые шансы на вырожденіе, такъ какъ первыя дѣти не принадлежатъ, обыкновенно, къ числу наиболѣе одаренныхъ (?). Однимъ словомъ, экономическая предусмотрительность, состоящая въ чрезмѣрномъ накопленіи внѣшнихъ благъ, при помощи чрезмѣрной траты внутреннихъ силъ, представляетъ полную противоположность предусмотрительности нравственной или гигіенической, состоящей въ томъ, чтобы щадить свои силы, растрачивая ихъ только по мѣрѣ вознагражденія, такъ чтобы дѣятельность представляла лишь необходимое для силъ упражненіе.

Изъ всего вышесказаннаго видно, что слишкомъ быстрое накопленіе сбереженій, представляющихъ собою сверхъ надобности потраченный физическій трудъ, очень опасно для народа, если только оно не сопровождается соотвѣтствующимъ накопленіемъ умственной и нравственной энергіи, которая позволила бы употребить толковымъ образомъ физическій трудъ, освобожденный сбереженіями. Всякое экономическое сбереженіе даетъ поводъ къ нравственному мотовству. Истинный прогрессъ состоитъ не въ сокращеніи или уменьшеніи работы, благодаря сдѣланнымъ запасамъ, а въ методической смѣнѣ физической работы нравственною и наоборотъ. Настоящій соціальный идеалъ состоитъ въ постоянно возрастающемъ (благодаря смѣнѣ культуръ) продуцированіи, а идеалъ чисто-экономическій — въ уменьшеніи необходимости продуцировать, которое часто доводитъ до уменьшенія самой продуктивности. Нужно замѣнить внѣшнія нужды (голодъ, бѣдность), которыя до сихъ поръ заставляли человѣка усиленно работать, нуждами внутренними, интеллектуальными, моральными, соотвѣтствующими новымъ знаніямъ и способностямъ (capacités?), дающимъ ему возможность работать правильно, пропорціонально его силамъ. Это будетъ замѣна мускульнаго напряженія, физическаго усилія — напряженіемъ нервнымъ, усиліемъ вниманія, но усиліемъ регулированнымъ, направляемымъ попеременно въ разныя стороны и прерываемымъ періодами отдыха.

ГЛАВА ДЕВЯТАЯ.

Что составляетъ цѣль эволюціи и воспитанія: наслѣдственный автоматизмъ или полная сознательность?

Нѣкоторые сторонники эволюціи, преувеличивая положенія Маудсли, Рибо и самого Спенсера, приходятъ къ заключенію, что высшая степень человѣческаго совершенства, и, стало быть, и наиболѣе законченный нравственный идеалъ его, состоитъ въ полномъ автоматизмѣ, при которомъ всѣ интеллектуальные акты и самыя сложныя чувствованія сводятся къ чистымъ рефлексамъ. «Всякій сознательный актъ, говорятъ они, всякая мысль, всякое чувство предполагаютъ незаконченность, пріостановку, недостатокъ, несовершенство организаціи. Поэтому, если мы, желая представить себѣ типъ идеальнаго человѣка, изберемъ какъ критерій возможно высокое совершенство ея, то есть такое качество, которое заключаетъ въ себѣ всѣ прочія, то идеаломъ нашимъ будетъ безсознательный автоматъ, дѣйствія котораго совершеннѣйшимъ образомъ согласованы и объединены»[1]). Эта теорія человѣческаго идеала основана,

---

[1]) Paulhan. Le devoir et la science morale, Revue philosophique, дек. 1886 г.

по моему мнѣнію, на невѣрныхъ понятіяхъ объ умѣ и вселенной.

Безсознательный автоматизмъ есть лишь совершенная организація прошлыхъ опытовъ и перцепцій. Но эти прошлыя перцепціи могутъ вполнѣ совпадать съ будущими только при условіи постояннаго пребыванія человѣка въ средѣ совершенно идентичной, то есть при условіи полной остановки эволюціи вселенной. А такая остановка не допустима съ научной точки зрѣнія и не желательна съ практической, такъ какъ не представляетъ собой ничего идеальнаго. Разъ совершившееся приспособленіе человѣка ко всѣмъ средамъ и навсегда, такое приспособленіе, которое одно только можетъ кончиться автоматизмомъ и безсознательностью, ни въ какомъ случаѣ нельзя признать за идеалъ. Этимъ послѣднимъ можетъ быть лишь постоянно возростающая легкость приспособленія къ перемѣнамъ среды, растяжимость, удобо-воспитываемость, то есть постоянно возростающая сознательность отношенія къ окружающему міру. Въ самомъ дѣлѣ, если простое приспособленіе есть дѣло безсознательной привычки, то безпрестанное и преднамѣренное стараніе приспособиться есть дѣло разума, воли, воспитанія. Сознаніе вовсе не есть только задержка рефлективнаго акта, какъ современные психологи его опредѣляютъ; оно состоитъ въ исправленіи рефлекса согласно измѣненіямъ среды, скорѣе въ перемѣнѣ его направленія, чѣмъ въ задержкѣ. И совершенное прекращеніе этого процесса не можетъ входить въ идеалъ, напротивъ того, идеальнымъ было бы постоянное его существованіе, обусловленное сознательнымъ предвидѣніемъ перемѣнъ, имѣющихъ произойти въ средѣ вслѣдствіе двойной эволюціи—человѣка и вселенной. Это сознательное предвидѣніе предотвратило бы толчки, неожиданности, несчастія, не при помощи автоматизма, а благодаря расширенію умственнаго кругозора и укрѣпленію силы ума: только интеллектъ можетъ подготовить насъ къ будущему и приспособить къ неизвѣстности, зависящей отъ пространства и времени. Эта неизвѣстность предвидится и предчувствуется нами до своего наступленія, приводя наше сознаніе въ такое нравственное и умственное состояніе, отъ котораго мы убѣжать не можемъ и которое навсегда предохранитъ насъ отъ автоматизма.

Было бы слишкомъ легкомысленнымъ думать, что знаніе и научное развитіе направляютъ насъ къ этому послѣднему потому только, что они пользуются услугами памяти, собирая въ ней и классифицируя факты, а память автоматична и состоитъ въ привычномъ, безсознательномъ запоминаніи, то есть въ актахъ рефлективныхъ. Идеаломъ знанія была бы, въ такомъ случаѣ, рутина, то есть нѣчто совершенно противоположное знанію. Люди, думающіе такимъ образомъ, забываютъ, что наука состоитъ не изъ однихъ только пріобрѣтенныхъ уже знаній, но еще и изъ метода, то есть способа употреблять эти знанія на пріобрѣтеніе новыхъ, дающихъ возможность къ дальнѣйшему усовершенствованію самого метода, и такъ далѣе. Количество машинъ и инструментовъ, помогающихъ человѣку въ его работѣ, ростетъ постоянно; къ числу такихъ инструментовъ принадлежатъ и знаніе, организованное въ науку и передаваемое отъ одного человѣка другому при помощи образованія. Но обладаніе машинами, все болѣе и болѣе сложными, отнюдь не преобразуетъ самого человѣка въ машину. Напротивъ, чѣмъ болѣе ростетъ число употребляемыхъ нами внѣшнихъ и внутреннихъ инструментовъ, чѣмъ болѣе увеличивается количество нашихъ непроизвольныхъ перцепцій и запаснаго знанія, тѣмъ богаче и дѣятельнѣй становится наше сознаніе, тѣмъ напряженнѣе дѣйствуетъ наше произвольное вниманіе. Наивно было бы думать, что ученый относится къ жизни безсознательнѣе крестьянина, напримѣръ; безсознательность ученаго несравненно сложнѣе, положимъ; она состоитъ изъ такого же множества конволюцій и складокъ какъ его мозгъ, но сознательность въ немъ развита относительно все же гораздо сильнѣе. Въ сущности, странно даже доказывать, что не наука, а невѣжество есть рутина. Поверхность сферы знанія, постоянно возрастая, все въ большемъ и большемъ количествѣ точекъ соприкасается съ неизвѣстностью, а потому приспособленіе ума къ пріобрѣтенному уже знанію дѣлаетъ для него обязательной дальнѣйшую работу, дальнѣйшее приспособленіе къ знанію болѣе обширному. Знать—значитъ неудержимо стремиться къ еще большему знанію, къ еще большему могуществу. Потому-то и любознательность ростетъ по мѣрѣ роста знанія и образованія: необразованные люди не бываютъ любознательны въ настоящемъ смыслѣ слова, въ смыслѣ жажды новыхъ идей, новыхъ обобщеній. Знаніе будетъ спасено тѣмъ же, что его создало,—вѣчной любознательностью. Стремясь все болѣе и болѣе пользоваться привычкою и рефлективными актами, стремясь расширить свой фундаментъ, заложенный въ безсознательномъ (чѣмъ выше зданіе, тѣмъ шире и глубже долженъ быть фундаментъ), оно все же остается просвѣтленнымъ сознаніемъ рода человѣческаго, и практическое знаніе, практическая мощь человѣка всегда будетъ измѣряться силою его познающей, мыслительной способности.

Рибо заявляетъ, что наша современная педагогія цѣликомъ основана на ошибкѣ, такъ какъ она разсчитываетъ возродить страну при помощи лучшей организаціи воспитанія и образованія. Дѣятельность, прибавляетъ онъ, управляется не умомъ, а волей и чувствомъ, на которыя образованіе вліять не можетъ. Fouillée, напротивъ того, приписываетъ идеямъ силу и думаетъ, что каждая изъ нихъ, совпадая съ чувствомъ, обусловливаетъ какое нибудь дѣйствіе. Точно также, по мнѣнію Espinas'а, если воля и эмоціи народа безнадежно больны, благодаря какому нибудь органическому страданію или глубокимъ измѣненіямъ темперамента, то безумно было бы разсчитывать на ихъ излѣченіе при помощи знаній, даваемыхъ школою; но, если есть хоть малѣйшая надежда на излѣченіе (а никто не имѣетъ права отчаяваться въ судьбахъ своей родины), если, для его достиженія, нужно употребить вѣрное средство, если воля народа еще можетъ быть укрѣплена, а эмоціи поставлены нормально, то этого можно достигнуть только при помощи вѣрныхъ идей, то есть знанія [1]). Взглянемъ

[1]) «Что такое, въ самомъ дѣлѣ, чувство, говоритъ Espinas, если не волненіе, вызываемое опасностью или удовольствіемъ, приближающимися изъ внѣшняго міра. Что такое инстинктивное желаніе,

же поближе на роль сознанія въ психической эволюціи вообще и въ нравственной въ особенности.

Подъ именемъ сознанія подразумѣвается такое психическое состояніе, которое, при физіологическихъ условіяхъ, несравненно сложнѣе состоянія безсознательнаго; это состояніе, разъ появившись, создаетъ внутри насъ новую единицу силы, чѣмъ сознательные феномены и отличаются отъ безсознательныхъ въ цѣпи физіологическихъ явленій. Въ самомъ дѣлѣ:

1) Сознаніе есть прежде всего дополненіе организаціи, при помощи котораго явленія связываются между собою во времени, какъ предшествующее и послѣдующее. Само сознаніе, очевидно, предше-

---

если не ошибаюсь, лучшій изъ тѣхъ изъ нашихъ идей, съ которыми наслѣдственность или привычка связали наиболѣе сильныя чувства? И не зависитъ ли, въ нѣкоторой степени, отъ воспитателя сообщить преобладающую силу извѣстнымъ идеямъ, показавъ ихъ связь съ наиболѣе насущными интересами и пріучивъ волю склоняться передъ этими интересами? Не можетъ ли такимъ образомъ, à la longue, быть измѣненъ даже характеръ и темпераментъ расы, насколько наслѣдственность ихъ дозволяетъ? Если все это неправда, то пусть же намъ укажутъ другой способъ прямого воздѣйствія на волю и ея эмоціональные источники! Если мы предположимъ, что посредствомъ внушенія, посредствомъ жестовъ и акцента голоса, наконецъ, при помощи примѣра и произведеній искусства, воспитатель можетъ внушить воспитаннику новыя чувства, то вѣдь всѣ эти способы его вліянія должны же пройти черезъ мысль воспитанника: и внушеніе, и примѣръ, и жесты, и голосъ должны же сопровождаться словами, выражающими идеи, иначе это будетъ какая-то мистическая педагогія. Нужно выбирать одно изъ двухъ: или отказаться совсѣмъ вліять на волю и желанія, или вліять на нихъ посредствомъ идей. Такимъ образомъ, въ дѣлѣ воспитанія множества, приложеніе психологіи къ соціологіи, то есть точнаго знанія законовъ духа и среды, въ которой онъ живетъ, если не все можетъ сдѣлать, то дѣлаетъ все возможное. Гдѣ знаніе оказывается недостаточнымъ, тамъ всѣ попытки будутъ безплодными. Рычагъ не виноватъ, что онъ чересчуръ тяжелъ для руки, которая его держитъ».

ствуетъ идеѣ времени, а безъ этой идеи, вводящей послѣдовательность, эмпирическую причинность въ ряды феноменовъ, организація не можетъ быть полною, даже при автоматичности интеллекта [1]). Обладаніе сознаніемъ позволяетъ намъ «познавать феномены, какъ занимающіе опредѣленное мѣсто въ ряду другихъ состояній сознанія» [2]). Наконецъ, оно снабжаетъ насъ той существенной идеей, что сдѣланное одинъ разъ можетъ быть повторено, что мы можемъ подражать самимъ себѣ или, напротивъ, дефференцироваться отъ самихъ себя, измѣняться.

2) Существованіе сознанія, предполагая лучшую организацію, а также концентрацію психическихъ феноменовъ, составляетъ центръ притяженія психическихъ силъ. Духовныя облачности, какъ и матеріальныя—звѣздныя — становятся притягивающими, по мѣрѣ своего сгущенія въ ядро. Сознаніе есть въ нѣкоторомъ родѣ концентрированное, уплотненное, кристаллизованное дѣйствіе. И это дѣйствіе прозрачно для себя самого: это формула, сама себя познающая. А всякій точно формулированный актъ тѣмъ самымъ пріобрѣтаетъ новую прелесть и привлекательность: смутное и неопредѣленное стремленіе легко побѣдить, но, разъ оно опредѣлилось, формулировалось и пріобрѣло видъ сознательнаго акта, то становится непобѣдимымъ.

3) Сознаніе само можетъ дѣйствовать какъ общій возбудитель организма. Féré психо-физіологическими опытами старался доказать, что всякое не непріятное

---

[1]) См. Genèse de l'idée de temps.
[2]) См. Ribot. Maladies de la memoire.

ощущеніе стимулируетъ силы. Но, если это вѣрно, то сознаніе, которое лежитъ въ основѣ всѣхъ ощущеній и само есть ничто иное какъ ощущеніе, должно также имѣть динамогенное дѣйствіе. «Мы любимъ ощущенія», говоритъ Аристотель, но, если мы ихъ любимъ, то это потому, что онѣ производятъ на насъ, повидимому, настоящее тоническое дѣйствіе». Потому же, вѣроятно, мы любимъ быть сознательными.

4) Сознаніе въ значительной степени упрощаетъ то, что я назвалъ бы внутренней циркуляціей, то есть теченіе идей, ихъ взаимныя отношенія, сравнительную ихъ оцѣнку и классификацію.

Составляя жизнь интеллекта, идея составляетъ также жизнь воли, то есть собственно нравственную жизнь. Сила идеи, въ самомъ дѣлѣ, прямо пропорціональна числу состояній сознанія, надъ которыми она господствуетъ и которыя регулируетъ. Тотъ, кто дѣйствуетъ сообразно идеѣ, будетъ чувствовать эту интеллектуальную регулирующую силу обратно пропорціонально слѣпому физическому импульсу къ дѣйствію, существующему въ то же время. А дѣйствовать сообразно идеѣ, значитъ хотѣть; съ этого начинается нравственная жизнь. Благодаря идеѣ, всякое дѣйствіе тотчасъ же *формулируется* передъ нравственнымъ чувствомъ и *оцѣнивается* имъ по существу. Такая оцѣнка, вслѣдствіе привычки, производится моментально и притомъ не только на яву, но и въ сомнамбулическомъ снѣ. Мыслить о дѣйствіи, значитъ уже *обсудить* или *оцѣнить* его со всею группой послѣдствій, съ нимъ связанныхъ. Для первобытныхъ народовъ и маленькихъ дѣтей характерно то, что нравственные импульсы ихъ непрочны и непостоянны; лучше сказать, у нихъ нѣтъ постоянныхъ импульсовъ и всѣ ихъ желанія имѣютъ перемѣжающійся характеръ физическихъ нуждъ—голода, жажды. Даже любовь ихъ не переходитъ въ исключительную и ненасытную страсть. Всѣ ихъ эмоціи моментальны. Вслѣдствіе этого они только въ видѣ исключенія могутъ подчиняться вліянію опредѣляющей идеи и дѣйствовать во имя долга. Они не лишены нравственнаго чувства, но это чувство дѣйствуетъ лишь въ данную минуту. Собственно говоря, первобытный человѣкъ имѣетъ лишь нравственные *капризы*, а не организованное нравственное чувство: онъ гораздо легче становится героемъ, чѣмъ прямымъ и справедливымъ человѣкомъ. И капризы его, удовлетворенные или нѣтъ, быстро и безслѣдно исчезаютъ, потому что причина, препятствующая ему *сдерживать* свои желанія, препятствуетъ и *удерживать* ихъ надолго. Желанія эти быстро вспыхиваютъ и быстро гаснутъ, потому что дикарь вообще неспособенъ ни на какое усиліе: сознаніе его недостаточно сложно для того, чтобы мобили могли долго въ немъ бороться, не истрачиваясь на внезапное проявленіе. Дикарь не знаетъ, что такое манера вести себя, и узнаетъ это только при помощи очень медленной эволюціи.

Прогрессъ, который вноситъ порядокъ въ это царство капризовъ, мимолетныхъ и некоординированныхъ импульсовъ, постепенно замѣняя ихъ импульсами длящимися и согласованными другъ съ другомъ, тѣмъ самымъ образуетъ *характеръ*. Имѣть характеръ—значитъ сообразовать свое поведеніе съ нѣкоторыми эмпирическими или теоретическими правлачи, съ нѣкоторыми опредѣляющими идеями, дурными или хорошими, но вводящими въ жизнь гармонію и красоту, придающими ей нравственную цѣнность. Имѣть характеръ—значитъ испытывать импульсъ, достаточно сильный и постоянный для того чтобы подчинять себѣ всѣ прочіе. У даннаго индивидуума импульсъ этотъ можетъ быть болѣе или менѣе противуобщественнымъ, можно имѣть характеръ, представляющій нѣкоторую внутреннюю красоту, благодаря присутствію элементарной нравственности, выражающейся въ подчиненіи жизни извѣстной опредѣляющей идеѣ, и быть въ то же время разбойникомъ, стоять внѣ общества. Наоборотъ, когда дѣло идетъ о цѣлой расѣ или вообще о родѣ человѣческомъ, то въ среднемъ его характерѣ должны преобладать соціальные инстинкты, такъ какъ естественный подборъ стремится исключить все остальное. Лары и Манфреды не бываютъ героями въ поэмѣ дѣйствительной жизни. Теперь уже можно сказать съ положительностью, что сильная воля есть въ то же время и добрая воля; что наиболѣе координированная жизнь—есть самая нравственная; что характеры, хорошіе съ эстетической точки зрѣнія, таковы же и съ нравственной; что, наконецъ, достаточно создать въ себѣ нѣкоторый внутренній авторитетъ, достаточно подчиниться какой либо опредѣляющей идеѣ, чтобы сдѣлаться болѣе или менѣе нравственнымъ.

Сознаніе есть, слѣдовательно, не только усложненіе, но, съ одной стороны, и упрощеніе организаціи: потому-то оно и возникло, потому-то оно и не можетъ исчезнуть ни при какомъ дальнѣйшемъ развитіи механизма этой послѣдней. Вообразите себѣ борьбу безсознательныхъ импульсовъ и наклонностей въ видѣ борьбы между людьми, дерущимися въ потемкахъ: восходитъ солнце и, освѣтивъ поле битвы, указавъ противникамъ ихъ силы и взаимное положеніе, сразу рѣшаетъ исходъ сраженія. Даже если окончательный результатъ его и не измѣнится при этомъ, то онъ все же будетъ ускоренъ и много силъ и много лишнихъ жизней будутъ спасены. То же самое производитъ и сознаніе, освѣтившее борьбу безсознательныхъ наклонностей. Оно позволяетъ намъ сразу оцѣнить относительную силу каждой изъ нихъ, зависящую отъ большей или меньшей универсальности идей, ими представляемыхъ; оно избавляетъ насъ отъ безполезной внутренней борьбы, отъ безплодной траты внутреннихъ силъ.

Замѣтимъ, кромѣ того, что безсознательность, какъ и мракъ, всюду только относительна: надо думать, что извѣстная степень сознанія присуща всему живому, такъ же какъ извѣстная степень свѣта присуща всякой тьмѣ.

Если идея не создаетъ силы, то она экономизируетъ эту послѣднюю. И надо думать, что она не только ускоряетъ результатъ борьбы наклонностей, но можетъ измѣнить даже ея исходъ, вліяя на отношеніе между силами противныхъ другъ другу направленій. Вліяніе идеи, или, говоря физіологически, вліяніе извѣстной вибраціи мозгового вещества, бываетъ обыкновенно пропорціонально числу состояній нервной системы, которыми она сопутствуется (nombre d'états du système nerveux). Стало быть, въ дѣйствительности, для того, чтобы безсознательное существо испытало это вліяніе, нужно, чтобы оно послѣдовательно прошло черезъ весь рядъ состояній нервной системы, вызываемый идеею. Напротивъ того, при вмѣшательствѣ сознанія, этотъ рядъ можетъ быть пройденъ только въ представленіи и вліяніе идеи проявится моментально. Вотъ въ чемъ состоитъ упрощеніе, вносимое сознаніемъ въ организацію: оно резюмируетъ будущее въ настоящемъ, вмѣщаетъ продолжительную эволюцію въ одинъ моментъ. Мысль есть въ нѣкоторомъ родѣ конденсированная эволюція. Идею можно разсматривать какъ абстрактъ чувства, чувство—какъ абстрактъ ощущенія, наконецъ само ощущеніе—какъ абстрактъ, схему, общаго состоянія организма, жизненный nisus, болѣе или менѣе неопредѣленный.

Такимъ образомъ, при помощи ряда послѣдовательныхъ абстракцій, изъ коихъ каждая есть, въ то же время, опредѣленіе (контуры абстрактнаго всегда болѣе просты, чѣмъ контуры конкретнаго; они относятся другъ къ другу какъ эскизъ къ картинѣ), можно подняться отъ безформенной жизни къ наиболѣе точно выраженной мысли, и при этомъ каждая степень абстракціи отмѣчаетъ экономію силы, упрощеніе внутренняго механизма, этой «движущейся и живущей цифры», которая составляетъ жизнь и которую Платонъ назвалъ ψυχή.

Мысль есть алгебра вселенной; эта-то алгебра сдѣлала возможной самую сложную механику и вложила въ руки человѣка то могущество, которымъ онъ обладаетъ. Прогрессъ эволюціи можетъ быть измѣренъ возрастаніемъ абстрактнаго въ ущербъ конкретному. Чѣмъ болѣе конкретное расплывается, стушевывается, субтилизируется, тѣмъ большую правидность пріобрѣтаютъ замѣняющіе его алгебраическіе знаки; мысль, какъ таковая, есть лишь эскизъ вещей, но, только совершенствуя этотъ эскизъ, можно дойти до понятія объ идеальномъ chef-d'oeuvre'ѣ, который имѣла въ виду природа. Въ сознаніи, всякая рѣзко проведенная линія становится возможнымъ направленіемъ для дѣйствія, а всякая возможность есть уже сила. Такимъ образомъ, абстрактная мысль — высшій объектъ интеллектуальнаго образованія — которая, казалось бы, наиболѣе чужда области живыхъ силъ, можетъ сама стать силой, и даже высшей, непобѣдимой силой, если укажетъ прямой и представляющій наименьшее сопротивленіе путь для дѣйствія. Пути, начертанные во вселенной идеями, подобны широкимъ улицамъ въ большихъ городахъ, видимымъ съ высоты птичьяго полета: съ перваго взгляда онѣ кажутся пустыми, но скоро глазъ пріучается различать въ нихъ кипучую жизнь; это артеріи города, по которымъ совершается наиболѣе интенсивное обращеніе крови.

Если при актѣ сознанія извѣстнаго феномена является нѣкоторая новая сила, добавочная къ силѣ вліянія самого феномена, то значитъ «идеи — силы», движущія идеи, дѣйствительно существуютъ. Подъ названіемъ движущей идеи слѣдуетъ подразумѣвать именно этотъ избытокъ силы, сопровождающій появленіе идеи въ сознаніи. Онъ есть результатъ сравненія данной идеи съ другими, одновременно находящимися въ этомъ послѣднемъ. Такое сравненіе, такое внутреннее взвѣшиваніе достаточно для того, чтобы заставить значеніе однихъ идей подняться въ сознаніи, а значеніе другихъ — опуститься. Къ поднимающимися, къ одерживающимъ верхъ, принадлежатъ всегда:

1) Наиболѣе общія, ассоціирующіяся съ большимъ числомъ другихъ идей, вмѣсто того, чтобы бороться съ ними. Движущей идеей является въ этомъ случаѣ та, которая наиболѣе разумна и ничего не заимствуетъ изъ области безсознательнаго, а опирается единственно на другія сознательныя идеи и на свою общность.

2) Наиболѣе аффективныя, которыя будятъ живое чувство, не вызывая угнетеннаго состоянія.

Эти два закона выражаютъ собою упрощеніе внутреннихъ затрудненій, создающееся въ пользу идей, наиболѣе общихъ и наиболѣе аффективныхъ.

Изъ всѣхъ вышеписанныхъ разсужденій ясно вытекаетъ заключеніе не о безсиліи, а, напротивъ, о силѣ идей и воспитанія. Такъ что совершенная организація не только не можетъ дойти до безсознательности, но она немыслима при отсутствіи сознанія. Это послѣднее частію входитъ даже въ безсознательные акты, происходящіе въ минуты затменія внутренняго свѣта.

У высшихъ видовъ животнаго міра эволюція и воспитаніе индивидуальнаго сознанія гораздо сложнѣе, обширнѣе и продолжительнѣе, чѣмъ у низшихъ, такъ что кончаются только вмѣстѣ съ ихъ жизнью. Одна изъ чертъ, отличающихъ человѣка отъ животныхъ и цивилизованнаго человѣка отъ дикарей, состоитъ въ томъ, что интеллектъ его гораздо долже остается способнымъ пріобрѣтать новыя знанія, не останавливается въ ростѣ и не закрывается надъ пріобрѣтенными имъ свѣдѣніями, какъ нѣкоторыя растенія надъ пойманной мухой. Точно такъ же чертою, отличающей генія, по Dalton'у и J. Sully, служитъ продолжительность эволюціи его интеллекта, болѣе совершеннаго, чѣмъ у другихъ людей. Мозгъ генія устаетъ не такъ скоро, какъ его мышцы; продуктивность великихъ людей начинается раньше и кончается позднѣе обыкновеннаго, даже продолжается иногда и за могилой, какъ будто геній не созданъ для смерти. Эволюція сознанія наполняетъ, стало быть, всю жизнь высшихъ типовъ человѣка. Природа, такимъ образомъ, какъ бы стремится уменьшить ту длинную ночь безсознательнаго дѣтства и безумной старости, которая царитъ на низшихъ ступеняхъ человѣчества. При видѣ такого расширенія границъ продуктивности человѣческаго сознанія поневолѣ является надежда, что, можетъ быть, и границы его существованія, по прошествіи многихъ вѣковъ, тоже расширятся: мозгъ нашъ станетъ болѣе живучъ, чѣмъ остальное тѣло.

Вообще, сознаніе человѣка, не только въ вытекающихъ изъ него наиболѣе универсальныхъ и безкорыстныхъ идеяхъ, но и въ самомъ пути своей эволюціи, въ постоянно возростающей силѣ и продолжительности своей продуктивной дѣятельности носитъ постоянно ростущіе, такъ сказать, зачатки безсмертія ([17]).

ПРИМѢЧАНІЯ ПЕРЕВОДЧИКА.

1.

Вѣра въ себя, конечно, прекрасная вещь для того, въ комъ она есть и пока она есть. Нѣтъ никакого сомнѣнія, что воспитаніе должно стараться развить ее въ дѣтяхъ, по мѣрѣ возможности. Но дѣло въ томъ, что вѣра эта бываетъ обыкновенно или недостаточно прочна — рядъ житейскихъ неудачъ, обусловленныхъ собственными ошибками, быстро ее разрушаетъ, доказывая, что «могущество» царя далеко не такъ значительно, какъ это сначала казалось — или черезчуръ слѣпа и абсолютна, ведетъ къ заносчивости, къ недостатку скромности. Въ первомъ случаѣ, то есть когда вѣра въ себя разрушена, человѣкъ остается безъ всякой опоры въ жизни и безъ возможности когда либо имѣть ее; а во-второмъ онъ становится анти-соціальнымъ, превращается въ деспота. Религіозное понятіе о благодати обходило обѣ эти крайности: указывая на добрыя дѣла, терпѣніе и молитву, какъ на средства пріобрѣтенія благодати — оно избавляло отъ отчаянія, а указывая на благодать, какъ на необходимое условіе успѣха — смиряло гордыхъ. Что касается первороднаго грѣха, то онъ имѣлъ угнетающее значеніе, о которомъ говоритъ авторъ, въ одной только католической церкви, а не въ христіанской религіи вообще.

2.

Совершенно вѣрно, но ребенокъ — не полноправный гражданинъ, и призывать общественное правосудіе къ участію въ судѣ надъ его дѣтскими проступками не только смѣшно, но, по моему мнѣнію, вполнѣ безнравственно, такъ какъ совсѣмъ разрушаетъ понятіе о семьѣ и ея правахъ. До своего совершеннолѣтія ребенокъ не есть членъ общества, а только членъ семьи, которая и отвѣчаетъ за него передъ обществомъ. Иначе, почему бы не предоставлять дѣтямъ электоральныхъ правъ и не наказывать ихъ за разбитую чашку или за взятый безъ спроса кусокъ сахара, какъ за уголовныя преступленія?

3.

Давая привычкѣ такую исключительную роль въ жизни природы, авторъ забываетъ о линіяхъ наименьшаго сопротивленія, по которымъ направляется всякое движеніе и которыя отъ привычки совсѣмъ не зависятъ: вода не потечетъ по привычному руслу, если оно будетъ приподнято надъ окружающей мѣстностью, и человѣкъ не сдѣлаетъ привычнаго движенія рукою, если мышцы или кости, служащія для этого движенія, повреждены какимъ нибудь образомъ. Привычка, правда, уменьшаетъ сопротивленія, лежащія на пути движенія, но она не можетъ обусловить дальнѣйшій путь для этого послѣдняго. Внося нѣкоторыя измѣненія въ пищевой режимъ человѣка, она не можетъ обусловить общій его характеръ: привыкнуть питаться пескомъ нельзя.

4.

Нѣтъ никакого сомнѣнія. Но, кромѣ нравственности объективной и субъективной одновременно, высшимъ проявленіемъ которой служитъ то состояніе сознанія, о которомъ говоритъ авторъ, нельзя не признать существованія нравственности исключительно объективной, практикуемой въ силу инстинкта. Развѣ актъ самопожертвованія перестаетъ быть нравственнымъ потому только, что онъ совершонъ не вслѣдствіе обдуманнаго и мотивированнаго рѣшенія, а по простому доброму порыву (иногда даже умомъ и не оправдываемому)? Съ другой стороны, нельзя также не видѣть, что не всякій поступокъ становится нравственнымъ въ силу того только, что мотивы его претерпѣли борьбу съ другими, имъ противоположными: Раскольниковъ убилъ старуху послѣ долгой и мучительной борьбы съ самимъ собою; мотивы его преступленія были вполнѣ оправданы умомъ, но совѣсть—безотчетное чувство добра—ихъ не оправдала.

5.

Этотъ прекрасный анализъ внутренней работы, отличающей сознательное и обдуманное дѣйствіе, совершаемое подъ вліяніемъ идеи, отъ безсознательнаго, рефлективнаго, совершаемаго подъ вліліемъ «нуждъ», или внѣшнихъ раздраженій, страдаетъ, однако же, нѣкоторой запутанностью, потому что авторъ желаетъ навязать нравственный характеръ исключительно только дѣйствіямъ перваго порядка. Между тѣмъ нравственное значеніе поступка можетъ быть лишь усилено его обдуманностью, внутренней борьбой, которую приходится изъ-за него вынести, но сущность нравственности лежитъ вовсе не въ одной только сознательности. Нравственно-прекрасное (какъ и прекрасное вообще) лежитъ даже внѣ сферы вѣдѣнія ума, а оцѣнивается особымъ чувствомъ — «совѣстью» (во французскомъ языкѣ нѣтъ для него особаго слова), суду котораго подлежатъ и самыя идеи.

6.

Послѣ этого удовлетвореніе всякой сильной страсти можетъ быть считаемо нравственнымъ долгомъ. Авторъ вполнѣ послѣдователенъ: считая разумную оцѣнку стремленій и мотивовъ къ дѣйствію единственнымъ критеріемъ нравственности этого послѣдняго, онъ поневолѣ долженъ былъ придти къ заключенію, что нравственный долгъ есть выраженіе избытка силъ, ужъ всегда будетъ на сторонѣ силы, съ ея большими, по размѣру, потребностями. Но не слѣдуетъ забывать, что эти большія потребности не всегда бываютъ высшими и прекраснѣйшими. Оцѣнивать ихъ съ этой точки зрѣнія есть, какъ я уже сказалъ, прерогатива совѣсти, то есть психическаго вкуса, если можно такъ выразиться. Вотъ эта-то оцѣнка совѣсти, импонирующая намъ, и называется нравственнымъ долгомъ, давленіе котораго вовсе не обусловливается стремленіемъ жизни къ наибольшей интенсивности и экстенсивности, такъ какъ, съ одной стороны, можетъ дѣйствовать не только въ ущербъ личности, но даже и рода, а съ другой — можетъ быть внушаема даже совсѣмъ безсильнымъ, умирающимъ человѣкомъ.

7.

Совѣсть (въ подлинникѣ — remords), мнѣ кажется, не только не основана на опытѣ, но указанія ея, въ большей части случаевъ, прямо противорѣчатъ выводамъ, которые можно сдѣлать изъ этого послѣдняго. Потому-то практическая жизнь и заглушаетъ ее болѣе или менѣе часто. Совѣсть есть безотчетное чувство прекраснаго, въ области соціальныхъ отношеній и, наравнѣ съ аналогичнымъ ей изящнымъ вкусомъ, можетъ, какъ развиваться, такъ и глохнуть совершенно независимо отъ интеллекта (Акимъ во «Власти тьми»). Оцѣнка нравственно-прекраснаго и нравственно-безобразнаго, добра и зла, принадлежитъ исключительно ей, такъ же какъ оцѣнка матеріально-прекраснаго принадлежитъ артистическому вкусу, оцѣнка цвѣта—глазу, а звука—уху. Во всемъ этомъ интеллектъ не причемъ, хотя онъ и можетъ быть помощникомъ совѣсти (вкуса, глаза, уха), въ томъ смыслѣ, въ какомъ полицейскій помогаетъ судьѣ. Его дѣло—цѣнить истину, которая не можетъ быть ни нравственна, ни безнравственна; она просто фактъ, съ которымъ нужно считаться. Нѣтъ никакого сомнѣнія, что идея можетъ быть нравственнымъ двигателемъ, то есть лежать въ основѣ нравственнаго долга, но только въ такомъ случаѣ, когда она одобрена совѣстью. Совѣсть же цѣнитъ идеи не по ихъ сравнительной истинности, а только съ точки зрѣнія добра или зла, вытекающаго изъ практическаго ихъ приложенія: «насъ возвышающій обманъ» можетъ быть для совѣсти дѣйствительно милѣе «тьмы низкихъ истинъ»—до тѣхъ поръ, разумѣется, пока онъ не разоблаченъ. Но, если совѣсть не можетъ одобрить разоблаченнаго обмана (а разоблачать его долженъ умъ), то и одобреніе безспорныхъ истинъ для нея вовсе не обязательно, точно такъ же, какъ для изящнаго вкуса не обязательно одобреніе всякой статуи, точно воспроизводящей дѣйствительность. Что, напримѣръ, можетъ быть справедливѣе права юности на преимущественное самосохраненіе? Юность—это будущее, существо, имѣющее право требовать себѣ жизни, сила, готовая дѣйствовать на свою и общественную пользу; а старость—прошлое, отработавшій паръ, существо, заѣдающее чужой вѣкъ. Чего же, казалось бы, справедливѣе и проще, какъ пожертвовать послѣднимъ въ пользу перваго? А между тѣмъ практическое примѣненіе этой истины не можетъ быть одобрено совѣстью и не можетъ не возбуждать отвращенія (Раскольниковъ въ «Преступленіи и наказаніи»).

Вообще у интеллекта и совѣсти совершенно разные районы вѣдѣнія, и нравственность, понятіе о добрѣ и злѣ не подлежитъ оцѣнкѣ ума, какъ понятіе о сладкомъ и горькомъ. Но, если совѣсть судитъ идеи съ точки зрѣнія ихъ нравственной красоты, то и умъ можетъ судить рѣшенія совѣсти съ точки зрѣнія ихъ сравнительной истинности и высоты. А въ результатѣ всѣ психическія способности человѣка сливаются, и рѣзко раздѣльная дѣятельность ихъ немыслима.

8.

Обострившійся за послѣднее время старинный споръ объ анатомической и психической наслѣдственности едва ли не основанъ на простомъ недоразумѣніи. Въ самомъ дѣлѣ, сторонники этой послѣдней, указывая на безпрестанно встрѣчающееся физическое и психическое сходство потомковъ съ предками, на случаи полной невозможности измѣнить воспитаніемъ природныя свойства человѣка, наконецъ, на Дарвина, съ его естественнымъ подборомъ, говорятъ, что человѣкъ является на свѣтъ Божій чуть ли не въ совершенно готовомъ видѣ. Съ другой стороны, противники наслѣдственности, ссылаясь на якобы полную психическую индифферентность новорожденнаго ребенка, на случаи измѣненія не только психическаго, но и анатомическаго строенія людей, при помощи подходящей обстановки, и на того же Дарвина съ его приспособленіемъ къ средѣ,—утверждаютъ, что человѣкъ есть результатъ воспитанія и вообще обстановки, психическое же сходство дѣтей съ родителями объясняютъ совмѣстной ихъ жизнью.

Но первые упускаютъ изъ виду, что самые-то характерные физическіе и психическіе признаки, передающіеся по наслѣдству, должны же были когда нибудь и отъ чего нибудь получить свое начало; что современный французскій маркизъ, напримѣръ, и физически и психически едва ли не больше походитъ на современнаго японскаго маркиза, чѣмъ на своего предка—галла. И, въ свою очередь, этотъ галлъ, вѣроятно гораздо больше походилъ на современнаго ему древлянина, чѣмъ послѣдній на своего потомка, русскаго купца, получившаго воспитаніе въ Парижѣ. *Вообще современный человѣкъ очень многимъ отличается отъ первобытнаго, и всѣ эти отличія необходимо приходится считать благопріобрѣтеннымъ имуществомъ рода человѣческаго, нажитымъ, благодаря измѣняющему свойству обстановки, то есть воспитанія въ широкомъ смыслѣ слова.* Но противники наслѣдственности, въ свою очередь, забываютъ, что это благопріобрѣтенное имущество есть, собственно говоря, капля въ морѣ по сравненію съ наслѣдственнымъ, что основа человѣческой натуры, какъ физической, такъ и нравственной, осталась та же самая; что родъ человѣческій за все время своей исторіи не нажилъ себѣ ни *лишней мышцы, ни лишней способности*, а только развивалъ на разный манеръ мышцы и способности, уже существующія; что происхожденіе отъ извѣстныхъ родителей есть само по себѣ *важнѣйшее изъ условій обстановки*; что каждый новорожденный ребенокъ уже въ первые дни своей жизни проявляетъ характерныя индивидуальныя черты, незамѣтныя для кабинетнаго ученаго, но вполнѣ ясныя для матери; что, наконецъ, каждая изъ душевныхъ способностей человѣка имѣетъ, должна имѣть свой анатомическій субстратъ, свой органъ (мы его не знаемъ, но для матеріалистовъ, къ числу которыхъ принадлежатъ, по большинству, противники наслѣдственности, предположеніе такого органа обязательно), который, передаваясь по наслѣдству въ болѣе или менѣе развитомъ видѣ, можетъ обусловить и наслѣдственную передачу связанной съ нимъ способности или наклонности, тоже въ большей или меньшей степени развитія. Вообще, противники наслѣдственности забываютъ, что, если и есть на свѣтѣ безглазая рыба, потерявшая органъ зрѣнія, благодаря темнотѣ подземныхъ озеръ, въ которыхъ она живетъ, то никакая обстановка, никакое воспитаніе не превратитъ перваго попавшагося карася въ безглазую рыбу и что для такого превращенія нуженъ цѣлый рядъ поколѣній, а, стало быть, и наслѣдственная передача все болѣе и болѣе атрофирующагося глаза. Никакое воспитаніе также не превратитъ волка въ собаку, между тѣмъ, какъ медвѣдь, воспитанный человѣкомъ, ручнѣетъ весьма быстро.

Что же касается нравственности, то самое опредѣленіе ея у автора кажется мнѣ невѣрнымъ. Онъ, повидимому, считаетъ нравственными только соціальныя, альтруистическія наклонности человѣка, такія, которыя направлены къ поддержанію рода, и притомъ вполнѣ осмысленныя, обдуманныя. А мнѣ кажется, что нравственнымъ слѣдуетъ называть вообще психически прекрасное, безъ всякаго отношенія къ чьей либо пользѣ и къ интеллекту. Убѣжденный и искренній аскетизмъ, напримѣръ (пустынножительство, монашество, факиры) во всѣ времена и у всѣхъ народовъ вызывалъ къ себѣ уваженіе, хотя ни обществу, ни роду, ни даже отдѣльнымъ личностямъ никакой пользы не приноситъ. Равнымъ образомъ, великодушный поступокъ обезьяны или воздержаніе собаки Капшнева никакъ нельзя не признать нравственными, хотя обдуманности въ нихъ нѣтъ и слѣда. Наоборотъ, профессиональное шпіонство или даже «благотворительное акробатство», не смотря на всю-же ихъ обдуманность и пользу, ими приносимую, всегда будутъ дѣйствовать отталкивающимъ образомъ на нравственное чувство, равно какъ и ремесло рѣзника на бойнѣ или палача, которыя никакими усиліями интеллекта нельзя поднять на высоту занятій, вполнѣ нравственныхъ (рекомендую вспомнить разсужденія Раскольникова о «правѣ устранять препятствія»).

Нравственность, какъ я говорилъ уже выше, есть безотчетный, интуитивный вкусъ, вполнѣ подобный эстетическому или даже матеріальному, рождающійся вмѣстѣ съ человѣкомъ, но способный къ развитію или заглушенію при помощи воспитанія въ широкомъ смыслѣ слова. Поэтому о генезисѣ нравственности не можетъ быть рѣчи, такъ же, какъ о генезисѣ чувства вкуса или зрѣнія, напримѣръ. Человѣкъ заглядывается на красивый видъ, чувствуетъ сладость сахара, наслаждается запахомъ розы или прекраснымъ поступкомъ Муція Сцеволы, потому что такъ устроены его органы перцепціи. Безнравственный поступокъ возбуждаетъ отвращеніе потому же, почему фальшивая нота рѣжетъ музыкальное ухо. И хотя воспитаніе можетъ измѣнить впечатлительность органовъ, перципирующихъ цвѣтъ, звукъ, вкусъ, добро, но не до такой, однако же, степени, чтобы хининъ казался сладкимъ, запахъ розы — отвратительнымъ, а геройскій поступокъ — подлымъ. Всѣ такія извращенія природнаго вкуса представляютъ собою только частныя уродства, зависящія отъ физической или психической ненормальности. Даже «движущія идеи» (въ силѣ и вліяніи которыхъ нельзя сомнѣваться) не въ состояніи произвести такого извращенія — поступая безнравственно въ силу убѣжденія (идеи вѣдь могутъ быть и ложныя), человѣкъ всегда чувствуетъ свою неправоту и страдаетъ отъ этого (рѣзкимъ и въ высшей степени поучительнымъ примѣромъ борьбы ложныхъ идей съ врожденными нравственными чувствами и побѣды послѣдняго можетъ служить исторія нашей интеллигенціи за послѣдніе 30—40 лѣтъ, исторія возникновенія и исчезанія новаго рода болѣзненныхъ «явленій», изложенная въ сочиненіяхъ Ѳ. М. Достоевскаго, заслуживающихъ названіе Мартирологіи русскаго общества).

Нѣтъ никакого сомнѣнія, что основы нравственности коренятся въ самой природѣ человѣка, но пріурочивать ихъ къ наибольшей интенсивности и экстенсивности жизни и обусловливать дѣйствіемъ движущихъ идей я не считаю возможнымъ и думаю, что это со стороны автора простая натяжка — искусственное подведеніе фактовъ подъ излюбленную, хотя совсѣмъ еще несозрѣвшую теорію.

Такой же натяжкой является и ученіе Гюйо о долгѣ, какъ послѣдствіи избытка силъ. Долгъ есть декретъ нравственнаго чувства, подлежащій исполненію даже при полномъ безсиліи, такъ какъ и въ этомъ послѣднемъ случаѣ неповиновеніе ему строго взыскивается совѣстью.

9.

Ручной трудъ, обязательный въ школахъ кіевскаго періода древней Руси (800 лѣтъ тому назадъ), предписываемый «Домостроемъ» въ теченіе московскаго ея періода, лично практиковавшійся Великимъ Плотникомъ, выведшимъ изъ Руси — Россію, вошедшій даже въ инструкцію для корпусовъ, составленную въ 1722 году — въ теченіе столѣтія совсѣмъ заглохъ и явился къ намъ теперь изъ-за границы, какъ иностранная выдумка, какъ мысль Ж. Ж. Руссо... Но, какъ бы то ни было, объ немъ заговорили, сначала въ Финляндіи, въ которой, по Высочайше утвержденному проекту пастора Уно-Сигнеуса (1866 г.), ручной трудъ сталъ обязательнымъ для народныхъ школъ, а затѣмъ и въ Россіи. Въ этой послѣдней, въ 1880 году, по почину коммиссіи по техническому образованію, были учреждены шестинедѣльные курсы ручного труда для сельскихъ учителей (любопытно, что противниками введенія ручного труда въ школы были тогда извѣстные педагоги, Вессель и баронъ Корфъ). Затѣмъ, въ 1884 году, по предложенію теперешняго министра финансовъ, И. А. Вышнеградскаго, Министерство Народнаго Просвѣщенія открыло уроки ручного труда при С.-Петербургскомъ Учительскомъ Институтѣ, подъ руководствомъ директора этого института, г. Сентъ-Илера, напечатавшаго тогда же монографію по данному вопросу. Наконецъ, въ самое послѣднее время, на первомъ съѣздѣ русскихъ дѣятелей по техническому образованію, въ 1889 г., вопросъ этотъ былъ подвергнутъ всестороннему обсужденію, а на выставкѣ, состоявшей при этомъ съѣздѣ, находился шестимѣстный *столъ-верстакъ*, изобрѣтенный извѣстнымъ педагогомъ, Н. Д. Столпянскимъ, изъ интересной монографіи котораго «*Опытъ руководства для занятій ручнымъ трудомъ въ общеобразовательныхъ училищахъ*» (1890 г.) я черпаю эти свѣдѣнія. Желающіе поближе познакомиться съ теоретической и практической сторонами вопроса могутъ обратиться къ этой монографіи.

10.

Предразсудки образованныхъ людей—дедуктивные, такъ сказать, предразсудки: подтягиванье фактовъ подъ излюбленную теорію — удивительно живучи и трудно истребимы. Несмотря на извѣстную грубость нравовъ, господствовавшую одно время (въ 60-хъ и 70-хъ годахъ) среди слоевъ нашей интеллигенціи и отразившуюся даже на литературѣ; несмотря на множество всѣмъ извѣстныхъ *легальныхъ* (то есть такихъ, которыя опираются на недомолвки закона и не могутъ быть имъ преслѣдуемы) преступленій, совершаемыхъ «людьми высшаго образованія»; несмотря даже на громкіе скандальные процессы, въ которыхъ фигурируютъ эти люди — мы все-таки продолжаемъ считать «высшее образованіе» панацеей отъ всѣхъ соціальныхъ золъ, и «передовые» люди въ нашемъ обществѣ были крайне недовольны смысломъ, который гр. Толстой придалъ слову «тьма». Они ожидали, что во «Власти тьмы» роль злодѣя будетъ предоставлена невѣжеству и вдругъ встрѣтили тамъ, въ качествѣ представителя свѣта, золотаря Акима...

Возникновеніе предразсудка о цивилизующей силѣ знаній людей

понятно: умъ, вооруженный знаніями, дѣйствительно можетъ быть лучшимъ помощникомъ совѣсти, чѣмъ умъ невѣжественный. Но нужно, чтобы было кому помогать—нужно, чтобы совѣсть образованнаго человѣка была развита наравнѣ съ его умомъ; а объ этомъ-то мы и позабыли. Мы даже совсѣмъ отрицали существованіе совѣсти, какъ самостоятельной психической способности, и хотѣли основать понятіе о добрѣ и злѣ исключительно на выводахъ ума: хотѣли заставить этотъ послѣдній быть судьею въ вопросахъ о томъ, что сладко и что горько. Въ 60-хъ годахъ раздавались даже голоса, совершенно отрицавшіе право *воспитывать*, иначе какъ посредствомъ передачи знаній. Воспитаніе считалось тогда насиліемъ. Нисколько не упрекая наше общество въ тѣхъ заблужденіяхъ, въ которыя оно впадало и до сихъ поръ впадаетъ (я лично даже радуюсь всѣмъ этимъ заблужденіямъ, всему сумбуру, пережитому нами въ 60-хъ и 70-хъ годахъ, такъ какъ сумбуръ этотъ былъ вполнѣ самостоятеленъ и указываетъ на пробужденіе мысли, на жизнь, вновь начавшуюся послѣ долгаго, болѣе чѣмъ трехвѣковаго сна), нельзя, однако же, не порадоваться тому, что туманъ дедуктивныхъ предразсудковъ, закутавшій нашу родину при ея пробужденіи, начинаетъ понемногу разсѣиваться.

11.

Не получивъ классическаго образованія, я не могу и судить о немъ по личному опыту. Здравый смыслъ говоритъ, однако же, что двѣ указываемыя авторомъ благодѣтельныя его стороны: вліяніе мысли классическихъ авторовъ и вліяніе самостоятельныхъ занятій грамматикой, повидимому, могли бы быть съ большимъ удобствомъ раздѣлены. Почему бы, въ самомъ дѣлѣ, не изучать авторовъ по хорошимъ переводамъ, трудясь въ то же время надъ грамматиками новѣйшихъ языковъ (я лично питаю непобѣдимое отвращеніе ко всякимъ занятіямъ грамматикой; я въ нихъ смысла не вижу—по моему мнѣнію, никакой живой языкъ непреложными законами не связанъ, если же мы открыли такіе законы въ древнихъ языкахъ, такъ это потому только, что они умерли и не могутъ защищать своей свободы. А разъ нѣтъ и не можетъ быть непреложнаго закона, то изученіе *капризовъ*, изученіе штриховъ рѣзца Фидія или мазковъ кисти Рафаэля, является пустымъ и безплоднымъ занятіемъ)? Такимъ образомъ, авторы были бы прочитаны безъ того невозможнаго труда, которымъ теперь это сопровождается, а занятіе грамматикой новѣйшихъ языковъ, кромѣ гимнастики ума (буде оно дѣйствительно составляетъ такую гимнастику), повело бы и къ практически-полезному знанію этихъ языковъ.

12.

«Точныя науки далеко не такъ сильно развиваютъ разумъ, какъ это принято думать»! «Математика учитъ скрывать слабость доказательствъ за силою разсужденій»! Трудно представить себѣ, чтобы это было сказано о тѣхъ созданіяхъ человѣческаго разума (исключительно разума, по крайней мѣрѣ по отношенію къ математикѣ, составляющей, собственно говоря, кодексъ его законовъ), въ которыхъ сила его наиболѣе выражалась, такъ какъ въ нихъ онъ находитъ законы, обязательные для всей природы! Авторъ съ гораздо большимъ правомъ могъ бы сказать, что «художественныя произведенія далеко не такъ сильно развиваютъ вкусъ и воображеніе, какъ это принято думать»; или что «поэзія и живопись учатъ скрывать слабость чувства за силою формы». Не входя въ разсмотрѣніе причинъ, по которымъ авторъ составилъ себѣ такое странное мнѣніе о точныхъ наукахъ и математикѣ (отчасти, вѣроятно, по незнакомству съ ними — недаромъ онъ ставитъ гигіену въ рядъ точныхъ наукъ — а отчасти вслѣдствіе реакціи на исключительное ихъ преобладаніе за послѣдніе годы), нельзя не пожелать, чтобы мнѣніе это осталось одинокимъ, что, однако же, едва ли случится, такъ какъ реакція противъ точныхъ наукъ усиливается съ каждымъ днемъ; возрождающаяся метафизика грозитъ надолго оставить въ тѣни физику, точно такъ же, какъ эта послѣдняя, въ былыя времена, чуть было совсѣмъ не убила своей противницы. Но вотъ то-то и дѣло, что точныя науки и математика считаются чуть ли не врагами философіи и метафизики, тогда какъ онѣ должны идти рука объ руку. Метафизика, по справедливому замѣчанію г. Грота, должна сдѣлаться качественной математикой (Вопросы филос. и псих. 1890 г., № 2), а философія—наукой, обобщающей выводы всѣхъ прочихъ, а точныхъ—по преимуществу, такъ какъ онѣ по преимуществу суть созданія разума и по преимуществу заслуживаютъ названія науки (французы не безъ причины объединили ихъ подъ общимъ именемъ sciences). Но, если авторъ не правъ въ оцѣнкѣ развивающаго значенія математики и точныхъ наукъ, то нельзя не согласиться съ его критикой метода ихъ преподаванія. То обстоятельство, что науки эти снабжаютъ умъ ученика «фактами и формулами въ готовомъ видѣ», зависитъ вовсе не отъ нихъ самихъ, а именно отъ способа преподаванія. Грѣшно же преподавателямъ и лицамъ, составляющимъ программы, требовать отъ учениковъ только знанія фактовъ и формулъ (едва ли это даже и справедливо, по крайней мѣрѣ у насъ, въ то время, когда я учился, да и послѣ), сколько могъ замѣтить, этого не было), а не методовъ, при помощи которыхъ добыты эти факты и формулы! При условіи же изученія, главнымъ образомъ, методовъ, едва ли какое либо упражненіе можетъ подѣйствовать болѣе благотворнымъ образомъ на развитіе именно разума ребенка, чѣмъ упражненіе математическое, особенно имѣющее въ виду конкретную цѣль—опредѣленіе закона природы. Едва ли также что либо въ такой же степени пріучитъ его «думать, а не болтать пустыя фразы». Только не нужно слишкомъ рано начинать съ дѣтьми изученіе точныхъ наукъ и алгебры.

13.

Экзаменъ вообще есть великое зло, но, къ несчастію, зло совершенно необходимое, такъ какъ для большинства съ нимъ всегда будетъ связано полученіе извѣстныхъ правъ въ обществѣ или въ кругу людей науки, которыя нельзя же давать всѣмъ безъ разбора. Поэтому, не задумываясь о совершенномъ уничтоженіи этого зла, слѣдуетъ стараться уменьшить его по возможности. Нужно, прежде всего, уменьшить число экзаменовъ. Зачѣмъ, напримѣръ, существуютъ экзамены переходные, особенно въ высшихъ учебныхъ заведеніяхъ? Не давая никакихъ особыхъ правъ и преимуществъ, они легко могли бы быть замѣнены отзывами учителей и профессоровъ о занятіяхъ даннаго ученика или студента въ теченіе года. Въ гимназіяхъ такіе отзывы и при теперешнемъ порядкѣ вполнѣ возможны, а въ высшихъ учебныхъ заведеніяхъ они станутъ возможными, когда наша неразумная лекціонная система занятій будетъ оставлена только для публичныхъ, даровыхъ, курсовъ, а обыкновенныя обязательныя занятія превратятся въ рядъ простыхъ бесѣдъ, практическихъ упражненій и репетицій, какъ это давно уже практикуется въ Англіи. Когда это осуществится, тогда и профессоръ будетъ имѣть возможность давать о студентахъ такіе же отзывы, какіе теперь можетъ дать учитель гимназіи о своихъ ученикахъ. Для гимназистовъ, какъ для лицъ несовершеннолѣтнихъ, основанныя на этихъ отзывахъ рѣшенія педагогическаго совѣта о годности или негодности къ переходу въ слѣдующій классъ должны имѣть обязательную силу, а для студентовъ — значеніе простой рекомендаціи, которой можно и не послушаться: неготовый все равно провалится на окончательномъ экзаменѣ. Что же касается этого послѣдняго, то онъ могъ бы быть устроенъ тоже болѣе раціональнымъ образомъ. Въ Англіи всѣ экзаменующіеся собираются въ назначенный для экзамена день въ извѣстный залъ, при входѣ въ который получаютъ экзаменаціонный листъ, то есть листъ, на которомъ написано 10—15 вопросовъ по данному предмету; вопросы эти становятся извѣстными только въ эту минуту, а отвѣтить на нихъ нужно *письменно*, не выходя изъ зала, ни съ кѣмъ не совѣтуясь и не справляясь съ книгами. Нечего и говорить, что такой экзаменъ несравненно труднѣе нашего изустнаго и по одному билету, который, вдобавокъ, заранѣе всѣмъ извѣстенъ. Но трудность англійскаго экзамена именно въ томъ и состоитъ, что къ нему нельзя *приготовиться* въ 2—3 недѣли—15 разнообразныхъ вопросовъ по одному предмету, это значитъ весь предметъ—а нужно въ самомъ дѣлѣ *знать*. Такой экзаменъ съ добавленіемъ практическихъ, тамъ гдѣ они полагаются, и принимая въ расчетъ отзывы профессоровъ о данномъ студентѣ или гимназистѣ, за все время его ученія, былъ бы, мнѣ кажется, гораздо лучшимъ критеріемъ знаній, чѣмъ наши теперешніе. А кромѣ того, онъ и менѣе утомлялъ бы, такъ какъ, опять таки, *подготовиться* къ нему, за неимѣніемъ заранѣе извѣстной программы вопросовъ (всѣ знаютъ, что стоитъ лишь дать студентамъ программу, чтобы они въ 2—3 мѣсяца подготовились къ экзамену хоть изъ черной магіи) совершенно невозможно.

14.

Говоря объ университетахъ, авторъ не упомянулъ объ Англіи, между тѣмъ настоящій *университетъ*, то есть учрежденіе, вполнѣ соотвѣтствующее своему названію, сохранился, повидимому, только тамъ. Англійскіе университеты (ихъ тамъ нѣсколько разновидностей, но я буду говорить только о старыхъ—Oxford и Cambridge—самыхъ типическихъ) суть союзы интеллигентныхъ людей, имѣющіе цѣлью разработку науки и воспитаніе юношества. Возникли они въ средніе вѣка, въ видѣ полу-ученыхъ полу-монашескихъ общинъ и при томъ по иниціативѣ частныхъ лицъ, безъ всякаго содѣйствія и вмѣшательства государственной власти, которая, однако же, въ виду общественнаго довѣрія, скоро заслуженнаго университетами, дала имъ *хартіи*, уполномочивающія ихъ быть судьями и цѣнителями воспитанія и образованія, получаемаго англійской молодежью. Въ силу этихъ хартій, *только одни университеты имѣютъ въ Англіи право давать ученыя степени*, которыя, *въ то же время, имѣютъ значеніе акта о принятіи въ число членовъ союза, на всю жизнь*. Управляются университеты «конвокаціями», то есть общими собраніями всѣхъ членовъ—всѣхъ лицъ, когда либо получившихъ отъ даннаго университета какую либо степень (конвокація есть учрежденіе законодательное, исполнительную же коллегію составляетъ сенатъ, а кромѣ того имѣются должностныя лица разныхъ наименованій). Дѣятельность ихъ, помимо научныхъ работъ, производимыхъ членами въ музеяхъ, библіотекахъ и лабораторіяхъ, принадлежащихъ университету, состоитъ, во-первыхъ, въ надзорѣ за *коллегіями*, при нихъ состоящими (такихъ коллегій, при старыхъ университетахъ, имѣется до сорока), и во-вторыхъ—въ повѣркѣ знаній кандидатовъ на степень,—въ экзаменахъ. Коллегіи суть высшія воспитательныя, общеобразовательныя и профессіональныя школы, матеріально отъ университета не зависимыя, но связанныя съ нимъ общимъ духомъ и личностями преподавательскаго и административнаго персонала, который весь обязательно состоитъ изъ членовъ университета. Всѣ онѣ (за исключеніемъ нѣкоторыхъ новыхъ, недавно къ университетамъ приписавшихся) суть интернаты, съ весьма строгой и разумной дисциплиной; по спеціальностямъ онѣ очень разнообразны, но большинство посвящено теологіи, философіи и математикѣ—естественно-научныя коллегіи, равно какъ посвященныя точнымъ наукамъ и медицинѣ, возникли сравнительно недавно. Главное вниманіе въ нихъ обращается именно на то, чего Гюйо не находитъ въ континентальныхъ университетахъ, то есть на образованіе *человѣка*, развитіе его характера, эстетическаго и литературнаго вкуса, любви къ знанію и проч. Кончивъ курсъ въ коллегіи (въ большей части курсъ продолжается 3 года) и выдержавъ экзаменъ при университетѣ (экзаменаціонныя коммиссіи по разнымъ спеціальностямъ ежегодно избираются конвокаціей), молодой человѣкъ получаетъ степень баккалавра и только тогда, собственно говоря, начинаетъ чисто спеціальныя занятія излюбленной отраслью наукъ, для чего университетъ даетъ ему средства, въ видѣ стипендіи на нѣсколько лѣтъ (стипендій этихъ очень много и иныя изъ нихъ достигаютъ 1000 фунтовъ стерлинговъ въ годъ), въ видѣ права слушать курсы, при немъ читаемые, и пользоваться его вспомогательными средствами. Ученыя степени, даваемыя университетами, долгое время сопровождались лишь честью принадлежать къ числу членовъ конвокаціи, возможностью заниматься науками и занимать преподавательскія мѣста въ коллегіяхъ, но права практиковать извѣстную спеціальность—быть врачемъ, прокуроромъ—не давали. Вообще право практики—лиценція—стоитъ въ Англіи совершенно отдѣльно отъ ученой степени и дается независимыми отъ университетовъ профессіональными *гильдіями*—союзами врачей, юристовъ и проч.—имѣющими право экзаменовать, но только по своимъ спеціальностямъ (съ недавняго, сравнительно, времени университеты получили право присоединять къ своимъ степенямъ и лиценціи; въ этотъ же время въ нихъ присоединяются и многія специальныя школы. Такимъ образомъ въ Англіи можно быть практическимъ врачемъ или практическимъ юристомъ, не имѣя ученой степени (подготовка къ лицейскому экзамену производится свободными профессіональными школами) и можно быть докторомъ медицины (M. D.), или докторомъ правъ (J. L. D.), не имѣя права практиковать. Для полученія лиценціи нужно знать хорошо свою спеціальность, для полученія же степени нужно быть, кромѣ того, общеобразованнымъ человѣкомъ. Поэтому подготовка къ медицинской, напримѣръ, лиценціи требуетъ пятилѣтнихъ занятій, а подготовка къ степени доктора медицины продолжается цѣлыхъ девять лѣтъ.

Англійскіе университеты страшно богаты, совершенно независимы отъ государства и даже представляютъ изъ себя политическія единицы, такъ какъ посылаютъ въ парламентъ представителей.

На мой взглядъ, англійскій университетъ представляетъ собою идеалъ университета, но, къ несчастію, никакія мѣропріятія не дадутъ возможности достичь этого идеала, такъ сказать, насильственнымъ образомъ. Ни французы, ни нѣмцы, ни мы не можемъ пересадить на свою почву того учрежденія, которое потому и стало идеальнымъ, что выросло совершенно свободно, по частной иниціативѣ, на частныя средства и при помощи многовѣковыхъ самостоятельныхъ усилій. Но, если мы не можемъ пересадить чужихъ учрежденій цѣликомъ, то можемъ многое изъ нихъ заимствовать, и наиболѣе полезными изъ этихъ заимствованій, вообще наиболѣе нужными изъ реформъ нашего общественнаго образованія были бы, по моему мнѣнію, слѣдующія:

1) Введеніе въ нашихъ низшихъ и среднихъ учебныхъ заведеніяхъ тѣхъ измѣненій режима, программъ и методовъ преподаванія, которые рекомендуетъ Гюйо для школъ французскихъ.

2) Введеніе въ высшихъ учебныхъ заведеніяхъ (наши университеты суть лишь высшія правительственныя профессіональныя школы, ничѣмъ не отличающіяся отъ Технологическаго, напримѣръ, института, Горнаго, Военно-Медицинской Академіи etc.) англійской системы преподаванія—бесѣдъ вмѣсто лекцій, постоянныхъ практическихъ упражненій, репетицій и проч. Причемъ ничто тоже не должно бы пропадать безплодно, такъ какъ время дорого, а курсъ, при введеніи этихъ (хотя бы только практическихъ и даже дающихъ заработокъ) занятій, могъ бы быть пропорціонально сокращенъ.

3) Учрежденіе публичныхъ, общедоступныхъ курсовъ (лекцій), которые служили бы для студентовъ—теоретическимъ дополненіемъ ихъ обязательныхъ занятій, а для публики вообще—источникомъ

званій, изъ котораго и врачъ, и техникъ, и агрономъ, и юристъ, и праздный человѣкъ могли бы черпать нужныя имъ свѣдѣнія, не стѣсняясь экзаменами и не заботясь о дипломахъ.

4) Замѣна переходныхъ экзаменовъ, какъ въ среднихъ, такъ и въ высшихъ учебныхъ заведеніяхъ, рѣшеніями педагогическихъ совѣтовъ, составленными на основаніи отзывовъ преподавателей о занятіяхъ каждаго изъ учащихся въ теченіе года, причемъ такія рѣшенія для гимназистовъ должны быть обязательными, а для студентовъ — только консультативными.

5) Замѣна изустнаго экзамена (окончательнаго, на степень или дипломъ), по программѣ и по билетамъ, экзаменомъ письменнымъ, по экзаменаціонному листу, на англійскій образецъ.

6) Замѣна экзаменовъ на высшія научныя степени простымъ представленіемъ ученыхъ трудовъ и публичной ихъ защитой. При этомъ степень должна давать одно лишь право — право быть преподавателемъ.

7) Всяческое поощреніе общенія студентовъ, какъ между собою, такъ и съ профессорами (теперь его, кажется, и слѣда нѣтъ), учрежденіемъ корпоративнаго устройства (свой судъ, кассы, библіотеки, клубы, вечерніе бесѣды, общія прогулки), *которое должно быть воспитываемо, при помощи строгихъ, но разумныхъ мѣръ, а не уничтожаемо при первой попыткѣ къ извращенію въ противогосударственномъ смыслѣ.*

Кромѣ всего вышеизложеннаго слѣдуетъ стараться учреждать новыя учебныя заведенія (со старыми уже, конечно, дѣлать нечего) преимущественно въ маленькихъ городахъ, потому что большіе положительно губятъ молодежь, слѣдуетъ покровительствовать развитію между студентами разнаго рода спорта, равно какъ и занятій изящными искусствами: музыкой, пѣніемъ, живописью etc.

15.

Такъ какъ у насъ высшія профессіональныя школы ничѣмъ не отличаются отъ университетовъ, то все сказанное мною по поводу этихъ послѣднихъ относится и къ первымъ. Но у насъ нѣтъ, или почти нѣтъ, среднихъ профессіональныхъ школъ, а между тѣмъ онѣ положительно необходимы, такъ какъ теперь, чтобы сдѣлаться агрономомъ или техникомъ (это такія профессіи, которыя для насъ нужнѣе, чѣмъ для какой нибудь другой націи въ мірѣ), у насъ нужно учиться minimum 12 лѣтъ, что не для всякаго возможно, тѣмъ болѣе, что человѣкъ, заручившійся дипломомъ высшей профессіональной школы, все-таки не можетъ сразу приняться за практическое дѣло — образованіе ему данное оказывается черезчуръ теоретичнымъ. Оставимъ наши теперешнія высшія школы для лицъ, имѣющихъ время, возможность и охоту заниматься своею спеціальностью вполнѣ научно, слѣдуетъ учредить среднія профессіональныя школы, съ краткимъ и преимущественно практическимъ курсомъ, не требующимъ большой подготовки, такъ чтобы въ эти школы могли поступать не только люди съ среднимъ общимъ образованіемъ (которое должно стоять вполнѣ отдѣльно и независимо), но и съ низшимъ.

Вообще упрекъ въ однообразіи, дѣлаемый Гюйо французской средней школѣ, относится всецѣло и къ школѣ русской. На что, въ самомъ дѣлѣ, нуженъ этотъ однообразный повсюду режимъ и одинаковыя программы, когда жизнь крайне разнообразна и требуетъ различныхъ людей къ исполненію разныхъ функцій? Пусть въ каждомъ данномъ мѣстѣ и въ каждое данное время возникаютъ такія школы, которыя нужны этому мѣсту и времени. Государство всегда можетъ слѣдить за всѣми ими и во-время устранять все вредное. Да, наконецъ, однообразіе не спасло же нашу школу отъ вредныхъ идей.

16.

Вопросъ о женскомъ образованіи имѣетъ у насъ, очевидно, гораздо болѣе острый и серьезный характеръ, чѣмъ во Франціи. Тамъ еще можно говорить женщинамъ о «розовыхъ щечкахъ», о культѣ красоты и скромности (какъ это дѣлаетъ Гюйо), намъ же, пережившимъ сумасшедшую пору нигилизма, съ его отрицаніемъ всякой эстетики, все это кажется оскорбленіемъ, попыткой смотрѣть на женщину исключительно какъ на самку, въ самомъ низкомъ смыслѣ этого слова. Наша женщина, гораздо менѣе мелочная, гораздо болѣе способная къ абстракціи и, не смотря на «Домострой» и терема, всегда игравшая гораздо болѣе самостоятельную и видную роль въ общественной жизни, вообще гораздо болѣе серьезная и обстоятельная, чѣмъ француженка (хотя, можетъ быть, менѣе живая и увлекающаяся), никогда не была *только* самкой, *только* игрушкой своего мужа, такъ что она можетъ лишь оскорбиться выраженіемъ Спенсера что «розовыя щечки и блестящіе глазки привлекаютъ мужчинъ». Она не *привлекать* ихъ желаетъ, даже не стоять съ ними рядомъ, какъ всегда стояла (вѣдь если царевны жили въ теремахъ, такъ и цари не смѣли выходить изъ того кіота, изъ того оклада, въ который разъ навсегда были вставлены; если дѣвушка не могла выбирать себѣ жениха безъ воли родителей, то и молодой парень также не видалъ своей невѣсты до брака), она, какъ и американка, желаетъ совсѣмъ эмансипироваться отъ мужчины, или, лучше сказать, отъ той роли въ обществѣ, которую судьба ей предназначила, создавъ женщиною, то есть существомъ, отличнымъ отъ мужчины. Она не желаетъ зависѣть отъ мужа матеріально, она хочетъ дѣлать буквально то же, что онъ дѣлаетъ, вліять на ходъ исторіи точь въ точь такъ же, какъ онъ вліяетъ; однимъ словомъ она желаетъ не быть ему равною, исполняя разныя стороны одного и того же дѣла, но завести свое отдѣльное отъ мужчины дѣло и притомъ точь-въ-точь такое же, какъ и у него. Она хочетъ быть врачемъ, адвокатомъ, нотаріусомъ, ученымъ, купцомъ (въ Петербургѣ уже основывается, кажется, коммерческая академія для женщинъ), а современемъ, пожалуй, и администраторомъ и воиномъ, подобно ему. Но, задавшись этой цѣлью, она позабыла сказку Менения Агриппы о желудкѣ, или, лучше сказать, перетолковывая подъ вліяніемъ предвзятой мысли недавно изученную ею физіологію, она не желаетъ признавать анатомическихъ и функціональныхъ различій между разными органами соціальнаго тѣла. Увлекающіеся женскимъ вопросомъ ученые сказали ей, что ея меньшія сравнительно съ мужчиною физическія и интеллектуальныя силы (на что такъ напираетъ Гюйо) суть результатъ «многовѣковаго рабства». Что ея ростъ, вѣсъ тѣла, окружность груди и особенно «вѣсъ мозга», при помощи подходящаго воспитанія, могутъ быть не только сравнены съ мужскими, но даже и превзойти ихъ; что организмъ ея, однимъ словомъ, былъ бы вполнѣ способенъ функціонировать идентично съ мужскимъ, еслибы мужчины, изъ своекорыстныхъ цѣлей, не воспитывали ее исключительно для роли самки, игрушки. Все это и было бы, пожалуй, совершенно справедливо, еслибы роль самки была дѣйствительно наложена на женщину произволомъ мужчины, а не самой природою, наложившей въ то же время на мужчину роль самца. Дѣло въ томъ, что «многовѣковое рабство» женщины—если только можно назвать рабствомъ роль жены и матери—обусловлено дѣйствительно меньшими физическими и совершенно отличными отъ мужскихъ (далеко не низшими!) нравственными ея силами. А это отличіе зависитъ, въ свою очередь, отъ того, что «функція воспроизведенія играетъ въ организмѣ женщины болѣе важную роль, чѣмъ въ организмѣ мужчины», какъ говоритъ Гюйо. Мужчина не тратитъ ежемѣсячно по недѣлѣ на регулы, которыя бы его ослабляли, не носитъ по девяти мѣсяцевъ ребенка, не кормитъ его грудью въ теченіе года, а потому у него всегда остается больше силъ и времени на всякія другія занятія, потому, caeteris paribus, мышцы его всегда будутъ сильнѣе, а интеллектъ—по крайней мѣрѣ тѣ его стороны, которыя участвуютъ въ этихъ занятіяхъ—всегда будетъ болѣе развитъ. Потому же и «рабство» женщины, то есть матеріальная ея зависимость отъ мужчины и необходимость дѣлать совсѣмъ не то дѣло, какое онъ дѣлаетъ, никогда не прекратится. Женщины должны или подчиниться этой роковой необходимости, или... или отказаться совсѣмъ отъ «функціи воспроизведенія», отъ участи быть женою и матерью, хотя и въ этомъ послѣднемъ случаѣ онѣ все же будутъ терять одну недѣлю изъ каждаго мѣсяца и стало быть все же останутся, caeteris paribus, слабѣе мужчинъ.

Но нельзя же имъ видѣть что-то унизительное для себя въ нормальномъ отправленіи физіологическихъ функцій, въ исполненіи обязанностей, наложенныхъ самою природою. Точно будто бы эта самая роль самки, роль подруги и матери—ужъ не то что Бокля или Байрона, а даже простого скромнаго врача или нотаріуса—во всѣхъ случаяхъ не совершенно равна, а въ нѣкоторыхъ не выше и не благороднѣе самого выполненія общественныхъ обязанностей, лежащихъ на ихъ мужьяхъ и дѣтяхъ! Точно будто беременность, кормленіе и выхаживаніе дѣтей не есть дѣло, и дѣло болѣе важное, чѣмъ пріемъ амбулаторныхъ больныхъ или управленіе губерніей въ качествѣ губернатора! Женщина есть центръ и царица семьи: она должна быть объектомъ заботъ, любви и уваженія мужчинъ, самымъ дорогимъ для него существомъ въ мірѣ, но не какъ красивая игрушка для балованнаго ребенка, не какъ предметъ часто животной страсти (у которой, однако же, есть своя роль въ созданіи семьи), а какъ подруга и необходимая сотрудница не только въ величайшемъ изъ всѣхъ дѣлъ его жизни—въ устройствѣ семьи, но и во всѣхъ другихъ дѣлахъ и даже мысляхъ. А кромѣ этой, общей съ мужемъ жизни у женщины можетъ быть и своя, отдѣльная. Женщина можетъ быть всѣмъ, чѣмъ хочетъ, отъ швеи до императрицы (какъ она и была въ русской исторіи, въ которой на ея долю выпадала не роль г-жъ Ментенонъ и Монтеспанъ, а роль Марѳы Посадницы, царевны Софьи, Авдотьи Лопухиной, открыто боровшейся съ мужемъ за старые порядки, императрицъ Елисаветы и Екатерины и проч.) съ единственнымъ условіемъ: помнить, что главная роль въ ея жизни, такая, которая никѣмъ кромѣ нея не можетъ быть выполнена и которая, вдобавокъ, наиболѣе плодотворна, есть роль жены и матери. Только исполнивъ эту роль или совсѣмъ отъ нея отказавшись, можетъ она заниматься чѣмъ нибудь другимъ, и притомъ въ послѣднемъ случаѣ она неминуемо дѣлается или физическимъ, или нравственнымъ уродомъ.

Изъ такого опредѣленія задачъ женской жизни вытекаетъ и планъ подходящаго для женщины воспитанія, очерченный весьма удачно въ седьмой главѣ книги Гюйо, особенно въ тѣхъ словахъ его, на 280-й страницѣ, которыя мною подчеркнуты. Но Гюйо не имѣлъ въ виду русскихъ женщинъ и говоритъ лишь о «молодой дѣвушкѣ, не предназначавшей себя къ какой нибудь опредѣленной дѣятельности», значитъ намѣревающейся выйти замужъ, а что же дѣлать тѣмъ изъ нихъ, которыя замужъ выйти совсѣмъ не намѣреваются или не могутъ? Целибатокъ, по настоящему, не должно бы было быть. Онѣ появились у насъ отчасти вслѣдствіе того, что мужчины оказались не на высотѣ своего призванія, такъ какъ перестали заботиться о женщинахъ и женятся «разсчитывая на заработокъ жены» (какъ выразилась одна женщина-врачъ въ печатной полемикѣ со мною), а отчасти вслѣдствіе желанія содѣйствовать модной и раздутой идеѣ эмансипаціи. Вообще это дѣло очень сложное и не здѣсь о немъ говорить, но во всякомъ случаѣ преднамѣренный целибатъ молодыхъ дѣвушекъ есть, по моему мнѣнію, явленіе уродливое и преходящее—лѣтъ черезъ десять-двадцать его не будетъ. Но съ целибатомъ принужденнымъ, равно какъ съ неудачами семейной жизни, заставляющими женщину добывать самой себѣ (а иногда и дѣтямъ) хлѣбъ насущный, намъ всегда придется считаться. Вотъ для такихъ-то женщинъ и должны быть устроены правительствомъ профессіональныя школы, съ курсомъ по возможности краткимъ и легкимъ, дающимъ возможность съ наименьшей затратой силъ пріобрѣтать ремесло, наиболѣе нужное странѣ въ данное время (теперь, напримѣръ, такимъ ремесломъ была бы медицина, но чисто практическая,—см. мой проектъ такой школы и мотивы ея учрежденія въ «Вѣстникѣ гигіены» и проч. за 1890 годъ). Но кромѣ такихъ практическихъ профессіональныхъ школъ, женщины-целибатки могутъ устраивать на свои средства что хотятъ, хоть военныя академіи, только я не думаю, чтобы правительство должно было дѣлать это для нихъ, ибо странѣ такія затѣи ненужны, да и толку изъ нихъ не выйдетъ никакого.

17.

Мнѣ кажется, что авторъ возстаетъ противъ Paulhan'а только потому, что мысль этого послѣдняго не достаточно ясно выражена. Если «поверхность сферы знанія, по прекрасному выраженію Гюйо, постоянно возрастая, все въ большемъ и большемъ количествѣ точекъ, соприкасается съ дѣйствительностью» и тѣмъ вызываетъ дальнѣйшую работу разума, то, для удобства этой работы, приспособленіе ума къ пріобрѣтенному уже знанію (все болѣе и болѣе обширкому) должно дойти дѣйствительно до автоматизма. Занимаясь высшей механикой, слѣдуетъ прилагать къ ней таблицу умноженія или правила рѣшенія уравненій вполнѣ автоматически. Для того, чтобы выучиться танцовать, нужно уже умѣть ходить и бѣгать вполнѣ рефлективно, не задумываясь о потребностяхъ производимыхъ мышечныхъ движеній. «Сознательный актъ» дѣйствительно предполагаетъ «незаконченность организаціи», такъ какъ онъ есть работа мысли, встрѣтившей *неожиданное, непривычное* препятствіе. А для того, чтобы умъ могъ съ этимъ препятствіемъ быстро справиться, онъ долженъ автоматически, рефлективно, дѣлать привычныя для него спекуляціи. Неумѣющій ходить ребенокъ безпрестанно падаетъ и на гладкомъ полу, такъ какъ ему нужно думать о каждомъ изъ своихъ движеній—всѣ для него новы и непривычны; а между тѣмъ мысль требуетъ времени, нарушенное же равновѣсіе не ждетъ, возстановить его нужно мгновенно, не тратя времени на размышленія. Ребенокъ падаетъ на гладкомъ полу, а ловкій юноша, для котораго мышечныя движенія стали привычными, автоматическими, не упадетъ и бѣгая по скаламъ, такъ какъ мгновенно, не думая, можетъ возстановить готовое нарушиться равновѣсіе своего тѣла. И, если физическое воспитаніе должно быть направлено, между прочимъ, къ тому, чтобы выработать въ тѣлѣ такую ловкость, зависящую отъ автоматизма, то воспитаніе нравственное и интеллектуальное тоже должно стремиться сдѣлать чисто рефлективными хотя бы элементарные, безспорные нравственные и спекулятивные акты. Нравственно благовоспитанный человѣкъ долженъ рефлективно броситься въ воду для спасенія утопающаго ребенка, не раздумывая ни о горѣ его матери, ни о гибели своей жизни, которая, можетъ быть, была бы полезна для родины, ни о величіи самопожертвованія. Интеллектуально-благовоспитанный человѣкъ, человѣкъ привыкшій спекулировать, долженъ рефлективно, сразу почувствовать невѣрность парадокса или рогатаго силлогизма, основаннаго на завѣдомо невѣрныхъ или неправильно-сопоставленныхъ посылкахъ. Если невѣжественному рабочему нужно подумать да подумать для того, чтобы рѣшить сколько въ кубическомъ аршинѣ кубическихъ вершковъ, то ученый инженеръ долженъ рѣшать такіе вопросы машинально.

Но такая машинальность, такой интеллектуальный автоматизмъ не долженъ, да и не можетъ быть *окончательной* цѣлью эволюціи и воспитанія, такъ какъ ни то, ни другое, собственно говоря, никакого конца не имѣютъ: сфера знанія никогда не перестанетъ возрастать, а потому точки соприкосновенія ея съ неизвѣстнымъ, то есть непривычныя и неожиданныя для ума препятствія, никогда не перестанутъ появляться. Вотъ для того, чтобы одолѣть эти препятствія, интеллектуальная дѣятельность и должна быть и будетъ всегда сознательною; только одно приспособленіе ея къ прошлому, къ знаніямъ уже пріобрѣтеннымъ, должно дойти до степени автоматизма.

Что же касается физическихъ и нравственныхъ способностей человѣка, то сфера ихъ приложенія далеко не такъ безгранична, какъ сфера приложенія интеллекта, а потому, чѣмъ автоматичнѣе мышечныя движенія, чѣмъ инстинктивнѣе нравственное чувство — тѣмъ лучше.

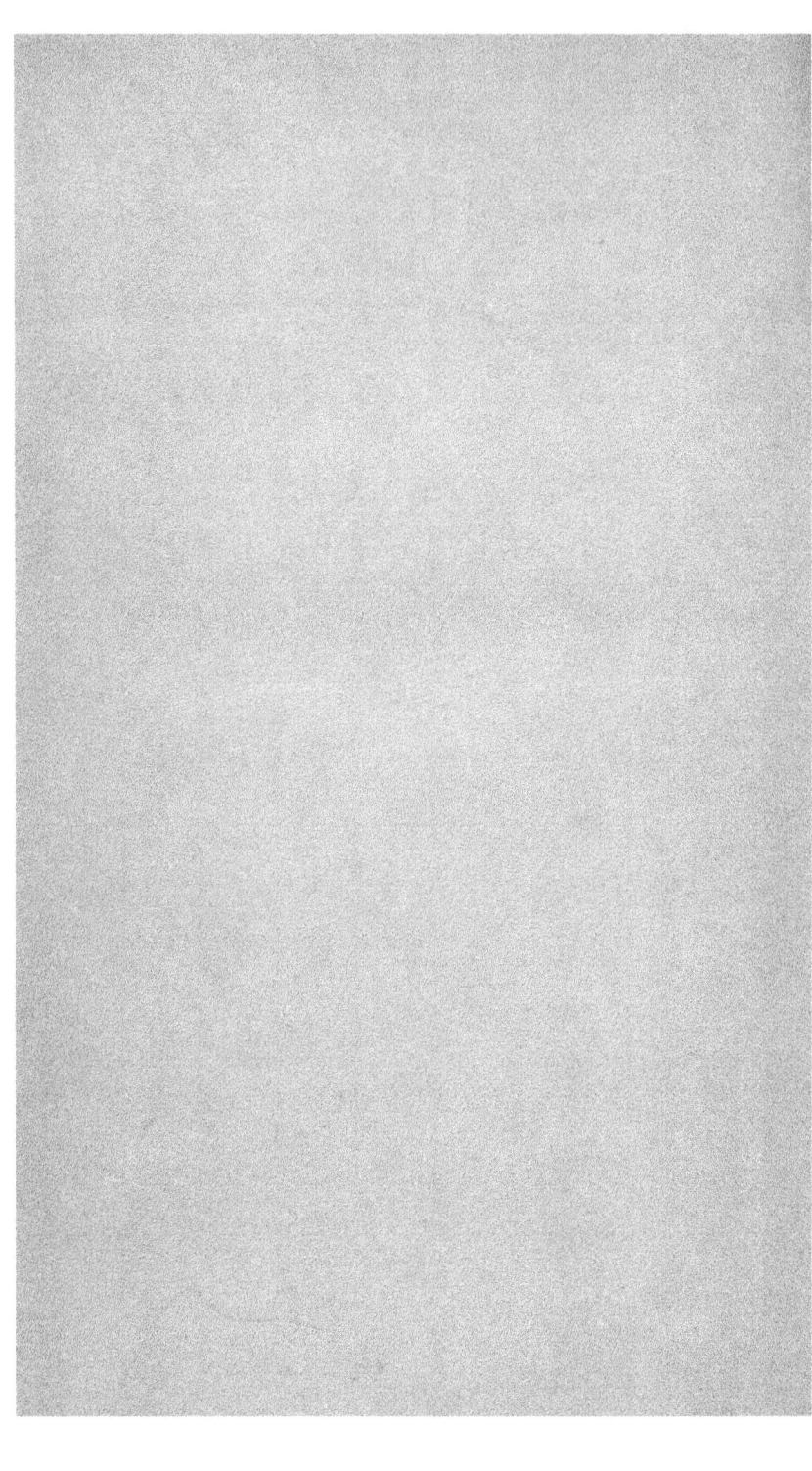

ОГЛАВЛЕНІЕ.

Стр.

Отъ переводчика V

Предисловіе XV

ГЛАВА ПЕРВАЯ.

Внушеніе и воспитаніе, какъ модификаторы нравственнаго инстинкта 1

I. Нервное внушеніе и его эффекты . . . . —

II. Внушеніе психологическое, нравственное и общественное 12

III. Внушеніе, какъ средство нравственнаго воспитанія и какъ измѣнитель наслѣдственности 23

ГЛАВА ВТОРАЯ.

Генезисъ нравственнаго инстинкта, роль наслѣдственности идей и воспитанія 49

I. Привычка, какъ сила, дающая мгновенные импульсы и прочныя наклонности . . . . —

II. Сознаніе и движущія идеи, какъ нравственный агентъ . 64

III. Долгъ, какъ результатъ могущества 77

IV. Возможность распаденія нравственности 101

V. Роль наслѣдственности и воспитанія въ развитіи нравственнаго чувства 106

ГЛАВА ТРЕТЬЯ.

Физическое воспитаніе и наслѣдственность. Интернатъ. Переутомленіе 120

I. Физическое воспитаніе . . . . —

II. Интернатъ 122

III. Переутомленіе 138

стр.
IV. Ручной трудъ 159
V. Ученическія колоніи и путешествія 161
VI. Физическій прогрессъ расы и рождаемость 163

ГЛАВА ЧЕТВЕРТАЯ.

Цѣль и методъ интеллектуальнаго воспитанія 169
I. Цѣль и предметъ образованія . . . . . —
II. Методы образованія 171
III. Выборъ знаній 181

ГЛАВА ПЯТАЯ.

Школа 186
I. Недостаточность чисто интеллектуальнаго образованія . . —
II. Образованіе нравственное 189
III. Дисциплина 196
IV. Гражданское образованіе 203
V. Образованіе эстетическое 209
VI. Интеллектуальное образованіе 225

ГЛАВА ШЕСТАЯ.

Среднее и высшее образованіе 243
I. Цѣль классическаго образованія . . . . . —
II. Преподаваніе исторіи 250
III. Преподаваніе точныхъ наукъ 253
IV. Спеціальное образованіе 256
V. Конкурсы и экзамены 258
VI. Высшее образованіе 260
VII. Профессіональныя школы 264

ГЛАВА СЕДЬМАЯ.

Воспитаніе дѣвушекъ и наслѣдственность 269

ГЛАВА ВОСЬМАЯ.

Воспитаніе и принципъ періодической смѣны культуръ интеллекта 286

ГЛАВА ДЕВЯТАЯ.

Что составляетъ цѣль эволюціи и воспитанія: наслѣдственный автоматизмъ или полная сознательность? 294

Примѣчанія переводчика 309

БОРОВИКОВСКІЙ, А. Л. Уст. Гражд. Судопр. Вып. 1-й (Прим. ст. 1—1281). Ц. 1 р. 50 к.

— То же. Вып. 2-й (Окончаніе ст. 1282—1834 и приложенія). Ц. 2 р.

— Дополненія (рѣшенія, опубликованныя во время печатанія предшествующаго и «продолженіе» 1886 г.). Ц. 1 р.

— Уставъ гражданскаго судопроизводства съ объясненіями по рѣшеніямъ Гражданскаго Кассаціоннаго Департамента Правительствующаго Сената. Изданіе переработанное: помѣщенныя въ 1-мъ изданіи объясненія изложены въ болѣе сжатомъ видѣ и введены новыя объясненія. Ц. 5 р., въ перепл. 1 р.

— Алфавитный указатель объясненій къ Уставу Гражд. Судопроизводства. (Общій для I и II изданія). Ц. 50 к.

БОРОДИНЪ, А. П. Его жизнь, переписка и музыкальныя статьи (1833—1887). Ц. 1 р. 50 к.

БОРОЗДИНЪ, В. А. Записки-очерки воспоминанія. Венгрія и Словакія съ 1864 по 1881 г. Съ 5 портретами. Ц. 2 р.

БУЛГАКОВЪ, Ѳ. И. Художественная энциклопедія (Иллюстрированный словарь искусствъ и художествъ). Т. I. Ц. 3 р., въ папкѣ 3 р. 25 к.

— То же. Томъ II. Ц. 3 р., въ папкѣ 3 р. 25 к.

— Иллюстрированная исторія книгопечатанія и типографскаго искусства. Т. I. Съ изобрѣтенія книгопечатанія по XVIII в. включительно. Ц. 3 р. 60 к.

БУРЕНИНЪ, В. Литературн. дѣятельн. Тургенева. Съ портрет. И. С. Тургенева. Изд. 2-е. Ц. 1 р. 25 к.

— Критическіе очерки и памфлеты. Ц. 1 р. 25 к.

— Изъ вопрос. жизни. Фельетонные разсказы Нестичаго Надзирателя. Ц. 1 р. 50 к.

— Былое. Стихотворенія. Ц. 1 р. 75 к.

— Стрѣлы. Стихотворенія. Изд. 2-е, дополненное новыми стихотворен. Ц. въ перепл. 1 р. 50 к.

— Пѣсни и пародіи. Новыя стихотворенія. Ц. 1 р. 50 к.

— Мертвая вода. Таинственный процессъ. — Романъ въ Кисловодскѣ. Разсказъ. Изд. 3-е. Ц. 1 р.

— Критическіе этюды (Гоголь. — Гончаровъ. — Біографія и письма Достоевскаго. — «Власть тьмы» гр. Толстого. — Журнальный походъ противъ гр. Толстого. — Лермонтовъ. — Памяти Пушкина. — Глѣбъ Успенскій). Ц. 1 р. 50 к.

— Смерть Агриппины. Драма въ 5-ти дѣйств. Ц. 1 р.

[illegible], А. Н. Путевые наброски. Въ странѣ [illegible] и [illegible] (Въ Персіи — Мадрасъ — Сингапуръ — Тропики — Вѣнеція — Парижъ). Ц. 1 р. 25 к.

— Вокругъ въ войнѣ. — Сѣверные разсказы. Ц. 1 р. 50 к.

— На пути. Разсказы и очерки. Ц. 1 р. 50 к.

— Дѣвушка [illegible]. Повѣсть. Ц. 1 р.

[illegible], А. П. Кавказская кампанія (1828—1830). Ц. 2 р.

БЕЙКЕРЪ, САМУЭЛЬ. Выброшенные моремъ. Романъ для юношества. Переводъ съ англ. Съ иллюстраціями. На велен. бумагѣ. Ц. 2 р.

[illegible]. Страшные. Тр. въ 5-ти д. въ стих. и прозѣ. Перев. съ нѣм. А. Й. Плещеева. Ц. 1 руб.

ВАМЪ-ДЕНЪ-БЕРГЪ. Краткая исторія Востока (египтянъ, ассиріянъ, вавилонянъ, мидянъ, персовъ и финикіянъ). Съ 24 гравюрами и [illegible]. Ц. 60 к.

ВЕРНЪ, ЖЮЛЬ. Путешествіе вокругъ свѣта въ 80 дней. Съ 55-ю рисунками. Ц. на вел. бум. 2 р.

— Дѣти капитана Гранта. Путешествіе вокругъ свѣта. Въ 3-хъ частяхъ, съ 157 рисунк. Изд. 2-е. Ц. 3 р. На вел. бум. 4 р.

— Приключенія капитана Гаттераса. Съ 257 рисунками. Ц. на велен. бум. 4 р.

— Плавающій городъ. Съ 25 рис. 150 стр. Ц. 1 р. На велен. бум. 1 р. 50 к.

— Путешествіе вокругъ луны. Съ 43 рис. Ц. 1 р. 25 к. На велен. бум. 1 р.

— Восемьдесятъ тысячъ верстъ подъ водой. Путешествіе подъ водами океана. Въ 3 частяхъ, съ 107 рисунками. Ц. 2 р.

— Приключенія трехъ русскихъ и трехъ англичанъ. Съ 51 рис. Ц. 1 р. 50 к.

ГЕЛЬВАЛЬДЪ, ФРИД. Естественная исторія племенъ и народовъ. Со множеств. иллюстрацій. Сочиненіе это, заключающее въ себѣ исторію развитія культуры племенъ и народовъ земного шара, иллюстрировано художникомъ [illegible]. [illegible], продается вмѣсто [illegible], и въ 2 большихъ тома, 1412 стр. Ц. 15 р.

ГЕКЕРЪ, ОСКАРЪ. Гинзели (Die Brüder des Hauses). Истор. ром. Съ иллюстр. Ц. 1 р.

ГЕКСЛИ. Введеніе въ науку. Ц. 30 к.

ГЕТЕ, его жизнь и избранныя стихотворенія. 2-е дополн. изд. Ц. 1 р., въ изящн. перепл. 1 р. 50 к.

ГИЛЬЦЕБЪ, Гильемъ. Въ льдахъ и снѣгахъ. Путешествіе въ Сибири для поисковъ экспедиціи капитана Делонга. Съ 67-ю грав. Ц. въ перепл. 3 р. 50 к.

ГЛИНКА, М. Записки и переписка его съ родными и друзьями. Ц. 4 р.

ГОМБЕРТЪ, Надежда. Переводъ И. И. Гайдича. Ц. 75 к.

HOMERI ILIAS. Pars I. C. I—XII. Изд. 2-е. Ц. 30 к.

— Pars II. C. XIII—XXIV. Изд. 2-е. Ц. 30 к.

HOMERI ODYSSEA. Pars I. C. I—XII. Изд. 2-е. Ц. 30 к.

— Pars II. C. XIII—XXIV. Изд. 2-е. Ц. 30 к.

ГРЕЧЪ, Н. И. Записки о моей жизни. Съ портретомъ. Ц. 2 р. 50 к.

ГРИГОРОВИЧЪ, Д. В. Акробаты благотворительности. Изд. Ц. 1 р.

— Гуттаперчев. мальчикъ. — [illegible]. — [illegible]. Ц. 1 р.

ГЮЛЛЕНБЕРГЪ, [illegible]. [illegible] перев. [illegible]. Ц. 1 р.

ДАНИЛЕВСКІЙ, Г. П. На Индію при Петрѣ I. — Потемкинъ на Дунаѣ. Историч. романы. Ц. 1 р. 50 к.

— Княжна Тараканова. Историч. романъ. — Уманская рѣзня (Покойникъ [illegible]). Историч. повѣсть. Ц. 1 р. 50 к.

— Мировичъ (1762—1764 г.). Историческій романъ. Ц. 2 р.

— Сожженная Москва. Истор. ром. Ц. 1 р. 50 к.

ДОДЭ, АЛЬФОНСЪ. Королева Фредерика (Les rois en exil). Романъ. Ц. 1 р. 50 к.

— Жены артистовъ. Очерки нравовъ. Ц. 40 к.

ДРУЖИНИНЪ, А. Поленька Саксъ. Повѣсть. Ц. 30 к.

ЕВРЕИНОВЪ, В. Гражданское чинопроизводство въ Россіи. Историческій очеркъ. Ц. 1 р.

ЕСИПОВЪ, Г. В. Люди стараго вѣка. Разсказы изъ дѣлъ Преображенскаго приказа и Тайной канцел. Ц. 1 р. 50 к.

— Тяжелая память прошлаго. Разсказы изъ дѣлъ Тайной канцеляріи и другихъ архивовъ. Ц. 1 р. 50 к.

ЖЕНЕНЪ, Маленькій герой. Переводъ Е. Н. Ахматовой. Съ рисунк. Ц. 1 р., въ папкѣ 1 р. 25 к.

ЖИТЕЛЬ. На отдыхѣ. Дерптскія письма. Ц. 1 р. 50 к.

— [illegible]. Книга [illegible]. Ц. 1 р.

ЗАГУЛЯЕВЪ, М. А. Русскій [illegible]. Романъ изъ франц. революціи. Ц. 1 р.

ЗАХАРЬИНЪ, И. Н. (Якунинъ). Тѣни прошлаго. Разсказы о бывальщинахъ. Ц. 1 р. 50 к.

ИВАНОВЪ-КЛАССИКЪ. Веселый спутникъ. Письма съ дороги, записки на [illegible], картинки изъ путевыхъ воспоминаній и дорожныя сцены. Ц. 1 р.

ИЛЛЮСТРИРОВАННАЯ ИСТОРІЯ ПЕТРА ВЕЛИКАГО. Текстъ А. Г. Брикнера, профессора Дерптск. университета. Гравюры на деревѣ Паннемакера и Матэ въ Парижѣ, [illegible] въ Лейпцигѣ, Клосса и Адама въ Штутгартѣ, Зубчанинова, Рашевскаго, [illegible] и [illegible] въ Петербургѣ. Заглавный листъ, заставки, буквы и украшенія художника Панова. Ц. 15 р.

ИЛЛЮСТРИРОВАННАЯ ИСТОРІЯ ЕКАТЕРИНЫ II. Издана по тому же плану, какъ и «Иллюстр. Исторія Петра Вел.» и заключаетъ въ себѣ до 300 портретовъ, видовъ, бытовыхъ сценъ и проч., воспроизведенныхъ съ рѣдкихъ подлинниковъ Екатерининскаго времени. Текстъ А. Г. Брикнера, профес. Дерптскаго универс. 2 тома. Ц. 18 р.

ИСТОРИЧЕСКАЯ портретная галлерея. Собраніе портретовъ знаменитѣйшихъ людей всѣхъ народовъ, начиная съ 1300 года, съ краткими ихъ біографіями. Фототипіи съ лучшихъ образцовъ. Изданіе выходитъ выпусками, по 8 портретовъ въ каждомъ. Цѣна каждому вып. 2 р.

ИСТОРИЧЕСКІЯ разсказы и анекдоты изъ жизни русскихъ государей и замѣчательныхъ людей XVIII и XIX столѣтій. Изд. 2-е, дополн. Ц. 1 р. 50 к.

ИШИМОВА, А. Исторія Россіи въ разсказахъ для дѣтей. 2 части. Изд. 9-е, исправл. Ц. за 2 части 2 р. 50 коп.

КАЙГОРОДОВЪ, Д. Собиратель грибовъ. Карманная книжка, содержащая описаніе важнѣйшихъ съѣдобныхъ, подозрительныхъ и ядовитыхъ грибовъ, растущихъ въ Россіи. Съ 14-ю раскраш. таблицами. Спб. 1889. Ц. 1 р. 25 к., въ переплетѣ 1 р. 75 к.

— Изъ Зеленаго Царства. Популярн. очерки изъ міра растеній. Съ многими рисунк. Ц. въ изящномъ переплетѣ 2 р. 50 к.

— Черная семья (Птицы вороньяго рода). Съ 3-мя хромолит. таблицами. Ц. 25 коп.

— Изъ царства пернатыхъ. Популярн. очерки изъ міра русск. птицъ. Выходитъ выпусками. Ц. кажд. вып. 75 к.

КАРАТЫГИНЪ, П. Лѣтопись петербургскихъ наводненій. 1703—1879 гг. Ц. 50 коп.

КАРНОВИЧЪ, Е. П. Историческіе разсказы и бытовые очерки. Съ 50 гравюрами и портретами. Ц. 2 р. 50 к.

— Замѣчательныя богатства частныхъ лицъ въ Россіи. 2-е исправлен. и дополн. издан. Ц. 2 р.

— Родовыя прозванія и титулы въ Россіи и сліяніе иноземцевъ съ русскими. Ц. 2 р.

— Историческія повѣсти. I. Переполохъ въ Петербургѣ. — II. Димонъ. Ц. 1 р.

КАРТИНЫ ЖИЗНИ. Сборникъ очерковъ и разсказовъ: Г. Андерсена, А. Доде, Э. Золя, Гюи де-Мопассана, Ж. Ришпена и Захеръ-Мазоха. Перев. А. П. Чуйкова. Ц. 75 к.

КЕНИГЪ, Г. Королевскіе короли Европы. Истор. романъ. Пер. съ нѣм. Ц. 2 р.

КИНГСТОНЪ, У. Г. Д. Молодой раджа. Разсказъ изъ жизни и приключеній въ Индіи. Съ 84 рис. Спб. Ц. 1 р. 50 к.

КЛЮЧЪ къ русскимъ упражненіямъ учебника французскаго языка. Д. Марго. Изд. 8-е, исправлен. Ц. 35 к.

КНАКФУСЪ. Рембрандтъ. Очеркъ его жизни и произведеній. Съ 155 снимками съ картинъ, гравюръ и рисунковъ Рембрандта. Пер. съ нѣм. Ц. 5 р.

КОЛОКОЛОВА, М. Письма матери къ матерямъ. Цѣна 60 к.

КОСТОМАРОВЪ, Н. И. Чаршниковъ. Быль второй половины XVIII вѣка. Ц. 1 р. 50 к.

— Кудеяръ. Историческая хроника. Ц. 1 р.

КРАМСКОЙ, И. Н. Его жизнь, переписка и художественно-критическія статьи. 1837—1887. Съ факсимиле и 2 портретами. Ц. 3 р. 50 к.

КРЕЙНЪ, В. О сельскомъ хозяйствѣ, 3-е исправл. и дополн. изданіе. Выпускъ I и II. Ц. каждому 60 к.

— Азбука для народныхъ школъ. Ц. 7 к.

КРЕСТОВСКІЙ, ВСЕВОЛОДЪ. Дѣды. Историческая повѣсть изъ временъ Императора Павла I. Ц. 2 р.

— Въ гостяхъ у эмира Бухарскаго. Съ 3-мя портретами. Ц. 3 р. 50 к.

КРЕСТОВСКІЙ, В. (Псевдонимъ). Обыкновенная. Ром. Ц. 1 р. 25 к.

— Повѣсти. Томъ I. Старыя годы. — Столичная жизнь. — Пансіонерка. — Братецъ. Ц. 2 р.

— Повѣсти. Томъ II. Матери. — Домашнее дѣло. — Два памятные дня. — Свиданіе. Ц. 1 р. 60 к.

— Повѣсти. Томъ III. Семья. — Искушеніе. — Учительница. Ц. 1 р. 50 к.

— Повѣсти. Томъ IV. Идеалы и фразы. — Здравомыслящая исторія. — Дневникъ сельскаго учителя. Ц. 1 р. 50 к.

— Очерки и отрывки. Книга первая: За стѣною. — Вѣра. — На вечерѣ. — Пансіонерскія разсказы. — Старый портретъ, новый оригиналъ. — Старое горе. Ц. 1 р. 50 к.

— Очерки и отрывки. Книга вторая: Нѣсколько лѣтнихъ дней. — Въ дорогѣ. — Разговоръ. — Доброе дѣло. Изъ записки сестры. Брошенный на пути. Сцены: I. Утренній визитъ. — II. У жениха въ комнатѣ. — III. Для благороднаго театра. Ц. 1 р. 50 к.

— Большая Медвѣдица. Романъ въ 4 частяхъ. Изданіе 2-е, вновь просмотрѣнное авторомъ. Ц. 3 р.

— Испытаніе. Романъ въ 2-хъ част. Ц. 1 р. 50 к.

— Провинція въ старые годы. I. Свободное время. Романъ. Ц. 1 р.

— Провинція въ старые годы. II. Кто-жъ остался доволенъ? Ром. Ц. 1 р. 25 к.

— Провинція въ старые годы. III. Искусство и поэзія. Романъ. Ц. 1 р. 25 к.

— На память 1850—1881 (Анна Михайловна. — Послѣ потопа. — Прошлое. — Прощаніе). Ц. 1 р. 50 к.

КРЕСТОВСКАЯ, М. В. I. Ранняя гроза. — Вспоминаніе. Ц. 1 р. 50 к.

— II. Внѣ жизни. — Уголки театральнаго міра. Ц. 1 р. 50 коп.

КРОТКОВЪ, В. Пирамиды и Чепурдянъ. — Послѣдняя морская катастрофа. — Во время войны. — Ц. 1 р.

— Частный поѣздъ. — Гаданіе. — Переходное состояніе. Ц. 1 р.

ЛАУКЕ. Графиня Шатобріанъ. Истор. романъ. Ц. 1 р.

ЛЕББОКЪ, Д. Ж. Муравьи, пчелы и осы. Наблюденія надъ нравами общежительныхъ перепончатокрылыхъ. Переводъ съ 5-го англійскаго изданія Д. В. Аверкіева. Съ приложеніемъ статьи переводчика: «Муравьиныя слѣды». Съ рисунками въ текстѣ и 5-ю хромолит. табл. Ц. 3 р.

ЛЕЙСНЕРЪ, ОТТО. Нашъ вѣкъ. Общій обзоръ важнѣйшихъ явленій въ области исторіи, искусства, науки и промышленности въ теченіе послѣдняго столѣтія. Со многими портретами государей, полководцевъ, государственныхъ людей, ученыхъ, артистовъ, литераторовъ, путешественниковъ, изобрѣтателей, рисунковъ, снимков съ картинъ и мѣстностей, художниковъ автографовъ и проч. Пер. съ нѣм. In-8. Два большихъ тома. 1520 стр. текста и 105 стр. указателей. Ц. за 2 т. 16 р.

ЛЕРМОНТОВЪ, М. Ю. Юношескія драмы. Изданіе ред. П. Ефремова. Ц. 1 р. 50 к.

ЛѢСКОВЪ, Н. С. Собраніе сочиненій въ 12-ти томахъ. Полная цѣна 20 р.

— Сказъ о тульскомъ лѣвшѣ и о стальной блохѣ (Цеховая легенда). Ц. 50 к.

— Три праведника и одинъ Шерамуръ. Изд. 2-е. Ц. 1 р.

ЛѢСНАЯ волшебница (The lady of the Forest). Повѣсть для юношества. Переводъ съ англійскаго. Цѣна 75 коп.

МАГАФФИ. Древне-греческая жизнь. Переводъ съ англійск. Съ прилож. М. Сергіевскаго. Ц. 60 к.

МАЙКОВЪ, Л. Н. Очерки изъ исторіи русской литерат. XVII и XVIII столѣтій. (Симеонъ Полоцкій. — Одна изъ русскихъ повѣстей Петровскаго времени. — Къ характеристикѣ Ломоносова какъ ученаго. — В. И. Майковъ. — Литературныя мелочи Екатерининскаго времени. — Нѣсколько данныхъ для исторіи русской журналистики). Ц. 2 р. 50 коп.

МАРКОВЪ, В. Н. Илья Муромецъ. Поэма. Ц. 60 к.

— Странствія. Ц. 30 к.

МАСАЛЬСКІЙ, КОНС. Стрѣльцы. Истор. ром. Ц. 1 р. 50 к.

МАСЛОВЪ, А. Н. Завоеваніе Ахалъ-Теке. Изд. 2-е. Съ 2-мя портретами М. Скобелева и Фигуркиною, съ прил. «Матеріалы для біографіи М. Скобелева». Ц. 1 р. 50 к.

МЕРИМЕ, П. Варфоломеевская ночь. Истор. ром. Ц. 1 р.

— Карменъ. Романъ. Ц. 40 к.

МИЛЮКОВЪ, А. П. Царская Свадьба. Историческая повѣсть изъ временъ Іоанна Грознаго. Ц. 1 р.

— Литературныя встрѣчи и знакомства. Ц. 1 р.

— Разсказы изъ обыденнаго быта (2-е испр. и доп. изданіе). Ц. 1 р.

МЛЕКОПИТАЮЩІЯ въ описаніяхъ КАРЛА ФОГТА и картинахъ ШПЕХТА. Переводъ съ нѣм. Большой томъ in-folio, 454 стр. Съ 448 рис. въ текстѣ и 40 отдѣльн. рис. Ц. въ роскош. оленен. колет. и красн. перепл. 23 р.

— То же, РОСКОШН. ИЗДАНІЕ на веленев. бум. Ц. 20 р., въ роскош. тисн. оленен. и красн. перепл. 42 р., съ мал. обрѣзомъ 45 р.

МОЛЧАНОВЪ, А. Н. Путевыя письма, очерки, разсказы и набр. Ц. 60 к.

— Между миромъ и Босфоромъ. Письма къ «Новому Времени» изъ Константинополя, Ямбола, съ Принцевыхъ острововъ, изъ Варны, Галлиполи, Санъ-Стефано и Филиппополя. Ц. 2 р.

МОРДОВЦЕВЪ, Д. Л. Царь и Гетманъ. Истор. ром. Изд. 2-е. Ц. 2 р. 50 к.

— Авантюристы. Истор. пов. Ц. 80 к.

МОРСКОЙ, И. Аристократія гостинаго двора. Картины нравовъ. Ц. 1 р. 25 к.

— Содомъ. Ром. Ц. 1 р. 40 к.

НАШИ ГОСУДАРСТВЕННЫЕ и ОБЩЕСТВЕННЫЕ ДѢЯТЕЛИ. Сочиненіе автора «Современной Россіи». Изд. 2-е. Ц. 2 р.

НЕВѢДОМСКІЙ, М. П. Катковъ и его время. Ц. 3 р.

НЕМИРОВИЧЪ-ДАНЧЕНКО, В. И. Святыя горы (Русскій Афонъ). Очерки и типы. Ц. 80 к.

— Годъ войны. Дневникъ рус. корреспондента (1877—78 г.). 3 тома. Ц. 4 р.

— Цари биржи (Банковая паника въ наши дни). Ром. Ц. 2 р.

— Стихотворенія. Иллюстрированный томъ. Ц. 2 р. 50 к.

— Кама и Уралъ. Очерки и впечатлѣнія. Ц. 3 р.

—[illegible]—О ЖЕНЩИНАХЪ мнѣнія старыя и новыя. Изд. 2-е. Ц. 1 р. 50 к.

ОСТРОВСКІЙ, А. и СОЛОВЬЕВЪ. Драматическія сочиненія: Счастливый день. —Женитьба Бѣлугина. — На порогѣ къ дѣлу. — Дикарка. Ц. 3 р.

ОТКЛИКИ. Литературный сборникъ, изданный студентами Спб. университета въ пользу нуждающ. студ. высш. учебн. заведенія. Ц. 1 р. 50 к.

ОХОТА И ОХОТНИКИ. Разсказы Помяловскаго. Ц. 2 р.

ПАЛЬМЪ, А. Петербургская старина. Ром. Ц. 1 р. 50 к.

— Старый баринъ. Ком. Ц. 65 к.

— Гражданинъ. Сцены. Ц. 65 к.

ПАССЕКЪ, Т. П. Изъ дальнихъ лѣтъ. Воспоминанія. 2 тома, съ пятью портретами и видами храма Спасителя. Ц. 4 р.

ПЕЛЛИКО да САЛУЦЦО. Мои темницы. Воспоминанія. Переводъ съ итальянскаго. Съ 18 рис. Ц. 1 р.

ПЕРВАНОГЛУ, I. Андроникъ Комнинъ. Разсказъ изъ Византійск. ист. Пер. съ нѣм. Ц. 1 р.

ПЕШЕЛЬ. Народовѣдѣніе. Перев. подъ ред. Э. Петри съ 5-го изданія, дополненнаго Кирхгофомъ. Ц. 4 р.

ПИСЬМА графа П. Васили. Берлинское Общество. — Вѣнское Общество. Перев. съ франц. Ц. 1 р. 50 к.

ПЛЕЩЕЕВЪ, А. Н. Подснѣжникъ. Стихотворенія для дѣтей и юношества. Ц. 1 р.

— Женщина въ XVIII вѣкѣ (по Гонкуру). Ц. 50 к.

ПОЛЕВОЙ, КСЕН. А. М. В. Ломоносовъ. 2 т. Ц. 2 р.

— Записки. 1 т. 581 стр. Съ указателемъ личныхъ именъ и съ 2-мя портрет. Ц. 2 р.

ПОЛЕВОЙ, П. [illegible] при Грозномъ Государѣ. Русская быль XV вѣка. Ц. 1 р. 50 к.

ПОЛЕЖАЕВЪ, А. Стихотворенія, съ біографическимъ очеркомъ, портретомъ и снимкомъ съ рукописи. Изд. подъ ред. П. А. Ефремова. Ц. 2 р. 50 к.

ПОНОМАРЕВЪ, С. И. Москва въ родной поэзіи. Сборникъ стихотвореній и характеристикъ русскихъ и славянскихъ писателей, относящихся къ Москвѣ. Перечень русскихъ писателей, родившихся и умершихъ въ Москвѣ, и проч. Ц. 1 р. 25 к.

П—Въ, С. Къ царскому юбилею, 1855—1880. Собраніе прозаическихъ и стихотворныхъ отрывковъ, относящихся къ Государю Императору Александру II, со дня Его рожденія до 19-го февраля 1880 г. Ц. 40 к.

ПОЭ, ЭДГАРЪ. Необыкновенные разсказы. Перевод. съ англійск., кн. I и II. Ц. каждой 60 к. Кн. III. Ц. 1 р.

ПУТЕВОДИТЕЛЬ ПО РОССІИ. СѢВЕРЪ. (Петербургъ. — С.-Петербургская губернія. — Эстляндская губ. — Финляндія. — Олонецкая губ. — Архангельская губ.). Съ 5-ю планами и 2-мя карт. Подъ ред. Р. С. ПОПОВА. Ц. въ пер. 2 р.

— Вып. II. ЗАПАДЪ. (Прибалтійскія губ. — Сѣверо-западныя губ. — Привислинскія губ. Царство Польское). Съ планами Варшавы, Вильны и Риги. Ц. 3 р.

ПЫЛЯЕВЪ, М. И. Старый Петербургъ. Большой томъ въ 471 стр. Въ этой книгѣ собраны свѣдѣнія объ исторіи и жизни Петербурга съ конца XVIII и начала XIX столѣтія. Источниками для этого труда служили не одни только русскія и иностр. сочиненія, но и изустные разсказы петербургскихъ старожиловъ. Въ книгѣ 50 рис. въ текстѣ и 16 на отдѣльныхъ листахъ, изображающихъ историч. мѣстности, зданія и типы въ разныя эпохи, а также портреты историч. лицъ и бытовыя сцены. Съ приложеніемъ указателя личныхъ именъ и мѣстностей, зданій и проч. Ц. 5 р., въ изящн. переплетѣ 6 р. 50 к.

— То же, удешевленное изданіе. Съ 112 грав. Ц. 3 р., въ изящн. 4 р.

— Драгоцѣнные камни, ихъ свойства, мѣстонахожденія и употребленіе. 2-е, значительно дополненное изд. Ц. 2 р. 50 к.

— Забытое прошлое окрестностей Петербурга. Съ 104 гравюрами. Ц. 4 р., въ пер. 5 р.

РИШЕ, Ш. Сомнамбулизмъ, демонизмъ и яды интеллекта. Ц. 1 р. 50 к.

РОЗЕНТАЛЬ. Общая анатомическая и нервная физіологія. Пер. подъ ред. В. Р. Тарханова. Ц. 2 р.

РОСТОПЧИНСКІЯ афиши 1812 года. Библіографическое изданіе въ 300 экземплярахъ. Ц. 3 р.

РУММЕЛЬ, В. и ГОЛУБЦОВЪ, В. Родословный сборникъ русск. дворянскихъ фамилій. 2 больш. тома. Ц. 10 р.

РУССКАЯ ПОРТРЕТНАЯ ГАЛЛЕРЕЯ. Собраніе портретовъ замѣчательныхъ русскихъ людей, начиная съ XVIII столѣтія, съ краткими ихъ біографіями (фототипія съ лучшихъ оригиналовъ). Галлерея эта выходила всего въ количествѣ 500 экз., по мѣрѣ изготовленія портретовъ, выпусками, каждый изъ 5-ти портретовъ большого формата, съ краткими біографіями. Цѣна каждому выпуску 3 р. Вышло 15 выпусковъ. Полный экземпляръ въ роскошномъ переплетѣ 47 р., съ перес. [illegible] руб.

САЙМЪ, ДЖЕМСЪ. Краткая исторія нѣмецкой литературы. Ц. 50 к.

САЛІАСЪ (графъ). Петербургское дѣйство. Историч. ром. (1762 г.). Изд. 2-е. Ц. 4 р.

— На Москвѣ. Истор. ром. изъ времени чумы 1771 г. Ц. въ 2 т. 4 р.

— Атаманъ Устя. Поволжская быль. Ц. 2 р.

— [illegible], 1763—1766. Ц. 1 р.

— Свадебный бунтъ. Историческій ром. Ц. 2 р.

САМСОНОВЪ, Д. П. Пережитое. Мысли и разсказы русскаго актера (1855—1878). Изящное изданіе на веленевой бум. Ц. 2 р.

САХАРОВЪ, И. П. Сказанія русскаго народа. Народн. дневн. — Праздники и обычаи. Ц. 75 к.

САХАРОВЪ, И. П. Сказанія русскаго народа. Русское народное чернокнижіе. — Русскія народн. игры, загадки, присловья и притчи. Ц. 75 к.

СЕНТСБЕРИ, Д. Краткая исторія французской литературы. Ц. 50 к.

СИМЕОНЪ ПОЛОЦКІЙ. Мѣсяцесловъ въ стихахъ (перепечатка изъ Псалтири съ мѣсяцесловомъ), переложенной стихами Іеромонахомъ Симеономъ Полоцкимъ. Москва, въ Верхней типографіи, 1680 г., въ десть. Съ заставками (заглавными въ [illegible]) и друг. украш. Печатано въ двѣ краски. Ц. 2 р.

СКАЛЬКОВСКІЙ, К. А. Новыя путевыя впечатлѣнія. Ц. 1 р. 25 к.

— У скандинавовъ и фламандцевъ. Путевыя впечатлѣнія по Швеціи, Даніи и Бельгіи. Ц. 1 р.

СМАЙЛЬСЪ, С. Путешествіе мальчика вокругъ свѣта, жизнь въ Австраліи и переѣздъ черезъ Америку. Изд. 3-е, исправленное, съ 9 рисунками и приложеніемъ статьи изъ путешествія КОБУАРА: Общество и природа въ Австраліи. Ц. 1 р. 75 к.

СМИРНОВА, С. У пристани. Ром. Ц. 1 р. 50 к.

СОВРЕМЕННАЯ РОССІЯ. Очерки нашей государственной и общественной жизни. Изд. 2-е, исправл. и дополненное. Ц. 2 р. 50 к.

СОЛОВЬЕВЪ, Н. Я. На порогѣ къ дѣлу. Драматическія сцены. Ц. 75 к.

СОЛЛОГУБЪ, В. (графъ). Тарантасъ. Путевыя впечатлѣнія. Ц. 1 р.

— Воспоминанія. Съ портретомъ. Ц. 1 р. 50 к.

СТИВЕНСОНЪ, Р. Л. Клубъ самоубійцъ. Разсказъ. Ц. 50 к.

— Странная исторія доктора Джекиля и мистера Хайда (Strange Case of Dr Jekyll and Mr Hyde). Ц. 50 к.

— Принцъ Отто. Повѣсть (Prince Otto by R. L. Stevenson). Ц. 1 р.

— Черная стрѣла. Повѣсть для юношества изъ эпохи войны Алой и Бѣлой розы. Пер. съ англ. Ц. 1 р.

СУВОРИНЪ, А. С. Татьяна Рѣпина. Комедія въ 4-хъ дѣйствіяхъ. Изд. 2-е. Ц. 1 р.

СУВОРИНЪ, А. и В. БУРЕНИНЪ. Медея. Драма въ четырехъ дѣйств. въ стихахъ и прозѣ. Изд. 2-е Ц. 1 р.

СУХОМЛИНОВЪ, М. И. Изслѣдованія и статьи по русской литературѣ и просвѣщенію. Т. I. Введеніе.—Матеріалы для исторіи образованія въ Россіи въ царствованіи Императора Александра I.—А. Н. Радищевъ. Ц. 3 руб.

— Тоже. Томъ II-й. Н. И. Новиковъ, авторъ историч. словаря о русскихъ писателяхъ.—Примѣчанія, указатель авторовъ, помѣщенныхъ въ словарѣ Новикова 1772 г.—Ф. Ц. Лагарпъ, воспитатель императора Александра I.—Примѣчанія Императора Николая Павловича—критикъ и цензоръ сочиненій Пушкина. Неизвѣстныя статьи Пушкина. Поправки къ печати сочиненій Гоголя.—Князь П. А. Вяземскій.—Н. А. Полевой и его журналъ «Московскій Телеграфъ». — Три повѣсти Павлова. —[illegible] съ славянофилами. — И. С. Аксаковъ въ 40-хъ годахъ. Ц. 3 р.

—?— ТАНЦЫ, балеты, ихъ исторія и мѣсто въ ряду изящныхъ искусствъ. Изд. 2-е. Ц. 2 р.

ТАТИЩЕВЪ, Изъ прошлаго русской дипломатіи. Историческія изслѣдованія и полемическія статьи. Ц. 4 р.

ТВЭНЪ, МАРКЪ (Самуэль Клеменсъ). Принцъ и Нищій. Историческій романъ для юношества всѣхъ возрастовъ. Съ 150 рисун. Изд. 2-е. Ц. 2 р.

— Приключенія Тома. Перев. съ англ., съ 109 рис. Ц. 2 р.

— Приключенія Финна. Съ 174 рис. въ текстѣ. Пер. съ англ. Цѣна въ хромолитогр. папкѣ 3 р.

— Американскіе разсказы. Пер. съ англ. Ц. 50 коп.

ТРИРОГОВЪ, В. Община и подать. Собраніе изслѣдованій. Ц. 2 р.

ТРУБАЧЕВЪ, С. Пушкинъ въ русской критикѣ (1820—1880). Ц. 3 р.

УСПЕНСКІЙ, Н. Разсказы. Ц. 1 р.

УЭЛЬНЕКЪ. Древнеримская жизнь. Переводъ съ нѣм. (съ примѣчаніями М. Стратилатова). Съ 14-ю грав. Ц. 60 к.

ФЕДОРОВЪ. Абиссинія. Историко-географическій очеркъ. Съ картою. Ц. 75 к.

ФІОРЕНТИНИ, Н. Изабелла Оровія, героиня Бразиліи. Историческій романъ. Съ 25 гравюрами. Ц. 1 р. 50 к.

ФЛОРИНСКІЙ, В. М. Домашняя медицина. Лечебникъ для народнаго употребленія. Изд. 6-е, испр. Ц. 3 р. 50 к.

ФОФАНОВЪ, К. Стихотворенія. Ц. 1 р. 50 к.

ФРЕНКЕЛЬ. Въ золотыхъ цѣпяхъ. Истор. ром. Ц. 2 р.

ФРИМАНЪ, Э. А. Очеркъ исторіи Европы. Перев. Стратилатова. Съ 6-ю карт. Ц. 60 к.

ФУРМАНЪ, П. Р. Деньщикъ. Ром. изъ временъ Императрицы Анны Іоанновны. Ц. 1 р. 50 к.

ФУРМАНЪ, П. Р. Русскій граверъ. Истор. ром. 1725 и 1726 гг. Ц. 75 к.

ХМЫРОВЪ, И. Азбука Иксa. Задачникъ по алгебрѣ и геометріи, съ подр. рѣш. и отвѣтами. Ц. 2 р. 50 к.

ХРУЩОВЪ, И. И. Къ исторіи русскихъ почтъ. Очеркъ ямскихъ и почтовыхъ учрежденій отъ древнѣйш. временъ до царствованія Екатерины II. Съ портретами, снимками и картою. Ц. 2 р. 50 к.

ЧЕРКАСОВЪ, А. Записки охотника Восточн. Сибири. Изд. 2-е, испр. и доп. Съ рисунк. Ц. 4 р.

ЧЕХОВЪ, А. П. Въ сумеркахъ. Очерки и разсказы. Изд. 6-е. Ц. 1 р.

— Разсказы. (Счастье.— Тифъ. — Ванька. — Свирѣлъ. — Перекати-поле.— Задача. — Степь. — Тина. — Тайный совѣтникъ. — Весною. — Поцѣлуй). Изд. 4-е. Ц. 1 р.

— Хитрые люди. Разсказы. Изд. 3-е. Ц. 1 р.

ЧУЙКО, В. В. Шекспиръ, его жизнь и произведенія. Съ 32 гравюрами. Ц. 5 р.

ЧЮМИНА, О. (Михайлова). Стихотворенія (1884—1888). Ц. 1 р. 50 к.

ШАШКОВЪ, С. С. Исторія русской женщины. Изданіе 2-е, испр. и доп. Ц. 1 р. 75 к.

ШИЛЛЕРЪ, его жизнь и избранныя стихотворенія. Съ 43 рисунками. Ц. 1 р. 50 к., въ изящн. переплетѣ 2 р. 25 к.

ШОПЕНГАУЭРЪ, А. Свобода воли и основы морали. Двѣ основныя проблемы этики. Ц. 2 р.

— Житейская мудрость. Афоризмы и максимы. Изд. 3-е, дополн. Ц. 2 р.

ШПАЖИНСКІЙ, И. В. Драматическія сочиненія. Томъ I (Майоршa. — Легкія средства. — Кручина. — Фофанъ. — Простыя [illegible]). Ц. 1 р. 50 к.

ШТЕРНЪ, А. Всеобщая исторія литературы. Перев. съ нѣмец., дополн. библіограф. указ. Ц. 2 р.

ШТЕЙДЕ, В. Госпожа Бухгольцъ на Востокѣ. Пер. съ нѣм. Ц. 1 р.

ЩЕГЛОВЪ, И. Дачный мужъ, его похожденія, наблюденія и разочарованіе. — Въ горахъ Кавказа. Картинки минеральныхъ правонъ. Ц. 1 р.

ЭВЕРСЪ. Дочь египетскаго царя. Истор. ром., пересказанный для юношества О. Шапиръ. Съ рис. Ц. въ переплетѣ 2 р.

ЭЛЬНИ. Калейдоскопъ, изъ области теоретическаго и прикладного знанія. Изд. 2-е, исправлен. и дополн. Ц. 1 [illegible]

— Обиходная рецептура. Ц. 1 р. 50 к.

ЭНГЕЛЬГАРДТЪ, А. Н. О хозяйствѣ въ сѣверной Россіи и примѣненіи въ немъ фосфоритовъ. Сборникъ сельско-хозяйственныхъ статей. 1872—1888. 1 т. 322 стр. Ц. 2 р.

ЯКОВЛЕВЪ, П. (Н. Н. Пахомовъ). Очерки современной Франціи 1884—1886. 1 т. 432 стр. Ц. 3 р.

— Маленькіе люди съ большими горями. Разсказы. Ц. 1 р.

ФЕДОТОВЪ, А. Ф. Пробный [illegible]. Комедія въ 4-хъ дѣйст. Ц. 2 р.

ДЕШЕВАЯ БИБЛІОТЕКА.

[illegible] „Дешевой Библіотеки" [illegible]

1. ГРИБОѢДОВЪ, А. С. Горе отъ ума. Ком. въ 4 д. въ стихахъ. Съ біограф. и портр. автора. Изд. 9-е. Ц. 10 к., въ папкѣ 15 к., въ перепл. 30 к.

2. ФОНВИЗИНЪ, Д. И. Двѣ комедіи: I. Бригадиръ. Въ 5 д. II. Недоросль. Въ 5 д. Съ біограф. и портретомъ автора и объяснительнымъ словаремъ. Изд. 8-е. Ц. 15 к., въ папкѣ 18 к., въ переплетѣ 35 к.

3. КАРАМЗИНЪ, Н. М. Повѣсти. Изд. 5-е. Ц. 20 коп., въ папкѣ 25 к., въ перепл. 40 к.

4. МЕРЗЛЯКОВЪ и ЦЫГАНОВЪ. Русскія пѣсни. Съ очерками жизни обоихъ поэтовъ. Изд. 3-е. Ц. 10 к., въ папкѣ 15 к., въ перепл. 30 к., на велен. бум. 25 к.

5. НАРѢЖНЫЙ. Бурсакъ. Ром. Изд. 3-е. Ц. 35 к., въ папкѣ 40 к., въ перепл. 60 к., на велен. бум. 60 к.

6. ЛОМОНОСОВЪ, М. В. Избранныя сочиненія въ стихахъ и прозѣ. Съ портр. и біограф. М. В. Ломоносова. Изд. 2-е. Ц. 40 к., въ папкѣ 45 к., въ перепл. 60 к.

7. К С А Б Ь Е - де - МЕСТРЪ. Парашa-Сибирячка. Разсказъ. Изд. 3-е. Ц. 10 к., въ папкѣ 15 к., въ перепл. 30 к.

8. АНЕКДОТЫ и остроумныя изреченія, собранныя изъ сочиненій лучшихъ древнихъ писателей. 2-е изд. Ц. 10 к., въ папкѣ 12 к., въ переплетѣ 30 к.

9. КУКОЛЬНИКЪ, Н. В. Историческія повѣсти. Кн. 1-я (Авдотья Жемчужникова. — Купецъ Иголкинъ. — Прокуроръ). Съ портрет. Петра Великаго. Изд. 2-е. Ц. 15 к., въ

папкѣ 23 к., въ перепл. 33 к., на вел. бум. 30 к.

10. — То же. Кн. 2-я. (I. Сказаніе о синемъ и зеленомъ сукнѣ.—II. Часовой). Съ портр. книжн. Н. Ѳ. Дмитрукова. Изд. 2-е. Ц. 15 к., въ папкѣ 23 к., въ перепл. 35 к.

11. — То же. Кн. 3-я. (Позументы. — Новый годъ). Съ гравюрой: Солдаты Петровскаго врем. Изд. 3-е. Ц. 15 к., въ папкѣ 23 к., въ перепл. 35 к., на вел. бум. 30 к.

12. ВЕНЕВИТИНОВЪ. Полное собраніе стихотвореній. Съ біограф. и портр. автора. Изд. 2-е. Ц. 15 к., въ папкѣ 23 к., въ переплетѣ 35 к.

13. ХЕМНИЦЕРЪ, И. Полное собраніе басенъ и сказокъ. Съ біограф. и портр. автора. Изд. 2-е. Ц. 15 к., въ папкѣ 23 к., въ перепл. 35 к.

14. КУКОЛЬНИКЪ, Н. В. Историческія повѣсти. Кн. 4-я (Черниговскій царь.—Остапъ и Ульяна.—Старый хламъ). Изд. 2. Ц. 15 к., въ папкѣ 23 к., въ перепл. 35 к., на вел. бум. 30 к.

15. КАРАМЗИНЪ, Н. М. Великій кн. Димитрій Іоанновичъ, прозванный Донской. Ц. въ папкѣ 15 к., въ перепл. 30 к., на велен. бум. 20 к.

16. КАПНИСТЪ, В. Ябеда. Ком. въ 5 д. Съ портр. и біограф. автора. Изд. 2-е. Ц. 15 коп., въ папкѣ 23 к., въ перепл. 35 к.

17. КАРАМЗИНЪ, Н. М. Царствованіе Ѳеодора Іоанновича (Правленіе Бориса Годунова.—Убіеніе царевича Димитрія.—Состояніе Россіи въ концѣ XVI в.). Ц. въ папкѣ 23 к., въ перепл. 35 к.

18. КУКОЛЬНИКЪ, Н. В. Повѣсти. Кн. 5-я (Позументщикъ. Историч. быль временъ Екатерины Ве-ликой). Изд. 2-е. Ц. 10 к., въ папкѣ 19 к., въ переплетѣ 30 к.

19. МАРЛИНСКІЙ, А. (А. А. Бестужевъ). Аммалатъ-Бекъ. Кавказ. быль. Съ портр. автора. 2-е изд. Ц. 25 к., въ папкѣ 33 к., въ перепл. 45 к.

20. КАРАМЗИНЪ, Н. М. Царствованіе Бориса Ѳеодоровича и Междуцарствіе. Ц. въ папкѣ 28 к., въ перепл. 40 к.

21. МАРЛИНСКІЙ, А. (А. А. Бестужевъ.) Страшное гаданіе.—Вечеръ на бивуакѣ. Вечеръ на кавказскихъ водахъ въ 1824 г. Изд. 2-е. Ц. 25 к., въ папкѣ 33 к., въ переплетѣ 45 к.

22. — Мулла - Нуръ. Быль. Ц. 25 к., въ папкѣ 33 к., въ перепл. 45 к.

24. КАРАМЗИНЪ, Н. М. Царствованіе Василія Іоанновича Шуйскаго и междуцарствіе. Ц. въ папкѣ 28 к., въ перепл. 40 к.

25. МАРЛИНСКІЙ, А. (А. А. Бестужевъ). Фрегатъ Надежда. Ц. 25 к., въ папкѣ 33 к., въ переплетѣ 45 к.

26. — Морякъ Никитинъ.—Роланъ и Оливье. — Замокъ Эйзенъ. — Шахъ Гуссейнъ. Ц. 25 к., въ папкѣ 33 к., въ переплетѣ 45 к.

27. ПОЛЕВОЙ, Н. А. Повѣсть о Сухдаловомъ князѣ Симеонѣ. Историч. пов. Изд. 2-е. Ц. 15 к., въ папкѣ 23 к., въ переплетѣ 35 к.

28. ХОХАНОВСКАЯ (Надежда Петровна Соханская). Повѣсть. Изд. 2-е. Ц. 25 коп., въ папкѣ 33 к.

29. — Посл обѣда въ гостяхъ. Повѣсть. Изд. 2. Ц. 15 к., въ папкѣ 23 к.

30. — Старина. Семейная память. Повѣсть. Изд. 2-е. Ц. 20 коп., въ папкѣ 28 к.

32. МАРЛИНСКІЙ, А. (А. А. Бестужевъ). Наѣзды. Повѣсть 1613 г.—Намѣстникъ. Изд. 2-е. Ц. 25 к., въ папкѣ 33 к., въ перепл. 45 к.

33. КУКОЛЬНИКЪ, Н. В. Повѣсти. Кн. 6-я (Сержантъ Ивановъ, или все за одно.—Вольный стрѣлокъ Паша Сидоръ.—Старость Малайки). Ц. 15 к., въ папкѣ 23 к., въ переплетѣ 35 к.

34 и 35. ДИККЕНСЪ, Ч. Оливеръ Твистъ. Ром. въ 3-хъ ч. Изд. 2-е. Ц. 50 к., въ папкѣ 55 к., въ перепл. 67 к.

36. ДАНИЛЕВСКІЙ, Г. П. Историческ. разсказы. I. Царь Алексѣй съ соколомъ.—II. Вечеръ въ теремѣ царя Алексѣя.—III. Екатерина Великая на Днѣпрѣ. Ц. 20 к., въ папкѣ 28 к., въ перепл. 40 к.

37. — Украинскія сказки. 6-е изд. Ц. 20 к., въ папкѣ 28 к., въ перепл. 40 к.

38. БОГДАНОВИЧЪ, И. Душенька. Древн. пов. въ вольн. стихахъ. Ц. 15 к., въ папкѣ 23 к., въ переплетѣ 35 к.

39. ШЕКСПИРЪ, В. Гамлетъ. Траг. въ 5-ти дѣйств. Перев. съ англ. Н. А. Полевого. Съ дополн., варіантами по другимъ переводамъ. 2-е изд. Ц. 35 к., въ папкѣ 43 к., въ перепл. 45 к., на вел. бум. 50 к.

40. ПОГОРѢЛЬСКІЙ, А. Монастырка. Ром. въ 2-хъ ч. Ц. 35 к., въ папкѣ 43 к., въ перепл. 55 к.

41. СОЛЛОГУБЪ, В. А. (графъ). Повѣсти и разсказы. Кн. 1. Аптекарша.—Метель.—Неоконченныя повѣсти. Съ портретомъ автора. Изд. 2-е. Ц. 20 к.

42. — То же. Кн. II. Исторія двухъ калошъ.—

[illegible] сила. — [illegible]. Вып. 2. Ц. 25 к.

43. СОЛЛОГУБЪ, В. А. (графъ). Повѣсти и разсказы. Кн. III. Большой свѣтъ. — Метель. Вып. 2-й. Ц. 25 к. Три книги въ одномъ перепл. 1 р.

44. ШЕКСПИРЪ, В. Король Лиръ. Траг. въ 5-ти дѣйст. Перев. А. В. Дружинина. Съ предисл. и замѣчан. о трагедіи и о характ. ея Гервинуса, Шлегеля, [illegible], Дружинина. Ц. 25 к., въ папкѣ 32 к., въ перепл. 45 к., на велен. бум. 50 к.

45 и 46. КАРАМЗИНЪ, Н. М. Письма русскаго путешественника. Со статьею Ѳ. И. Буслаева, съ портр. автора и рисунк. 2 т. Ц. 1 р., на вел. бум. 2 р.

47. ШЕКСПИРЪ, В. Отелло, венеціан. мавръ. Тр. въ 5 д. Перев. П. И. Вейнберга. Съ предисловіемъ и замѣтками о характерахъ трагедіи [illegible], Джонсона, [illegible], Шлегеля, Крейсига, Рюмелина, Мезьера. Ц. 25 к., въ папкѣ 32 к., въ перепл. 45 к., на вел. бум. 50 к.

48. ДЕЛЬВИГЪ, А. Баронъ. Полное собраніе стихотвореній. Ц. 20 к., въ папкѣ 25 к., въ перепл. 40 к., на вел. бум. 40 к.

49. ОЗЕРОВЪ, В. Эдипъ въ Аѳинахъ. Траг. въ 5-ти дѣйст. въ стихахъ съ хорами. — Димитрій Донской. Тр. въ 5-ти дѣйств., въ стихахъ. Ц. 15 к., въ папкѣ 20 к., въ перепл. 35 коп.

50. ЛѢСКОВЪ, Н. Повѣсти и разсказы. Кн. I. Скоморохъ Памфалонъ. — [illegible]. Ц. 20 к., въ папкѣ 25 к., въ перепл. 40 к.

51. — Кн. II. Очарованный странникъ. Ц. 20 к., въ папкѣ 28 к., въ переплетѣ 40 к.

52. АБЛЕСИМОВЪ, А. О. Мельникъ колдунъ, обманщикъ и сватъ. Комич. опера въ 3 д. Вып. 3-й. Ц. 5 к., въ папкѣ 15 к., въ перепл. 28 к.

53. ШЕКСПИРЪ, В. Макбетъ. Траг. въ 5 д. Пер. А. Кронеберга. Съ предислов. и мнѣніями о «Макбетѣ» Кольриджа, Галлама, Найта, Гете, Мезьера, Гервинуса. Ц. 25 к., въ папкѣ 32 к., въ перепл. 45 к., на велен. бум. 50 к.

54. ДАНИЛЕВСКІЙ, Г. П. Семейная Старина. Кн. I. Прабабушка — Тѣнь прадѣда. Ц. 10 к.

55. То же. Кн. II. [illegible]. — Бабушкинъ рай. Ц. 15 к., [illegible], въ папкѣ 25 к., въ переплетѣ 40 к.

56. ШИЛЛЕРЪ, Ф. [illegible]. Пер. [illegible]. Ц. 15 к., въ папкѣ 20 к., въ перепл. 25 к.

56. ЛЬВОВА, А. Марина Мнишекъ. Историч. поэма въ 2 ч. Ц. 15 к., въ папкѣ 22 к., въ переплетѣ 35 к.

57. ЛѢСКОВЪ, Н. С. Повѣсти. Кн. III. Запечатлѣнный ангелъ. Ц. 20 к., въ папкѣ 28 к., въ перепл. 40 к.

58. ШЕКСПИРЪ, В. Король Ричардъ III. Др. въ 5 д. Перев. А. Дружинина. Съ предисловіемъ и примѣчаніями. Ц. 25 к., въ папкѣ 32 к., въ переплетѣ 45 к.

59. МОРДОВЦЕВЪ, Д. Л. Кузьма Мининъ. Историч. очеркъ. Ц. 10 к., въ папкѣ 18 к., въ перепл. 30 к.

60. ДОСТОЕВСКІЙ, Ѳ. Бѣдные люди. Ром. Ц. 15 к., въ папкѣ 22 к., въ перепл. 35 к.

61. ШИЛЛЕРЪ, Ф. Марія Стюартъ. Тр. въ 5 д. Перев. А. Шишкова. Ц. 25 к., въ папкѣ 32 к., въ перепл. 45 к.

62. ДМИТРІЕВЪ, И. Стихи, басни и сказки. Съ портр. и біограф. автора. Ц. 15 к., въ папкѣ 22 к., въ перепл. 35 к.

63. ФЛОБЕРЪ, Г. Саламбо. Ром. Ц. 40 к., въ папкѣ 48 к., въ перепл. 60 к.

64. ПОГОРѢЛЬСКІЙ, А. Черная курица или подземные жители. Волшебная пов. для дѣтей. Ц. 5 к., въ папкѣ 12 к., въ перепл. 25 к.

65. ЛѢСКОВЪ, Н. С. Котинъ Доилецъ. Кн. Ц. 10 к., въ папкѣ 18 к., въ перепл. 30 к.

67. ПОЛЕВОЙ, Н. А. Дѣдушка русскаго флота. — Параша Сибирячка. Ц. 15 к., въ папкѣ 22 к., въ перепл. 35 к.

68. ЭЗОПЪ. Избранныя басни. Перев. съ греч. В. Алексѣева. Ц. 15 к., въ папкѣ 22 к., въ переплетѣ 35 к.

69. ЛѢСКОВЪ, Н. С. Старые годы въ селѣ Плодомасовѣ. Три очерка. Ц. 20 к., въ папкѣ 28 к., въ перепл. 40 к.

70. КВИТКО-ОСНОВЬЯНЕНКО, Гр. Ѳ. Панъ Халявскій. Ц. на 2 части 50 к., въ папкѣ 56 к., въ перепл. 75 к.

71. [illegible]. [illegible]. — [illegible]. — [illegible]. Ц. 15 к., въ папкѣ 23 к., въ перепл. 35 к.

72. КАРАМЗИНЪ, Н. М. Исторія государства Россійскаго. Т. I. Ц. 20 к., въ папкѣ 28 к., въ перепл. 40 к.

72. — То же. Т. II. Ц. 20 к., въ папкѣ 28 к., въ перепл. 40 к.

73. ЛѢСКОВЪ, Н. С. Инженеры-безсребреники. Изъ исторіи о трехъ праведникахъ. Ц. 15 к., въ папкѣ 23 к., въ переплетѣ 35 к.

74. МАРЛИНСКІЙ, А. (А. А. Бестужевъ). Лейтенантъ Бѣлозоръ. Ц. 15 коп., въ папкѣ 23 к., въ перепл. 35 к.

75. — Латникъ. Разсказъ партизанскаго офицера. Ц. 10 к., въ папкѣ 18 к., въ перепл. 30 к.

76. ЧЕХОВЪ, Ан. Дѣтвора.—Ванька.—Событіе.—Кухарка женится.—Бѣглецъ.—Дома. Ц. 15 к., въ папкѣ 23 к., въ переплетѣ 35 к.

77. КАРАМЗИНЪ, Н. М. Исторія государства Россійскаго. Т. III. Ц. 20 к., въ папкѣ 28 к. въ перепл. 40 к.

77. — Тоже. Т. IV. Ц. 20 к., въ папкѣ 28 к., въ перепл. 40 к.

78. ДАВЫДОВЪ, Д. В. Стихотворенія. Съ біогр. и портр. автора. Ц. 15 к., въ папкѣ 23 к., въ переплетѣ 35 к.

79. КОЗЛОВЪ, И. Три поэмы. Чернецъ.—Княгиня Наталья Борисовна Долгорукая.—Безумная. Съ біограф. и портр. автора. Ц. 15 к., въ папкѣ 23 к., въ перепл. 35 к.

80. БАЙРОНЪ, лордъ. Невѣста Абидосская. Турецкая повѣсть. Перев. И. И. Козлова. Ц. 10 к., въ папкѣ 18 к., въ переплетѣ 30 к.

81. ЕВРИПИДЪ. Медея. Траг. Перев. съ греч. В. Алексѣева. Ц. 10 к., въ папкѣ 18 к., въ перепл. 30 к.

82. КОТЛЯРЕВСКІЙ, И. П. Москаль-Чаривникъ. Малоросс. оперетка въ 1 д. Ц. 7 к., въ папкѣ 15 к., въ перепл. 27 к.

83. — Наталка Полтавка. Малорос. опера въ 2-хъ дѣйст. Ц. 7 к., въ папкѣ 15 к., въ перепл. 27 к.

84. — Энеида, перелицованная на малоросс. языкъ. Ц. 20 к., въ папкѣ 28 к., въ перепл. 40 к.

84. БОМАРШЕ, П. Севильскій цырюльникъ или безполезная осторожность. Ком. въ 4 д. Перев. А. Чудинова. Съ біограф. автора. Ц. 15 к., въ папкѣ 23 к., въ переплетѣ 35 к.

85. ДОЛГОРУКАЯ, Н. Б. Княгиня. Записки. Съ портретомъ и рисунками. Ц. 20 к., въ папкѣ 28 к., въ перепл. 40 к.

86. ПОХОДЪ Аргонавтовъ. Древнія греческія сказанія. Съ рис. Ц. 10 коп., въ папкѣ 18 к., въ перепл. 30 к.

87. БОМАРШЕ, П. Безумный день или женитьба Фигаро. Ком. въ 5 д. (1784). Пер. А. Чудинова. Ц. 20 к., въ папкѣ 28 к., въ перепл. 40 к.

88. КАРАМЗИНЪ, Н. М. Исторія государства Россійскаго. Т. V. Ц. 20 коп., въ папкѣ 28 к., въ перепл. 40 к.

89. ШЕКСПИРЪ, В. Коріоланъ. Траг. въ 5 д. Перев. А. Дружинина. Ц. 25 к., въ папкѣ 33 к., въ перепл. 45 к.

90. ОДОЕВСКІЙ, В. Ѳ. князь. Сказки и разсказы дѣдушки Иринея. Ц. 25 к., въ папкѣ 33 к., въ переплетѣ 45 к.

91. КАРАМЗИНЪ, Н. М. Исторія государства Россійскаго. Т. VI. Ц. 20 к., въ папкѣ 28 к., въ перепл. 40 к.

92. — То же. Т. VII. Ц. 20 к., въ папкѣ 28 к., въ перепл. 40 к.

94. — То же. Т. VIII. Ц. 20 к., въ папкѣ 28 к., въ перепл. 40 к.

95. — То же. Т. IX. Ц. 20 к., въ папкѣ 28 к., въ перепл. 40 к.

96. — То же. Т. X. Ц. 20 к., въ папкѣ 28 к., въ перепл. 40 к.

97. — То же. Т. XI. Ц. 20 к., въ папкѣ 28 к., въ перепл. 40 к.

98. — То же. Т. XII. Ц. 20 к., въ папкѣ 28 к., въ перепл. 40 к.

99. ЕВРИПИДЪ. Ипполитъ. Траг. Съ греч. перев. В. Алексѣевъ. Съ введ. и примѣч. Ц. 10 к., въ папкѣ 18 к., въ переплетѣ 30 к.

100. ЛАМАРТИНЪ, А. Жанна д'Аркъ (Орлеанская дѣва). Съ рисунками. Ц. 12 к., въ папкѣ 20 к., въ перепл. 32 к.

101. ЕВРИПИДЪ. Ифигенія въ Авлидѣ. Др. Съ греческ. перев. В. Алексѣевъ. Съ введ. и примѣчан. Ц. 10 к., въ папкѣ 18 к., въ перепл. 30 к.

102. — Ифигенія въ Тавридѣ. Др. Съ греч. перев. В. Алексѣевъ. Съ введ. и примѣч. Ц. 10 к., въ папкѣ 18 к., въ переплетѣ 30 к.

103. ЭСХИЛЪ. Прикованный Прометей. Перев. съ греч., съ введ. и примѣч. В. Алексѣева. Ц. 10 к., въ папкѣ 18 к., въ перепл. 30 к.

104. МОЛЬЕРЪ. Школа женъ. Ком. въ 5 д. Перев. въ стихахъ В. Лихачева. Ц. 15 коп., въ папкѣ 23 к., въ перепл. 35 к.

105. ЕКАТЕРИНА II, императрица. Избранныя сочиненія. Кн. I. Педагогическія сочиненія. I. Разговоръ и разсказы.—II. Гражданское начальное ученіе.—III. Сказка о царевичѣ Хлорѣ.—IV. Записки.—V. Сказка о царевичѣ Февеѣ.—VI. Инструкція князю Салтыкову. Ц. 20 к., въ папкѣ 28 к., въ перепл. 40 к.

106. — Тоже. Кн. II. Были и небылицы. Ц. 20 к., въ папкѣ 28 к., въ перепл. 40 к.

107. — Тоже. Кн. III. Драматич. сочиненія. О время!—Г-жа Вѣстникова-

Дозволено цензурою. С.-Петербургъ, 25 октября 1899 г.

www.ingramcontent.com/pod-product-compliance
Lightning Source LLC
Chambersburg PA
CBHW081215170426
43198CB00017B/2614
* 9 7 8 1 5 3 5 8 0 3 8 4 7 *